荊木美行著

# 風土記研究の諸問題

国書刊行会

# 『風土記研究の諸問題』目次

序　章　風土記研究の課題……一
第一章　風土記の編纂と唐代の地誌……一八
第二章　『太平御覧』所引の図経逸文について……五〇
第三章　『山城国風土記』と稲荷社……八六
第四章　『摂津国風土記』逸文をめぐって……九九
第五章　『尾張国熱田太神宮縁記』と『尾張国風土記』逸文……一一二
第六章　鈴木重胤の風土記研究―『日本書紀伝』を中心に―……一三四
第七章　鈴木重胤と風土記―『常陸国風土記鈔』の翻刻と解説―……一五五
第八章　敷田年治の風土記研究……一八六
第九章　敷田年治著『風土記考』について―全文の翻刻と解題―……二〇一
第十章　顕宗天皇・仁賢天皇の即位をめぐって……二二〇
第十一章　風土記と地方豪族―『常陸国風土記』を中心に―……二三四
第十二章　風土記伝承の在地性―記紀神話との比較から―……二五三

附録一　古典にかける情熱　―伴信友と風土記―　……二四八
附録二　『伊勢国風土記』逸文　……二五一
附録三　関和彦著『古代出雲への旅　―幕末の旅日記から原風景を読む―』　……二五四
附録四　「伊賀国」の誕生　……二五六
附録五　聖徳太子の編んだ天皇記・国記　―国記は風土記か―　……二五九
附録六　小野田光雄自筆『播磨風土記（三條西家本（古典保存会））』　……二六三
書後私語　……三三六
索引

# 風土記研究の諸問題

# 序章　風土記研究の課題

## 1　はじめに

ここでは、秋本吉郎校注日本古典文学大系2『風土記』（岩波書店、昭和三十三年四月）の刊行から、近年風土記の注釈書として久しぶりに登場した植垣節也校注・訳新編日本古典文学全集5『風土記』（小学館、平成九年十月）公刊の前後に至るまでの風土記研究を回顧するとともに、あわせて今後の課題について考えてみたい。

叙述のスタイルはいろいろと考えられるが、まず、風土記に関するテキスト・注釈書・索引を刊行年次順にかかげ、つぎに五風土記と風土記逸文について個別にのべることにしたい。

なお、研究史を辿る際に、文献目録が有用であることはいうまでもないが、風土記関係の目録としては、古事記学会編『古事記研究文献目録　雑誌論文篇』（国書刊行会、昭和六十一年八月）の「H関連文献①風土記」（明治初年から昭和五十九年末までの分）や大久間喜一郎編『古代説話　風土記篇』（桜楓社、昭和五十八年四月）巻末の「参考文献目録」（明治初年から昭和五十六年末までの分）がある。また、これとはべつに、昭和二十五～四十五年の分が植垣節也『風土記の研究並びに漢字索引』（風間書房、昭和四十七年五月）に収められた「風土記関係文献目録」に、同四十六～五十八年の分が橋本雅之「風土記関係文献目録」（『風土記研究』二、昭和六十一年五月）に出ているほか、「古代の地方史―風土記の世界」を特集した『歴史公論』六八（昭和五十六年七月）に、加藤謙吉「特集関係文献解説」がある（個々の風土記に関する文献目録については、各項で紹介する）。

## 2　風土記のテキスト・注釈・索引

風土記のテキストは多数あるが、そのなかでも、戦後の風土記研究において大きな役割を果たしたのが、秋本吉郎氏校注『日本古典文学大系2　風土記』（岩波書店、昭和三十三年四月）である。これは、五風土記と風土記逸文の原文・書き下し文をかかげるとともに、くわしい頭注を施したもので、刊行以来、風土記テキストの定本として、戦後の風土記研究の発展に大きく貢献した。また、日本古典文学大系本についで出た久松潜一校註日本古典全書『風土記』上下（朝日新聞社、昭和三十四年十月・同三十五年五月）も、五風土記と風土記逸文の原文・書き下し文をかかげ、それに頭注を附した労作である。ただ、同書は、のちに日本古典選として昭和五十二年五月に一度復刊されただけで、日本古典文学大系本にくらべると、普及の範囲が限られていた。

その後、ながらく風土記のテキストは現れなかったが、平成六年に至って、五風土記の校訂本（逸文は、常陸国風土記・播磨国風土記のみを採録）を収録した田中卓校注『神道大系　古典編七　風土記』（神道大系編纂会、平成六年三月）が出、さらに同九年には、植垣節也校注・訳新編日本古典文学全集5『風土記』（前掲）が刊行された。前者は、残念ながら一般には入手できなかったため、それほど普及したとはいえないが、後者は、詳細な頭注と現代語訳を附した、最新の注釈書として注目されている。

このほか、五風土記とおもな古風土記の逸文の書き下し文をかかげ、脚注・補注を附した小島瓔禮校注『風土記』（角川書店、昭和四十五年七月）や、日本古典全書本を底本とする現代語訳をかかげた吉野裕訳『風土記』（平凡社、昭和四十四年八月、のち平成十二年二月に平凡社ライブラリーに収録）もあるが、いずれも原文は載せない。

なお、風土記のテキストに関聯して、索引についても、すこしふれておきたい。

風土記索引の歴史はそれほど古いものではなく、戦前には、索引のみの単独の書は刊行されることがなかった。これに対し、戦後は、昭和三十年代後半にはいると、矢継ぎ早に風土記索引が刊行され、にわかに活況を呈するが、こうした現象が、日本古典文学大系本の刊行に呼応するものであることは、いうを俟たない。いま、それらを刊行順に示すと、①植垣節也編『風土記漢字索引』〔1〕常陸国の巻（植垣節也、昭和三十六年）・②同編『風土記漢字索引』〔2〕出雲国の巻（植垣節也、昭和三十七年二月）・③吉井巖編『風土記神人名索引』（吉井巖、昭和三十八年三月、非売品）・④植垣節也編『風土記漢字索引』〔3〕播磨国の巻（植垣節也、昭和三十八年八月）・⑤同編『風土記漢字索引』〔4〕豊後・肥前国の巻（植垣節也、昭和四十年三月）・⑥曾田文雄『風土記和語索引』（昌文社、昭和四十一年六月）・⑦渡邊寛編『風土記語句索引』（皇學館大學出版部、昭和四十五年十月）・⑧植垣節也『風土記の研究並びに漢字索引』（前掲）・⑨橋本雅之編『和泉書院索引叢書44　古風土記並びに風土記逸文語句索引』（和泉書院、平成十一年十月）である。

これらのなかには、限定した事項に関する部分的な索引もあるが、いずれも、日本古典文学大系本の繙読の際には役に立つものである。とくに、風土記本文の漢字一字一字を単位とした索引を作成された植垣節也氏の業績は、高く評価される。氏は、昭和三十五年ごろから、秋本吉郎氏の日本古典文学大系本を底本とする風土記の漢字索引作りに着手し、やがて『常陸国風土記』を対象とした①を手初めに、②・④・⑤の順で合計四冊の風土記漢字索引をつぎつぎと刊行される。そして、昭和四十七年には、上記四冊の漢字索引を一冊にまとめた⑧『風土記の研究並びに漢字索引』（前掲）をあらたに上梓する。しかも、このたびは謄写版印刷から活版印刷に切り替え、さらに風土記に関する総括的な解題や研究文献目録まで附載したので、一千頁に近い大冊となっている。同書は、旧版の誤りを正すとともに、旧版では風土記単位で分冊（『豊後国風土記』・『肥前国風土記』は合せて一冊）されていたのを一本にまとめたため、検索の手間が省け、しかも、風土記相互の用字の比較が容易になった。

強いて難点をいえば、底本にある風土記逸文が、索引作りの対象から除外されていることであろうが、これは、古風土記の逸文の認定がむつかしいことや、日本古典文学大系に掲げられた風土記逸文の底本がいま一つ明確でないことなど、索引作りのうえでいろいろ障碍となることがあったからであろう。いずれにしても、同書は、風土記の漢字索引としては空前絶後のものであり、こんにちなお不朽の価値を誇っている。

なお、⑨は、あらたに出た新編日本古典文学全集本を底本とした初の風土記索引であるが（日本古典文学大系本でも検索可）、これについては、荊木美行「風土記索引の歩み―橋本雅之編『古風土記並びに風土記逸文語句索引』の刊行によせて―」（『藝林』四九―二、平成十二年五月）がその得失を論じている。このなかでもふれたが、風土記に関しては、現代版「漢字索引」の機能をも兼ねた風土記全文のデータベースの構築が望まれる。

## 3　五風土記と逸文の研究

**【常陸国風土記】**　テキストに関しては、冒頭でふれた校訂本以外に、茨城県史編纂原始古代部会編『茨城県史料』古代編（茨城県、昭和四十三年十一月）に収録された飯田瑞穂氏による校訂本がある。同書には、校訂に利用された『常陸国風土記』諸本の解説があり、研究者に多大な便宜を与えている。「『常陸国風土記』諸本異同一覧」など、こんにち入手しがたい論文をふくめた飯田氏の一聯の業績は、『飯田瑞穂著作集』２「古代史籍の研究上　常陸国風土記　常陸・水戸の典籍」（吉川弘文館、平成十二年五月）に収録された（このほか、『常陸風土記』の写本系統については、現存する写本約四十種をくまなく調査した林崎治恵「『常陸国風土記』の伝写について」〈『古事記年報』三四、平成四年一月〉という労作がある）。

『常陸国風土記』の写本については、林崎治恵「常陸国風土記四本集成（上）（中）（下）」（『風土記研究』一〇～一二、平成二年十月・同年十二月・同三年六月）が、『常陸国風土記』の主要な写本である武田祐吉本・松下見林本・菅政友本と西野宣明校訂木版本の文字をトレースし、相互に比較・対照できるよう排列している。また、菅政友本については、かつて飯田氏が昭和三十三年六月に謄写版で字体・朱書・傍書などをふくめて原文に忠実な翻刻をおこなったが（非売品）、これが前掲飯田校訂本の底本にもなっている。なお、同本は、近年、市民の古代研究会・関東編『常陸国風土記の探究―紀行・論文・文献目録・写本―』（市民の古代研究会・関東、平成七年十二月）に写真版が掲載され、閲覧が容易になった。

ところで、『常陸国風土記』の冒頭には「常陸国国司解す」とあり、これによって、同書は、本来、国守が責任者となって中央政府に提出した解（上申文書）であったことが判明する。ただ、歴代国守のうち、だれが、いつごろ作成・提出したのかについては、はやくからいろいろな説がある。とくに、その編者については、その独自の文体とも相俟って、活発な議論がおこなわれている。この点に関する最新の研究としては、増尾伸一郎「神仙の幽り居める境」（井上辰雄編『古代東国と常陸国風土記』〈雄山閣出版、平成十一年六月〉所収）がある。増尾氏によれば、『常陸国風土記』は、一時期に集中的に編纂されたとみるよりは、和銅六年五月の撰進の詔が出た直後から編纂が開始され、郷里制への移行が図られた霊亀元年（あるいは霊亀三年〈養老元年〉か）以降もなお修訂がつづけられたと考えるべきで、撰者についても、①和銅元年（七〇八）三月任命の従五位下・阿倍狛朝臣秋麻呂、②和銅七年（七一四）十月任命の従四位下・石川朝臣難波麻呂、③養老三年（七一九）七月在任の正五位上・藤原朝臣宇合、といった複数の人物を想定する必要があるという。とくに、『常陸国風土記』には、六朝的な四六駢儷体による表現が随所にみられるほか、律令用語も多数用いられており、漢語表現や法律に通暁した人物が述作したことは、はやくから指摘されているが（さきの三人のうちの③が有力視される）、この点については、小島憲之「風土記の述作」（『國語・國文』第一六巻第四号、昭和二十二年七月、のち大幅に加筆・修正して小島氏『上代日本文學と中國文學』上〈塙書房、昭和三十七年九月〉所収）・橋本雅之「『常陸国風土記』注釈（一）〜（五）」（『風土記研究』一九〜二四、平成六年十二月〜同十一年十一月、未完）・同「『常陸国風土記』の漢語表現―中国文学の受容をめぐって―」（太田善麿先生追悼記念論文集刊行会編『太田善麿先生追悼記念論文集　古事記・日本書紀論叢』所収、平成十一年七月）などに詳しい。

『常陸国風土記』は、東国に存在する唯一の風土記で、その記載事項には、鹿島の神、嬥歌の習俗、大化の建郡（建評）など、他の史料からは得ることのできない有益な記事が多数あり、その研究もかなりの数にのぼる。これらに関する論文は、文字通り枚挙に遑がないが、個別的研究については、増田修・横山妙子「常陸国風土記研究文献目録」（市民の古代研究会・関東編『常陸国風土記の探究』〈前掲〉）に平成元年までに発表された研究論文が掲出されている。

『常陸国風土記』に関しては、地元の志田諄一氏が精力的に取り組み、『常陸国風土記とその社会』（雄山閣出版、昭和四十九年五月）・『『常陸国風土記』と説話の研究』（雄山閣出版、平成十年九月）に集成される研究を多数発表しており、井上辰雄氏にも『常陸国風土記にみる古代』（学生社、平成元年八月）など、『常陸国風土記』の記載についてのすぐれた論文が多数ある。このほか、久信田喜一氏の、地名考証に関する一聯の精緻な研究もあるが、これらはいずれも右の文献目録に譲る。

**【播磨国風土記】**『播磨国風土記』に関しては、現存する写本が、ことごとく三條西家本から派生したもので、各種のテキストもこれを底本としていることは、周知のとおりである。この三條西家本は、のちに天理大学附属天理図書館の所蔵に帰し、その写真版が『天理図書館善本叢書　古代史籍集』（八木書店、昭和四十七年七月）にも収められた。

同家本は、すでに大正十五年に古典保存会から大判の複製本が刊行されているが、現在では稀覯書に属するので、『天理図書館善本叢書』の出版は時宜を得た企画である。

『播磨国風土記』テキストの活字本や注釈書については、すでに冒頭で紹介したので、ここでは繰り返さないが、『兵庫県史』史料編古代一（兵庫県、昭和五十九年八月）にもその全文が収録されている。

なお、『播磨国風土記』の注釈的研究では、植垣節也「播磨国風土記注釈稿（一）〜（一七）」（『風土記研究』一〜一七、昭和六十年十月〜平成五年十二月）の存在を忘れてはならない。これは、『播磨国風土記』全篇にわたる詳細な注釈で、植垣氏積年の研究成果をもとにした新説が随所に盛り込まれている。たとえば、氏は、従来、印南郡の冒頭と解されてきた「一家云、所㆑以㆑号㆓印南㆒者、穴門豊浦宮御宇天皇、与㆓皇后㆒倶、欲㆑平㆓筑紫久麻曽国㆒、下行之時」以下の箇所について、風土記の編述当時印南郡が存在した確証はなく、ここも賀古郡についての記述だとされるが（「播磨国風土記注釈稿（二）」『風土記研究』二、昭和六十一年六月）、これは、『播磨国風土記』全体の構成を考えるうえで、重要な指摘である。

ところで、『播磨国風土記』は、郷里制の実施時期とのかかわりから、霊亀元年（七一五）以前の成立とみられ、比較的早い段階で撰進された風土記の一つと考えられている。また、編者については、当時国司として播磨に赴任していた巨勢邑治（和銅元年三月播磨守任）・石川君子（霊亀元年五月播磨守任）・楽浪河内（和銅五年七月当時大目）が候補にあげられている。ただし、『出雲国風土記』の項でのべるように、郷里制の実施時期については、これを霊亀三年まで繰り下げる説があるので、こうした新説をいかに『播磨国風土記』の成立にあてはめていくかは、今後の課題である。

なお、秋本吉郎「播磨国風土記未精撰考」（『大阪経大論集』一二、昭和二十九年十一月、のち秋本氏『風土記の研究』〔大阪経済大学後援会、昭和三十八年十月〉所収）は、『播磨国風土記』が未精撰であり、その祖本は国衙に存在した稿本であったとするが（この説は、日本古典文学大系本「解説」でも繰り返されている）、この点については、小島憲之「風土記の述作」（前掲）に反論がみえる。

『播磨国風土記』に関する個別的研究については、落合重信「播磨国風土記研究文献目録」、島田清「『播磨国風土記』研究史」（ともに『歴史と神戸』二〇―六、昭和五十六年十二月）、岩坂純一郎「『播磨国風土記』研究文献一覧」（『風土記研究』二〈前掲〉）、塚口義信・岩坂純一郎「文献解題・研究文献目録」（櫃本誠一『風土記の考古学②『播磨国風土記』の巻』〈同成社、平成六年八月〉所収）があるので、詳細はこれらに譲るが、概していえば、近年、考古学・歴史地理学の研究がいちじるしく進み、その結果、『播磨国風土記』に記載される駅やそれを結ぶ交通路に関する研究が進んだ。この方面の研究としては、今里幾次『播磨考古学研究』（今里幾次論文集刊行会、昭和五十五年三月）・高橋美久二『古代交通の考古地理』（大明堂、平成七年四月）などがある。

また、『播磨国風土記』については、『古事記』・『日本書紀』にはみえない独自の記事も多く、そうした記述をよりどころにした研究が進んでいる。たとえば、『播磨国風土記』に、神功皇后の別称としてオホタラシヒメの名がしるされていることをてがかりに、神功皇后伝説の成立過程について新局面を開いた塚口義信「大帯日売考―神功皇后伝説の史的分析―」（三品彰英編『日本書紀研究』第五冊〈塙書房、昭和四十六年一月〉所収、塚口氏『神功皇后伝説の研究』〈創元社、昭和五十五年四月〉所収）、『播磨国風土記』に多数登場する天皇名やその郡別の分布を通じて、播磨地方における天皇系譜の伝承状況を考察した長山泰孝「播磨国風土記と天皇系譜」（亀田隆之先生還暦記念会編『律令制社会の成立と展開』〈吉川弘文館、平成元年十二月〉所収、のち長山氏『古代国家と王権』〈吉川弘文館、平成四年十月〉所収）、『常陸国風土記』・『播磨国風土記』にみえる総領・国宰・国司の用例に着目し、大宝以前における総領と国宰の併存を推定した薗田香融「国衙と土豪との政治関係―とくに古代律令国家成立期における―」（『古代の日本』第九巻〈角川書店、昭和四十六年十月〉所収、のち改題して薗田氏『日本古代財政史の研究』〈塙書房、昭和五十五年六月〉所収）などが、それである。

なお、これは『播磨国風土記』に限ったことではないが、近年、自治体史が相次いで企画され、それが風土記の研究に大きく貢献している。『播磨国風土記』に関していえば、兵庫県史編集専門委員会編『兵庫県史』第一巻（兵庫県、昭和四十九年三月）・同史料編古代一（前掲）の出版をはじめとして、『播磨国風土記』に関係の深い赤穂市・小野市・加古川市・龍野市・姫路市などで市史の編纂がおこなわれている（編纂中のものもある）。

**【出雲国風土記】**『出雲国風土記』のテキストに関しては、秋本吉徳編『出雲国風土記諸本集』（勉誠社、昭和五十九年二月）の刊行が特筆される。ここには、『出雲国風土記』の主要写本である、細川家本・倉野本・日御埼本・萬葉緯本の写真版が収録されている。このほか、六所神社本・出雲国府総社本・日御埼本の影印本も刊行され、写本系統の研究に便宜を与えた。また、校訂本では、田中卓氏が、桑原家本『出雲風土記抄』を底本とした「校訂・出雲国風土記」（平泉澄監修『出雲国風土記の研究』〈出雲大社、昭和二十八年七月〉所収）を『出雲国風土記の研究　田中卓著作集8』（国書刊行会、昭和六十三年五月）に収録するにあたって、あらたに細川家本を校合に加え、全面的な改訂を施している。

『出雲国風土記』の注釈書では、加藤義成『出雲国風土記参究』（今井書店、昭和三十二年十月初版、のち同三十七年十一月に改訂増補版が出、同五十六年五月に改訂三版、平成四年十二月に改訂四版が刊行）・『校注出雲国風土記』（千鳥書房、昭和四十年十二月）がよく知られているが、近年、荻原千鶴全訳注『出雲国風土記』（講談社、平成十一年六月）が出た。

周知のように、『出雲国風土記』は、施設・交通路・物産・地名起源伝承など、さまざまな事象について詳細な記述があり、しかもそれが国内にあまねくわたっていることから、風土記の記載事項を取り上げた個別的研究は、文字通り枚挙に遑がない。また、冒頭の「右件郷字者、依㆓霊亀元年式㆒、改㆑里為㆑郷」とされる郷里制の実施を示す記事や、地名変更に関する「神亀三年民部省口宣」など、史料として貴重な記載もある。とくに、郷里制の実施時期については、最近、鎌田元一氏が、平城京跡から出土した和銅八年の計帳軸や長屋王家木簡をてがかりに、郷里制の施行を霊亀三年にまで繰り下げ、『出雲国風土記』の「霊亀元年」も「三年」の誤写ではないかとの疑問を提出しておられる（鎌田元一「郷里制の施行と霊亀元年式」上田正昭編『古代の日本と東アジア』〈小学館、平成三年五月〉所収・同「郷里制の施行　補論」『長岡京古文化論叢』所収）。この記事は、他の風土記の成立年代の推定にもかかわる重要な史料だけに、今後の研究の進展が注目される。

なお、ここでは、風土記の内容に関する個別的研究にはいちいちふれないが、いくつかの専著のみ紹介しておく。水野祐『出雲国風土記論攷』（早稲田大学古代史研究会、昭和四十年十一月、のち昭和五十八年九月に東京白川書院から復刊）は、戦後出た『出雲国風土記』関係の専著のなかでも、比較的早い時期の、ユニークな研究であるが、近年に至って、重厚な研究書が相次いで刊行され活況を呈している。瀧音能之『出雲国風土記と古代日本―出雲地域史の研究―』（雄山閣出版、平成六年四月）・関和彦『古代出雲世界の思想と実像』（大社文化事業団、平成九年三月）・内田律雄『出雲国造の祭祀とその世界』（大社文化事業団、平成十年十一月）・瀧音能之『古代出雲の社会と信仰』（雄山閣出版、平成十年十二月）などはその例であるが、服部旦氏による一聯の風土記地名に関する労作など、ここ十数年のあいだに『出雲国風土記』の研究は精緻を極めたといってよい。精緻といえば、島根県古代文化センターが刊行する『出雲国風土記の研究Ⅰ秋鹿郡恵曇郷調査報告書』（島根県古代文化センター、平成九年三月）は、秋鹿郡恵曇郷をフィールドとした精緻な共同研究である。恵曇郷に限定した調査ではあるが、郷内の地名・景観・神社などについて検討した、詳細な報告書である。今後、このような調査が継続され、他の郷にも及べば、『出雲国風土記』の研究はさらに進展するであろう。

また、近年、同センターが、古代文化叢書として朝山皓氏・加藤義成氏といった先達の論文を整理・刊行していることも注目される。加藤義成『出雲国風土記論究』上・下（島根県古代文化センター、平成七年三月・同八年年三月）・朝山皓『風土記・神・祭りⅠ出雲国風土記論』（同センター、平成十年三月）・同『風土記・神・祭りⅡ出雲国風土記とその周辺』（同センター、平成十一年三月）などが、それである。これらは、たんに先人の顕彰という意味だけではなく、今後の研究の方向性を探るうえでも重要な意味をもつ。さらに、同センターでは、平成五年三月から年一回研究紀要として『古代文化研究』を発行しているが、毎号、風土記にかかわる論文が多く掲載されている。なかでも四号以下に連載中の関和彦「『出雲国風土記』註論」は綿密な考証とフィールドワークに支えられた、詳細な注釈的研究である。また、平成二年には出雲古代史研究会が発足し（代表者野々村安浩・関和彦）、機関誌『出雲古代研究』（年一回発行、平成十一年七月に九号が出ている）の発行や年一回の研究会の開催などによって、風土記の研究に貢献していることも附言しておく。

なお、『出雲国風土記』に関する研究については、加藤義成校注『出雲国風土記』（報光社、平成九年九月改版十二刷）巻末の小糠しのぶ「出雲國風土記関係著書・論文目録」や、山本清編『風土記の考古学③『出雲国風土記』の巻』（同成社、平成七年十二月）巻末の、野々村安浩・平石充「文献解題」があるが（ただし、論文目録は、昭和五十年以降の主要なもの）、島根県立図書館では独自に『出雲国風土記に関する参考文献目録』１・２（請求番号 092.9/408-1･2）を作成して利用者に供している。

**【豊後国風土記・肥前国風土記】**九州地方の風土記は、共通点も多いので、ここで一括して取り扱う。

まず、『豊後国風土記』。『豊後国風土記』でもっとも注目されるのは、近年、永仁五年（一二九七）書写の奥書をもつ現存最古の写本である冷泉家本が発見されたことである。『豊後国風土記』の写本については、植垣節也「豊後国風土記の伝写について」（『親和国文』六、昭和四十八年一月）・同「豊後国風土記・古注集成稿（上）（下）」（『親和国文』八・十一、昭和四十九年四月・同五十二年三月）・同「豊後国風土記四本集成」（『風土記研究』八、平成元年十二月）という一聯の労作があるが、冷泉家本の発見によって、『豊後国風土記』の本文研究はあらたな局面を迎えた。この冷泉家本は、神道大系本の校合に利用され、さらには新編日本古典文学全集本の底本にも用いられたが、冷泉家時雨亭文庫編『冷泉家時雨亭叢書47　豊後国風土記　公卿補任』（朝日新聞社、平成七年六月）にその写真版が収録された。

『豊後国風土記』の成立については、後述の『肥前国風土記』とともに、『日本書紀』との関係が問題となる。周知のように、『豊後国風土記』・『肥前国風土記』に多く登場する景行天皇巡行説話は、景行天皇紀を参考にした可能性が大きく、それが事実ならば、現存本『豊後国風土記』・『肥前国風土記』（いわゆる甲類風土記）は、ともに『日本書紀』の撰進（養老四年〈七二〇〉）以後の成立となる。ただ、この問題は、九州地方に存在するいま一つの風土記、すなわち乙類の存在ともかかわって、なかなか解決の糸口がみえない。這般の研究史を整理したものに、荊木美行「九州風土記の成立をめぐって」（『皇學館論叢』二八―二、平成七年四月、のち改稿して荊木『古代史研究と古典籍』〈皇學館大學出版部、平成八年九月〉所収）があるが、現状では明快な結論は得られていない。

なお、『豊後国風土記』については、その冒頭に「郡捌所、〈郷四十、里一百一十。〉駅玖所、〈並小路。〉烽伍所〈並下国。〉寺弐所。〈一僧寺・一尼寺。〉」とある、駅・交通路・寺院の解明が大きな課題であるが、後藤宗俊「豊後における古道と駅制」・真野和夫「豊後の寺々」（いずれも、小田富士雄編『風土記の考古学④『豊後国風土記』の巻』〈同成社、平成七年五月〉所収）が近年の研究動向を手際よく紹介しているし、駅の所在と交通路に関しては、西別府元日の一聯の研究が注目される。このほかにも、風土記の記載内容に関する研究は多いが、それら個別的研究については、小田富士雄編『風土記の考古学④『豊後国風土記』の巻』（前掲）巻末の西別府元日「文献解題」を参照されたい。

つぎに、『肥前国風土記』。『肥前国風土記』のテキストについては、平安時代の書写とみられる猪熊本がもっとも信頼のおける写本であることは、周知のとおりである。ただ、この猪熊本が、曼珠院本とどのような関係をもつのかという点については、曼珠院本が所在不明の現在、なお議論の餘地が残る。秋本吉郎「風土記の近世伝播祖本」（『日本学士院紀要』一六―二、昭和三十三年七月、のち秋本氏『風土記の研究』〈前掲〉所収）は、猪熊本＝曼珠院本とみたが、この点については異論もある。藤井恵子「校本『肥前国風土記』実観本（上）・（下）」（『風土記研究』二〇・二一、平成七年六月・同年十二月〉所収）は、植垣節也「肥前国風土記の伝写について」（境田教授喜寿祈念論文集『上代の文学と言語』〈前田書店、昭和四十九年十一月〉所収）の紹介した実観本系の内閣文庫甲本・松崎義勝書写本・岩崎文庫本を用いて猪熊本と曼珠院本の関係を探ろうとするが、最終的な結論は出ていない。なお、糸山貞幹『肥前風土記纂註』に曼珠院本が引用されていることから、これを用いて曼珠院本の復原を試みた林崎治恵「『肥前風土記纂註』の風土記本文」（『風土記研究』一六、平成五年六月）もあるが、曼珠院本の全貌を解明するには至らない。

『肥前国風土記』の記載事項については、さまざまな角度から研究が進んでいるが、やはり、『豊後国風土記』と同様、冒頭に「郡壱拾壱所。〈郷七十、里一百八十七。〉駅壱拾捌所。小路。烽壱拾所。下国。城壱所。寺弐所。僧寺」としるされる交通路、通信・軍事施設、寺院などに対する関心が高い。小田富士雄編『風土記の考古学⑤『肥前国風土記』の巻』（同成社、平成七年十月）所収の田平徳栄「古代の山城と防衛」・日野尚志「肥前国の条里と古道」・小田富士雄「肥前の奈良時代寺院跡」の三篇は、これらの問題に対する近年の研究動向をよく整理しているが、とくに交通路に関しては、日野氏らの歴史地理学的研究によって、かなりあきらかになっている。

このほか、『肥前国風土記』には、この地方独特の海産物に関する記載があり、さらには、この地方における隼人の居住を示唆する記事もみえているが、これらについては、今後、考古学的な調査によってあらたな知見が得られる可能性がある。

なお、『肥前国風土記』に関する文献については、北條秀樹「文献解題・目録」（小田富士雄編『風土記の考古学⑤『肥前国風土記』の巻』〈前掲〉所収）に詳しい。

【風土記逸文】風土記逸文の採輯作業は、江戸時代初期に林羅山が着手し、その後、今井似閑・狩谷棭斎・伴信友らによって継承され、栗田寛『纂訂古風土記逸文』（大日本図書株式会社、明治三十一年八月）・同『古風土記逸文考證』（大日本図書株式会社、明治三十六年六月、のち昭和五十二年六月に有峰書店から復刻）によって、いちおうの集成をみた。日本古典文学大系本は、これらの逸文に、その後採択されたものを加え、その原文と書き下し文と頭注を掲げているが、逸文をその信憑性によって三段階にわけているのが特徴である。また、ややおくれて出た日本古典全書本には、小野田光雄氏の作成された「風土記逸文一覧表」が附されており（この一覧表は、のち小野田光雄『古事記　釈日本紀　風土記ノ文献学的研究』〈続群書類従完成会、平成八年二月〉所収）、氏が古風土記の逸文と認めたものには、表中◎が印されている。

ただ、これらの注釈書が、逸文の信憑性に対する校注者自身の考えを明確に打ち出しながらも、古風土記の逸文とはみなしがたいものまで掲げ、先人が採択した逸文に「未練」を残したことは、利用するものを混乱させる結果を招いた。古風土記の逸文としては疑わしい点があるにもかかわらず、それを利用するひとが後を絶たないのも、これらの注釈書が、そうした逸文まで掲載したことに大きな原因がある。

その意味で、新編日本古典文学全集本が、古風土記の逸文と認められるものと、そうでないものを明確に区別する方針を打ち出したことは劃期的であるが、これと前後して出た、荊木美行・野木邦夫「風土記逸文一覧稿」（『史料』一五六、平成十年八月）・荊木美行「古風土記逸文集成」（荊木『風土記逸文入門』〈国書刊行会、平成九年五月〉所収）などでは、古風土記逸文の整理と認定に関する作業も進められている。近く翰林書房から刊行される上代文献を読む会編『風土記逸文註釈』も、古風土記逸文のみを対象としているという。

なお、新編日本古典文学全集本は、風土記逸文の原文に関して、現在みることのできる、もっとも信頼できる写本を採用する方針を採っており、逸文のテキストとしてもすぐれているが、風土記逸文を多く引用する『釈日本紀』・『萬葉集註釈』の二書については、小野田光雄「釈日本紀と風土記」（『風土記研究』五、昭和六十二年十二月、のち小野田氏『古事記　釈日本紀　風土記ノ文献学的研究』〈前掲〉所収）や荊木美行「仙覚『萬葉集註釈』所引の風土記逸文について」（井上辰雄編『常陸国風土記と古代東国』〈前掲〉所収）といった校訂本も出ている。さらに、『釈日本紀』については、もっとも良質な写本である前田育徳会尊経閣文庫所蔵本の複製本が昭和五十年に吉川弘文館より刊行されているし、『萬葉集註釈』については、現存最古の古写本である冷泉家時雨亭文庫本（巻一・三のみ現存、冷泉家時雨亭文庫編『冷泉家時雨亭叢書39　金沢文庫本万葉集巻第十八　中世万葉学』〈朝日新聞社、平成六年十月〉にその写真版が収録されている）をはじめとして、仁和寺本（第二～十のみ現存、京都大学文学部国語学国文学研究室編『仁和寺蔵　萬葉集註釈』〈臨川書店、昭和五十六年五月〉所収）・国文学研究資料館本（五巻のうち巻第一・二が、小川靖彦「国文学研究資料館蔵『萬葉集註釈』紹介と巻第一翻刻―仙覚『萬葉集註釈』の本文研究に向けて―」『国文学研究資料館紀要』二一、平成七年三月、同「翻刻　国文学研究資料館蔵『萬葉集註釈』巻第二」『和光大学人文学部紀要』三一、平成九年三月、に飜刻されている）などの、本文研究の材料となる諸本の紹介も、着実に進んでいる。

また、これとはべつに、逸文が、いつごろ、誰の手で、どのようにおこなわれたのかを検証する調査もおこなわれている。荊木美行「賀茂別雷神社三手文庫所蔵『萬葉緯』について―巻第十八「諸書所引風土記」を中心に―」（『皇学館大学文学部紀要』第三八輯、平成十一年十二月）・同「伴信友『古本風土記逸文』について」（『国学院大学日本文化研究所紀要』八五輯、平成十二年三月）などがそれである。

なお、風土記逸文の内容に立ち入った個別的研究は、逸文の数に比例してかなりの点数にのぼるが、それらのうち、主要なものは、荊木美行『風土記逸文研究入門』（前掲）附録の「風土記逸文関係文献解説」に掲出されているし、近年の逸文研究の動向を素描したものとしては、同「風土記逸文研究の現状と課題」（『史料』一四八、平成九年四月）がある。

## 4　おわりに

以上、駆け足で、風土記研究の現状を振り返ってきたが、最後に、その補足を兼ねて、全体的なことをのべておきたい。

風土記に関する研究は、戦後飛躍的に進んだが、冒頭でもふれたように、日本古典文学大系本の刊行がその大きな原動力となったことは疑うべくもない。さらに、昭和六十年から植垣節也氏の尽力により、風土記研究会が発足し、機関誌『風土記研究』を発行したことも、風土記研究の拡充という意味では、大きな役割を果たした。従来、風土記を研究対象とする研究者の数はかならずしも多いとはいいがたかったが、近年、風土記の研究に専心する若手研究者が増え、各自が活発な研究を展開していることは頼もしいかぎりである。

また、風土記研究の充実ということでいえば、考古学・歴史地理学的研究の発展が風土記研究の活性化に繋がっていることも見逃しがたい。風土記が地理書である以上、その地理学的考察はもっとも大切であるが、風土記にしるされた郡家・駅家、さらにはそれらを結ぶ交通路については、やはり、考古学・歴史地理学的方法によるフィールドワークが有効である。その意味で、古代交通研究会（代表・木下良）の発足も風土記の地理学的研究に大きく貢献しているといえよう。今後の研究では、こうした隣接分野の成果をいかにうまく吸収していくかが、これまで以上に重要な課題となるであろう。近年、坪井清足・平野邦雄監修『新版［古代の日本］』全十巻（角川書店、平成三年十一月～同五年七月）や水野祐監修『古代王権と交流』全八巻（名著出版、平成六年五月～同八年十一月）が刊行されたことは、総合的な地域史の確立を目指した、新しい動きとして注目されるし、『風土記の考古学』全五巻（同成社、平成六年五月～同七年十二月）の刊行も、時宜を得たものである。

ただ、これに対して、現在低調なのは、中国の地誌との比較研究である。日本古代の風土記が、中国の地誌の類に範をとっていることは周知の事実だが、具体的には、その記述・体裁などの点においてどれほど影響を蒙っているのか、詳細な研究は乏しいように思われる。羅振玉の鳴沙石室佚書所収の『沙州図経』などと、我が国の風土記とのあいだにその書法において酷似する点があることは、はやくから指摘されているが、この点を深く掘り下げていくことは、風土記研究に新たな局面をもたらしてくれるであろう。

〔附記〕

小論を執筆してから、はやくも八年が経過し、その間に風土記の研究は格段に進んだ。本来なら、その後の成果を盛り込んで補訂を加えるべきであるが、部分的な加筆ではとても追いつかないので、旧稿のままとした。その後の研究史については、後日を期したい。

なお、本文中で紹介した関和彦「出雲国風土記註論」は、その後、同氏の『出雲国風土記註論』（明石書店、平成十八年八月）という大冊にまとめられており、上代文献を読む会編『風土記逸文注釈』も、平成十三年二月に翰林書房から刊行されたことを附記しておく。

# 第一章　風土記の編纂と唐代の地誌

## はじめに

先頃、筆者は、秋本吉郎校注日本古典文学大系2『風土記』（岩波書店、昭和三十三年四月）の登場から、本格的な風土記の注釈書として四十数年ぶりに登場した植垣節也校注・訳新編日本古典文学全集5『風土記』（小学館、平成九年十月）の刊行に至るまでの風土記研究を回顧し、あわせて今後の課題について考えたことがある。そのなかで、つぎのようなことを指摘した。(1)

現在低調なのは、中国の地誌との比較研究である。日本古代の風土記が、中国の地誌の類に範をとっていることは周知の事実だが、具体的には、その記述・体裁などの点においてどれほど影響を蒙っているのか、詳細な研究は乏しいように思われる。羅振玉の鳴沙石室佚書所収の『沙州図経』などと、我が国の風土記とのあいだにその書法において酷似する点があることは、はやくから指摘されているが、この点を深く掘り下げていくことは、風土記研究にあらたな局面をもたらしてくれるであろう。

風土記と中国の図経（後述）については、はやく戦前に、青山定雄氏(2)や坂本太郎氏(3)が、ほぼおなじころ、両者の密接な関係を指摘したことがあり、ややおくれて森鹿三氏も、風土記における図経の影響について論じておられる。(4)しかしながら、その後は、この方面に関する新しい研究が発表されることもないまま、こんにちに至っている。

中国の地誌との比較研究がむつかしい理由としては、律令法におけるような、顕著な影響が見出しがたいこと、唐代の地誌には現存するものがきわめて少なく、比較の材料に乏しいこと、などがあげられる。しかし、それでも、史料は皆無ではない。日本古代の律令国家が、あらゆる点で、中国の制度を範としていることを考えると、ひとり風土記のみが例外であるとはいいがたい。

結論を先にのべるようだが、筆者は、風土記は、図経を中心とする、唐代地誌の影響のもとに企画・編纂されたものであると考えている。これは、右に紹介した諸氏がすでに指摘しておられることだが、細部にわたる比較研究が進んでいるとはいいがたい。筆者も、この問題について、じゅうぶんな準備を整えているわけではないが、期待するような研究があらわれない現状では、まず、みずからが考えているところを開陳しておく必要があると思い、さきに小論を公にした[5]。ただ、このときには、紙幅の制限もあって、意を尽くすことができなかった。そこで、今回、筆硯をあらたに本稿を世に問う次第である。はなはだおぼつかない素描ではあるが、諸賢の忌憚のないご批判を乞う次第である。

## 一、唐代における地誌の編纂

はじめに、唐代を中心とする中国の地誌編纂の制度と沿革について、青山氏の研究[6]などをもとに、かんたんにふれておきたい。

唐代には、地方誌（方志）と、それにもとづく総誌（総志）が編纂されるようになる。

総志では、魏王李泰が、貞観十二年（六三八）に司馬蘇勗らに編纂を命じた『括地志』五百五十巻がはやい例だが、時代がくだると、直接治政の参考とする必要から、貞元十七年（八〇一）には地理学者賈耽の『古今郡国県道四夷述』四十巻が、元和八年（八一三）には宰相李吉甫『元和郡県図志』四十二巻が、それぞれ編纂されている。とくに、『元和郡県図志』は、図は亡佚したものの、志のほうはかなりの部分が残存しており、逸文を蒐集した清の孫星衍輯『元和郡県図志闕巻逸文』一巻とあわせて、こんにち、われわれがまとまってみることのできる数少ない総志の一つである。

なお、これと関聯して、陸路や漕運河に詳しい地図もたびたび編纂された。太宗の世に十道の区劃が開始されたのをうけて、則天武后の長安四年（七〇四）に『長安十道図』が、中宗の時代（六八四〜七〇九）には梁載言が『十道四蕃志』が、玄宗の開元三年（七一五）には『開元十道図』が、それぞれ作製されている。

こうした総志に対し、地方では方志が編纂されたが、それらはおおむね、①某州記・某記・某志と称するもの、②風俗・風土の文句を用いるもの、③図経、の三種に分かつことができる。

①は、後漢末から六朝にかけて盛んに編纂された地誌の流れを汲むものである。これらはおもに南朝で流行したが、多くは文化的伝統の古い土地か、地方の中心なる土地を対象としたものである。

こんにちほぼ完全に近いかたちで残っているのは、東晋の常璩がまとめた『華陽国志』のみである。これは、現在の四川、すなわち巴蜀地方についてしるしたものである。

唐代のものでは、唐末の王徳璉『鄱州記』上下や陸広微『呉地記』一巻が有名である。とくに、後者は、江蘇・浙江方面の地理・古蹟・名所をのべたもので、後補とみられる記事も存在するものの、散逸したものが採輯・整理されており、それによって、ある程度内容をうかがうことが可能である。

つぎに、②は、風俗録・風俗記・風土記などと名づけられたもので、地方の風俗土産その他を重点的に記載するのが特徴である。唐末昭宗の頃の莫休符『桂林風土記』三巻などがそれで、同書は部分的に現存している。

ただ、以上の二種は、方志のなかではどちらかといえば傍系で（しかも、おおむね私撰）、唐代、もっぱら方志の主流をなしたのは、北朝の系統に属する③の図経である。これは、唐が北朝の流れを汲む王朝であることを考慮すると、むしろ当然のことである。

図経とは、地図とそれに附随する解説をいう。本来、地図が主であったことは、解説部分を「図副」と称することからもあきらかである。

図経は、後述のように、すでに隋代から作製され、唐代、それも玄宗の頃から盛んに作られるようになるが、これは図経の作製に関する制度の整備とかかわりがあると思われる。

地図を掌る官職のことは、はやく『周礼』夏官にみえており、そこには、

　職方氏掌天下之図。以掌天下之地。辨其邦国。都。鄙。四夷。八蛮。七閩。九貉。五戎。六狄之人民。与其財用九穀。六畜之数要。周知其利害。

とある。くだって、唐代のことは、『唐六典』尚書兵部巻第五、職方郎中条に、

　職方郎中。員外郎掌天下之地図及城隍。鎮戍。烽候之数。辨其邦国。都鄙之遠邇及四夷之帰化者。（後略）

とあるように、尚書省兵部の職方郎中が「天下之地図」のことを管掌していた。職方郎中のことは、『新唐書』巻四十六、志三十六、百官一、兵部職方郎中員外郎条にも、

　職方郎中。員外郎各一人。掌地図。城隍。鎮戍。烽候。防人道路之遠近及四夷帰化之事。（後略）

としるされており、やはり、「地図」のことを掌っていたことがわかる。

ちなみに、この職方郎中が尚書省兵部の所属であったところから判断すると、ここで扱う地図は、軍事上の参考

とされたのであろう。

職方郎中に相当する職方中大夫は、隋、さらには北周に存在したが、[7] この職方中大夫も、おそらくは地図のことを掌っていたと思われる。ただし、『隋書』巻三十三、志第二十八、経籍二をみても、北朝の地誌はきわめて少なく、本格的な地誌の編纂は、隋の成立を俟たねばならなかった。[8]

隋代に大規模な地誌の編纂がおこなわれたことは、『隋書』巻三十三、志第二十八、経籍二に、

隋大業中。普詔天下諸郡。条其風俗物産地図。上于尚書。故隋代有諸郡物産土俗記一百五十一巻。区宇図志一百二十九巻。諸州図経集一百巻。其餘記注甚衆。今任・陸二家所記之内而又別行者。各録在其書之上。自餘次之於下。以備地理之記焉。

としるされるとおりである。すなわち、これによれば、煬帝の大業年間（六〇五～六一八）に、『諸郡物産土俗記』・『区宇図志』・『諸州図経集』の三種の地誌が完成したという。

最初の『諸郡物産土俗記』は、右の文に「諸郡物産土俗記一百五十一巻」とあるもので（撰者は未詳）、郡別の物産や風俗をしるした書物であろう。また、二つ目の『区宇図志』は、『旧唐書』に「区宇図一百二十八巻　虞茂撰」とみえるもので、地方別の図経であったと考えられる。最後の『諸州図経集』は、郎蔚之の撰にかかるもので、その名のとおり、州単位の図経であろう。[9] この『諸州図経集』については、清朝の王謨が編纂した『漢唐地理書鈔』にその逸文が『隋州郡図経』として採輯されており、片鱗をうかがうことができる。

なお、さきに引いた『唐六典』尚書兵部巻第五、職方郎中条には、

凡地図委州府。三年一造。与板籍偕上省。

とあることから、地方の図経は「三年一造」が義務化されていたことがわかる。あるいは、開元七年（七一九）・

同二十五年（七三七）の公式令には、右の『唐六典』の記載に相当する条文が存在したのかも知れない。

この「三年一造」の制は、『唐会要』巻五十九、尚書兵部職方員外郎条に、

建中元年十一月二十九日。請〔諸〕州図毎三年一送職方。今改五年一造送。如州縣有創造及山河改移。即不在五年之限。後復故。

とあることから、建中元年（七八〇）に「五年一造」に改められ、のちに旧に復したことが知られる。『新唐書』巻四十六、志三十六、百官一、兵部職方郎中員外郎条が、さきに引用した記事につづけて、

凡図経。非州縣増廃。五年乃修。歳与版籍偕上。

としるすのは、改正後の制度をしるしたものである。[10]

## 二、図経の書式と内容

右にのべた上納制度は、隋から唐初にかけて整備されたとみられる。これをうけて地方からは夥しい数の図経が提出されたが、それらは、おおむね一巻からなるかんたんなものであったらしい。[11]

もっとも、この時代の図経で、完全なかたちで現存するものは皆無で、かつては、『太平御覧』・『太平広記』など、後代の類書等に引用されたわずかな記事から、その内容をうかがうにすぎなかった。

ところが、二十世紀初頭に中国西陲の地敦煌で、この地方の図経の残巻が数種発見され、一躍学界の注目を集めた。敦煌石室で発見された地理書は、文字通りの断簡零墨もふくめて十一種にのぼるが、その内訳は、つぎのとおりである。[12]

①貞元十道録（P二五二二）[13]
②諸道山河地名要略（P二五一一）
③地志残巻（敦煌県博物館写経類第五八号残巻）
④沙州都督府図経（P二〇〇五・P二六九五・P五〇三四・S二五九三背）
⑤沙州志断片（S七八八）
⑥沙州城土鏡（P二六九一）
⑦寿昌県地鏡（敦煌在住藺氏所蔵）[14]
⑧敦煌録（S五四四八）
⑨沙州伊州地志（S三六七）
⑩西州図経（P二〇〇九）
⑪地志残缺（S六〇一四）

日比野丈夫氏の分類によれば、①〜③が総志、④〜⑪が方志である。[15] これらは、いずれも残巻とはいえ、図経の実例だけに、日本の風土記との比較研究の重要な材料となることはいうまでもない。とりわけ、④の『沙州都督府図経』（『沙州図経』）は、ただ一つ風土記編纂の官命発布（和銅六年＝七一三年）以前の成立と考えられること、全体の体裁や構成が把握できること、全体の三割程度とはいえ、敦煌石室発見の地志のなかではもっとも原文の残りが多いこと、などの点から、貴重である。また、⑦や⑨のような後代の敦煌方志には、④からの直接間接の引用文・抄略文が多くふくまれており、同書が「九世紀に至るまで沙州地志の代表的存在として大きな役割を果たし」たことも見逃してはならない。[16]

そこで、以下は、④についてやや詳しくみておこう。

④については、その書名・成立年代において不明確な点があるが、現在のところ、「沙州図経は上元三年〈六七六〉以後の数年間に原型が成立し、武周の証聖元年〈六九五〉に大幅な補訂が加わり、開元初年〈七一三〉に部分的挿入を経てのち、永泰二年〈七六六〉に沙州都督府図経と改称」[17]されたとする、池田温氏の見解がもっとも妥当だと思われる。おなじ④の写本でありながら、S二五九三背には「沙州図経」とあり、P五〇三四には「沙州都督府図経」とあるのも、こうした重層的な加筆・挿入を前提にすると納得がいく（なお、以下は、ひとまず、「沙州図経」の名称で統一する）。

『沙州図経』は、S二五九三背の記載から、全五巻で構成され、第一～三巻が沙州、第四巻が敦煌県、第五巻が寿昌県に関する記載にあてられていたことがわかるが、現在、巻首数行（S二五九三）と巻三の大部分（P二〇〇五・P二六九五）と巻五の半ば（P五〇三四）が残る。

残巻によって知られる項目は、沙州末部についての巻三が、水（甘泉水・苦水・独利河水・縣泉水）・渠（七所）・壕塹水（一所）・沢（三所）・堰（二所）・故堤（一所）・殿（一所）・鹹鹵・塩池水（三所）・興胡泊（一所）・駅（一十九所）・州学・県学・医学・社稷壇（二所）・雑神（四所）・異怪（一所）・廟（二所）・冢（一所）・堂（三所）・土河（一所）・古城（四所）・張芝墨池・祥瑞（廿）・歌謡、である。

つぎに、その具体的な記述をあげておこう。

『沙州図経』巻三の現存部分には、まず、水・渠・沢・堰・鹹鹵・塩池水といった水利関係の施設などについて、つぎのような記載が存在する。

北府渠　　長卌五里

右源在東三里。甘泉上中河斗門。為其渠北地下毎年破壊。前涼時刺史揚宣。以家粟万斛。買石修理。於今不壊。其斗門。壘石作。長卌歩。闊三丈。高三丈。昔燉煌置南府。北府。因府以為渠名。

（中略）

馬圏口堰

右在州西南廿五里。漢元鼎六年造。依馬圏山造。因山名焉。其山周廻五十歩。自西涼已後。甘水湍激。無復此山。

こうした渠に関しては、すでに『漢書』に溝洫志の一篇があり、中国では、古くから水利に深い関心が寄せられていたことがうかがえる。

つぎに、駅については、

横澗駅

右在州東北六十里。北去白亭駅廿里。刺史陳玄珪。為中間迂曲奏請。奉證聖年元年十二月卅日。勅置。駅側有澗。因以為名。

などといった詳細な記載があり、さらに、州学・県学・医学など、学校・社稷壇等の建造物についての記述がつづく。そして、最後に、堂・土河・古城などの古蹟について、

嘉納堂

右按西涼録。涼王李暠庚子五年。興立泮宮。増高門。学生五百人。起嘉納堂於後園。図讃所志。其堂毀除。其階尚存。其地在子城東北羅城中。今為効穀府。

とか、

一所土河

右周廻州境。東至磧口亭。去州五百一十里一百歩。西至白山烽。去州卅里。南至沙山七里。北去神威烽。去州卅七里。漢武帝元鼎六年。立以為匈奴禁限。西涼王李暠建初十一年。又修立。以防奸寇。至随開皇十六年廢。

とか、

古阿倉城　周廻一百八十歩

右在州西北二百卅二里。俗号阿倉城。莫知時代。其城頽毀。其趾猶存。

などといった記載がある。

いずれの記載も、方位と距離によって州城からの位置を克明にしるす点や、名称の由来や現状に詳しいところなど、「その記載様式全般が何となくわが風土記に類似しているところもあること」[18]は、一見してあきらかである。

ちなみに、古蹟関係の最後にくる「張芝墨池」のあとに、

監牧・羇縻州・江河淮済・海溝・陂・宮・郡縣城・関鑵・津済・岳瀆・鉄・碑碣・名人・忠臣孝子・節婦列女・営塁・陵墓・臺榭・郵亭・鉱窟・帝王遊輂(ママ)・名臣将所至・屯田。右当県並無前件色。

とあって、記事のない項目が列挙されているのは、貴重である。これによって、図経に記載すべき他の項目がうかがえるのみならず、全国一律に図経の書式が適用されたことが知られるのである[19]。

つぎに、寿昌県を扱った巻五では、（烽・柵）・僧寺（一所）・廃寺（一所）・仏龕（一所）・県学（一所）・社稷壇（一所）・山（四所）・沢（二所）・泉（二所）・海水（一）・渠（二所）・澗（二所）・古関（二）・（古塞城）・（陽関古城）・（西壽昌城）・（破羌亭）〈以上寿昌県記事〉・（石城鎮）〈以下石城鎮位置・沿革〉・（山）・（屯城）・（新城）・（蒲桃城）・（薩毗城）・

（戸口）〈以下石城鎮現状〉・（風俗）・（物産）・僧寺（一所）・道路（六所）・（故城）（四所）・蒲昌海（一所）・祆舎（一所）・（播仙鎮）の順で記載がある。

巻三にくらべると缺損が多いので、具体的な記事の掲載は省略するが、巻三と巻五を比較すると、州の記事と管下の県のそれにある程度書式の類似が見出せるものの、書式の項目やその順序がかならずしも一貫していないことが判明する。池田氏によれば、これは、図経の書式が繰り返し改訂された結果であるという[20]。

## 三、風土記との比較

さて、つぎに、こうした図経の書式や記述を、わが国の風土記とくらべてみよう。

まず、図経が、州・県といった行政区劃ごとに記述している点は風土記と一致するが、そのなかで渠・駅・古城などの、項目ごとに括って叙述する点がわが国の風土記とは異なる。しかも、たとえば、『沙州図経』巻三には、

州学
右在城内。在州西三百歩。其学院内。東廂有先聖太師。廟堂〻内。有素。先聖及先師顔子之像。春秋二時奠祭。

と、学校をはじめとする建造物の記載や、おわりのほうの、

白雀
右唐咸亨二年。有百姓王会昌。於平康郷界。獲白雀一雙。馴善不驚。当即進上。

などといった祥瑞の記載など、風土記にはみえない項目が数多く採録されている。とくに、名人・忠臣孝子・節

婦列女・帝王遊幸・名臣将所至など、人物にかかわる記載は、風土記には皆無である。

風土記撰進の通達（後掲）では、こうした項目は需められていないから、記載がないのはむしろ当然だが、しかし、それを割り引いても、両者の書式や叙述の方法によく似たところがあるのは事実である。

周知のように、『続日本紀』和銅六年（七一三）五月二日条には、

五月甲子。制。畿内七道諸国郡郷名着二好字一。其郡内所レ生。銀銅彩色草木禽獣魚虫等物。具録二色目一。及土地沃塉。山川原野名号所由。又古老相伝旧聞異事。載二于史籍一言上。

とあり、風土記とは、この政府通達に対して、諸国が提出した文書（解）をいう。

このときの通達は、①全国の地名に好い字をつけよ、②郡内の物産を筆録せよ、③土地の肥沃の状態、④山川原野の名称の由来、⑤古老が代々伝える旧聞異事、という五点について、史籍に記載して報告せよ、というものである。[21] いまに残る五風土記は、繁簡の差こそあれ、これらの項目をよく記載している。

そこで、これらの記載事項について、風土記と唐代の図経を比較してみよう。

ただ、その際、①はやや特殊な項目という感じがするので、しばらく措き（唐朝が地名の用字変更を全国的に徹底させた例は、寡聞にして聞かない）、②以下の項目を取り上げてみたい。また、一口に五風土記といっても、それぞれ成立年代がことなり、体裁もまちまちなので、ここでは、和銅六年（七一三）の通達からまもなく撰進されたと考えられている『常陸国風土記』[22]・『播磨国風土記』[23]を主とし、残る『出雲国風土記』・『豊後国風土記』・『肥前国風土記』を従として取り扱いたい。

まず、②郡内の物産だが、これは、たとえば、『常陸国風土記』は、行方郡麻生里条・板来村条にそれぞれ、

周レ里有レ山、椎・栗・槻・櫟生、猪・猴栖住、其野出二筋馬一。

其海、焼レ塩藻海松・白貝・辛螺・蛤、多生。

とあるのをはじめとして、山や海の産物を詳しくしるす。『播磨国風土記』も、讃容郡邑宝里条に、

室原山。屏レ風如レ室。故曰二室原一。〈生二人参・独活・藍漆・升麻・白朮・石灰一。〉

とあり、おなじく神前郡蜷岡里条に、

湯川。昔。湯出二此川一。故曰二湯川一。〈生二桧・枌・黒棨筆一。又在二異俗人卅許一。〉

とあるなど、割註のかたちで、随所に物産を克明にしるし、『出雲国風土記』・『豊後国風土記』・『肥前国風土記』にも、やはり、物産に関する記述がみえている。

いっぽう、『沙州図経』はどうかというと、缺損が多いものの、巻五の寿昌県のところに、「羊」・「狗」・「野狐」などの文字が残存しており、県下の物産に関する記載があったことが知られる。また、『沙州図経』ではないが、さきにあげた敦煌石室遺書の一つである『諸道山河地名要略』（P二五一一）でも、郡望地名・水名・山名・人俗などにつづいて、物産の項目が設けられており、たとえば、

物産　甘草　龍骨　特生石　黄石鉱　栢子人　蒲萄　人参　麻布

などとしるされている。

つぎに、③土地の肥沃の状態であるが、この項目に関して、もっとも詳細な注記がみられるのは、『播磨国風土記』である。同書は、肥沃の度合いを上上・上中・上下・中上・中中・中下・下上・下中・下下の九段階に区分し（実際には、「上上」は例ない）、里ごとに、「望理里。〈土中上。〉」・「鴨波里。〈土中々。〉」・「長田里。〈土中々。〉」・「駅家里。〈土中々。〉」などとその程度をしるす。また、『常陸国風土記』でも、巻頭の総記の部分に、

夫常陸国者。堺是広大。地亦緬邈。土壌沃墳。原野肥衍。墾発之処。山海之利。人々自得。家々足饒。

とあるのはよく知られているが、抄略のない行方郡では、鴨野条に、

> 土壌塉埆。草木不レ生。野北。櫟・柴・鶏頭樹・斗之木。往々森々。自成二山林一。

とあるのをはじめとして、香島神子之社条に、

> 北有二香取神子之社一。社側山野。土壌腴衍。草木密生。

とあり、提賀里香取神子之社条に、

> 其里北。在二香島神子之社一。社周山野地沃。艸木。椎・栗・竹・茅之類。多生。

とあり、波都武之野条に、

> 野北海辺。在二香島神子之社一。土塉。櫟・塉・楡・斗。一二所生。

とあるなど、その記載が豊富である。『出雲国風土記』・『豊後国風土記』・『肥前国風土記』には、③に関して顕著な記載はみとめられないが、皆無ではない。しかも、九州地方の風土記に関していえば、これらが抄略本の体裁をとっていることを考慮すると、原稿の段階では土地の沃塉について、なお多くの情報が盛られていたのではないかと思う。(24)

ただ、『沙州図経』には、この手の記述はみられず、逸文を確認できる唐代の他の図経についても、おなじ傾向が認められる。おそらく、図経に、そうした田畑の肥沃の状態まで記載することは需められていなかったのであろう。

このように、③については、図経の直接の影響はみとめがたいが、『漢書』地理志にみえる田土等級の記載などは、風土記の範となった可能性が大きい。(25)同地理志は、全土を九州に分け、田土の等級・貢納物・山系・水系などのことに言及した一種の風土論を展開しているが、『播磨国風土記』の編者が、こうした『漢書』地理志を参照に

した可能性はじゅうぶんに考えられる。

つぎに、④山川原野の名称の由来であるが、これについては、いまさらいうも愚かなほど、風土記には克明な記載がある。そして、その傾向は、『常陸国風土記』にかぎらず、他の四風土記および逸文にも顕著である。そこから判断すると、④は、風土記がもっとも力を注いだ点であると評価できよう。

唐代の図経でも、この傾向はいちじるしく、『沙州図経』でも、たとえば、巻三に、

苦水

右源出瓜州東北十五里。名鹵澗水。直西流至瓜州城北十餘里。西南流一百廿里。至瓜州常楽県南山南。号為苦水。又西行卅里。入沙州東界。故魚泉駅南。西北流十五里。入常楽山。又北流至沙州階亭駅南。即向西北流。至廉遷烽西北廿餘里。散入沙鹵。

とか、

大井沢　東西卅里　南北廿里

右在州北十五里。漢書西域伝。漢遣破羌将軍。辛武賢。討昆弥。至燉煌遣使者按行。悉穿大井。因号其沢曰大井沢。

などと、山川の位置とその名称の由来・変遷などを細かくしるしている。[26]

そもそも、図経が地図を主体としたものであることを念頭におけば、こうした山川原野の名称とその由来がこと細かに記載されることは、容易に諒解できる。和銅年間の通達で要請された五つの項目については、風土記によって、書式のちがいや記載内容の繁簡があり、諸国の国司によって、ずいぶん通達のとらえかたがちがっていたことが知られる。[27] しかしながら、こと④山川原野の名称の由来に関しては、諸国の風土記が、いずれも詳細な報告をな

しているのであって、その背景には、唐代の図経が、山川原野に関して、ことのほか詳しい叙述をおこなっていることが、強く影響しているように思われる。

こうした推測を裏づけるのが、最後の⑤「古老相伝旧聞異事」である。これについても、現存の風土記は、おそらくは聞き取り調査などをもとに、④の地名の由来もふくめ、古老の言い伝えに関する詳しい記録を掲げている。とくに、『常陸国風土記』が、

常陸国司解。申二古老相伝旧聞一事。

という一文から筆を起こしていることからもあきらかなように、通達のなかでも、この「古老相伝旧聞異事」が、さきの④とならんで重要視されていた。

いま、『沙州図経』についてみると、巻三の「張芝墨池」条に、

張芝墨池　在県東北一里。効穀府東南五十歩。

右後漢献帝時。前件人於此池学書。其池尽墨。書絶世天下。名レ伝因茲。王羲之頡書論云。臨池学書。池水尽墨。好之絶倫。我弗及也。又草書出自張芝。時人謂之聖。其池年代既遠。並磨滅。古老相伝。池在前件所。去開元二年九月。正議大夫使持節沙州諸軍事行沙州刺史兼豆盧軍使上柱国杜楚臣赴任。尋墳典。文武倶明。訪覩此池。未獲安惜（厝カ）。至四年六月。燉煌県令趙智本到任。其令博覧経吏（史カ）。通達九経。尋諸古典。委張芝・索靖倶是燉煌人。各検古跡。具知処所。（後略）

とあり、和銅六年（七一三）の通達の文言と合致する字句がみえている。ただ、これは、なにも『沙州図経』にだけみえる特殊な文言ではなく、たとえば、『太平御覧』巻第四十九　地部十四所引の衡山図経にも、

小廬山

衡山図経曰。小廬山。一名浮丘山。在県西一百八里。高六里三十歩。東西二十里。南北四十里。言其山似九江廬山。故曰小廬山。又古老相伝。謂浮丘公上昇之所。兼有道観存焉。

とみえている。さらに、さきに紹介した、隋の大業年間に完成した『諸州図経集』一百巻のなかの朗州図経の逸文（『太平広記』巻第三百八十九所引）にも、

古層冢

古層冢。在武陵県北一十五里二百歩。周廻五十歩。高三丈。亡其姓名。古老相伝云。昔有開者。見銅人数十枚。張目視。俄聞冢中撃鼓大叫。竟不敢進。後看冢土。還合如初。出朗州図経。

とあり、おなじく、陵州図経の逸文（『太平広記』巻第三百九十九所引）にも、

塩井

陵州塩井。後漢仙者沛国張道陵之所開鑿。周廻四丈。深五百五百二字原闕。拠明鈔本補。四十尺。置竈煑塩。一分入官。二分入百姓家。因利所以聚人。因人所以成邑。萬歳通天二年。右補闕郭文簡奏売水。一日一夜。得四十五萬貫。百姓貪其利。人用失業。井上又有玉女廟。古老伝云。比十二玉女。嘗与張道陵指地開井。遂奉以為神。又俗称井底有霊。不得以火投及穢汚。曽有汲水。誤以火墜。即吼沸湧。煙気衝上。濺泥漂石。其為可畏。或云。泉脈通東海。時有敗船木浮出。出陵州図経。

とあるなど、図経がはやくから「古老相伝旧聞異事」を採録していたことがうかがえるのである。

さて、このようにみていくと、風土記が唐代の図経を直接間接に意識していることはもはや疑う餘地はないように思える。

図経は、平安時代の漢籍目録として有名な藤原佐世撰（寛平三年〈八九一〉頃成立）『日本国見在書目録』土地家にも、

揚州図経一　濮陽県図経一　唐洲図経十巻　越洲都督府図経二　海洲図経一　洲県図経

などの名がみえており、遣唐使などによってはやくから日本に将来されていたようである。[28] かかる図経の将来が、風土記撰進のきっかけとなったことはじゅうぶん考えられるし、また、実際に編纂にあたった国司や大宰府の官人たちが、みずからの披見した図経を参考にした可能性も考えられるのである。

たとえば、⑨『沙州伊州地志』（S三六七）には、

貢賦　管県三　伊吾　納職　柔遠

伊吾県在郭下　公廨三百一千(ママ)一十五　戸一千六百一十三　郷四

右本後漢伊吾屯。其城云是竇固所築也。魏以為県。漢書云伊吾廬。夷狄旧号耳。

寺二〈宣風・安化〉。観一〈祥麩・大羅〉。烽七〈水源・毛瓦・狼泉・香棗・盤蘭泉・速度谷・伊他其〉。戍三〈堅亭・赤崖・稍竿〉。

といった体裁の記述がみられるが、これなどは、大宰府で一括編纂されたと推定されている九州地方の風土記のうち、現存する『豊後国風土記』の巻頭に、

郡捌所。〈郷四十。里一百一十。〉駅玖所。〈並小路。〉烽壱所。〈並下国。〉寺弐所。〈一僧寺・一尼寺。〉

とあり、さらに各郡の冒頭に、たとえば、

大分郡。郷玖所。〈里二十五。〉駅壱所。烽壱所。寺弐所。〈一僧寺。一尼寺。〉

などとあることや、『肥前国風土記』巻頭に、

郡壱拾壱所。〈郷七十。里一百八十七。〉駅壱拾捌所。小路。烽壱拾所。下国。城壱所。寺弐所。僧寺。

とあり、各郡の冒頭に、やはり、

松浦郡。郷壱拾壱所。〈里廿六。〉駅伍所。烽捌所。

などとある体裁に酷似している。これなども、あるいは、風土記の編纂にあたった大宰府官人が、おなじような体裁をもつ図経を規範としたからかも知れない。[29]

## 四、地図の問題

中国の図経が、もともと地図主体であったことは、これまでも折にふれてのべた。『沙州図経』にも図の存在が想定されているが[30]、現在ではすべて失われて、それをみることは不可能である。しかしながら、図経が、本来、地図と解説からなることは重要である。風土記が、中国の図経の影響を受けているとすれば、当然、地図の存否についても考えておく必要がある。

風土記が地図を伴うものであったか否かは不明だが、卑見によれば、地図は添えられていなかったと思う。その理由としては、和銅六年（七一三）の通達に、地図の提出を要請するような文言がみえないこと、現存する風土記をみても、地図の存在を前提とした記述がみられないこと、などがあげられる。[31] 図経の影響を考えると、地図の提出が要求されてもよいはずだが、当時は、そこまで需められなかったようである。[32]

では、律令政府は、地図にまったく関心がなかったのかというと、そうではない。『続日本紀』天平十年（七三八）八月二十六日条に、

辛卯。令下天下諸国造二国郡図一進上。

とみえているのは、まさしく諸国郡の地図の提出を命じたものにほかならない。ここで提出が需められている国

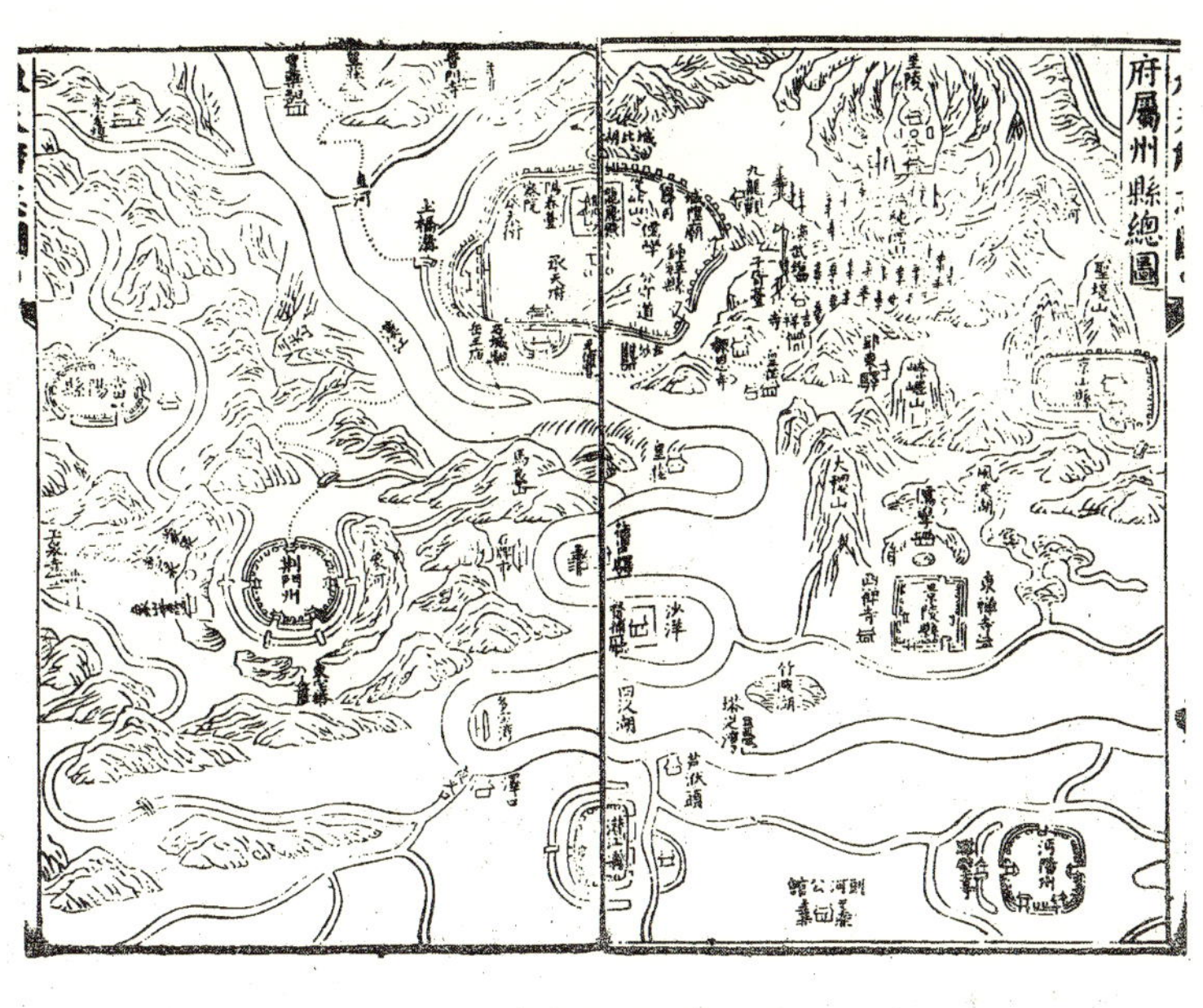
府屬州縣總圖
承天府
荊門州

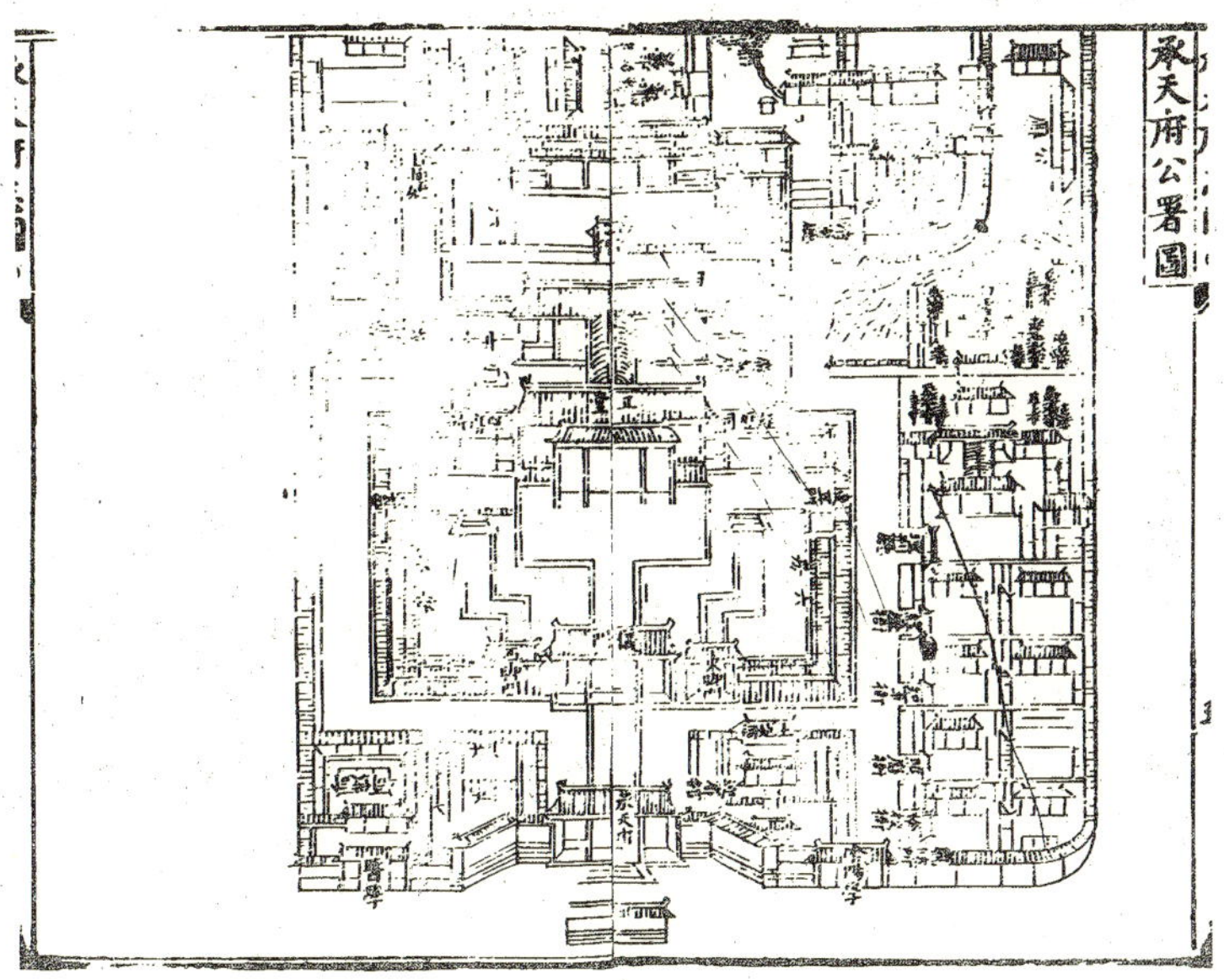
承天府公署圖

郡図のうち、国図については、『類聚三代格』巻第七、牧宰事の引く弘仁五年六月廿三日附太政官符の引く天平十年（七三八）五月廿八日の格にも、

国司任レ意改二造館舎一。儻有二一人病死一。諱悪不レ肯二居住一。自今以後。不レ得乙除下載二国図一進上上之外輙擅移造甲。但随レ壊修理耳者。

とみえている。

ここにいう「国図」については、具体的な内容は不明である。ただ、青山氏によれば、図経の地図とは、「簡単な郡県治を示した図や都会図、官衙図等」であるという(33)。唐代図経の地図で現存するものがないので、たしかなところは不明であるが、明清時代の地方志をみると、官衙の詳細な地図が掲載されているものが多い（前頁に掲げた図は、明の萬暦二十年刊の『承天府志』に附された府の総図と公署図）。したがって、ここにいう国図とは、あるいは、そのなかの官衙図のたぐいをいったものであろうか。しかも、この格が、さきにあげた天平十年（七三八）八月の国郡図作製の指示よりまえのものであることを考えると、それ以前からすでに、こうした国図が存在していた可能性が考えられる。

いずれにしても、これまで、この国郡図を風土記とのかかわりで論じた研究はあまりなかったように記憶するが、筆者は、このときの国郡図こそ、かたちを変えた風土記の要請であり、和銅年間の通達の闕を補うものではないかとみている。

天平十年（七三八）の国郡図提出の意味についてはいろいろな解釈が可能だが、やはり、天平年間に至って、律令行政が安定していくにしたがい、地方についても、より詳細な情報が需められたことがその背景にあるのではないだろうか(34)。

ちなみに、『日本後紀』延暦十五年（七九六）八月二十一日条には、

> 是日。勅。諸国地図。事迹疎略。加以年序已久。文字闕逸。宜㆓更令㆒㆑作㆑之。夫郡国郷邑。駅道遠近。名山大川。形体広狭。具録無㆑漏焉。

という勅が出ている。この「諸国地図」は、天平十年（七三八）八月の指令をうけて提出された国郡図を指すと考えよいであろうが、このときまで六十年近くも更新されなかったとすれば、こうした国郡図は、唐代のそれのように、「三年一造」とか「五年一造」とかいった、定期的に上進される性格のものではなかったようである。

もっとも、唐でも、三年に一度というような短いサイクルで図経の提出が必要であったかどうかは、たぶんに疑わしい。物産や建造物に変動はあっても、古蹟・風俗・古老相伝の伝承などについては、提出のたびに、そうそう新しい情報を盛り込めるはずもなく、地方によっては、前回提出分を書写してそのまま再提出、といったこともあったようである。そう考えると、天平十年（七三八）の国郡図が延暦十五年（七九六）まで更新されることなく、保存・利用されたとしても、それほど不思議ではない。この国郡図が、図経のように、解説をともなうものだったとは思わないが、こうした地図を風土記と併用することによって、律令政府は、地方の地理や実状を把握したのではないだろうか。

## おわりに

以上、風土記撰進の通達とその編纂には、唐代の図経の影響が考えられるのではないかということを、いつくかの事例をもとにのべてきた。もとより粗略な考察であって、推測に委ねた部分も少なくない。読者諸彦のご批正を

乞う次第である。

ところで、こうして、中国の地理書の実態を考えることは、いろいろな点で、風土記研究に新しい局面を生むように思う。そこで、最後に、その具体例をいくつか示して、小稿の結びにかえたい。

まず、一つには、風土記再撰の問題である。

九州地方の風土記が二種存在したことは、周知のとおりであるが、これが、どのような理由にもとづくものなのか、なにゆえに九州地方だけ風土記の再提出がおこなわれたのかについては、いまだによくわからない点が多い(35)。ところが、こうして、唐代に図経が三年ないしは五年の周期で定期的に提出されるべきものであったことがわかると、わが国でも、政府の指示によって、定期的に、あるいは需めに応じて二度三度、風土記が再提出されることがあったのではないかとの推測が可能になる。げんに、延長三年（九〇三）に風土記の再提出が需められていることは、よく知られている（このときの風土記提出は、『延喜式』編纂の資料とするのが、大きな目的だったようである）。

ひとり西海道諸国だけが、二度も（あるいは、これ以上の回数かも知れない）風土記の提出を命じられていることは(36)、同地が軍事的に重要な土地であったことと関係があるかも知れない。しかし、いずれにしても、唐代の図経のありかたを参考にすると、わが国の風土記が、複数回提出されたとしても、不自然ではあるまい。ただ、それを命じた史料が残っていないため、いろいろな解釈が生まれてくるのである。そうした史料の闕を補うためにも、今後、中国の地誌のさらなる研究が必要となろう。

つぎに、古風土記とは直接関係のない問題だが、後世の風土記について考える場合にも、中国の地誌を参考にする必要がありそうである。

周知のように、「風土記」と称する書物のなかには、古風土記に見せかけて偽作されたものや、古風土記の体裁にならった後世のものが数多くふくまれている。「日本総国風土記」と呼ばれる一群の地誌は、その代表的なものであるが、これらの書物については、こんにちでもなお不明な点が多い。

「日本総国風土記」は、近江国・駿河国・遠江国などの分が、今井似閑の『萬葉緯』巻第十六「風土記残篇」や『群書類従』に収録されているが、それらは、あきらかに古風土記とはことなる独自の体裁・内容をもつ、異質の地誌である。

こんにち、これらの書物を、古風土記、もしくはそれを模倣したものと考える研究者はいないと思うが、では、これらの地誌は、いつ、だれが、いかなる目的で作製したのであろうか。残念ながら、この点については、まだじゅうぶんに解明されていない(37)。とくに、編者、編纂の意図については、目下のところ、皆目見当がつかないといっても過言ではない。

ただ、全体の構成や叙述のスタイルについていえば、中国の方志が参考となるのではないだろうか。たとえば、「日本総国風土記」が、巻頭に浦・河川・沢・池・寺社等の総数を総括すること、物産に詳しいことは、小論で取り上げた『沙州伊州地志』（S三六七）など、敦煌石室発見の地誌の記述にどことなく似ているし、さらに、「日本総国風土記」にしばしば出てくる「公穀―束。假粟―丸」といった記載も、上掲書が、県別に公廨銭の額をしるすことに共通するところがある。これなどは、あるいは、中国の方志あたりからヒントを得たものかも知れない。

唐代の方志は、のち時代の方志にも大きな影響を与えたが、そのうち、明清時代の方志は、日本にも輸入され、近世に流行した「新編―風土記」・「新編―国誌」などという名称の地誌の模範となったことが推測されている(38)。当時日本に入ってきた中国の方志は厖大な数にのぼり、現存するものに限っても、その調査は容易ではない。しかしながら、そうした方志と日本の地誌との比較検討を積み重ねていくことは、かならずや地誌編纂史の解明にも寄与するはずである。

さいわい、京都大学人文科学研究所・天理大学附属天理図書館・東洋文庫等には、こうした中国の方志の豊富なコレクションが存在するので、[39]これらを活用することが、今後の課題となろう。

なお、小稿では、「風土記」という名称の由来については、意図的に取り上げなかった。[40]これは、「風土記」という呼称が、和銅六年（七一三）の通達に応じて撰進された地誌の本来の名前ではないことによる（当初は、あくまで「解」）。

むろん、これが、中国の「風土記」に学んだものであることは疑いのないところである。しかも、中国ではむしろマイナーだった名称を採用した理由を探ることは、中国の地誌の影響を考えるうえで、欠くことのできない考察である。ただ、こうした問題は、小稿で論じたこととはべつの次元の話になので、いずれ稿をあらためて論じることにしたい。

〔補註〕

（1）拙稿「風土記研究の課題」（植垣節也・橋本雅之編『風土記を学ぶ人のために』〈社会思想社、平成十三年八月〉所収）二七四頁。

（2）青山定雄①「唐宋の地方誌に就いて」（服部先生古稀祝賀記念論文集刊行会編『服部先生古稀祝賀記念論文集』〈冨山房、昭和十一年四月〉所収）は、図経が遣唐使によって将来され、「彼の有名な和銅年間に編纂された我国最古の風土記の如きは恐らく斯かるものを参考に供したのであらう」（五九頁）とのべる。ただし、青山氏は、のちに、この説を撤回しておられる。この点については、青山氏②「隋唐より宋代に至る総誌及び地方誌について」（『東洋學報』二八―一・二、昭和十六年二・六月、のち青山氏『唐宋時代の交通と地誌地圖の研究』〈吉川弘文館、昭和三十八年三月〉所収、引用は後者による）五一三頁参照。

（３）坂本太郎「風土記について」（『史蹟名勝天然紀念物』一五－三、昭和十五年三月、のち『坂本太郎著作集』第四巻〈吉川弘文館、昭和六十三年十月〉所収、引用は後者による）には、「以上、和銅の制を検討し、風土記撰述の意義を考えたが、私はそれに関連して、わが風土記に及ぼした中国の地誌の影響について、ここに附加えるの必要があるのを思うのである。上述したように和銅の制の命令した風土記の記載項目が、当時に知られていたはずの中国地誌の記載項目に概ね合致することや、ただ項目のみならず、前引沙州図経の例のように、記載の様式も時に類似した点の存することは、自らに中国地誌との関係を察せしめるのである。（中略）もとより風土記の撰述がわが国における独自の理由に基づいて企てられ、独自の見解を以て行われたことは、上文に述べたごとくである。ただその際参考となったものに、中国における地誌編纂や、その記述様式があり、それらは或いは我が独自の理由を助長し、或いは独自の見解を裨補して、ついにあのような形における風土記を出現させるようになったことは、これを認め得ると思うのである。わが風土記に及ぼした中国地誌の影響は、まだ先学によっても十分には究明せられなかった問題である。風土記の研究は将来この方面に一つの新しい発展の分野を持ち得るであろうことを推して、私はこの小論の筆を擱く」とある（一四～一五頁）。

（４）森鹿三「風土記雑考」（立命館大学文学部地理学研究室編『日本の風土』〈大八洲出版、昭和二十三年十二月〉所収、のち森氏『東洋學研究』歴史地理篇〈同朋舎出版、昭和四十五年十一月〉所収、引用は後者による）において、唐が州郡の図経を一定期間毎に編纂させたことを紹介し、「この官撰の図経こそ、わが風土記の範となるものであった」（三六〇頁）と指摘されている。

（５）拙稿「風土記と唐代の図経」（『國語と國文學』平成十六年十一月特集号、平成十六年十一月）。

（6）以下の記述は、青山氏補註（2）②論文、四四七〜四六二頁に負うところが大きい。
（7）王仲犖『北周六典』（中華書局、一九七九年十二月）巻五、夏官府第十参照。
（8）北朝の地誌が少ない理由としては、五胡十六国の戦乱によって散逸したこと、前代の乱離による名族の減少や文化の衰退、などがあげられよう（渡部武「中国の地誌と風土記」『歴史公論』六八、昭和五十六年七月、一〇九頁）。
（9）渡部氏補註（8）論文、一〇九頁。
（10）なお、『新唐書』が「図経」としるしている点について、青山氏前掲①論文は、「想ふに、六典、通典両書が作られた唐の中頃までは、尚ほ地図の規定のみであつたのが、次第に説明の部分が増大し、又所謂地図の外図経に見ゆるが如き都会図、官衙図等をも附せんとするに至り、これが地方誌編纂の機運と合して図経なるものが単独に作られる勢を順致し、遂にこれが定制となるに至つたのであらう」（五八頁）と解釈している。
（11）池田温「沙州図経略考」（榎博士還暦記念東洋史論叢編纂委員会編『榎博士還暦記念東洋史論叢』〈山川出版社、昭和五十年十一月〉所収）四四頁。
（12）以下、敦煌石室発見の地理書の本文の引用については、写真版と上下対照になっている便宜から、おもに唐耕擩・陸宏基編『敦煌社會經濟關係眞蹟釋録』第一輯（書目文献出版社、一八六六年十一月）によりつつ（釈文には誤字脱字もある）、④沙州都督府図経（P二〇〇五・P二六九五・P五〇三四・S二五九三背）については、池田氏補註（11）論文、⑥沙州城土鏡（P二六九一）については、ポール・ペリオ・羽田亨共編『燉煌遺書活字本』第一集（東亜攷究会、大正十五年十二月）、⑦寿昌県地鏡（敦煌在住藺氏所蔵）については、森鹿三「新出敦煌石室遺書特に寿昌県地鏡について」（『東洋史研究』一〇―二、昭和二十三年五月、のち森氏『東洋學研究』歴史地理篇〈前掲〉所収、以下の引用は後者による）、⑨沙州伊州地志（S三六七）については、羽田亨「唐光啓元年書写沙州・伊州地志残巻」（『小川博士還暦記念史学地理学論叢』所収、のち羽田氏『羽田博士史学論文集』上歴史篇〈同朋舎出版、昭和五十年八月〉所収）などを参考にした。とくに、④沙州都督府図経については、池田氏補註（11）論文に負うところが大きかった。

なお、このほかにも、王仲犖著・鄭宜秀整理『敦煌石室地志殘卷考釋』（上海古籍出版社、一九九三年九月）や李正宇『古本敦煌郷土志八種箋證』（新文豊出版公司、民国八十七年十一月）を参考にした。

（13）日比野丈夫「地理書」（池田温編『講座敦煌5　敦煌漢文文献』〈大東出版社、平成四年三月〉所収）によれば、本書を、従来書名が知られるのみであった『貞元十道録』の残巻と断定してよいかは検討の餘地が残るという（三三六～三三七頁）。

（14）森氏補註（12）論文によれば、⑦寿昌県地鏡（敦煌在住藺氏所蔵）を媒介として、⑤沙州志断片（S七八八）の後部と⑨沙州伊州地志（S三六七）の前部があきらかになり、相連するものであるという（前掲論文、三一八～三二三頁）。

（15）日比野氏補註（13）論文による。なお、名称もいちおう日比野氏の論文によった。

（16）池田氏補註（11）論文、四四・五〇頁参照。

（17）池田氏補註（11）論文、四六頁。なお、文中の西暦は、筆者が加筆した。

（18）坂本氏補註（3）論文、一四頁。

（19）池田氏補註（11）論文、四九頁。

（20）池田氏補註（11）論文、四九頁。

（21）『続日本紀』のこの条の解釈については、増尾伸一郎「風土記編纂の史的意義」（植垣節也・橋本雅之編『風土記を学ぶ人のために』〈前掲〉所収）六〇～六五頁にしたがう。

（22）『常陸国風土記』は、一時期に集中的に編纂されたとみるよりは、和銅六年（七一三）五月の撰進の詔が出た直後から編纂が開始され、郷里制への移行が図られた霊亀元年（七一五。あるいは、鎌田元一氏の所説にしたがい、霊亀三年〈養老元年〉とみるべきか）以降もなお修訂がつづけられたと考えられる。

さらに、『常陸国風土記』が、このような長い年月をかけて編纂されたとすれば、撰録者についても複数の人物を想定する必要がある。増尾伸一郎氏によれば、和銅元年（七〇八）三月任命の阿部狛秋麻呂がまず撰録の準備を進め、同七年（七一四）十月任命の石川難波麻呂がそれを引き継いで作業を推進し、さらに、養老三年（七一九）七月時点で在任中の〈着任は同年の上半期か〉藤原宇合が、難波麻呂による風土記初稿本に修訂を加え、常陸守在任中に風土記を完成させたのであろう（「神仙の幽り居める境」井上辰雄編『古代東国と常陸国風土記』〈雄山閣出版、平成十一年六月〉所収）。

なお、『常陸国風土記』の成立については、拙稿「『常陸国風土記』成立に関する研究動向」（拙著『風土記逸文の文献学的研究』〈学校法人皇學館出版部、平成十四年三月〉を参照されたい。

(23)『播磨国風土記』は、郡里制にもとづく行政区劃の表記を採用しているところから、和銅六年（七一三）五月の撰進の詔が出た直後から編纂が開始され、郷里制への移行が図られた霊亀元年（七一五。あるいは、霊亀三年〈養老元年〉とみるべきか）までのあいだに完成したと考えられている。

(24)坂本氏補註（3）論文、九〜一〇頁。

(25)渡部氏補註（8）論文、一〇五頁。

(26)ちなみに、自然地形について詳しい記述があるのは、なにも図経にかぎったことではない。どちらかというと名所旧蹟の紹介に力点をおいた『呉地記』や『桂林風土記』でも同様である。これは、某記や某風土記といった呼称をもつ地志が、唐代に盛んになった図経の影響を蒙っているからだと考えられるが、そうすると、たんに図経との比較だけではなく、他の地理書も視野にいれて考える必要があろう。

(27)このことは、風土記撰進の通達を出すにあたって、『続日本紀』和銅六年（七一三）五月条にしるされた項目以上に、詳しい書式が示されていなかったことを示唆している。たとえば、現存する五風土記のうち、『播磨国風土記』だけが、山川等の方位や距離を記載していないことは、そうした推測を裏づけるのにじゅうぶんである。

(28) 森鹿三「中国方志蒐集漫談」(『ビブリア』六、昭和三十一年七月、のち森氏『東洋學研究』歴史地理篇〈前掲〉所収、引用は後者による)によれば、揚州・越州・海州のような海港の地志が日本に将来されたのは、同地が遣唐使や入唐僧の上陸地であって、その地方に対する智識がもとめられていたからだという(三三〇頁)。

(29) 『出雲国風土記』と『豊後国風土記』・『肥前国風土記』において、烽・軍団等が記載されていることをもとに、これら三風土記の編纂を、天平五年(七三三)の節度使の派遣とのかかわりで論じる研究者が多いが、唐代の地誌の体裁を参考にすれば、こうした軍事的施設をしるすことが、かならずしも特殊なものではないことが判明する。

(30) この点については、池田氏補註(11)論文、三八〜三九頁参照。なお、図経はおおむね一巻が原則で、そのなかに地図と解説がどのようなかたちでしるされていたのかは、唐代の図経の現物が残っていない現状では不明とするほかないが、王庸『中國地理學史』(商務印書館、中華民国二十七年四月)が巻頭に掲げる「明絵本陝西鎮戦守図略」(北平図書館所蔵)が一つの手がかりとなる。これは、明代の絵図であるが、古図経のおもかげを伝えたものと考えられる。唐代の図経も、あるいは、この絵図のように、地図の餘白に附記をしるした体裁のものだったのではないだろうか。

(31) ただし、『続日本紀』和銅六年(七一三)五月二日条の制に引く「史籍」が地図をふくんでいたとする可能性も皆無ではない。また、『続日本紀』の当該記事に節略のある可能性も考慮しておく必要がある。

(32) ただ、奈良時代には、口分田の田籍とともに提出された田図のほか、たとえば、天承元年(一一三一)九月廿五日の「筑前国観世音寺三綱等解」に「養老絵図并院使主計属義保実検勘文」(『平安遺文』二二〇七号文書)とあるように(これは、『平安遺文』二七八三号『東大寺諸荘園文書目録』の第五辛櫃に、「観世音寺　一結〈十五通〉」とあるうちの「一禎　養老繪圖」であろう）、はやくから荘園絵図が作られており、地図には馴染みがあったはずである。

（33）青山氏補註（2）①論文、五七頁。

（34）高藤昇「地図と風土記—風土記律令考—」（『風土記研究』二七、平成十五年二月）は、風土記の編纂を命じた和銅六年（七一三）の通達を、造籍・班田とそれにともなう地図（田図）の作成とのかかわりで論じた、貴重な論文だが、ここにあげた天平十年（七三八）の国図に関する二つの史料についてなんら言及がないのは、不審である。なお、高藤氏の論文の結論について、筆者は、従来にない視点からのアプローチを高く評価するが、その結論にはかならずしも承服できない。この問題については、機会があれば、べつに論じたい。

（35）この点については、拙稿「九州風土記の成立」（『皇學館論叢』二八—二、平成七年四月、のち、改稿を加え、「九州地方の風土記の成立」と題して、拙著『風土記逸文の文献学的研究』〈前掲〉所収）で詳しくのべたので、参照されたい。

（36）周知のように、『出雲国風土記』についても再撰説があり、はなはだ魅力的であるが、ここではひとまず措く。

（37）這般の研究史については、早川万年「風土記逸文の採択と日本総国風土記」（『風土記研究』四、昭和六十二年七月）に詳しい。

（38）森氏補註（28）論文、二三一頁参照。

（39）中国地方志のリストとしては、東洋文庫編『東洋文庫地方志目録（支那・満州・台湾）』（東洋文庫刊、昭十年十二月）・天理図書館編『天理図書館叢書第十九集　中文地方志目録』（天理大学出版部、昭和三十年十月）などが参考になる。日本に現存する明清時代の方志のなかには、すでに中国本土で散逸してしまったものも少なくなく、そのうちのおもなものが、「日本蔵中国罕見地方志叢刊」として、北京の書目文献出版社から刊行されている。

（40）この点については、森氏補註（28）論文に詳しい考察がみえている。

〔附記〕

『沙州図経』に関しては、池田温先生の高論に負うところが大きいが、私信にて、わざわざ釈文の訂正箇所をご教示くださった先生のご厚情に感謝申し上げる次第である。

# 第二章　『太平御覧』所引の図経逸文について

## はじめに

『太平御覧』は、中国宋代に勅命によって編纂された、一千巻にも及ぶ厖大な類書である。太平興国二年（九七七）に詔を奉りて編纂が開始され、同八年（九八三）に完成した。編者は、北宋の李墓・李穆・徐鉉らである。完成当初は、『太平総類』と称したが、宋の太宗が日に三巻づつ読み、一年でこれを閲了したことから、「太平御覧」の名を賜ったという。

本書は、全体を、天・時・序・地・皇王・皇親・州郡・居処など、五十五部にわけ、各部をさらに細かい五百五十の項目にわかち、『修文殿御覧』・『藝文類聚』など、先行する類書をはじめとしてさまざまな典籍から、項目に該当する記事を抜萃した百科全書である。巻頭には「引用書目」が掲げられているが、そこにみえる書物は、一千六百九十種類にも及ぶ。しかも、『太平御覧』に引かれた書物のなかには、こんにちすでに散逸してしまったものが全体の七八割を占め、本書に引用された逸文は、そうした佚書の内容をうかがううえでも、きわめて貴重な資料である。

小稿が取り上げる図経も、敦煌で発見された一部の図経を除くと、原書がまったく現存せず、『太平御覧』や、これとほぼ同時期に完成した『太平広記』全五百巻（目録十巻）に引用される記事が、ほとんど唯一の逸文である。

『太平御覧』には、淮陰図経・永嘉図経・夷陵図経・懐寧図経・南康図経・盱眙図経・壽春図経・歴陽図経・歙縣図経・衡山図経・江寧図経・長沙図経・宣城図経・鄞縣図経・冀州図経・九江図経・魏郡図経・河南図経・涇陽図経・閬山図経・信州図経・江夏図経・荊州図経・隋図経など、二十四種の図経が引用されている。

周知のように、図経とは、地図とそれに附随する解説をいう。本来、地図が主であったことは、「図経」が「図副」と称されることからもあきらかである（『太平御覧』にも「荊州図副」の逸文が引かれている）。図経は、北朝の系統に属する地誌の一種で、後述のように、すでに隋代から作製され、唐代、それも玄宗のころから盛んに作られるようになるが、これは図経の作製に関する制度の整備とかかわりがあると思われる。

地図を掌る官職のことは、はやく『周礼』夏官にみえており、そこには、

職方氏掌天下之図。以掌天下之地。辨其邦国。都。鄙。四夷。八蛮。七恥。九貉。五戎。六狄之人民。与其財用九穀。六畜之数要。周知其利害。

とある。くだって、唐代のことは、『唐六典』尚書兵部巻第五、職方郎中条に、

職方郎中。員外郎掌天下之地図及城隍。鎮戍。烽候之数。辨其邦国。都鄙之遠邇及四夷之帰化者。（後略）

とあるように、尚書省兵部の職方郎中が「天下之地図」のことを管掌していた。職方郎中のことは、『新唐書』巻四十六、志三十六、百官一、兵部職方郎中員外郎条にも、

職方郎中。員外郎各一人。掌地図。城隍。鎮戍。烽候。防人道路之遠近及四夷帰化之事。（後略）

としるされており、やはり、「地図」のことを掌っていたことがわかる。

ちなみに、この職方郎中が尚書省兵部の所属であったところから判断すると、ここで扱う地図は、軍事上の参考とされたのであろう。

職方郎中に相当する職方中大夫は、隋、さらには北周にも存在したが、[1]この職方中大夫も、おそらくは地図のことを掌っていたと思われる。ただし、『隋書』巻三十三、志第二十八、経籍二をみても、北朝の地誌はきわめて少なく、本格的な地誌の編纂は、隋の成立を俟たねばならなかった。[2]

隋代に大規模な地誌の編纂がおこなわれたことは、『隋書』巻三十三、志第二十八、経籍二に、

隋大業中。普詔天下諸郡。条其風俗物産地図。上于尚書。故隋代有諸郡物産土俗記一百五十一巻。区宇図志一百二十九巻。諸州図経集一百巻。其餘記注甚衆。今任・陸二家所記之内而又別行者。各録在其書之上。自餘次之於下。以備地理之記焉。

としるされるとおりである。すなわち、これによれば、煬帝の大業年間（六〇五～六一八）に、『諸郡物産土俗記』・『区宇図志』・『諸州図経集』の三種の地誌が完成したという。

最初の『諸郡物産土俗記』は、右の文に「諸郡物産土俗記一百五十一巻」とあるもので（撰者は未詳）、郡別の物産や風俗をしるした書物であろう。また、二つ目の『区宇図志』は、『旧唐書』に「区宇図一百二十八巻　虞茂撰」とみえるもので、地方別の図経であったと考えられる。最後の『諸州図経集』は、郎蔚之の撰にかかるもので、その名のとおり、州単位の図経であろう。[3]

なお、さきに引いた『唐六典』尚書兵部巻第五、職方郎中条には、

凡地図委州府。三年一造。与板籍偕上省。

とあることから、地方の図経は「三年一造」が義務化されていたことがわかる。あるいは、開元七年（七一九）・同二十五年（七三七）の公式令には、右の『唐六典』の記載に相当する条文が存在したのかも知れない。

この「三年一造」の制は、『唐会要』巻五十九、尚書兵部職方員外郎条に、

建中元年十一月二十九日。請（諸）州図毎三年一送職方。今改五年一造送。如州縣有創造及山河改移。即不在五年之限。後復故。

とあることから、建中元年（七八〇）に「五年一造」に改められ、のちに旧に復したことが知られる。『新唐書』巻四十六、志三十六、百官一、兵部職方郎中員外郎条が、さきに引用した記事につづけて、

凡図経。非州縣増廃。五年乃修。歳与版籍偕上。

としるすのは、改正後の制度をしるしたものである。(4)

ところで、こうした唐代の図経は、わが国にも輸入され、八世紀初頭におこなわれる風土記の編纂に大きな影響を与えたと思われる。

べつに詳しく論じたように、筆者は、風土記は、図経を中心とする、唐代地誌の影響のもとに企画・編纂されたものであると考えている。(5)

あらためて説明するまでもないが、『続日本紀』和銅六年（七一三）五月二日条には、

五月甲子。制。畿内七道諸国郡郷名着二好字一。其郡内所レ生。銀銅彩色草木禽獣魚虫等物。具録二色目一。及土地沃埆。山川原野名号所由。又古老相伝旧聞異事。載二于史籍一言上。

とあり、風土記とは、この政府通達に対して、諸国が提出した文書（解）をいう。

このときの通達は、①全国の地名に好い字をつけよ、②郡内の物産を筆録せよ、③土地の肥沃の状態、④山川原野の名称の由来、⑤古老が代々伝える旧聞異事、という五点について、史籍に記載して報告せよ、というものである。(6)いまに残る五風土記は、繁簡の差こそあれ、これらの項目をよく記載している。

そこで、これらの記載事項について、風土記と唐代の図経を比較してみると、やや特殊な項目という感じのする

①を除けば、両者は多くの共通点をもっている。

たとえば、⑤「古老相伝旧聞異事」についていうと、この点に関して、現存の風土記は、おそらくは聞き取り調査などをもとに、④の地名の由来もふくめ、古老の言い伝えに関する詳しい記録を掲げている。とくに、『常陸国風土記』が、

常陸国司解。申二古老相伝旧聞一事。

という一文から筆を起こしていることからもあきらかなように、通達のなかでも、この「古老相伝旧聞異事」は、④とならんで重要視されていた。

いま、『太平御覧』巻第四十九　地部十四所引の衡山図経をみると、

小廬山

衡山図経曰。小廬山。一名浮丘山。在県西一百八里。高六里二十歩。東西二十里。南北四十里。言其山似九江廬山。故曰小廬山。

又古老相伝。謂浮丘公上昇之所。兼有道観存焉。

とみえている。さらに、さきに紹介した隋の大業年間に完成した『諸州図経集』百巻のなかの朗州図経の逸文(『太平広記』巻第三百八十九所引)にも、

古層冢

古層冢。在武陵縣北一十五里二百歩。周廻五十歩。高二丈。亡其姓名。古老相伝云。昔有開者。見銅人数十枚。張目視。俄聞冢中撃鼓大叫。竟不敢進。後看塚土。還合如初。出朗州図経。

とあり、おなじく、陵州図経の逸文(『太平広記』巻第三百九十九所引)にも、

塩井

陵州塩井。後漢仙者沛国張道陵之所開鑿。周廻四丈。深五百五百二字原闕。拠明鈔本補。四十尺。置竈煮塩。一分入官。二分入百姓家。因利所以聚人。因人所以成邑。萬歳通天二年。右補闕郭文簡奏売水。一日一夜。得四十五萬貫。百姓貪其利。人用失業。井上又有玉女廟。古老伝云。比十二玉女。嘗与張道陵指地開井。遂奉以為神。又俗称井底有霊。不得以火投及穢汚。会有汲水。誤以火墜。即吼沸湧。煙気衝上。濺泥漂石。其為可畏。或云。泉脈通東海。時有敗船木浮出。出陵州図経。

とあるなど、図経がはやくから「古老相伝旧聞異事」を採録していたことがうかがえるのである。

このように、図経が風土記に与えた影響が少なくないとすれば、今後の風土記研究において、両者の比較・分析は、欠くことのできない重要な課題である。そして、そのためには、まず、比較の対象となる中国の図経の原文をなるべく数多く蒐集しておく必要があろう。

このうち、敦煌で発見された図経の残巻については、いろいろなかたちでその全文が公開されているが、[7]類書に引かれた図経の逸文を網羅する作業は、わずかに清朝の王謨が編纂した『漢唐地理書鈔』があるのみで、いまだにおこなわれていない。

筆者は、かねてより、自身の研究のための手控えとして、『太平広記』や『太平御覧』に引かれた図経の逸文を抜書を作っていたが、不充分なものなので、発表は控えていた。しかしながら、この備忘録の公開を望む声もあるので、ひとまず、『太平御覧』所引の図経（一部「図経賛」・「図副」と称するものもふくむ）逸文の分について、体裁を整え、公開に踏み切ることにした。

本文は、四部叢刊三編所収の景宋本を底本とし、近年、簡体字で印刷された標点本『太平御覧』全八巻（河北教育出版社、一九九四年七月第一版、二〇〇〇年三月第二次印刷）を適宜参照し、句点を施した。排列は、『太平御覧』の巻数順とし、記事の末尾に当該逸文の存する巻数を附記した。記事の前にしるした通し番号は、便宜的なものである。

いずれにしても、『哈佛燕京學社引得23　太平御覧引書索引』（哈佛燕京學社、一九三五年一月）などを頼りに、忽卒の間にまとめたものだけに遺漏や不備も少なくないと思うが、ご批正をたまわり、補正することができれば、幸いである。

〔補註〕

（1）王仲犖『北周六典』（中華書局、一九七九年十二月）巻五、夏官府第十参照。

（2）北朝の地誌が少ない理由としては、五胡十六国の戦乱によって散逸したこと、前代の乱離による名族の減少や文化の衰退、などがあげられよう（渡部武「中国の地誌と風土記」『歴史公論』六八、昭和五十六年七月、一〇九頁）。

（3）渡部氏補注（2）論文、一〇九頁。

（4）なお、『新唐書』が「図経」としるしている点について、青山定雄「唐宋の地方誌に就いて」（服部先生古稀祝賀記念論文集刊行会編『服部先生古稀祝賀記念論文集』〈冨山房、昭和十一年四月〉所収）は、「想ふに、六典、通典両書が作られた唐の中頃までは、尚ほ地図の規定のみであつたのが、次第に説明の部分が増大し、又所謂地図の外図経に見ゆるが如き都会図、官衙図等をも附せんとするに至り、これが地方誌編纂の機運と合して図経なるものが単独に作られる勢を順致し、遂にこれが定制となるに至つたのであらう」（五八頁）と解釈している。

（5）拙稿「風土記と唐代の図経」（『国語と国文学』平成十六年十一月号、平成十六年十一月）・同「風土記の編纂と唐代の地誌」『神道史研究』五二―二、平成十六年十二月）。

（6）『続日本紀』のこの条の解釈については、増尾伸一郎「風土記編纂の史的意義」（植垣節也・橋本雅之編『風土記を学ぶ人のために』〈社会思想社、平成十三年八月〉所収）六〇～六五頁にしたがう。

（7）敦煌石室発見の地理書については、写真版と上下対照になっている便宜から、唐耕挰・陸宏基編『敦煌社會経濟關係眞蹟釋録』（1）（書目文献出版社、一八六六年十一月）が便利である。また、沙州都督府図経（P二〇〇五・P二六九五・P五〇三四・S二五九三背）については、池田温「沙州図経略考」（榎博士還暦記念東洋史論叢編纂委員会編『榎博士還暦記念東洋史論叢』〈山川出版社、昭和五十年十一月〉所収）、沙州城土鏡（P二六九一）については、ポール・ペリオ・羽田亨共編『燉煌遺書活字本』第一集（東亜攷究会、大正十五年十二月）、寿昌県地鏡（敦煌在住蘭氏所蔵）については、森鹿三「新出敦煌石室遺書特に寿昌県地鏡について」（『東洋史研究』一〇－二、昭和二十三年五月、のち森氏『東洋學研究』歴史地理篇〈同朋舎出版、昭和四十五年十一月〉所収）、沙州伊州地志（S三六七）については、羽田亨「唐光啓元年書写沙州・伊州地志残巻」（『小川博士還暦記念史学地理学論叢』所収、のち羽田氏『羽田博士史学論文集』上歴史篇〈同朋舎出版、昭和五十年八月〉所収）などの研究がある。

なお、このほかにも、王仲犖著・鄭宜秀整理『敦煌石室地志殘卷考釋』（上海古籍出版社、一九九三年九月）や李正宇『古本敦煌郷土志八種箋證』（新文豐出版公司、民国八十七年一九九一一月）が参考になる。

〈圖經之部〉

1 恒山（亦名常山）。（中略）常山圖經曰。北嶽恒山。在縣西北一百四十里。（卷三十九）

2 歧山。（中略）圖經曰。岐山亦名天柱山。（卷四十）

3 莫耶山壽春圖經曰。莫耶山。長老傳云。古者於此山鑄莫耶劍。因爲山名。（卷四十三）

4 雲母山。壽春圖經曰。雲母山。一名濠上山。在州東南四十里。（卷四十三）

5 濠塘山。壽春圖經曰。濠塘山。在縣南六十里。有濠水出焉。古老所傳。緣山泉灌濠成塘。故以爲名。山穴多出鍾乳。并有蝙蝠白艾色。於穴中倒懸。微帶紫色。居人或有九月巳後二月巳前採取。服之頗益壽。（卷四十三）

6 九斗山。壽春圖經曰。九斗山。一謂陰陵山。（卷四十三）

7 蔡山。懷寧圖經曰。蔡山出大龜。（卷四十三）

8 鷄籠山。歷陽圖經曰。鷄籠山在縣西北。（卷四十三）

9　梁山。歴陽圖經曰。梁山在縣南。俯臨江水南之博望山。（巻四十三）

10　都梁山。盱眙圖經曰。都梁山周廻三十里。在縣南。（巻四十三）

11　斗山。盱眙圖經曰。斗山周廻二十里。在縣西南。與都梁山相連。枕淮水險峻。名曰斗山。（巻四十三）

12　臺子山。盱眙圖經曰。臺子山周廻一十里。在縣東一里。（巻四十三）

13　長圍山。盱眙圖經曰。長圍山周廻四里。在縣北七里。上置軍營。將士一千人守捉。至德二年。節度使高適置。（巻四十三）

14　笄頭山。（中略）圖經云。笄頭山在涇陽西。（巻四十四）

15　賀蘭山。涇陽圖經曰。賀蘭山。在縣西九十三里。山上多有白草。遥望青白如駮。比人呼駮馬爲賀蘭。鮮卑等類多依山谷爲氏族。今賀蘭姓者。皆因此山名。（巻四十四）

16　閬山。閬山圖經曰。閬山四合於郡。故曰閬中。（巻四十四）

17 大伾山。隋圖經曰。大伾山。（卷四十五）

18 枉人山。隋圖經曰。枉人山。俗名上陽三山。或云。紂殺比干於此山。因得名。古九伯國之地也。（卷四十五）

19 嬰山。隋圖經曰。嬰山。爲并州之主。（卷四十五）

20 謁泉山。隋圖經曰。西河謁泉山。一名隱泉山。有石室。子夏退居之所。（卷四十五）

21 紇眞山。冀州圖經曰。紇眞山。在城東北。登之望桑乾代郡。數百里内宛然。（卷四十五）

22 元姫山。冀州圖經曰。元姫山。在馬邑。（卷四十五）

23 白登山。冀州圖經曰。白登山。在定襄縣東北。漢高所困之處。上有臺。因山爲名。（卷四十五）

24 火山。冀州圗經曰。火山。在定襄縣西五里。（卷四十五）

25 三山。隋圗經曰。河東都三山。即舜所耕歷山也。（卷四十五）

26　稷山。隋圖經曰。稷山。在絳郡。后稷播百穀於此山。(卷四十五)

27　霍山。隋圖經曰。霍山。在洪洞縣東北。霍水出焉。(卷四十五)

28　平山。隋圖經曰。平山。在平陽。一名壷口山。(卷四十五)

29　平山。(中略)冀州圖經云。西入文成郡。以山爲界。(卷四十五)

30　抱犢山。(中略)又隋圖經曰。卑山(卑音蔽)。今名抱犢山。四面危絶。山頂有二泉。後魏葛榮亂。百姓抱犢上山。因以名之也。(卷四十五)

31　房山。隋圖經曰。房山。嶺上有王母祠。甚靈。俗號爲王母山。(卷四十五)

32　韓信山。隋圖經曰。韓信山圓峻。俗呼爲韓信臺。又平爲土門口。西入井陘。即向太原路。是此也。又有韓信城。信破趙。駐軍於此。(卷四十五)

33　湯山。(中略)又按隋圖經云。湯後側巖上有石室一。戸無塵穢。俗號曰聖人室。下經銅鳥廟。有碑題云漳河神壇是也。(卷四十五)

34 雷公山。隋圖經曰。雷公山。耆老傳曰。魏時黒山群盜張燕等。不立君長。直以名號爲稱。多髯者謂之羝公。大聲者謂之雷公。時雷公賊保此山。因以爲名。（卷四十五）

35 鼓山。隋圖經曰。鼓山亦名滏山。（卷四十五）

36 鼓山。（中略）冀州圖經云。鄴城西有石鼓。鼓自鳥。即有兵。（卷四十五）

37 隆慮山。隋圖經曰。隆慮山。一名林慮。盖隋縣西二十里。山有三峯。南第一峯名仙人樓。高五十丈。下有黄花谷。北巖出瀑布。水注成池。黄花谷西北有洞穴。去地十餘仞。下有小山孤竦。謂之玉女臺。高九百丈。其山北一峯名舉峯。其北有偏橋。即抱犢因也。南接大行。北連恒岳。（卷四十五）

38 鮮卑山。隋圖經曰。鮮卑山。在栁城縣東南。（卷四十五）

39 鳴鷄山。隋圖經曰。鳴鷄山。在懐戎縣東北。本名磨笄山。昔趙襄子殺代王。其夫人曰。代已亡矣。吾將何歸。遂磨笄於山而自殺。代人憐之。爲立祠焉。因名其山爲磨笄山。每夜有野雞群鳴於祠屋上。故亦謂爲鳴鷄山。（卷四十五）

40 飛龍山。隋圖經曰。飛龍山。又名封龍山。(巻四十五)

41 無終山。隋圖經曰。無終山。一名歩陰山。又名翁同山。(巻四十五)

42 燕山。隋圖經曰。燕山。在易縣東南七十里。巖側有石鼓。去地百餘丈。望之若數百石囷。左右梁貫之。鼓東南有石人。援桴之狀同撃勢。云燕山石鼓鳴。則有兵。(巻四十五)

43 龍山。隋圖經曰。龍山。在易縣西南三十里。有龍山石上。往往有仙人及龍跡。西麓谷有一坑。大如車輪。春則風出東。夏出南。秋出西。冬出北。有沙門法猛。以夏日入其東穴。見石堂石人。欲窮諸穴。便有一人厲聲云。法師有滯。三穴皆如東者。不宜仍來見穢。猛仍意不息。不覺忽在穴外也。(巻四十五)

44 孔山。(中略)又隋圖經云。孔山有孔。表裏通徹。故名尓。(巻四十五)

45 幘山。宣城圖經曰。幘山。北面迤邐連九華山。其山層峯嵯峩。遐睇狀如冠幘。因號爲幘山。(巻四十六)

46 牛渚山。宣城圖經曰。牛渚山。突出江中。謂爲牛渚圻。古津渡處也。(巻四十六)

47 慈母山。宣城圖經曰。慈母山。在當塗縣北臨江。(巻四十六)

48 蕪湖山。宣城圖經曰。蕪湖山。在縣西南。山因湖以名之。漢末於湖側置蕪湖縣。以其地卑畜水非深而生蕪藻。故因以名縣焉。晉爲重鎭。謝尚。王敦皆鎭於此。陳平縣廢。以其地入當塗縣。（卷四十六）

49 望夫山。宣城圖經曰。望夫山。昔人往楚。累歲不還。其妻登此山望夫。乃化爲石。其山臨江。周廻五十里。高一百丈。（卷四十六）

50 博望山。宣城圖經曰。博望山。有二山夾大江。東曰博望。西曰天門。（卷四十六）

51 陵陽山。宣城圖經曰。陵陽山。在涇縣西南一百三十里。（卷四十六）

52 白紵山。宣城圖經曰。宣州白紵山。在縣東五里。本名楚山。桓温領妓遊此山。奏樂好爲白紵歌。因改爲白紵山。（卷四十六）

53 中山。宣城圖經曰。宣州中山。又名獨山。有溧水縣東南一十里。不與群山連接。古老相傳云。中山有白兎。世稱爲筆最精。山前有水源。號爲獨水。（卷四十六）

54 三鶴山。宣城圖經曰。三鶴山。在溧水縣東南六十里。昔有潘氏兄弟三人。於此山求仙。後道成。化爲三白鶴。

於此冲天。（巻四十六）

55 黟山（黟音伊）。歙縣圖經曰。北黟山。在縣西北一百六十八里。高一千一百七十丈。豊樂水出焉。舊名黃山。天寶六年敕改焉。案江南諸山之大者。有天台。天目。而天目近連浙江。天台俯瞰滄海。江海者。實以地下爲百川所歸。然歙州則江之上游。而海上濫觴也。今計歙川之平地。巳合與二山齊矣。况其山又有摩天戛日之高。此則浙江東西。宣。歙。池。饒。江等州山。並是此山之支脉明矣。其諸峯悉是積石。有如削成。煙嵐無際。雷雨在下。其霞城洞室。符竇瀑泉。則無峯不有。若林澗之下。巖峦之上。奇蹤異狀。不可摸寫。信霊仙之窟宅也。山中峯有溪丘公仙壇。彩霞霊禽。捿止其上。是浮丘公與容成子遊之處所。昔有人到壇所。忽見樓臺煥然。樓前有蓮池。左右有塩積米積。遂歸引村人上取。了不知其處所。山下人。往往聞峯上有仙樂之声。（巻四十六）

56 静山。江夏圖經曰。静山。在縣東南一百一十里。其山廻聳。無連接。曲澗清流。茂林高峻。可以息諸仁智。栖遊羽客。故名静山。（巻四十八）

57 鷩磯山。江夏圖經曰。在縣東九十里。其山無連接。西南俯臨大江。下有石磯。波濤迅急。商旅驚駭。故以爲名。（巻四十八）

58 黃鶴山。江夏圖經曰。在縣東九里。其山斷絶。無連接。舊傳云。昔有仙人控黃鶴於山。因以爲名。故梁湘東王晉安寺碑云。黃鶴從天之夜響是。（巻四十八）

59 烽火山。江夏圖經曰。烽火山。在縣東北四十里。（卷四十八）

60 雞翅山。江夏圖經曰。雞翅山。在縣南八十里。昔有金雞飛集此。故名雞翅山。（卷四十八）

61 樊山。江夏圖經曰。樊山。西陸路去州一百七十三里。出紫石英。山東數十步有岡。岡上甚平敞。青松緑竹。常自蔚然。其下有水溪。凛凛然。常有寒氣。故謂之寒溪。有礌龍石。謝玄暉詩云。樊山開廣宴是也。（卷四十八）

62 白雉山。江夏圖經曰。白雉山。其山上有芙蓉峯。前有師子嶺。後有金雞石。西金。南出銅鉚。自晉。宋。梁。陳巳來。常置立炉治烹煉。（卷四十八）

63 鳳栖山。江夏圖經曰。鳳栖山。西北陸路去州二百二十五里。呉建興年中。鳳皇降此山。因以爲名。山有石鼓。鼓鳴則雨降。（卷四十八）

64 南昌山。豫章圖經曰。南昌山者。昔呉王濞鑄錢之山。時有夜光。遥望如火。以爲銅之精光。（卷四十八）

65 松門山。豫章圖經曰。松門山者。以其山多松。遂以爲名。北臨大江及彭蠡湖。山上有石境。光明照人。（卷四十八）

66　龍虎山。信州圖經曰。龍虎山。在貴谿縣。二山相對。谿流其間。乃張天師得道之山。（巻四十八）

67　望鳳山。宜春圖經曰。望鳳山。在州西北七十里。上有一峯。遠觀似鳳。以此爲名。（巻四十八）

68　昌山。宜春圖經曰。昌山在州東六十里。舊名傷山。周廻連延一十八里。袁江流於其間。巨石枕崎潺激。舟人上下多傾覆。故名傷山。（巻四十八）

69　空山。南康圖經云。空山。晉咸康五年。太守庾悋於山西麓中建立神廟。歴代祈雨。最有靈應。（巻四十八）

70　鄧公山。信州圖經曰。鄧公山。在縣北。本名銀山。因鄧遠爲鄧公場。儀鳳二年祭山。山頽陷焉。（巻四十八）

71　明府山。信州圖經曰。明府山。在縣東。其山久晴不雨。山或自鳴。必有大雨。久雨不晴。欲晴自有煙霧蓋其頭。古老相傳。祈請有驗。（巻四十八）

72　鶴嶺山。信州圖經曰。鶴嶺山。自貴溪縣界。崗阜鱗次。北入縣境。嶺上多松樹。有鶴窠。因得名爲鶴嶺山。（巻四十八）

73 小廬山。衡山圖經曰。小廬山。一名浮丘山。在縣西一百八里。高六里三十步。東西二十里。南北四十里。言其山似九江廬山。故曰小廬山。又古老相傳。謂浮丘公上昇之所。兼有道觀存焉。（卷四十九）

74 静福山。衡山圖經曰。静福山。在縣北五十里。有梁廖沖者守清虛。爲本郡主簿西曹祭酒。湘東王國常侍。大同三年家於此山。先天二年飛昇於此山。後刺史蔣防敬慕高風。刻石爲碑。（卷四十九）

75 五溪山。長沙圖經云。五溪山。在縣西北五十八里。高二里。北入朗州界。昔吴黄龍三年。潘濬将兵五萬討武陵五溪蠻。在此山下立營。截除徒黨。因以爲名。按溪水自邵州武剛縣東北流。至岳州沅江縣合益水。（卷四十九）

76 崗。（中略）隋圖經曰。歴陵縣西十里有石子崗。實山也。而高大。有冢如硯子。世謂之研子冢。是趙簡子冢也。石虎令人發之。初得炭。深一丈得連木板。厚高八尺。次得流泉水。水色清冷非常。以牛皮爲嚢。作絞車以汲之。一月而水無極。乃止。築城繞之。氣成樓闕。（卷五十二）

77 嶺。（中略）歙州圖經曰。海寧有容嶺。有木石糖。出樹空石罅中。百姓每採之。（卷五十四）

78 窟。（中略）又曰。州圖經曰。唐術窟在郡西龍支谷。彼人亦罕有至者。其窟内有物。若似今書卷。因謂之精巖。巖内時見神人往還。蓋古仙所居耳。羌胡懼而莫敢近。又謂鬼爲唐術。故指此爲唐術窟。（卷五十五）

79 堆。(中略) 安定圖經曰。振履堆者。故老云夸父逐日。振履於此。故名之。(卷五十六)

80 橐水。陝縣圖經曰。橐水。即魯水也。西北入城。百姓賴之。呼爲利人渠是也。(卷六十三)

81 淇水。(中略) 隋圖經曰。清淇西自魏郡朝歌縣界入。分爲二派。一在郡東。一在郡西。俱南流入河。(卷六十四)

82 淇水。(中略) 冀州圖經云。河水西從河内郡界入。至黎陽而東。北至臨河。西至王莽河出焉。又東經澶淵東入武陽。河南即東郡界是。(卷六十四)

83 黄花水。隋圖經曰。黄花水。出隆慮縣西北崖上。高十七里 去地七里。懸水東南注壑巖下。狀若雞翅。俗謂之雞翅。蓋天台。赤城之流也。至谷潛入地下十里復出。名曰柳水者。是黄花水重源發也。其谷號爲黄花谷。内有仙母塚。谷西有洞穴。謂之聖人窟。(卷六十四)

84 洹水。隋圖經曰。洹水。出隆慮縣西北。俗謂安陽河。即聲伯夢涉之所。源出林慮山東平地。(卷六十四)

85 漳水。(中略) 鄴縣圖經曰。濁漳水在縣西。水東北津有永樂浦。浦西五里俗謂爲紫陌。河北處即俗巫爲河伯娶婦處也。(卷六十四)

86 易水。（中略）安圖經曰。易水。又名安國河。亦名北易水。（卷六十四）

87 滹沲。（中略）隋圖經曰。滹沲在深澤縣界。光武爲赤眉所追。至滹沲河欲渡。導吏還。乃言水深無船。左右懼。上使王霸前瞻水。霸恐驚衆。乃言氷堅可渡。北至。氷合。囊沙布氷上乃渡。未畢數車。氷陷。今名其處爲危渡口是也。魏改曰清寧河。此水常有蛟。入五月恒暴遂變爲人。於岸上與人並行。至懸岸處推之與人俱下。（卷六十四）

88 渒發水。隋圖經曰。渒發水今俗亦名妬女泉。大如車輪。水色青碧。百姓祀之。婦人不得艶裝衣新彩臨之。必興雨雹。故云妬女。介子推妹也。（卷六十四）

89 雷水。（中略）豫章圖經曰。蜀水在豐城縣北。（卷六十五）

90 甘泉水。九江圖經曰。甘泉水在縣南甘泉驛之南。其水味甘。飲訖猶有餘香。因以名焉。其山即曰甘泉山。（卷六十五）

91 甘泉水。（中略）按州圖經云。昔山頂有船棛。從頂沿流而下。土人亦名爲棛下溪。桓伊爲江州刺史。常遣左右賫粮尋山之奥。奠覩非常。乃至一處見有大湖。湖側有敗船。當時聞有棛流下。甚疑惑。後聞有船。方驗。（卷六十五）

92 秦淮水。江寧圖經曰。淮水北去縣一里。源從宣州東南漂水縣烏剎橋西入百五十里。(巻六十五)

93 灕水。臨桂圖經曰。灕水。出縣南二十里柘山之陰。西北流至縣西南合零渠五里。始分爲二水。昔秦命御史監史禄自零陵鑿渠。出零陵下灕水是也。(巻六十五)

94 湖。(中略)歙縣圖經曰。黄墩湖在縣西南。其湖有蜃。常與呂湖蜃鬪。程靈銑好勇而善射。夢蜃化爲人告之曰。吾爲呂湖蜃所厄。君能助吾必厚報。束帛練者吾也。明日靈銑彎弧助之。正中後蜃。不知所之。後人名其處爲蜃灘。時有一道人詣靈銑母求食。食訖曰。勞母設食。今當爲求善墓地。使母隨行上山。以白石識其地曰。葬此可以暴貴矣。靈銑因移父葬其所。侯景亂。靈銑率郡郷萬餘衆保新安。因隨陳武帝有奇功。及陳武受梁禪。靈銑以佐命功臣。與周文昱。侯安都爲三傑。按靈銑宅在湖東二里。(巻六十六)

95 谿。(中略)信州圖經曰。師溪水。源出黄蘗山北面。在弋陽縣東南一百一十里。昔有隱士胡超居此。衆人師之。故名師溪。(巻六十七)

96 谿。(中略)臨海圖經曰。銅溪。在縣西北五十里。其水黄色。狀似銅。故號銅溪也。(巻六十七)

97 洲。(中略)隋圖經曰。漢水逕琵琶谷至滄浪洲。洲即漁父棹歌處。庾仲雍記云謂之千齡洲。(巻六十九)

98 洲。(中略)荆州圖經曰。襄陽縣南八里。峴山東南一里。江中有蔡洲。漢長水校尉蔡瑁所居。宗族強盛。共保蔡洲。爲王如所没。一宗都盡。(卷六十九)

99 澤。(中略)圖經曰。晉有大陸。(卷七十二)

100 澤。(中略)按隋圖經云。大陸。大鹿。大河。即一澤而異名也。(卷七十二)

101 澤。(中略)河南圖經曰。廣成澤。在梁縣西四十里。(卷七十二)

102 陂。(中略)河南圖經曰。洛水。自苑内上陽宮南弥浸東注。當宇文隂版築之時。因築斜堤。今東北流。水衡作堰九所。形如偃月。謂之月陂。(卷七十二)

103 陂。(中略)壽春圖經曰。芍陂在安豊縣。(卷七十二)

104 堰埭。(中略)魏郡圖經曰。愜山。古堰也。今謂之愜山。即漢成帝時河決金堤。蓋於此運土以塞河。頗愜當時人心。故謂之爲愜山。在今魏縣西。(卷七十三)

105　溝。（中略）楊子圗經曰。六合縣東三十里。從岱石湖入四里至溝中心。與陵分界。（巻七十五）

106　渠。（中略）内黄圗經曰。前漢倪寛遷内黄令。吏民大信。表開六輔渠以大灌漑。民極獲利。因曰倪公渠。（巻七十五）

107　東京開封府。（中略）圖經曰。浚儀有高陽故城。顓頊高陽氏佐少昊有功。封於此城。（巻一百五十八）

108　宋州。（中略）圗經曰。梁王有脩竹園。園中竹木。天下之選。集諸方遊士。各爲賦。故館有鄒枚之號。又有鴈鶩池。周迴四里。亦梁王所鑿。又有清冷池。有釣臺。謂之清冷臺。（巻一百五十九）

109　蔡州。（中略）圖經曰。春秋時爲沈。蔡二國之地。後爲楚。魏二國之境。秦兼天下。以其地爲三川。漢爲汝南郡。（巻一百五十九）

110　濟州。（中略）圖經曰。東阿。春秋時齊之柯地也。（巻一百六十）

111　青州。（中略）圖經曰。少昊之代爽鳩氏。虞。夏則有季萴（仕則反）。湯有逢公伯陵（逢音蒲江反）。殷末有蒲姑。皆爲諸侯。國於此地。周成王時。蒲姑與四國作亂。成王滅之。以封太公。（巻一百六十）

112 淄州。(中略)圖經曰。長山縣。本漢於陵縣也。隋改焉。以界内長白山爲名。(卷一百六十)

113 登州。(中略)圖經曰。古萊子國也。戰國及秦。屬齊郡。漢巳下。屬東萊郡。(卷一百六十)

114 孟州。圖經曰。孟州。河陽郡。(卷一百六十一)

115 孟州。(中略)冀州圖經曰。河陽。在河内郡南六十四里。有宮有關。(卷一百六十一)

116 相州。(中略)圖經曰。安陽。紂都也。在淇。洹二水之間。本殷墟所謂北冢是也。(卷一百六十一)

117 洺州。(中略)圖經曰。邯鄲。單。盡也。邯。山名。謂邯山之所盡也。(卷一百六十一)

118 定州。(中略)圖經曰。安喜縣。即古盧奴縣也。有黒水故池。深而不流。俗謂黒水爲盧。不流爲奴。(卷一百六十一)

119 定州。(中略)圖經曰。陘邑縣。本七國時中山國之苦陘縣也。(卷一百六十一)

120 定州。(中略)圖經曰。北平縣。本秦曲逆縣之地。屬中山國。(卷一百六十一)

121 莫州。（中略）圖經曰。清苑縣。本漢樂鄉縣也。（卷一百六十二）

122 幽州。（中略）圖經曰。武清縣。本漢之雍奴縣也。（卷一百六十二）

123 涿州。圖經曰。涿州。涿郡。古涿鹿之地。舜十二州爲幽州地。（卷一百六十二）

124 薊州。圖經曰。薊州。漁陽郡。（卷一百六十二）

125 滄州。（中略）圗經曰。渤海。實滄州之地。屬趙分居多。（卷一百六十二）

126 貝州。（中略）圖經曰。清河縣。秦爲厝縣。（厝音翅亦反）。漢爲信成縣。（卷一百六十二）

127 絳州。（中略）圖經曰。晉穆侯遷都於絳。曽孫孝侯改絳爲翼。翼爲晉之舊都。後獻公復爲絳。絳在今曲沃故城二里。有絳邑故城。是故絳在翼城東南。有故翼城是也。（卷一百六十三）

128 絳州。（中略）圖經曰。聞喜縣有董澤。（卷一百六十三）

129 潞州。（中略）圖經曰。後周建德七年。於襄垣縣立潞州。以其浸汾。潞爲名。（卷一百六十三）

130 遼州。圖經曰。遼州。樂平郡。（卷一百六十三）

131 隰州。圖經曰。隰州。大寧郡。夏殷巳前。其地與箕沁同。在周爲晉之北鄙。（卷一百六十三）

132 并州。（中略）隋圖經曰。并州。其氣勇抗誠信。韓。趙。魏謂之三晉。剽（疋妙反）悍盜賊。常爲他郡劇。（卷一百六十三）

133 靈州。（中略）圖經曰。周宣政和二年。破陳將吴明徹。遷其人於靈州。江左之人崇禮好學。習俗皆化。因謂之塞北江南。（卷一百六十四）

134 丹州。（中略）隋圖經集記曰。義川蓋春秋時白翟也。其俗語云丹州白窐。即白翟語訛耳。（卷一百六十四）

135 劒州。圖經曰。普安郡。（卷一百六十六）

136 漢州。圖經曰。漢州。德陽縣。土地同益州秦屬蜀郡。漢屬廣漢郡。後漢因之。兼置益州。領郡十二。（卷一百六十六）

137　彭州。（中略）晋寿陽圖經曰。唐垂拱二年。以九隴縣置彭州。取古天彭闕以爲名。（巻一百六十六）

138　翼州。圖經曰。翼州。臨翼郡。秦之土地與益州同。二漢屬蜀郡。卒漢之蠶陵也。（巻一百六十六）

139　悉州。（中略）圖經曰。唐顯慶三年。割當州三十里左封縣。界内有悉唐川。因立爲悉州。（巻一百六十六）

140　靜州。圖經曰。靜州。静川郡。土地與當州同。唐永徽四年。置靜州於唐縣。以理夷落。（巻一百六十六）

141　拓州。圖經曰。拓州。蓬山郡。土地與當州同。唐顯慶三年。於此置拓州。取其開拓封疆爲名。（巻一百六十六）

142　恭州。圖經曰。恭州。化郡。北接土蕃。土地與當州同。唐顯慶中。置恭州。取恭慕王化爲郡之名。（巻一百六十六）

143　維州。（中略）圖經曰。武德中。白苟羌首領以地内附。因於姜維故城置維州以領之。（巻一百六十六）

144　奉州。圖經曰。奉州。雲山郡。卒蠻夷之地。南接土蕃。爲夷落之極塞。武德中。羌夷内附。因立奉州。取其順奉王命爲名。（巻一百六十六）

145 黎州。圖經曰。黎州。洪源郡。漢爲沉黎郡。宋。齊以來。並爲沉黎郡。後周破羌夷。立黎州。（卷一百六十六）

146 松州。（中略）圖經曰。郡松甘松岭。因以名郡。（卷一百六十六）

147 復州。（中略）圖經曰。監利縣。漢華容縣。乾溪。章華臺在焉。（卷一百六十七）

148 合州。圖經曰。合州。巴川郡。秦。漢屬巴郡。宋置東宕渠郡。西魏置合州。（卷一百六十七）

149 閬州。圖經曰。閬州。閬中郡。（卷一百六十七）

150 梁州。圖經曰。梁州。漢中郡。春秋至戰國時楚地。秦。漢爲漢中郡。（卷一百六十八）

151 通州。（中略）圖經曰。西魏改爲通州。以其居西達之路。故以爲名。（今爲達州）。（卷一百六十八）

152 灃州。（中略）圖經曰。界内有零溪水。即以爲名。隋開皇十八年。改零陽爲慈利縣。（卷一百六十八）

153 鄀州。（中略）圖經曰。菊潭。以界内菊潭水以名縣。（卷一百六十八）

154　襄州。（中略）圖經曰。穀城縣有酇城。（巻一百六十八）

155　楊州。（中略）圖經曰。江陽縣。本漢江都縣也。以在江之北。故曰江陽。（巻一百六十九）

156　楚州。（中略）圖經曰。寶應縣。本安宜縣。即漢之平安縣地。屬廣陵郡。（巻一百六十九）

157　舒州。（中略）圖經曰。桐城。春秋時桐國也。亦漢樅陽縣也。（巻一百六十九）

158　光州。（中略）圖經曰。定城縣。春秋黄子國也。（巻一百六十九）

159　昇州。圖經曰。昇州。古楊州之地也。春秋時爲吴地。戰國時越滅吴。爲越地。後楚滅越。其地又屬楚。初置金陵邑。秦併天下。改金陵爲秣陵。屬鄣郡。漢元封二年。改鄣郡爲丹陽郡。（巻一百七十）

160　昇州。（中略）圖經曰。金陵有古冶城。本吴鑄冶之地也。（巻一百七十）

161　宣州。（中略）圖經曰。南陵縣有赭圻屯。在縣西北。（巻一百七十）

162 池州。圖經曰。池州。池陽郡。（卷一百七十）

163 潤州。（中略）圖經曰。其城因山爲壘。縁江爲境。（卷一百七十）

164 潤州。（中略）圖經曰。丹陽。本漢曲阿縣也。（卷一百七十）

165 潤州。（中略）圖經曰。唐垂拱四年。立金山縣。後改名金壇。取邑界句曲之山。金壇之陵以爲號。（卷一百七十）

166 常州。（中略）圖經曰。昔有讖述其地云。無錫寧。天下平。有錫兵。天下爭。故名之。（卷一百七十）

167 蘇州。（中略）圖經曰。華亭縣。本嘉興縣地。天寶十年置。因華亭谷爲名。（卷一百七十）

168 睦州。（中略）圖經曰。隋置睦州。取俗阜人和。内外輯睦爲義。（卷一百七十）

169 饒州。（中略）圖經曰。以山川蘊物珎奇。故名饒。（卷一百七十）

170 信州。圖經曰。唐上元元年正月。江淮轉運使元載以此邑川原夐遠。關防襟帶。宜置州制。可賜名信州。以信美所稱爲郡之名。（卷一百七十）

171 虔州。（中略）圖經日。贛縣。章。貢二水双流至縣。合爲贛水。其間置邑。因以名縣。（巻一百七十）

172 建州。（中略）圖經日。晉尚書陸邁。梁尚書郎江淹皆爲吴興令。按淹自序云。吴興地在東南嶠外。閩越之舊境是也。（巻一百七十）

173 福州。（中略）福州圖經日。勾踐六代孫爲楚所併。其後有無諸。以其境南泉山之地因而都之。稱閩越王。至孫繇又以東海隅之地稱越王。俱是会稽之域。遂有三越之稱。（巻一百七十）

174 福州。（中略）圖經日。梁承聖二年。封蕭基爲長樂侯於此。（巻一百七十）

175 歙州。（中略）圖經日。績溪縣。以界内乳溪與徽溪相去一里。廻轉屈曲。並流離而復合。謂之績溪。縣因名焉。（巻一百七十一）

176 歙州。（中略）圖經日。任昉爲新安太守。因行春至此。愛其雲溪。縁源尋幽。累日不返。百姓因名其溪爲昉溪。村名昉村。（巻一百七十一）

177 明州。（中略）圖經日。鄮縣有角東及句章故城。（巻一百七十一）

178 處州。圖經曰。處州。縉雲郡。古縉雲之墟也。秦爲会稽郡地。漢初爲東甌地。後以爲回浦縣。光武更名章安。晉分爲永嘉郡。（巻一百七十一）

179 處州。（中略）圖經曰。麗水縣有惡道。惡道有突星瀨。謝靈運與弟書曰。聞惡道溪中。九十九里有五十九灘。（巻一百七十一）

180 温州。（中略）圖經曰。永嘉縣。漢治縣之地。後漢改爲章安縣。（巻一百七十一）

181 衡州。（中略）圖經曰。茶陵縣者。所謂陵谷生茶茗焉。（巻一百七十一）

182 道州。（中略）圖經曰。昔舜封象有鼻國。即其地。（巻一百七十一）

183 邕州。（中略）圖經曰。人俗恡嗇澆薄。内險外蠢。椎髻跣足。尚雞卜。卵卜。（巻一百七十二）

184 嚴州。（中略）圖經曰。州門有長河。水深八十丈。從牂牱流下。（巻一百七十二）

185 宮。（中略）隋圖經曰。大業十六年。自江都還洛陽。勑於汾州北臨汾水起汾陽宮。即管涔山汾河源所出之處。當盛暑之時。臨河盥漱。即涼風凜然如八九月。其北多雨。經夏罕有晴日。一日之中。倐忽而雨。倐忽而晴。晴雨

未曽經日。雖高嶺千仞。嶺上居人掘地深二三尺。即得清泉用之。（卷一百七十三）

186 宮。（中略）壽春圖經曰。十宮。在縣北五里長阜苑内。依林傍澗。踈逈跨屺。隨地形置焉。並隋煬帝立也。曰歸鴈宮。回流宮。九里宮。松林宮。楓林宮。大雷宮。小雷宮。春草宮。九華宮。光汾宮。是曰十宮。（卷一百七十三）

187 井（中略）隋圖經云。常山唐縣中出城西北隅有一大井。俗名趙母井。昔云醇酎千日。即是此井所醞。後以石蓋之。人不敢開。齊刺史博陵王濟欲開之。即有雲霧隱蔽。懼不敢開。（卷一百八十九）

188 園圃。（中略）隋圖經曰。史記謂梁孝王築東苑。方三百里。是曰兔園。（卷一百九十七）

189 園圃。（中略）隋圖經曰。司竹園在盩厔縣東十二里。穆天子西征至玄池乃植竹。即此是也。（卷一百九十七）

190 孝女。（中略）宣州圖經曰。宛陵管氏女。名瑶。年十七。與母同寢。母爲虎所負去。瑶哀叫隨之。因嚙虎耳墮。方捨其母。瑶即負母歸家。氣絶。武帝表其門。以旌孝行。（卷四百十五）

191 孝女。（中略）歙州圖經曰。章頊。歙縣合陽郷人也。妻程氏與二女入山採菓。程爲暴虎銜嚙去。二女寃叫。挽其衣裙與虎爭力。虎乃捨之。程由是獲全。時刺史劉贇嘉之。給湯藥。蠲户税。改郷爲。孝女。（卷四百十五）

192 輿輦。（中略）二十四生圖經曰。後聖李君遊西河。歷觀八方。值元始乗八景玉輿。駕玄龍而來。李君問天書玉字。未究妙章。元始俾極道眞。於是吐洞玄内觀玉符以授之。（卷六百七十七）

193 傳授上。五岳眞形圖經曰。若道士得祕聖之經。皆當杜祕於一人之口者。即眞靈之文將墜於獨見。何縁得存於永代乎。傳授但當必得其人。豈可祕而不出。是斯文永翳也。（卷六百七十八）

194 茗。（中略）夷陵圖經曰。黄木女觀望州等山。茶茗出焉。（卷八百六十七）

195 茗。（中略）永嘉圖經曰。縣東有白茶山。（卷八百六十七）

196 茗。淮陰圖經曰。山陽縣南二十里有茶坡。（卷八百六十七）

197 茗。茶陵縣圖經曰。茶陵者。謂陵谷生茶茗。（卷八百六十七）

198 猨。（中略）荊州圖經曰。宜都夷道縣西山頂上有古墓。名曰女王冢。不詳其人。林則女貞。戰則白猨。（卷九百十）

199 絛魚（音稠）。又圖經讃曰。泊和損乎。莫惨於憂。（卷九百三十七）

〈圖副之部〉

1　桐栢山。（中略）荆州圖副曰。桐栢山。（巻四十三）

2　高筐山。（中略）荆州圖副云。昔堯時大水。此山不没如筐。因名焉。（巻四十九）

3　君山。（中略）又荆州圖副云。湘君所遊。故曰君山。有神。祈之則利渉。山下有道。與呉包山潛通。上有美酒數斗。得飲者不死。（巻四十九）

4　洲。（中略）荆州圖副曰。百里洲。其上平廣。土沃人豊。湖澤所産。足穰儉歳。又特宜五果。甘柰梨蔗。於此是出。（巻六十九）

5　夔州。（中略）荆州圖副曰。永安宮南一里渚下平磧上有諸葛孔明八陣圖。聚細石爲之。各高五丈。皆棊布相當。中間相去九尺。正中開南北巷。悉廣五尺。或爲人散亂。及爲夏水所没。至冬水退。依然如故。（巻一百六十七）

6　襄州。（中略）荆州圖副曰。建安十三年。魏武平荆州。始置襄陽郡。以地在襄山之陽爲名。（巻一百六十八）

7　薙。（中略）荆州圖副曰筑陽縣有薙山。山多野薙。因以爲名。（巻一百七十七）

# 第三章　『山城国風土記』と稲荷社

## 稲荷社の創祀と風土記逸文

周知のように、稲荷社の創祀については、『山城国風土記』に、「伊奈利社」・「南鳥部里」と呼ばれる二つの記事がみえている。いま、それらを示すと、つぎのとおりである。

①山城国風土記云。南鳥部里。称二鳥部一者。秦公伊呂具。的餅化レ鳥。飛而居其所森々(云カ)二鳥部一。

②風土記曰。称二伊奈利一者。秦中家忌寸等遠祖。伊侶(具カ)臣秦公。積二稲梁一。有二富裕一。乃用レ餅為レ的者。化成二白鳥一。飛翔居二山峯一。生レ子。遂為レ社。其苗裔悔二先過一而抜二社之木一殖レ家。祷(祭カ)レ命也。

『山城国風土記』ははやくに散逸し、まとまったかたちでは現存しないが、複数の書物にその一部が引用されている。現在、『山城国風土記』逸文として世に知られているものは、十八条あるが（このうち、十六条については、高藤昇「山城国風土記逸文について」『朱』二〇、昭和五十一年七月・同「補訂・山城国風土記逸文について」『朱』二七、昭和五十八年六月、が校訂を施した原文・書き下し文を掲げ、あわせて古風土記としての信憑性に言及しているので、参照を乞う）、右の記事もその一つで、ともに今井似閑が『萬葉緯』において採択したものである。

『萬葉緯』全二十巻は、巻第十六・十七巻に「風土記残篇」として近江国風土記をはじめとする諸国風土記の残缺を収録し、巻第十八に「諸書所引風土記文」として後世の典籍に引用された風土記の逸文を採輯するが、①・②は巻第十七に収められている。

①は、『河海抄』二（玉上琢磨編『紫明抄　河海抄』〈角川書店、昭和四十三年六月〉所収、二四九頁）所引の逸文であり、②は、『延喜式神名帳頭註』（『群書類従』第二輯〈続群書類従完成会、昭和五十四年一月発行訂正第三版五刷〉所収、二四八頁）をはじめ、『諸神記』・『廿二社註式』など複数の典籍が引用する逸文である。いずれも、稲荷社の創祀や秦氏がそれに関与したことを伝えた、貴重な史料として、はやくから注目されてきた。

## 逸文の真偽

もっとも、これらの引用文が、はたして、和銅六年（七一三）の風土記撰進の詔をうけて提出された、いわゆる「古風土記」によったものかどうかは、あきらかでない。

筆者は、拙著『風土記逸文の文献学的研究』（学校法人皇學館出版部、平成十四年三月）に掲載した「風土記逸文一覧」において、さきの二条を「古風土記のそれと認めがたいもの」に分類したが、この点については諸説ある。

たとえば、戦前に出た佐佐木信綱『上代文学史』上巻（東京堂出版、初版は昭和十年十月、のち同二十三年二月に新訂版が刊行された）の「風土記」の項では、①・②を古風土記の逸文と認定している。また、武田祐吉『風土記』（岩波書店、昭和十二年四月）は、当時知られていた逸文を七つのグループに分類しているが、①・②は、ともに第一類、すなわち、「何風土記と明記して、大体その原文の儘に引用したと認められるもの」（例言、七頁）の範疇に入れられている（二七〇頁）。

これに対し、秋本吉郎氏校注『日本古典文学大系2　風土記』（岩波書店、昭和三十三年四月）は、逸文を三段階にわけ、「逸文として疑わしいもの」を「存疑」、「逸文と認めがたいもの」を「参考」とするが、①・②は「存疑」に分類している（四一九頁）。さらに、久松潜一校註日本古典全書『風土記』下（朝日新聞社、昭和三十五年五月）には、小野田光雄氏の作成された「風土記逸文一覧表」が附されているが（この一覧表は、のち小野田光雄『古事記　釈日本紀　風土記ノ文献学的研究』〈続群書類従完成会、平成八年二月〉に再録）、ここでも、①・②は古風土記とは認められていない（二五頁）。

さらに、近年、植垣節也校注・訳『新編日本古典文学全集5　風土記』（小学館、平成九年十月）や上代文献を読む会編『風土記逸文注釈』（翰林書房、平成十三年二月）といった、古風土記及びその逸文の詳細な注釈書が刊行されたが、やはり、①・②は取り上げられていないのである。

いずれの判断が正しいのかは、かんたんには決められないが、重要な史料だけに、ここであらためてその信憑性について考えておくことは無意味ではあるまい。筆者は、真偽の判定の決め手となるような、有効な材料を持ち合わせているわけではないが、本誌通巻五十号の記念特集号に寄稿をもとめられた機会に、伏見稲荷大社ゆかりの、この逸文について、あらためて検討したいと思う。

## 逸文をめぐる疑問

『山城国風土記』の当該逸文について、古風土記とは認めがたいことを考証した研究としては、秋本吉郎「風土記逸文の検討（一）（二）」（『大阪経大論集』一六・一七、昭和三十一年六・九月、のち秋本氏『風土記の研究』〈大阪経済大学後援会、昭和三十八年十月〉所収）がある。

このなかで、秋本氏は、まず、①を引く『河海抄』について、つぎのようにのべる。

**河海抄**（四辻善成、貞治年間一三六二―六七頃成）、風土記記事の引用または記載指摘をなすもの六条の内、常陸国「童子女松原」の記載指摘は萬葉集註釈・釈日本紀、丹後国「浦嶼子」一条は釈日本紀、豊前国「鏡山」の一条は萬葉集註釈、信濃国「ははき木」一条は袖中抄と、それぞれ先行引用書所記の範囲内の記事で、いづれも孫引き可能なものである。先行書に所見のない二条の内、伊豫国「湯桁の数」一条は、先人（素寂）説の孫引きで、これが風土記記事であることは、本文の右肩に「風土記」と傍記のあることに拠るが、この必要傍記のない伝本もあり、記事内容も亦、釈日本紀・萬葉集註釈所引「湯泉」の条と比照して、古代の官撰風土記の本文と認め難いことは容易に察知せられる。右を除いては山城国「鳥部里」一条のみが先行書に所見のない風土記記事となる。しかし、河海抄所載の風土記記事の殆どが先行書よりの孫引き可能のものと指摘せられ、けだし孫引きと断じてよいものであるのに対し、山城国の一条のみが古代の同種の風土記よりの直接引用であることは不審である。他条と同様に先行書よりの引用―その先行書が亡人でそれと指摘し得なくなった―とも解せられるが、詞林采葉抄における山城国「宇治」一条と併せ考へて、これも後代の「風土記」の存在を想定し、それよりの引用と解するのがより妥当ではないか。（六〇一～六〇二頁）。

ついで、秋本氏は、②を引用する『延喜式神名帳頭註』にも言及する。

氏によれば、同書には、『釈日本紀』にみえる逸文が十条あり、これらは、いずれも『釈日本紀』からの引用だと考えられるという。

また、これとはべつに、先行書に所見のない逸文が、②をふくめて六条あるが、②を除く他の五条は古風土記の逸文とは認めがたいという。しかも、『釈日本紀』からの孫引きの十条は、いずれも「何某国風土記」と国名を冠記しているのに対し、これら六条は国名を冠せず、たんに「風土記」とだけしるすという。

この点から、秋本氏は、「国名を冠記しないこの六条は、国名冠記の一〇条とは別種の「風土記」で」あるとみて、つぎのように結論づけておられる。

山城国に属する風土記記事四条中、国名冠記の「賀茂神系」「三井社」「水渡社」三条が釈日本紀所載のものであり、国名冠記なしの「伊奈利社」一条が釈日本紀に記載のないものである、といふ区別は恐らく偶然ではあるまい。詞林采葉抄の「宇治」、河海抄の「鳥部里」、各一条の先行書なしの山城国風土記の記事の存在と併せ考へて、神名帳頭註の右の一条も亦、釈日本紀が引用したのとは別種の風土記であったとすることが妥当の如くである。（六〇四頁）

なお、秋本氏は、こうした、風土記逸文を引く書物の個別調査を積み重ねたうえで、逸文とその引用書について、つぎのように総括しておられる。

これを以て観れば、諸書に引用せられた風土記記事は、鎌倉時代後期までのものが古代の官撰風土記のそれとして最も信憑度の高いもの、南北朝は信憑度が劣って存疑の時代、室町時代以降は信憑度の最も低い時代と概括せられる。室町時代を通じて、直接引用の記事を一条も指摘し得ないのに対し、江戸時代に入って、先行書に引用のない、いはゆる風土記記事を引用記載する典籍がにわかに激増するのは、文運の興隆にともなって古典籍の探索発見が相次いだ事も考慮せられるが、風土記に関する限りでは、現伝の出雲・豊後・常陸・肥前・播磨の五ヵ国のものが、この記載順序のままに順次知られるに至った以外には発見せられなかったのである。江戸時代の典籍に引用せられた記事の初見する、現伝五ヶ国風土記以外の風土記記事、いはゆる風土記逸文が、古代の官撰風土記のそれとして信憑し難いことは、この点からも容易に察知し得る。江戸時代の典籍に引用初見の風土記記事で、先行書よりの孫引きであるものについても、その先行書の著作年代が、おのづから、その記事の信憑度を測る尺度となるべきものである。

諸書に引證利用せられて伝存し、風土記記事として採択せられた、いはゆる風土記逸文は、それらが吾らの研究対象とする古代官撰風土記の記事として信憑し得るか否かの信憑度については、勿論一条一条の検討を必要とはするが、その信憑度の決定に、鎌倉時代後期を境界とする年代的規準が、客観的・一般的な規準として採り上げられ、考慮せられるべきであることを提唱し得(ママ)るのである。（六二二～六二三頁）

これはまことに貴重な指摘だが、この点についてはのちにもふれる機会があるので、ここでは措くとして、①・②については、氏の指摘のとおりであると思う。じつは、筆者も、秋本説にもとづいて、これらを古風土記の逸文から除外したのであった。

## 古風土記とみとめる見解

ところが、これとはぎゃくに、①・②を「古風土記の文として少しも差支えはない」とされるのが、坂本太郎「稲荷神社の和銅四年創立説について」（『朱』一一、昭和四十六年五月、のち『坂本太郎著作集』第十巻〈吉川弘文館、平成元年八月〉所収）である。坂本氏の研究は、秋本氏の論文を直接批判したものではないが、①・②の信憑性について、つぎのように論じておられる。

伊奈利のことを述べた「山城風土記」が、和銅の詔に応じて直ちに提出された古風土記であることは、歴史学者の一致して認める所であり、私もそれに賛成する。ところが国文学者の中にはこの真偽を疑う人があるらしく、岩波の日本古典文学大系の風土記では、この条に「存疑」と注し、「古代の風土記とは別種の記事であろう」と説明している。最近出た角川文庫の風土記では、……伊奈利の条とそれに関連する鳥部里の条（河海抄二）は全く挙げていない。それは伴信友の説（『しるしの杉』＝荊木註）をうけて、これらの風土記を延長再撰のものと見た故であろうが、私見では古風土記の文として少しも差支えはないと考える。とくに郷に当たるものを里と称しているから、霊亀元年前の撰であることは確かである。「釈日本紀」に引かれた可茂社の条は古風土記だが、「神名帳頭註」に引かれた伊奈利の条は再撰本だというのは、出典書の性格からさように感ぜられる所もあろうが、山城風土記に共通する書法として、地名を説明するとき、初めに「何何と称するは」と書出す方式が、どの逸文も全く同じである。（可茂と称するは、伊奈利と称するはなど）また伊奈利の条に内容的に関連する白鳥伝説を述べた逸文の鳥部里には、里の字が用いられていて、その点でも他の逸文と合致する。伊奈利・鳥部里などの逸文はあくまで古風土記の逸文だと考えるのである。（三一四頁）

「歴史学者の一致して認める所」かどうかはわからないが、坂本説にしたがって、①・②を古風土記の逸文とみる研究者も多いことは事実で、たとえば、さきに紹介した高藤氏もその一人である。最近でも、中村修也『秦氏とカモ氏　平安京以前の京都』（臨川書店、平成六年十一月）が、②を古風土記と認めたうえで稲荷社と秦氏のかかわりを論じておられるし、平凡社編『京都・山城寺院神社大事典』（平凡社、平成九年二月）の「伏見稲荷大社」（五八八～五九三頁）も、②を『山城国風土記』逸文として扱っている。

秋本氏は国文学界における風土記研究の第一人者であり、かたや坂本氏は国史学界を代表する風土記研究の権威であるが、ここではまったく意見がことなっている。

ただ、この場合、両氏の判定基準にはあきらかなちがいがある。すなわち、秋本氏は、逸文を引用する書物の著者・成立年代や引用の傾向といったものから、逸文の真偽に迫ろうとしているのに対し、坂本氏は、書式や用字から判断を下しておられるのである。

逸文の信憑性をうかがうには、いずれの方法も重要であって、両面からの検討を怠ってはならないが、強いていえば、記事の内容や書式・用字といったものだけで真偽を見分けることには、大きな危険がともなう。

なぜなら、古風土記をみたことのあるものや、古代史料に馴染んでいるものとって、それらを模倣した逸文を創作（偽作）することは、それほどむつかしいことではないからである。それゆえ、用字が古色を帯びているだとか、書式が古風土記のスタイルと似ているだとか、内容が古風土記的だとかいった要素は、一つの目安にはなりえても、それだけでは古風土記とは決められないのである。

## 後世の風土記とその記述

この点について、具体例をあげて説明しよう。

瀧川政次郎「丹後国風土記逸文考」（『日本歴史』四八〇、昭和六十三年五月）や拙稿「『海部氏勘注系図』の風土記関係記事をめぐって」（『風土記研究』二三、平成八年十一月、その後改稿して拙著『風土記逸文研究入門』〈国書刊行会、平成九年四月〉所収）が紹介した籠神社所蔵の『海部氏勘注系図』所引の『丹後国風土記』逸文は、後世の偽書とみられる『丹後国風土記残缺』にも引用されるもので、古風土記からの引用とは考えがたい。

しかしながら、「丹後国号」の一条に、

丹後国者。本与二丹波国一合為二一国一。于時日本根子天津御代豊国成姫天皇御宇。詔割二丹波国五郡一。置二丹後国一也。（後略）（神道大系編纂会編『神道大系　古典編十三　海部氏系図ほか』〈神道大系編纂会、平成四年三月〉所収、二四～二七頁）

とあるのは、『豊後国風土記』・『肥前国風土記』など、九州地方の風土記の冒頭部分と書式がよく似ている。また、べつの「凡海」条に、

所三以其号凡海一者。古老伝曰。往昔治二天下一。当二大穴持神一与二少彦名神一。到三坐于此地二之時。引三集海中之大嶋小嶋一。小嶋凡拾以成二壹之大嶋一。故名云二凡海一矣。在二当国風土記一。（神道大系本、二四～二七頁）

とあるのも、いかにも古風土記的な地名の起源説話である。

いずれの逸文も、書式や内容をみているかぎりでは、古風土記といってもおかしくないものだが、しかし、実際はそうでないのである。

いま一つ例をあげると、伴信友の『古本風土記逸文』には、『陸奥国白河郡八槻村大善院旧記』所引『陸奥国風土記』逸文の「八槻の郷」・「飯豊山」二条が引用されている。

これらは、こんにちではその原本が失われ、『古本風土記逸文』によってのみ確認しうる稀有の逸文で、従来、古風土記のそれと考えられてきた。近いところでは、平川南「白河郡関和久遺跡と古社」（福島県教育委員会編『関和久遺跡』一五三集〈福島県教育委員会、昭和六十年三月〉所収）や小倉慈司「『古本風土記逸文』所収陸奥国風土記逸文について」（『市史研究あおもり』二、平成十一年三月）に、これを古風土記と認める見解がみえている。

しかしながら、べつにものべたように（拙稿「伴信友『古本風土記逸文』について」（『国学院大学日本文化研究所紀要』八五、平成十二年三月、のち拙著『風土記逸文の文献学的研究』〈前掲〉所収）、この『陸奥国風土記』逸文には、「神亀三年。改二字八槻一。」など、『出雲国風土記』の書式と酷似した点があることから、偽作の可能性が大きい。

この点については、逸文を伴信友に書き送った岡部東平（春平）が、出雲および『出雲国風土記』と深くかかわっていること（かれは、天保二年から五年ごろまで松江に滞在していたし、風土記については、『出雲風土記考』四巻〈所在不明〉などの著作もある）とも関聯させながら、なお検討すべき餘地があるが（朝山晧「平田大人と大江春平」『国学院雑誌』三八―九、昭和七年九月、のち朝山氏『出雲国風土記とその周辺』〈島根県古代文化センター、平成十一年三月〉所収・同「松田春平大人」『島根評論』一四三、昭和十一年八月、のち同上書所収、参照）、これなども、「古老伝云」などの風土記的表現があるとか、他の風土記と記述のスタイルが類似している、というだけでは判断できない事例である。

さて、こうしてみると、文体だとか書式だとかいった要素は、それだけでは逸文認定の決め手とならないことがおわかりいただけると思うのだが、これは①・②の信憑性を考える場合にも当て嵌まる。

すなわち、「地名を説明するとき、初めに「何何と称するは」と書出す方式が、どの逸文も全く同じ」だとか、「鳥部里には、里の字が用いられていて、その点でも他の逸文と合致する」だとかいった要素は、かならずしも決定打にはならないのである。「称二伊奈利一者」云々という書式は、他の『山城国風土記』逸文から容易に導き出せるものだし、「里」の表記についても、同様である。

とくに、「里」については、『山城名勝志』巻十（『改定史籍集覧』第二十二冊〈近藤活版所、明治三十四年十月、のち昭和五十九年四月臨川書店より復刻〉五三七頁）に引かれた『山城国風土記』逸文にも、

山城風土記云。月読尊。受二天照大神ノ勅一。降二于豊葦原中国一。到二于保食神許一。時有二一ノ湯津ノ桂樹一。月読尊。乃倚二其樹一立之。其樹所レ在。今号二桂ノ里一。

とみえている。

『山城名勝志』は、近世の地誌である。こうした江戸時代の文献に突如としてあらわれる逸文が、古風土記と認めがたいことは、さきに引いた秋本論文にもあるとおりだが、かかる後代の〝風土記〟にも「里」がみえることは、この字が逸文認定の根拠とならない有力な証拠である。

以上のような理由から、筆者は、逸文の認定作業にあたっては、書式や用字から判断された坂本氏のやりかたよりも、秋本氏の採られた方法、すなわち、引用書の分析結果を優先すべきであると思う。それゆえ、①・②についても、古風土記の逸文ではない可能性が大きいと考えている。

## 古伝承としての「伊奈利社」

ただ、念のためにのべておくと、①・②が古風土記からの引用ではないことと、それが稲荷社にかかわる古伝であることとは別問題である。筆者は、これらの記事を古風土記としては疑わしいと思うが、その古伝としての価値まで否定するものではない。

すでに指摘されているように、②に関しては、これとかかわりの深い史料が、『平安遺文』四九〇五号所載の「神祇官勘文（尊経閣所蔵文書）」にみえている。すなわち、当該文書に、

③一稲荷神件神社

立始之由慥無二所見一。但彼社禰宜祝等申状云。此神和銅年中始顕二坐伊奈利山三箇峯平処一。是秦氏祖中家等秡木殖積也。即彼秦氏人等為二禰宜祝一供二春秋祭等一。依二其霊験有一。被レ奉二臨時御幣一。相次延喜八年被贈太政大臣藤原朝臣修二造始件三箇社一者。

とあるのが、それである。

十八世紀末に正禰宜だった秦親業が脱稿した（その後も加筆は続けられた）『稲荷社事実考証記』上には、これとおなじ記事が『年中行事秘抄』にもあることがしるされている。また、『二十二社註式』もこれを引用しているが、もっとも古いのは、③である。

この記事が、②の伝承を踏まえたものであることは、両者の比較からあきらかである。

ただ、「和銅年中」という年紀は、②にはみえない。また、②が「其苗裔悔二先過一而抜二社之木一殖レ家祷レ命也」とだけしるすのを、③は「秦氏祖中家」（この人物は、『稲荷社事実考証記』の傍書では「秦公伊侶具九世孫也」とある）のこととしているのも見逃せない。

しかし、ここで重要なのは、③の存在から、②にみられるような、稲荷社の創祀にかかわる伝承が、天暦三年

（九四九）の時点ですでに知られていたことである。

②が、それほど古い伝承だとすると、これが『山城国風土記』によるものだとする可能性も無碍には否定できない。『山城国風土記』は、十世紀中葉にはまだ存在していたはずだから、中状をしるした禰宜祝たちがそれをみたことは、じゅうぶんに考えられる。しかも、他の逸文から類推するに、『山城国風土記』には神社にかかわる詳しい記載が存在したようだから、そこに稲荷社の記事があっても不思議でない。

ただ、③が風土記によったものならば、出典を明記してもよさそうなものだが、そうではないし、「立始の由、慥かに所見なし」と書くのも、なにやら頼りない。前述のように、②にはみられない独自をまじえていることも気になるところである。

坂本氏は、「その意味の表わし方が甚だ不確かな所を見ると、完全に風土記の文が理解せられていたかどうかは疑わしい」としつつも、「当社の禰宜祝たちに風土記の文が知られていたことは明らか」だといわれる（前掲論文、三一三頁）。しかし、筆者は、中状を作成した禰宜祝たちが、直接②を参照したと断言する自信はないし、ましてや、それが『山城国風土記』であったという確証はないのである。

このあたりの判断はむつかしいが、いずれにしても、③の存在をよりどころに、風土記逸文として知られた②が、稲荷社の古伝にもとづいた記録であることは認めてよいと思う。

ちなみに、①は、②とはことなる典籍からの引用ではあるが、内容が餅的伝説にかかわるものであり、秦公伊呂具（上田正昭「日本神話」〈『上田正昭著作集4　日本神話論』小学館、平成十一年三月〉所収、一一二頁によれば、「伊呂具」は「伊呂巨」が正しいという）の名がみえることから、②と一聯のものと考えてよさそうである。それゆえ、これら二条をよりどころに、山城国紀伊郡に居住していた秦氏一族が附近にある稲荷山に神を祀り、稲荷社とかかわってきたとみるのは

（坂本氏前掲論文、三一七頁参照）、じゅうぶん根拠のあることだといえよう。

もっとも、稲荷社の創祀については、秦氏が祀る以前から、土地の守護霊の祭祀があった可能性が考えられる（上田氏「日本神話」〈前掲〉一一二頁）。この点についてもさらに検討する必要があろうが、小稿の主題からは逸脱するので、これについては、べつの機会に譲ることにしたい。

〔附記〕

本誌既刊号には、稲荷社の創祀やその論拠となる『山城国風土記』逸文を取り扱った研究が多数掲載されている。本文ではふれなかったが、最近のものにかぎっても、

瀧音能之「秦公伊侶具とその子孫」（『朱』四〇、平成九年三月）

鈴鹿千代乃「山城国風土記逸文「伊奈利社」小考―「伊奈利」は「伊彌奈利」か―」（『朱』四四、平成十三年三月）

井上満郎「深草の渡来人と稲荷社の成立」（『朱』四五、平成十四年三月）

などのすぐれた論文が目につく。あわせて参照を乞う次第である。

# 第四章　『摂津国風土記』逸文をめぐって

## 現存しない『摂津国風土記』

和銅六年（七一三）五月の風土記撰進の通達をうけて提出された諸国の風土記のうち、現存するのは、わずかに常陸・播磨・出雲・豊後・肥前の五国である。その他の風土記については、他書に引用されるかたちで、かろうじて部分的に残っているに過ぎない。われわれは、これを「風土記逸文」と称している。

『摂津国風土記』もまた、まとまったかたちでは存在しない。隣接する播磨地方の風土記が、巻首を欠くとはいえ、現存しているのに対し、摂津のそれが伝わらないのは惜しみて餘りある。

ただ、幸いなことに、『摂津国風土記』については、林羅山『諸国風土記抜萃』以来、多くの研究者が逸文の採訪につとめており、現在では、三十条近い記事が確認されている。これは、一国の風土記逸文としては群を抜いて多い。

もっとも、追ってのべるように、このなかには、はたして古風土記の逸文と認めてよいかどうか疑わしいものも、かなりふくまれているから、逸文の利用にあたっては、まず信憑性の吟味からはじめるべきである。そこで、小論では、摂播歴史研究会創立二十五周年記念特集号に寄稿のお誘いをうけたのを奇貨とし、『摂津国風土記』逸文について、問題点を整理してみたい。

## 古風土記の逸文

まず、古風土記の逸文であることが確実なものからみていこう（一覧A参照）。

われわれにとってありがたいのは、『摂津国風土記』逸文のなかには、『萬葉集註釈』や『釈日本紀』に引用されたものが、かなりの数あることである。あらためてのべるまでもないが、仙覚の『萬葉集註釈』（『萬葉集抄』とも）は、萬葉歌の解釈、とくにそこに歌われた地名の注釈のために、諸国の風土記の記事を多数引用している。その数およそ五十五条。同様に、卜部兼方が父兼文の講義録をもとに編輯したという『釈日本紀』も、『日本書紀』にみえる地名等に注釈を施すにあたって、これまた風土記を駆使しており、引用は六十七条にも及んでいる。

『萬葉集註釈』・『釈日本紀』は、ともに鎌倉時代中期、十三世紀後半の著作である。そこには、『出雲国風土記』など現存する風土記からの引用も多数みられ、それが現存本の記述と合致するところから、他の風土記についても、古風土記からの直接引用である可能性が大きい。『摂津国風土記』の場合、『萬葉集註釈』に四条、『釈日本紀』に五条の逸文が引用されており（うち、「住吉」は二書に重出）、このなかには、「夢野」など、比較的長文の、内容豊かなものがふくまれている。

ところで、『摂津国風土記』逸文には、このほかにも確実なものが数条ある。天理図書館蔵『神名帳』裏書にみえる「汶売神社」や、『古事記裏書』にみえる「稲倉山」・「稲椋山（豊宇可乃売神）」の二条が、それである。天理図書館蔵『神名帳』裏書には、ほかに「南郡社」・「水渡社」・「可勢社」という『山城国風土記』からの引用があるが、このうち「水渡社」の一条は『釈日本紀』巻八にもみえるので、他の二条についても、当然、古風土記からの抜萃と判断してよい。

同様に、『古事記裏書』には、都合五条の風土記の記事がみえるが、うち一条は『出雲国風土記』に「熊野山。

**【『摂津国風土記』逸文一覧Ａ】**

| 逸　文　名 | 出　　典 | 採　択　者 | 備　　考 |
|---|---|---|---|
| 住吉 | 釈日本紀６、11・萬葉集註釈１ | 林羅山 | |
| 比売島松原 | 萬葉集註釈２ | 林羅山 | 玄覚注記本系裏書 |
| 長楽 | 萬葉集註釈２ | 今井似閑 | 今井似閑は前条の末尾に割注のかたちで注記。武田祐吉も前条の脚注として注記。独立の項目として取り扱ったのは森尻麒一郎にはじまる。 |
| 夢野 | 釈日本紀12 | 林羅山 | |
| 歌垣山 | 釈日本紀13 | 林羅山 | |
| 美奴売松原 | 萬葉集註釈３ | 林羅山 | |
| 汶売神社 | 天理図書館蔵神名帳裏書 | 近藤喜博 | |
| 有馬郡 | 釈日本紀14 | 林羅山 | |
| 稲倉山 | 古事記裏書 | 狩谷棭齋 | |
| 稲椋山（豊宇可乃売神） | 古事記裏書 | 狩谷棭齋 | |
| 土蛛 | 釈日本紀９ | 林羅山 | |

**【『摂津国風土記』逸文一覧Ｂ】**

| 逸　文　名 | 出　　典 | 採　択　者 | 備　　考 |
|---|---|---|---|
| 御津のうみ | 萬葉集管見３ | 森尻麒一郎 | |
| 難波高津 | 萬葉代匠記３・続歌林良材集上 | 伴信友 | 伴信友は訓読された文を引くが、伊藤純は神趾名所小橋車上にみえる漢文体のものを引く。 |
| 難波堀江の歌 | 稜威道別２ | 栗田寛 | |
| 八十頭島 | 顕昭古今集註９・袖中抄18 | 今井似閑 | |
| 吹江 | 神趾名所小橋車下 | 伊藤純 | |
| 味野原 | 謌枕名寄16 | 森尻麒一郎 | |
| 味経原 | 謌枕名寄16 | 森尻麒一郎 | |
| 大小橋山 | 神趾名所小橋車上 | 伊藤純 | |
| 形江 | 神趾名所小橋車中 | 廣岡義隆 | |
| 御魚家 | 日本声母伝 | 木村正辭 | 本条は、『採輯諸国風土記目録』で指摘。ほかに佐佐木信綱・武田祐吉も本条を指摘。 |
| 坐摩神 | 神名帳頭註 | 森尻麒一郎 | |
| 猪名野 | 詞林采葉抄３ | 森尻麒一郎 | |
| 山背堺 | 謌枕名寄３ | 木村正辭 | |
| 籔稲村 | 中臣祓気吹抄中 | 武田祐吉 | |
| 御前浜 | 本朝神社考２ | 今井似閑 | |
| 武庫の山 | 道ゆきふり | 森尻麒一郎 | |

| 下樋山 | 本朝神社考６・萬葉代匠記９ | 今井似閑・廣岡義隆 | 廣岡氏は萬葉代匠記により指摘。 |
|---|---|---|---|
| 若栗林 | 詞林采葉抄３ | 森尻麒一郎 | |

※表中には採択者の名前のみを掲げたが、採択者が逸文を報告した論著名は、つぎのとおりである（おおむね発表年月順）。

林羅山『諸国風土記抜萃』（東京大学総合図書館所蔵写本）

今井似閑『萬葉緯』（上賀茂神社三手文庫所蔵自筆本）

狩谷棭斎『採輯諸国風土記』（東洋文庫所蔵自筆本）

伴信友『古本風土記逸文』（宮内庁書陵部所蔵自筆本）

栗田寛『纂訂古風土記逸文』（大日本図書株式会社、明治31年８月、のち昭和２年12月に大岡山書店から再刊されたが、その際、巻末に「逸文補遺三条（宮地直一）」「引用書目解題」「索引」を附載）

正宗敦夫編纂・校訂 『改訂増補採輯諸国風土記』（日本古典全集刊行会、昭和３年３月、のち、昭和54年２月に現代思潮社より復刻、狩谷棭齋『採輯諸国風土記』をもとに、国別に「補遺之部」として、木村正辭氏が慶応元年に作成された同書の補遺と栗田寛『古風土記逸文考證』の採録した逸文とを追補する）

佐佐木信綱「風土記」（『上代文学史』上巻〈東京堂出版、初版は昭和10年10月、のち同23年に新訂版が刊行され、さらに平成６年６月に復刻〉所収、ここでは初版本を使用）

武田祐吉『風土記』（岩波書店、昭和12年４月）

近藤喜博「ヤマシロ風土記の逸文について」（『日本上古史研究』２－１、昭和33年１月）

伊藤純「摂津国風土記の逸文について」（『続日本紀研究』274、平成３年４月）

森尻麒一郎「風土記逸文一覧」（『高岡市萬葉歴史館紀要』４、平成６年３月）

植垣節也校注・訳『新編日本古典文学全集５　風土記』（小学館、平成９年10月、逸文は廣岡義隆氏担当）

郡家正南一十八里。〈有檜檀也。所謂熊野大神之社坐。〉」とある部分からの引用であり（ただし、『古事記裏書』一一三行目では「或書云」として引用）、現存本に該当する記載が存在する。また、『丹後国風土記』の「比治里（奈具社）」も、『元元集』巻七や『瑚璉集』にもみえる逸文だし、『備後国風土記』の「疫隅国社（蘇民将来）」も、『釈日本紀』巻七や『廿二社註式』で確認できるものである。したがって、おなじ裏書に引かれた『摂津国風土記』もまた、古風土記からの引用とみて差し支えないのである。

ちなみに、天理図書館蔵『神名帳』裏書に引かれた「汶売神社」は、あるいは、『萬葉集註釈』巻三が引用する「美奴売松原」をさらに抄出したものかも知れないが（田中卓「吉田家本延喜式、金勝院本扶桑略記の解説」『田中卓著作集』第十巻〈国書刊行会、平成五年八月〉所収、六三五頁）、一覧Ａでは、いちおう別個の逸文としてカウントしている。

### 疑問が残る逸文

このように、『摂津国風土記』に関しては、古風土記の逸文であることが確実な記事が十一条もある。しかし、いっぽうで、はたして古風土記とみてよいのか、疑問の残るものも少なくないのである。

一覧Ｂには、信憑性という点で疑問が残る逸文を掲げた。その多くは、「摂津国風土記曰」・「津国風土記に云」といった表現を取りつつも、とうてい古風土記とはみとめがたいものである。文体が崩れていることや、後世的な表現をふくむことも、古風土記とみなしがたい理由であるが、なによりも、逸文をふくむ書物の多くが、江戸時代にはいってからの成立である点が、ネックとなる。これについては、秋本吉郎氏が、「風土記逸文の検討（一）（二）」（『大阪経大論集』一六・一七、昭和三十一年六・九月、のち秋本氏『風土記の研究』〈大阪経済大学後援会、昭和三十八年十月〉所収、引用は後者による）が、つぎのようにのべているのが参考になる。

これを以て観れば、諸書に引用せられた風土記記事は、鎌倉時代後期までのものが古代の官撰風土記のそれとして最も信憑度の高いもの、南北朝は信憑度が劣って存疑の時代、室町時代以降は信憑度の最も低い時代と概括せられる。室町時代を通じて、直接引用の記事を一条も指摘し得ないのに対し、江戸時代に入って、先行書に引用のない、いわゆる風土記記事を引用記載する典籍がにわかに激増するのは、文運の興隆にともなって古典籍の探索発見が相次いだ事も考慮せられるが、風土記に関する限りでは、現伝の出雲・豊後・常陸・肥前・播磨の五ヵ国のものが、この記載順序のままに順次知られるに至った以外には発見せられなかったのである。江戸時代の典籍に引用せられた記事の初見する、現伝五ヶ国風土記以外の風土記記事、いわゆる風土記逸文が、古代の官撰風土記のそれとして信憑し難いことは、この点からも容易に察知し得る。江戸時代の典籍に引用初見の風土記記事で、先行書よりの孫引きであるものについても、その先行書の著作年代が、おのずから、その記事の信憑度を測る尺度となるべきものである。

諸書に引證利用せられて伝存し、風土記記事として採択せられた、いわゆる風土記逸文は、それらが吾らの研究対象とする古代官撰風土記の記事として信憑し得るか否かの信憑度については、勿論一条一条の検討を必要とはするが、その信憑度の決定に、鎌倉時代後期を境界とする年代的規準が、客観的・一般的な規準として採り上げられ、考慮せられるべきであることを提唱し得(ママ)のである。（六二二〜六二三頁、仮名遣いは現代仮名遣いに統一した）

これはまことに貴重な指摘であって、氏の判断は正しいと思う。筆者は、江戸時代になって突如登場する逸文を、基本的には古風土記のそれとは認めないのだが、こうした見通しは、秋本説に負うところが大きいのである。

さて、右の秋本氏の提唱する物差しを規準にすると、一覧Bに示した逸文のほとんどが古風土記逸文としての資格を失うことは、誰の目にもあきらかである。

もっとも、この規準のみによって、すべての逸文を切り捨てるわけにはいかない。いろいろな方面から検討して、採るべきものは救済する必要がある。事実、一覧Bでも、検討の餘地が残る逸文が若干ある。ここにあげた十八条のうち、研究者によって評価が大きくわかれるのは、「八十頭島」・「山背堺」・「下樋山」の三条である。

### 「山背堺」

行論の都合上、「山背堺」からみていこう。この逸文は、『謌枕名寄』巻三水無瀬条に引かれたもので、以下のような短文の記載である。

　摂津国風土記。彼国嶋上郡也。山背堺也。

武田祐吉『風土記』（岩波書店、昭和十二年四月）は、これを「何風土記と明記して、大体その原文の儘に引用したと認むべきもの」（「例言」七頁）に分類し、古風土記の逸文と認定している。ほかにも、久松潜一校註日本古典全書『風土記』下（朝日新聞社、昭和三十五年五月）や、植垣節也校注・訳『新編日本古典文学全集５　風土記』（小学館、平成九年十月）・上代文献を読む会編『風土記逸文注釈』（翰林書房、平成十三年二月）が、これを古風土記の逸文として取り扱っている。そうしたなか、秋本吉郎氏校注『日本古典文学大系２　風土記』（岩波書店、昭和三十三年四月）だけは、これを「参考（逸文と認めがたいもの）」にふくめている（秋本氏「風土記逸文の検討」〈前掲〉でも、この逸文は「別種の「風土記」と称する書よりの引用」に分類）。

秋本氏が本条を古風土記の逸文とみない理由は明示されていないが、察するに、氏は、その信憑性の決定にあたって、「鎌倉時代後期を境界とする年代的規準」を重視しておられるのであろう。

では、『日本古典文学大系2　風土記』（前掲）以外の注釈書は、いかなる理由で、本条を古風土記と認めたのであろうか。

認定の根拠を明示していないものもあるが、たとえば、『新編日本古典文学全集5　風土記』（前掲）の頭注では、本条中の「山背」という用字が延暦十三年（七九四）以前の古いもので、「本条はこの用字から古風土記逸文と認められる」としるされている（四二六頁）。

『風土記逸文注釈』（前掲）も、本条を古風土記の逸文と認定した注釈書の一つであるが、「一応認定」と、あくまで慎重な態度である。同書は、「山背」の用字が古いものであることを認めつつも、「①その逸文部分があまりに短いこと、②用字・表記意識を確定する材料を欠くこと、さらには、『武田風土記』が第一類（何風土記と明記して、大体その原文の儘に引用したと認むべきもの）、『秋本風土記』が参考（またはそれと認め難いもの）と認定している等を考慮するとき、『古風土記』の逸文と即断するには問題点のあることを認めなくてはなるまい」（三五頁、西崎亨氏執筆担当）としている。

武田祐吉氏が第一類としたのであれば、古風土記逸文と認めていいような気もするが、それについてはいまは問わない。だが、西崎氏自身は、どうも古風土記と確信しておられるわけではないようである。

たしかに、「山背」は山城の古い表記ではあるが、だからといって、その字をふくむ書物も古いということにはならない。いささか穿ったみかただが、後世の地誌が古風土記らしくみせかけるために、わざと古い表記を用いていることも考えられるのである。

しかも、『謌枕名寄』自体が江戸時代にはいってからの書物であることを考慮すると、それまでまったく引用のなかった、かかる逸文が、突如、歌枕一覧に登場するのは不審である。最終的な決め手に缺くものの、『謌枕名寄』

のなかに、古風土記逸文とおぼしき記事がほかにない現状では、やはり、古風土記と確定するのは躊躇せざるをえない。拙著『風土記逸文の文献学的研究』（学校法人皇學館出版部、平成十四年三月）に掲載した「風土記逸文一覧」では、最近の注釈書の見解をうけて本条を古風土記逸文とみたが、現在では、この判断がいささか揺らいでいることを、この機会に告白しておく。

ちなみに、『詞枕名寄』には、ほかに巻十六に、

風土記云。味原。云々。文字上下如何。

とあり、さらに、

今案云。風土記味原野同所歟。

という風土記逸文とおぼしき記事がみえている。これらは、故森尻麒一郎氏が採択されていたものである（遺稿「風土記逸文一覧」『高岡市萬葉歴史館紀要』四、平成六年三月）。国名の記載はないものの、「味原」から判断して、ここにいう風土記とは摂津国のそれとみてよいであろう。これらは、従来、風土記逸文として見逃されてきたものであるが、ここで取り上げた「山背堺」の信憑性を考えるうえで参考になる。ただ、どちらもあまりに断片的で、残念ながら、あまり有効な利用は望めない。

## 「下樋山」

なお、ここで、「山背堺」とおなじ問題を抱える「下樋山」についてもふれておこう。

「下樋山」は、林羅山『本朝神社考』巻六に引かれた逸文である。同書では、『摂津国風土記』とは明記されていないが、下樋山の所在地は摂津国能瀬郡なので、はやくから『摂津国風土記』逸文として知られていた（なお、

のちに廣岡義隆氏が契沖の『萬葉代匠記』巻九から採択したおなじ逸文では、「摂津国風土記曰」となっている）。内容は、つぎのとおりである。

摂津国風土記曰。昔有二大神一。云二天津鰐一。化二為鷲一而下二止此山一。十人往者。五人去五人留。有二久波乎者一。来二此山一。伏二下樋一而届二於神許一。従二此樋内一。通而祷祭。由レ是曰二下樋山一。

ここでも、信憑性の評価はまちまちで、武田祐吉『風土記』（前掲）は第二類（「単に風土記と記して所属の国名を明記していないが、大体原文の儘に引用したと認められるもの」）に分類するが、日本古典全書『風土記』（前掲）・『日本古典文学大系2　風土記』（前掲）などは、古風土記とは認めていない。

ところが、最近の『新編日本古典文学全集5　風土記』（前掲）や『風土記逸文注釈』（前掲）は、これを古風土記として取り扱っている。どちらもコメントがないので、古風土記とした理由は推測するしかないが、文体にも奈良時代の文献としておかしなところがなく、類話が『播磨国風土記』・『肥前国風土記』・『筑後国風土記』逸文にみえることなどが、主たる理由ではないかと思う。

ただ、文体はかならずしも決定打にはならないし、「十人往者。五人去五人留」といったたぐいの話は、『大神宮儀式解』巻二の引く『伊勢国風土記』逸文（「安佐賀社」）――これは古風土記ではない――にもみえており、古風土記の専売特許ではない。それゆえ、こうした内的徴証から、「下樋山」を古風土記逸文と認定することは不可能である。

さて、そうなると、さきの「山背堺」同様、引用書の成立年代に注目がいく。『本朝神社考』にしても、『萬葉代匠記』にしても、ともに江戸時代初期の十七世紀後半の著作である。それまでどこにも引用されることのなかった「下樋山」が、突如としてこれらの書物に姿をあらわすことは、やはり不可解である。そこから、筆者は、この逸文についても、ひとまず古風土記逸文からは除外しておくのが穏当ではないかと思う。

### 「八十頭島」

つぎに、「八十頭島」について考えておく。これは、『顕昭古今集註』巻九や『袖中抄』巻十八にみえる逸文で、以下のような内容である（引用は、『顕昭古今集註』による）。

或物云、風土記云。堀江ノ東ニ沢アリ。ヒロサ三四町許、名ヲバ八十頭嶋トイフ。昔女待レ人負二其児一。其間羅ヲモチテ鳥ヲトラムトス。鳥マツアヒダ河ノ鳥飛テ羅ニカヽル。女人トリノ力ニタヘズシテカヘル。ヒキカヘサレテオチイリテシヌ。又有レ人。其頭ヲ求ニ、人頭二、鳥頭七十八アリ、合テ八十頭也、コレニヨリテナヅクル也。〔傍注〕「我頭ト負タル児ノ頭ト二ナリ。鳥ノ頭ハ羅ニカヽリタル鳥ノ頭ノ七十八アリケルナリ」

こちらは、さきの「山背堺」とは打ってかわって、多くの注釈書が古風土記逸文とは認めていないにもかかわらず、『日本古典文学大系2　風土記』（前掲）のみが古風土記の逸文と推定している例である（なお、武田氏『風土記』〈前掲〉は、これを「何国風土記、或は単に風土記と記して、原文を完全に引用せず、抄出したり、国文に書き下したり、又は大意を要約したりして記したと認められるもの」〈「例言」七頁〉というグループに分類しているので、完全に否定しているわけではない）。この一点をもってしても、古風土記か否かの判定がいかにむつかしいかがわかるというものである。

もっとも、正確にいうと、秋本氏も、『袖中抄』に「或書に風土記を引きて云」とあるところから、風土記原典からの直接引用ではなく孫引きである」（大系本、四二七頁）と考えておられる。秋本氏が目安とされる「鎌倉時代後期を境界とする年代的規準」からいえば、平安時代後期の十二世紀末に成った『袖中抄』や『顕昭古今集註』が古風土記を引いていても、いっこうにおかしくはない。『袖中抄』が「和歌童蒙抄云」として、『肥前国風土記』の逸文「鏡渡」を引用していることは、著者の顕昭が、孫引きながら古風土記の文章にふれていた証拠である。だから、くだんの「八十頭島」も古風土記からの引用である可能性は残ると思うのだが、これも、やはり決め手に缺ける。

## 『摂津国風土記』の成立

以上、『摂津国風土記』逸文について、とりとめもないことをのべてきた。逸文の信憑性に関しては、ここで紹介したような疑問が、つねにつきまとうのであって、なかなか歯切れのよい結論は望めない。

ただ、『摂津国風土記』でたいせつなことは、たしかな逸文の存在から、古風土記が編纂・撰進されたのは疑いないという点である。

現存する逸文からは、①天皇号については「―宮御宇天皇」という表記で統一されていたらしいこと、②神功皇后を「天皇」と表記したらしいこと、③地名の条下に、それが地名とわかりにくい場合には細注で「地名」とする注記的筆法がとられていたらしいこと（『風土記逸文注釈』〈前掲〉三一頁、上野誠氏執筆担当）、など、書式の傾向は、ある程度みてとれる。ただ、編纂にかかわった人物や成立の時期まで特定することは不可能である。

敷田年治の『風土記考』（神宮文庫所蔵）には、諸国の風土記について、その成立年代や特色にふれた記述がある。そのなかで、彼は、『山城国風土記』が最古文であり、『日本書紀』成立以前の作であるとするとともに、『摂津国風土記』は、『山城国風土記』同様古文であって、これとおなじころの作であるとのべている（拙稿「敷田年治著『風土記考』について―全文の飜刻と解題―」『皇學館大学史料編纂所報　史料』一八二、平成十四年十二月）。『摂津国風土記』の文章を古体とするのは主観的な判断にもよるので、ただちに賛成はしかねるが、『摂津国風土記』の成立をはやいとみる研究者は、ほかにもいる。

たとえば、小島瓔禮氏は、『古事記裏書』所引の「稲椋山（豊宇可乃売神）」条に、和銅六年（七一三）四月に丹波国の五郡を割いて設置された丹後国の「比遅の麻奈韋」を丹波国として引いているのは、通達をあまり隔たらぬ時期に書かれたからだとしておられる。また、神功皇后を天皇と書くことについて、ほかに『常陸国風土記』・『播磨国風土記』にも同様の例があるので、これらの風土記とほぼおなじ時期の成立であるとみておられる（『風土記』〈角川書店、昭和四十五年七月〉所収「解説」、三八四頁）。いずれも、決定的とはいいかねるが、一つの見解として今後もよく検討すべきであろう。

なお、残存する逸文から、『摂津国風土記』には、古風土記とはちがった、あきらかに後世に編まれたとみられる、べつの地誌が存在したことも判明する。その成立や編纂の理由についてはあきらかにすべくもないが、名所旧蹟の多い土地柄ゆえ、古代の風土記に範をとったり、あるいはそれに擬した地誌のたぐいが複数編纂されたことは、想像にかたくない。だが、それが、『摂津国風土記』研究の混乱を招くことに繋がっているのは、皮肉な結果である。

〔附記〕

小論で引用した風土記原文は、植垣節也校注・訳『新編日本古典文学全集5　風土記』（小学館、平成九年十月）に依拠したことをお断りしておく。

# 第五章　『尾張国熱田太神宮縁記』と『尾張国風土記』逸文

## はじめに

『尾張国熱田太神宮縁記』[1]は、尾張国の古社である熱田社の起源をしるした、もっとも古い史料で、寛平二年（八九〇）の奥書をもつ。本書は、のちにもふれるように、『古事記』・『日本書紀』などによりつつ、熱田社の縁記を綴ったものである。その内容は、記紀の叙述の域を出るものではなく、史料としては新味に掬すべき点が少ないが、『尾張国風土記』について考えるうえで、貴重な記述をふくんでいる。

そこで、小論では、『尾張国熱田太神宮縁記』にみえる所伝に検討を加えながら、『尾張国風土記』について考えてみたいと思う。

○

はじめに、『尾張国熱田太神宮縁記』の全文を『群書類従』第二輯によって掲げておく。[2]ここで問題としていることとは直接関係のない箇所もふくまれるが、『尾張国熱田太神宮縁記』は、洋装本群書類従でわずか七頁ほどの分量なので、煩をいとわず全文をあげた次第である。

尾張國熱田太神宮縁記

①正二位熱田太神宮者。以二神劔一爲レ主。本名天叢雲劔。後改名二草薙劔一。其祠立二於尾張國愛智郡一。所以者何也。
昔大足彦忍代別天皇。立二播磨稲日太郎姫一爲二皇后一。生二一皇子一。第一曰二大碓命一。第二曰二小碓尊一。一日同胞雙生。
天皇異レ之。則詰二於碓一。故號二其二子一曰二大碓小碓一也。是小碓尊。亦名日本武尊。幼有二雄略之氣一。及レ壯容貌魁
偉。身長一丈。力能扛レ鼎焉。天皇四十年秋七月癸未朔戊戌。詔二群卿一曰。朕聞東夷反逆。暴神多亂。國家之怨甚二
於倒懸一。命二遣誰人一。平二其亂一。群臣皆未レ知レ所二其薦達一也。日本武尊奏言。臣先則勞二西征一。是役必大碓命之事矣。
時大碓命聞二斯敷奏一。五情無レ主。愕然逃亡。匿二於艸莽一。則遣二使者一召來。爰天皇責曰。汝不レ欲レ徃豈可二強遣一耶。
何未レ對レ賊恐懼迷レ魂。無頼之責何地逃レ之。於レ是日本武尊雄誥曰。熊襲既順伏。未レ經二幾年一。蝦夷逆亂。討平何
日矣。臣雖二劬勞一。撥二理其亂一。天皇手持二斧鉞一。以授二日本武尊一曰。夫九夷之中。蝦夷爲二暴悍之首一焉。父子無
レ別。兄弟相疑。各貪二土壤一。遞以抄略。承レ恩易レ忘。宿怨必報。故頭髻藏レ矢。衣中佩レ刀。或結二群黨一而凌二邊
境一。或伺二間隙一以略二平民一。狼子野心未レ染二王化一。加以山有二邪鬼一。郊有二暴神一。悩二亂人民一。年來尚矣。今朕察二汝
爲一レ人也。身體魁偉。志力雄傑。所レ向无レ前。所レ攻必勝。寔知形雖二我子一。實是神人。此天下則汝天下也。此皇位
則汝位也。願深謀遠慮。探レ姦知レ變。示レ之以レ威。懐レ之以レ徳。掉レ舌而調二暴神一。振レ武而攘二姦鬼一。日本武尊乃
受二斧鉞一以再拜曰。臣謬以二孱劣一奉レ命東征。若頼二神靈乃冥助一。假二天皇之明威一。徃臨二其境一。示以二徳教一。猶有
レ不レ服。擧レ兵討撃。重以再拜之。天皇勅二吉備武彦與建稲種公一。服二從日本武尊一。亦以二七拳脛一爲二膳夫一。冬十月
壬子朔癸丑。日本武尊發路之。戊午。枉レ道奉レ拜二伊勢太神宮一。啓二齋王倭姫命一〈齋王者日本武尊姑也〉曰。今奉二皇命一
東征二逆賊一。傾二慕恩顔一枉レ道拜辭。倭姫命感二其志一。授二一神劔一曰。努努莫レ離二於身一。又賜二一御嚢一曰。若有二急

卒。解斯嚢口。日本武尊拜領劍嚢行。道路到尾張國愛智郡。時稻種公啓曰。當郡氷上邑有桑梓之地。伏請大王税駕息之。日本武尊感其懇誠。踟蹰之間。側見一佳麗之娘。問其姓字。知稻種公之妹名宮酢媛。即命稻種公。聘納佳娘。合卺之後。寵幸固厚。數日淹留。不忍分手。既而與稻種公議定行路之事曰。我就海道。公向山道。當會彼坂東國。言辭約束。各向前程。日本武尊到駿河。其處賊帥陽從之。欺曰。是地也。原野蕭條。目極四遠。麋鹿爲群。有娯遊獵。日本武尊信其言。入野中而覓獸。賊有謀殺之意。放火燒其野。日本武尊忽被詿誤。計略難施。其所帶神劍自然抽出。薙四面之草。又開所持嚢。中有火打一枚。驚喜敲火。向燒而得免。悉焚滅其賊黨。曾無噍類。故名其處曰燒津。〈今謂益津郡訛也〉號其劍曰草薙。〈草薙此言具佐那岐。〉。亦歷相模欲向上總。望海高言曰。〈高言。猶言擧言。〉是小海耳。可立跳渡。乃至于海中。暴風忽起。有從王妾號弟橘媛。〈穗積氏。忍山宿禰之女也。〉啓王曰。今風波激怒。王船将沒。是必海神之心也。願以賤妾之身贖我王之命。此語未終。衝波没入。於此風和波定。王船得着岸。時人號其海曰馳水也。弟橘媛入海之後。及於七日。御櫛随波依於水濱。乃取其櫛作墓安置焉。爰日本武尊自上總轉入陸奥。懸大鏡於船首。從海路廻於葦浦。横渡玉浦。稻種公適有來會。縷陳山道之消息。共向蝦夷之地。其蝦夷賊首嶋津神國津神等。屯竹水門欲相旅拒。遙望大王之威勢。面縛首帥。共抛弓矢望拜之曰。仰視君容。秀於人倫。威猛若神。欲知姓名。王對之曰。吾是現人神之子也。於是蝦夷等震慄歸德。故免其罪。因以俘其魁帥。令從身也。蝦夷既平。自日高見國以却廻西南。歷常陸至甲斐國。居于酒折宮。夜深人定。秉燭而進食。此夜以歌問侍者曰。珥比麼利。菟玖波塢須擬氐。異玖用加彌菟流。諸侍者不能答。秉燭者續王歌之末曰。伽餓奈倍氐。用珥波虚々能用。比珥波苔塢伽塢。即褒秉燭者敦賞。日本武尊與稻種公更議曰。我就山道。公歸海道。當會尾張宮酢媛之宅。日本武尊自甲斐。北轉歷武蔵上野。西逮于碓氷坂。忽有戀二弟橘媛一之情上。故登二碓氷嶺一。而東南望之。歎曰吾嬬者耶。〈嬬。是云二菟麼一。〉故號二坂東諸國一曰二吾嬬國一也。尊進入二信濃一。山高谷幽。人馬希通。日本武尊杖レ策褰レ裳。跋渉懸度逮二於山椒一。進レ食療レ飢。山神欲レ惱レ王。化二白鹿一立二王前一。王異レ之。以二一箇蒜一彈二白鹿一。則中レ眼而死。爰王忽失レ路。不レ知レ所レ行。時白狗自來有二導レ王之意一。隨レ狗而行之得レ出二美濃一。先レ是度二信濃坂一者。中三傷神氣一。瘼臥猥多。鹿死之後。踰二此山一者。嚼レ蒜而塗二人及牛馬一。則不レ中二毒氣一也。日本武尊還三向尾張一。到二篠城邑一。進レ食之間。稻種公傔從久米八腹。策二駿足一馳來。啓曰。(1)稻種公入レ海亡没。日本武尊乍聞悲泣曰。現哉現哉。〈依二現哉之詞一。其地號二内津一。社今稱二天神一。在二春日部郡一。〉亦公入レ海之由。八腹啓曰。度二駿河之海一。海中有レ鳥。鳴聲可レ怜。毛羽奇麗。問二之土俗一。俑二覺駕鳥一。公謂曰下捕二此鳥一獻中我君上。飛レ帆追レ鳥。風波暴起。舟船傾没。公亦入レ海矣。日本武尊吐レ飡不レ甘。悲慟無レ已。促レ駕還三着於宮酢媛之宅一。于時獻二大饌一。宮酢媛手捧二玉盞一以獻。彼媛所レ着衣裙。〈衣裙此云二意須比一。〉染二於月水一。(2)日本武尊覽レ之即歌曰。麻蘇義。乎波理乃夜麻止。許知其知能。夜麻乃加比由。等美和多流。毘何波乃波富曾。多和夜何比那乎。麻岐彌牟等。和例波母弊流乎。與利彌牟止。和例波母弊流乎。和伎毛古。那何祁西流。意須比乃宇閇爾。阿佐都紀乃其止久。都紀多知爾祁理。宮酢媛奉レ和曰。夜須美志々。和期意富岐美。多伽比加流。比乃美古。阿良多麻乃。岐閇由久止志乎。止志比佐爾。美古麻知何多爾。都紀加佐彌。妓美麻知何多爾。宇倍那宇倍那志母夜。和何祁勢流。意須比乃宇閇爾。阿佐都紀乃其止久。都紀多知爾祁流。日本武尊又歌曰。奈留美良乎。美也禮波止保志。比多加知爾。己乃由不志保爾。和多良部牟加毛。〈奈留美者。是宮酢媛所レ居之郷名。今云二成海一。〉先レ是日本武尊於二甲斐坂折宮一。有レ戀二宮酢媛一。即歌曰。阿由知何多。比加彌阿彌古波。和例許牟止。止許佐留良牟也。阿波禮阿彌古乎。此數首歌曲。爲二此風俗歌一矣。(3)日本武尊淹留之間。夜中入レ厠。厠邊有二一桑樹一。解二所帶劒一掛二於桑枝一。出レ厠忘レ劒還三入寢殿一。到レ曉驚寤欲レ取二掛レ桑之劒一。滿樹照輝。光彩射レ人。然不レ憚二神光一。取レ劒持歸。告レ媛以二桑樹放レ光之状一。答曰。此樹舊無二怪異一。自知二劒光一。默然寢息。其後語二宮酢媛一曰。我歸二京華一。必迎二汝身一。即解レ劒授曰。寶三持此劒一。爲二我床守一。時近習之人大伴建日臣諫曰。此不レ可レ留。何者。承三聞前程氣吹山有二暴惡神一。若非二劒氣一何除二毒害一。日本武尊高言曰。縱有二彼暴神一。擧レ足蹴殺。遂留レ劒上レ道。到二氣吹山一。山神化二大蛇一當レ道。日本武尊不レ知二主神化一レ蛇。謂下是大蛇必暴神之使也。若得レ殺二主神一。其使者豈足レ愁乎上。因超レ蛇行數里。暴風吹二淫雨一。山谷杳冥。乃捿遑不レ知二其所一。跋涉冐レ雨強行。僅得レ出二山脚一。失レ意如レ醉。居二山下泉側一。乃飲二其水一而覺醒。故號二其泉一曰二居醒泉一也。自後日本武尊體中不豫。欲レ歸二尾張一。便移二伊勢一到二尾津濱一。昔向レ東之歲。停二此濱邊一而進レ食。是時解二一劒一置二於松下一。遂忘而去。至二今日一劒猶存。故歌曰。遠波里爾。多陀爾牟迦弊流。遠津能佐岐那流。比登都麻都阿勢遠。比登都麻都。比登爾阿理勢波。多知波氣麻斯遠。岐奴岐勢麻斯遠。比登都麻都阿勢遠。逮二于能褒野一。異レ常委惙。仍以二所レ俘蝦夷等一獻二於太神宮一。又遣二吉備武彦一奏二於天皇一曰。臣受二命天朝一。遠征二東夷一。則被二神恩一頼二皇威一。而叛者伏レ罪。荒神自調。是以卷レ甲戢レ戈。凱歌而歸レ之。而天命忽至。隙駒難レ停。豈惜二此身之亡一。悔不三面拜復命一。既而過二鈴鹿山一。病痛危迫。故歌曰。遠登賣能。登許能辨爾。和賀於岐斯。都留岐能多知。曾能多知波夜。渡二鈴鹿河中瀬一。忽隨二逝水一。時年三十。仍號二其瀬一曰二能知瀬一。〈能知者。命終之詞也。〉今改爲二長瀬一訛也。天皇聞レ之。寢不レ安。食無レ味。晝夜嗚咽。喟然歎曰。我子小碓王。昔熊襲叛逆之日。未レ及二總角一。征伐有レ功。又不レ離二左右一。補二朕不一レ及。今東夷騷擾。無二人征討一。忍レ愛以入二賊境一。少選無レ不レ念レ之。是以晨昏鶴望。待二其凱旋一。何禍兮。何罪兮。不意之間。倏亡二我子一。自レ今而後。與二誰人一將レ繼二朕鴻業一耶。即勅二群卿百寮一。仍葬二伊勢國能褒野一。時日本武尊化二白鳥一。從二陵墓一出。指二大和國一而飛去。群臣等開二其棺櫬一而視レ之。明衣空留不レ見二骸骨一。於レ是馳レ使追尋。白鳥集二於大和國琴彈原一。仍於二其處一造レ陵。白鳥更飛至二河內國志紀郡一留二舊市邑一。亦其處造レ陵。故時人號二是三陵一曰二白鳥陵一。然遂騫翥昇レ天。徒葬二衣冠一而已。

②但日本武尊於二氣吹山一所三以受レ病者。放二神劔於身一故也。此神劔者。素戔烏尊於二出雲國一所レ得也。昔素戔嗚尊自レ天降。到二於出雲國簸之河上一。時聞三河上有二啼哭之聲一。故尋レ聲覓往。有三一老翁與二老嫗一。中間置二一少女一而哭レ之。素戔嗚尊問曰。汝等何人。哭泣如レ此耶。對曰。僕是國神大山祇之子也。號二足名槌。手名槌一。此少女是吾兒也。號二櫛稲田媛一。所三以哭一者。往時僕有二八女子一。毎年爲二尾八岐大蛇一所レ呑。今此少女且臨レ被レ呑。無レ由二脱免一故以悲哭。素戔嗚尊勅曰。若然者汝當下以二少女一奉上レ吾耶。老翁對曰。不二敢背一。抑聞二御名一。答曰。我是天照太神之弟。素戔雄尊也。於レ是翁嫗即知二天神一。謝曰。左右任レ勅。素戔嗚尊立化二櫛稲田媛爲二湯津爪櫛一。挿二於御髻一。乃使三足名槌手名槌釀二八醞酒一。并作二假庪八間一。一面開二八戸一。各置レ槽盛レ酒以待レ之。至レ期有二大蛇到一。頭尾各有二八岐一。眼如二赤酸醤一。松柏生二於背上一。而蔓三延於八丘八壑之間一。其腹皆爛壊。及レ齅二酒氣一。八戸分レ頭。飲酔而睡。時素戔嗚尊。乃秡二所レ帯十拳劔一。寸斬二其蛇一。簸河之水一時流レ血。斬二蛇尾一之時。劔刃少缺。故割三裂其尾一視レ之。中有二一劔一。此所謂叢雲劔也。〈本名天叢雲劔。盖大蛇所レ居之上。常有二雲氣一。故以名歟。至二日本武尊東征之歳一改レ名爲二艸薙劔一。〉素戔嗚尊曰。是神劔也。何敢私秘藏乎。獻二天照太神一。故彼太神齋女有レ領二神劔一。授二日本武尊一而已。

③日本武尊奄忽仙化之後。宮酢媛不レ違二平日之約一。獨守二御床一安三置神劔一。光彩亞レ日。靈験着聞。若有二禱請之人一。則感應同二於影響一。（4）於レ是宮酢媛會二集親舊一。相議曰。我身衰耄。昏暁難レ期。事須二未レ瞑之前占レ社奉一レ遷二神劔一。衆議感レ之。定二其社之地一。有二楓樹一株一。自然炎焼。倒二水田中一。光焔不レ銷。水田尚熱。仍號二熱田社一。

④天命開別天皇七年戊辰。新羅沙門道行。盗二此神劔一将レ移二本國一。竊祈入二于神祠一。取レ劔褁二袈裟一。逃三去伊勢國一。一宿之間。神劔脱二袈裟一。還着三本社一。道行更還到。練禪禱請。又褁二袈裟一。逃三到攝津国一。自二難波津一解レ纜歸レ國。海中失レ度。更亦漂三着難波津一。乃或人託宣曰。吾是熱田劔神也。然被レ欺二妖僧一殆着二新羅一。初褁二七條袈裟一。脱出還レ社。後褁二九條袈裟一。其難二解脱一。于時吏民驚怪。東西認求。道行中心作念。若棄三去此劔一。則将レ免二

捉搦之責一。乃抛二棄神劔一。劔不レ離レ身。道行術盡力窮。拜手自首。遂當二斬刑一。

⑤天渟中原瀛真人天皇朱鳥元年丙戌夏六月己巳朔戊寅。卜二天皇御病一。草薙劔爲レ祟。即勅二有司一。還二置于尾張國熱田社一。

⑥自レ爾以來。始置二社守七員一。〈一人爲レ長。六人爲レ別〉。竝免二徭役一。凡奉レ祀二劔神於此國一者。總緣三宮酢媛與二建稻種公一也。宮酢媛下世之後。建レ祠崇二祭之一號二氷上姉子天神一。其祠在二愛智郡氷上邑一。以二海部氏一爲二神主一海部是尾張氏別姓也。稻種公者。火明命十一代之孫。尾張國造乎止與命之子。母尾張大印岐之女眞敷刀婢命也。實尾張氏祖也。因レ茲以二熱田明神一爲二尾張氏神一。〈宮酢媛。及建稻種命。大宮相殿神也。〉便以二尾張氏人一。補二神主祝等職一也。

⑦但件神社。舊依レ無二緣起一。去貞觀十六年春。神宮別當正六位上尾張連淸稻。捜二古記之文一。問二遺老之語一。粗加二繕寫一。有レ脩二緣記一。守從五位下藤原朝臣村椙。理劇之隙。披二閲斯文一。嫌二締勺之質一。略訪二通儒一。而筆二削之一。庶令二神明靈跡萬代長傳一也。即寫二三通一。一通進二公家一。一通贈二社家一。一通留二國衙一。

寛平二年十月十五日

右大臣基房公。奉レ勅被レ尋二下當社緣記一。仍書二寫家本一獻上之者也。

延久元年八月三日

大宮司從三位伊勢守尾張宿禰員信

①〜⑦の段落番号は、かりに附したものである。また、尾崎知光氏の研究を参考にしながら、『日本書紀』本文及び分注によって文を成したと判断される箇所には〰〰を、おなじく『古事記』によって文を成したとみられる箇所には══をそれぞれ施したので、以下、本書の文章について検討していくうえで参考とされたい。

『尾張国熱田太神宮縁記』で、まず問題となるのは、その成立年代である。右の縁記末尾の文章によれば、貞観十六年（八七四）に神宮別當尾張清稲が古記の文を探索し、遺老の語を尋ねて編纂し、寛平二年（八九〇）に至って尾張国守藤原村椙がそれに筆削を加えたものだという。

しかしながら、西田長男氏は、本書の編纂にかかわった尾張清稲の実在を証明する資料が皆無であるなどの理由から、縁記にしるされた年次を疑い、実際の成立を鎌倉時代初期としておられる。[3] 西田説については、尾崎氏が、「本書の内容は原典に概ね忠実であり、平安時代に定位して不自然なものが認められない」（四二頁）として、その結論には否定的であるが、[4] 本書に詳しい井後政晏氏[5]や西宮秀紀氏[6]は、この問題について賛否を明確にしておられない。

それゆえ、『尾張国熱田太神宮縁起』の成立年代については、定説がないのが現状である。ただ、寛平二年説を否定される西田氏も、「本書が偽書であるからとて、ここに記された悉くを無価値のものとしてしりぞくべきではない」（二七〇頁）として、「本書に記るした熱田神宮創立の縁起は、少なからざる作為をまじえながらも、全体としては古伝に因循したものであって、われわれはそこから真実の珠玉をえりわけるべきであろう」（二七〇〜二七一頁）とのべておられるから、同氏も、本書が古伝をふくむ点については、異論はないようである。

ところで、『尾張国熱田太神宮縁記』の文章は、大きくわけて七つの段落にわかれている（前掲『尾張国熱田太神宮縁記』本文の段落番号を参照）。

まず、第一段では、日本武尊の草薙剣(7)がこの地に留まった経緯を書いている。そして、第二段では、草薙剣にかかわってスサノオノミコトの大蛇退治の物語をのべ、つづく第三段では、日本武尊の死後、宮酢媛が熱田社を創祀したことをしるす。さらに、第四段では、天智天皇朝に道行が草薙剣を盗んだ事件を取り上げ、第五段では、草薙剣の祟りによって、天武天皇が病気になり、剣が熱田社に返還されたことをかんたんにしるす。また、終わりに近い第六段では、宮酢媛を氷上姉子明神として祭り、熱田明神を尾張氏の氏神として祭ったことなどをのべ、最後の第七段において、本書編纂の経緯を記載している。

原文をご覧いただけば瞭然だが、分量的には①・②が圧倒的に多い。そして、この部分は、基本的に『日本書紀』の記述をベースに、部分的に『古事記』によって補綴しているのだが、記紀以外の資料によったと思われる箇所も介在している。そのうち、他に比較すべき文献が存在し、それとの比較が可能なのが、傍線（3）の部分である。

ここでは、東征のあと、日本武尊が尾張の宮酢媛のもとに逗留していたとき、厠の側の桑の枝に掛けておいた剣が怪しい光を放つという怪奇譚が語られているが、この話とよく似た伝承が、『釈日本紀』巻七の「草薙剣」のところに引用される『尾張国風土記』逸文にみえている。つぎに、それをあげる。

尾張国風土記曰。熱田社者。昔。日本武命。巡二歴東国一還時。娶二尾張連等遠祖宮酢媛命一。宿二於其家一。夜頭向レ厠。以二随身剱一。掛二於桑木一。遺レ之入レ殿乃驚。更往取レ之。剱有レ光如レ神。不レ把二得之一。即謂二宮酢姫一曰。此剱神気。宜三奉レ斎之為二吾形影一。因以立レ社。由レ郷為レ名也。（新訂増補国史大系本、一〇七頁）

なお、あるいは自明のことかも知れないが、右の逸文は、和銅六年（七一三）の通達によって撰進された、いわゆる古風土記からの引用とみてまちがいないと思われる。『釈日本紀』には、現存しない風土記の文章のほか、五風土記からの引用も多数存在しているが、これらを現存本の文章と比較してみると、ほぼ完全に一致する（後述参照）。そのため、現存しない他の風土記も、古風土記からの引用とみなしうるのである。

ちなみに、『釈日本紀』巻十には、右の「熱田社」以外に、もう一条、「吾縵郷」と呼ばれる『尾張国風土記』逸文が引かれている。[8] 参考までに掲げておくと、つぎのとおりである。

尾張国風土記〈中巻〉曰。丹羽郡吾縵郷。巻向珠城宮御宇天皇。品津別皇子生七歳而不レ語。旁問二群臣一。無レ能言之。乃後皇后夢有レ神告曰。吾多具国之神。名曰二阿麻乃弥都比女一。吾未レ得レ祝。若為レ吾宛二祝人一。皇子能言。亦是寿考。帝卜二人覓レ神者一。日置部等祖建岡君卜食。即遣覓レ神時。建岡君到二美濃国花鹿山一。攀二賢樹枝一。造レ縵誓曰。吾縵落処。必有二此神一。縵去落二於此間一。乃識レ有レ神。因竪レ社。由レ社名レ里。後人訛言二阿豆良里一也。（国史大系本一三九頁）

最後の「因竪レ社。由レ社名レ里」という表現は、「熱田社」の末尾の「因以立レ社。由レ郷為レ名也」とよく似ており、両者がおなじ風土記から出た文章であることを思わせるが、それはともかく、「熱田社」の逸文についていま少し掘り下げてみよう。

右の風土記逸文をさきの『尾張国熱田太神宮縁記』の傍線（3）の部分と比較すれば、これらが同工の伝承であることは明白である。

むろん、ことなる点もある。総じて、『尾張国熱田太神宮縁記』のほうが、叙述が詳細であるほか（これは、後述のように、説話が『尾張国風土記』逸文→『尾張国熱田太神宮縁記』と発展したことを示唆している）、『尾張国風土記』逸文では、「劒有レ光如レ神。不レ把レ得レ之」とあるところが、『尾張国熱田太神宮縁記』では「取レ劔持歸」となっていたりする。また、『尾張国風土記』逸文では、熱田社が、日本武尊の存命中に立てられたかのような書き振りだが、[9]『尾張国熱田太神宮縁記』では、第三段落の記述から、その創祀が日本武尊の歿後であったことはあきらかで、この点でも齟齬がみられる。しかし、いずれにしても、両者が相似た伝承であることは疑いない事実で、このことは、すでに風土記の注釈書などでも指摘されているとおりである。

栗田寛『古風土記逸文考證』（大日本図書株式会社、明治三十六年六月、のち昭和五十二年六月に有峰書店から復刻）は、両者の関聯性に注目したはやい例であるが、ほかにも、秋本吉郎氏校注『日本古典文学大系2　風土記』（岩波書店、昭和三十三年四月）が、その頭注で「熱田大神宮縁記に類似の記事がある」（四四一頁）とのべ、小島瓔禮校注『風土記』（角川書店、昭和四十五年七月）も、脚注で「『熱田太神宮縁記』に類似の説話がある」（二五五頁）とふれているし、上代文献を読む会編『風土記逸文注釈』（翰林書房、平成十三年二月）でも、「熱田社」のところで、「関連記事」として『尾張国熱田太神宮縁記』の記事を抄出している（村瀬憲夫氏執筆、一九五頁）。

ただ、こうした注釈書は、『尾張国熱田太神宮縁記』の記事に対して、あくまで風土記類似の説話というスタンスである。たしかに、文章もかなり違うし、「尾張国風土記曰く」といった書き出しの文言もないので、風土記そのものからの引用とすることは躊躇されよう。

しかし、いっぽうでは、これを風土記からの引用とみる見解もある。さきにあげた西田氏などは、「「日本武尊淹留之間、夜中入レ厠、厠邊有二一桑樹一、解二所レ帯劔一掛二於桑枝一、出レ厠忘レ劔。還二入寝殿一。……」の一文の如きは、釈日本紀、七、所引の尾張国風土記逸文に参稽するに、まさしくこの風土記によつて記された古伝と考えられる」（二七〇頁、傍点＝荊木）とのべておられる。また、『尾張国熱田太神宮縁記』の成立時期について西田氏とはことなる意見をおもちの尾崎氏も、この点に関しては、「どちらが風土記の原型に近いかは分らないが、共に風土記によっているることは言い得るであろう」（三七頁）と、西田氏に近い考えを示しておられる。

ちなみに、西田氏によれば、傍線（3）だけでなく、（1）・（2）・（4）なども風土記によったものであるという。同様に、尾崎氏も、（2）中の歌二首は「風土記のようなものからと考えることもできるのではあるまいか」（三七頁）としておられる。たしかに、ここにみえる歌四首のうち、後半の二首は他書にみえない、『尾張国熱田太神宮縁記』独自のものなので、そうした推測が成り立つ餘地もあろう。ただ、比較すべき風土記の文が残っていないので、この点についてはなんともいいがたい。

○

そこで、つぎに問題となるのは、『尾張国熱田太神宮縁記』の記事が、『尾張国風土記』によったものか、それとも、べつな書物に依拠したものか、という点であるが、これは、容易に判別がつかない。

しかし、①日本武尊が厠に入ったときの出来事であること、②剣を掛けたのが桑の枝であること、③剣を忘れて寝殿に戻ったこと、④剣が怪しい光を放っていたこと、など共通項が多いことから判断すれば、おなじ資料から出た話であることは、もはや疑いない。「宮酢媛」の用字も、『尾張国熱田太神宮縁記』の字が、『古事記』や『日本書紀』よりも、『尾張国風土記』逸文のそれと一致するのも興味深い。

では、どちらの説話が「原型」であろうか。

このことを考えるまえに、まず、『尾張国風土記』逸文が、はたして風土記の原文どおりなのか、この点を押さえておく必要がある。

『釈日本紀』には、五風土記からの引用もふくめ、七十七条におよぶ風土記逸文が存在する。そのなかで、現存本風土記に該当記事があるものについて、両者を比較してみると、『釈日本紀』の引用が、いかに原文に忠実であるかがよくわかる。一二あげると、たとえば、『釈日本紀』巻八には、

出雲國風土記曰。楯縫郡。所三以號二楯縫一者。神魂命詔。五十足天日栖宮之縱横御量。千尋栲繩持。而百結々八十結々下而。此天御量持而。所レ造二天下一大神之宮造奉詔而。御子天御鳥命楯部爲而。天下給之。尓時退下來坐而。大神宮御装楯造始給所。是也。仍至レ今楯縫造而奉二於皇神等一。故云二楯縫一。（新訂増補国史大系本一一九頁）

とあって、『出雲国風土記』楯縫郡の一文が引かれているが、これは、現存本『出雲国風土記』のそれと完全に一致する。また、巻十には、

播磨國風土記曰。天日槍命従韓国度来。於二宇頭川底一而乞二宿処於葦原志挙乎命一。曰。汝為二国主一。欲レ得二吾所レ宿之処一。志挙乎。即許二海中一。尓時。客神。以レ釼攪二海水一而宿之。（新訂増補国史大系本一四〇頁）

とあって、『播磨国風土記』揖保郡の「粒丘」の一条が引かれているが、これも現存本の文章と一致する。

こうした例は枚挙に遑がないのだが、『釈日本紀』とほぼおなじころ出来た『萬葉集註釈』にも引用される逸文との比較においても、おなじことがいえる。すなわち、『釈日本紀』に引かれる風土記逸文のうち、「住吉」（『釈日本紀』六・十一、新訂増補国史大系本八八頁・一五四頁）、「伊勢の国号」（『釈日本紀』二十三、新訂増補国史大系本二九五頁・『萬葉集註釈』一、萬葉集叢書本五八頁）、「温泉・伊社邇波の岡」（『釈日本紀』十四、新訂増補国史大系本一八八頁・『萬葉集註釈』三、萬葉集叢書本一一二頁）、「知鋪の郷」（『釈日本紀』八、新訂増補国史大系本一一六頁・『萬葉集註釈』十、萬葉集叢書本三六五頁）などは、『萬葉集註釈』にもおなじ逸文が引用されている。[10]

いま、これらを比較してみると、「伊勢の国号」のように、『釈日本紀』が一部原文を省略している例も存在するが、他はおおむね『萬葉集註釈』と一致している。むしろ、どちらかといえば、『釈日本紀』のほうが原文を正確に引用しているのである。

さて、そうなると、くだんの『尾張国風土記』逸文についても、ほぼ風土記の原文どおりであったと判断しうる。そこで、あらためて、この逸文と『尾張国熱田太神宮縁記』の記述と、どちらがもとのかたちであるかを検討してみたいが、常識的に考えて、叙述の簡潔な『尾張国風土記』逸文のほうが先行すると考えるべきであろう。つまり、『尾張国熱田太神宮縁記』の傍線（３）の部分は、風土記の文章をみた編者がこれに脚色を加えたしたものだと推測されるのである。

印象による判断は慎むべきかも知れないが、『尾張国熱田太神宮縁記』、とくに記紀に負うことの多い①・②を通読して感心するのは、編者が『日本書紀』の記述によりながらも、ときに『古事記』によって補綴したり、ときには独自の脚色を加えたりしながら、じつに巧みに叙述を構成していることである。

たとえば、①の、日本武尊が駿河で賊の焼き打ちにあうくだりは、おおむね景行天皇紀によって文をなしているが、「計略難レ施。其所レ帯神劒自然抽出。薙二四面之草一。又開二所持嚢一。中有二火打一枚一。驚喜敲火」という部分は、『日本書紀』本文とは少しことなる。しかし、記紀と丹念に比較してみると、この部分の前半は、『日本書紀』景行天皇四十年是歳条の当該箇所の分注に「一云。王所佩釼蘩雲自抽之。薙二攘王之傍草一。因レ是。得レ免。故号二其釼一曰二草薙一也。蘩雲。此云二茂羅玖毛一」とあるのによったもので、後半は、『古事記』中巻、景行天皇段に「解二開其姨倭比売命之所レ給嚢口一而見者。火打有二其裏一。於レ是。先以二其御刀一苅二撥草一。以二其火打一而打二出火一。著二向火一而焼退」とある文章を巧みに取り入れたものであることがわかる。[11]

さらに、いま問題としている傍線（3）の直後には、「時近習之人大伴建日臣諫曰。此不レ可レ留。何者。承二聞前程氣吹山有二暴惡神一。若非二劔氣一何除二毒害一。日本武尊高言曰。從有二彼暴神一。擧レ足蹴殺。遂留レ劔上レ道」という一文がある。これは、『古事記』にも『日本書紀』にもみえない『尾張国熱田太神宮縁記』独自の文章で、西田氏が「多分、本書の編者の机上の造作」（二七〇頁）と推測されたように、編者の創作と思われる部分である。編者は、草薙剣が宮酢媛のもとに留めおかれたことを強調するために、あえて、かかる対話を挿入したのだと思うが、伊吹山での悪神との遭遇譚の伏線としては絶妙である。記紀等を読み込んでいる編者の教養と筆力のほどが、よくうかがえる。

そこで、あらためて傍線（3）をみてみたいが、この部分は、草薙剣が尾張に留め置かれたという、熱田社にとってはきわめて重要なことをのべた部分である。なぜなら、『古事記』も『日本書紀』も、日本武尊が草薙剣を宮酢媛のもとに置いて伊吹山に出かけたことは書いても、それを奉斎して熱田社が創建されたことには言及していないからである。その意味で、熱田社の立場からすれば、宮酢媛のもとに留められた草薙剣を奉斎して熱田社が立てられたことを明記する『尾張国風土記』逸文の記載は、貴重である。そこで、この記事に注目した縁起の編者が、自身の脚色をまじえながら話をふくらませ、傍線（3）のような記述にまとめたとしても、なんの不思議もない。編者の力量からすれば、『尾張国風土記』の記事を改変することなど、造作もないことだったであろう。そこから、筆者は、傍線（3）の部分は、直接、『尾張国風土記』によった記述ではないかと推測するのである。

ただ、その際考えておかねばならないのは、編者が依拠したのは、『尾張国風土記』そのものだったのか、それとも、『釈日本紀』だったのかという点である。

そこでふたたび問題となるのが、冒頭でふれた『尾張国熱田太神宮縁記』の成立時期である。同書が、末尾の第七段落の記載のとおり、寛平二年（八九〇）の成立であるとするならば、当時は、おそらくまだ風土記の原本が残存していたであろうから、編者はそれを直接利用したにちがいない。本書に最終的な筆削を加えたのは、尾張国守藤原村椙だというから、これが事実ならば、彼が国庁に保存されていた『尾張国風土記』を利用したということはじゅうぶん考えられる。『本朝文粋』二所載の「三善清行意見封事」によれば、『尾張国熱田太神宮縁記』が完成したのとほぼおなじころ（正確には寛平五年）に備中介に任じられた清行は、同国の下道郡迩磨郷において備中国風土記を閲覧しているから、[12]国衙や郡家にはその国の風土記が保存されていた可能性が大きい。

かりに、『尾張国熱田太神宮縁記』の成立を鎌倉時代まで降すとしても、そのころなら、まだ風土記はかなりの数残存していたはずである。さればこそ、『釈日本紀』や『萬葉集註釈』も、それらを縦横に駆使しているのである。そのため、筆者は、『尾張国熱田太神宮縁記』も、『釈日本紀』からの孫引きというよりは、『尾張国風土記』を直接参照したとみるべきではないかと判断している。

ちなみにいえば、西田氏や尾崎氏は、これ以外の部分でも風土記からの引用がある可能性を示唆しておられるが、「熱田社」の一条はこれで完結しており、他のところで日本武尊や熱田社の創祀のことが詳細に語られていたとは思えない。それゆえ、『尾張国風土記』逸文は、やはり、傍線（3）の部分に限定すべきではないかというのが、筆者の考えである。

〔補註〕

（1）『尾張国熱田太神宮縁記』には、「尾張国熱田太神宮縁起」・「尾張国熱田大神記」・「熱田社縁起」の略称のほか、編纂にかかわった尾張清稲や撰進の年によって、「寛平熱田縁起」・「寛平記」・「熱田清稲之縁起」などの書名があるが、ここでは、便宜上、後掲の群書類従本の内題にしたがった。

（2）『尾張国熱田太神宮縁記』には、①この群書類従本に代表される系統と、②旧大宮司千秋家所蔵の古写本を原にしたと考えられるものと、二つの系統がある。群書類従本の特色は、『日本書紀』と共通する文字が多く、あるいは本文の一部をこれによって改訂・補填したところにある。小島鉦作・井後政晏校注『神道大系』神社編十九、熱田（神道大系編纂会、平成二年三月）には、②の系統の写本のうち、もっとも千秋家本の原形を伝える熱田神宮所蔵の岡山高蔭模写本を底本とした原文が収録されているし（『季刊邪馬台国』六二〈平成九年六月〉には、これの写真複製版が掲載されている）、最近出た、熱田神宮宮庁編『熱田神宮史料』縁記由緒編（熱田神宮宮庁、平成十四年三月）にも、『神道大系』とおなじく岡山高蔭模写本を底本とした原文が飜刻されている。また、『愛知県史　資料編6　古代1』（愛知県、平成十一年三月）にも校訂本が収録されているほか、『季刊邪馬台国』六二（前掲）には、『尾張国熱田太神宮縁記』全文の現代語訳が掲載されている。

なお、『尾張国熱田太神宮縁記』の諸写本とその系統については、西宮秀紀「『尾張国熱田太神宮縁記』写本に関する基礎的研究」（『愛知県史研究』四、平成十二年三月）に詳しい調査の結果が掲げられているので、参照を乞う。

（3）『群書解題』第六巻神祇部（続群書類聚完成会、昭和三十七年四月）所収の西田長男「尾張国熱田太神宮縁記」の項（二六六～二七二頁）。以下の引用頁は、これによる。

（4）尾崎知光「尾張国熱田太神宮縁記について」（『熱田神宮文化叢書一　尾張国熱田太神宮縁記』〈熱田神宮庁、昭和四十二年六月三十日〉所収）。ちなみに、本書には、西田氏の解題が、そのままのかたちで巻末に収録されている。

（5）小島鉦作・井後政晏校注『神道大系』神社編十九、熱田（前掲）の「解説」では、「本書の成立については、今後の研究に俟つところが大きい」としながらも、本書に依拠したと思われる文献の成立から、「鎌倉時代末期までには成立していたと推測される」（七頁）とする。

（6）西宮氏は、前掲論文でも『尾張国熱田太神宮縁記』の成立時期の問題は取り上げていないが、西田氏が偽書説の論拠の一つとしておられる、

右大臣基房公。奉レ勅被レ尋二下當社縁記一。仍書二寫家本一献上之者也。

延久元年八月三日

大宮司従三位伊勢守尾張宿禰員信

という奥書について、「後世―延久元年の右大臣が誰だか分からなくなった時代に―縁記の権威付けに仮託された可能性が強く、この覚書は写し・写本としての他の奥書と同様に扱えないと考える。むしろこの覚書は寛平二年の縁記としては、元来無かったものと考えるか、全体を延久元来の右大臣が誰だかわからなくなった時代に併せて作成されたものも考えた方がよいのであろう」（一一頁）とのべておられる。

（7）熱田神宮の祭神は熱田大神だが、これが草薙剣（天叢雲剣とも）である。ここでは、草薙剣そのものについてはあえて言及していないが、小論とのかかわりで、草薙剣に関する最低限の智識を紹介しておくと、つぎのとおりである。

草薙剣は、日本武尊が東国を平定に向かう途中、伊勢に立ち寄り、叔母の倭姫命から授けられたもので、『古事記』では、火打ち石とともに授けたとある。草薙剣は、日本武尊が駿河の豪族の焼き打ちにあった際に、周囲の草をこの剣でなぎ倒したところから、その名がある。のちに、日本武尊は、蝦夷征討から帰還し、尾張氏の遠祖宮簀媛と結ばれたが、伊吹山の悪神を退治しにいくとき、剣を宮簀媛の家に置いたままにした。結局、日本武尊は、伊吹山の悪神を退治できず、帰途亡くなるのだが、この、宮簀媛のところに残った草薙剣を祀ったのが、熱田社（のちの熱田神宮）であることは、本文でも紹介したとおりである。

では、どうして、草薙剣が、伊勢の倭姫命の手元にあったのであろうか。

記紀によれば、草薙剣は、スサノヲノミコトが出雲で八岐大蛇の尾を斬った際に、尾の先から出てきたもので、スサノヲノミコトがアマテラスオオミカミに献上したものである。のち、天孫降臨の際に、八咫鏡・八坂瓊玉とともにニニギノミコトに授けられたが、その後は、日向三代を経て神武天皇以下の歴代天皇に伝領されたと推測される。

それが伊勢神宮にあるのは、つぎのような理由による。すなわち、記紀によれば、崇神天皇の時代に、天照大神と同居することに精神的重圧を感じた天皇は、豊鍬入姫命をしてアマテラスオオミカミを笠縫邑に祭らせる。『古語拾遺』によれば、このとき、八咫鏡（アマテラスオオミカミ）だけでなく、草薙剣も笠縫邑に移されたという。そして、このとき、八咫鏡と草薙剣のレプリカが作製され、宮中には、そのレプリカが置かれた。笠縫邑に祭られた八咫鏡と草薙剣は、つづく垂仁天皇の時代に、大和を出て、倭姫命が御杖代となり、各地を転々とし、最終的に伊勢の五十鈴川の川上に落ち着く。日本武尊が倭姫命から草薙剣を授けられたのは、かかる流転の結果、景行天皇の時代には剣が伊勢にあったからである。以上の話を総合すると、草薙剣は、八岐大蛇→素戔嗚尊→天照大神→瓊瓊岐尊→歴代天皇→豊鍬入姫命→倭姫命→日本武尊→宮簀媛と受け継がれたことになるが、真偽はともかく、いちおう話の筋は通っている。

ちなみに、最終的に熱田社に奉斎された草薙剣だが、天智天皇七年（六六八）には、道行という僧侶がこの剣を盗みだし、新羅に持ち帰ろうとした奇々怪々な話が『日本書紀』にみえ、その十八年後の天武天皇朱鳥元年（六八六）には、天武天皇の病気の理由を占うと、草薙剣の祟りと判明したので、あわてて草薙剣を熱田社に戻したという話がみえている。いずれも、記事がかんたんで経緯が明確でないが、これが事実だとすると、草薙剣は、道行による盗難事件のあと、いったんは宮中に戻っていた可能性が大きい。

以上、草薙剣の流転をかんたんに紹介したが、なにぶんにも、その多くが神話・伝承の世界において語られることであり、実証レベルでは検証がむつかしい。ただ、話の展開に大きな矛盾や破綻はなく、その意味では、草薙剣の流転譚のなかにはなにか史実の核があるのではないかという印象をうける。

ところで、この草薙剣は、げんに熱田神宮に祀られている。容易に目睹することのできないご神体ではあるが、かってこれをみたひとは何人もいたようで、その記録が残されている。その一つが、栗田寛氏が明治三十年（一八九七）に紹介した玉木英之『玉籤集』裏書の記載である。これによれば、江戸時代に、熱田神宮大宮司家のひとびと四五人が、ひそかに土用殿に入り、隠し火でご神体をみたという。その様子を、栗田寛『神器考証』によって紹介しておくと、つぎのとおりである。

> 御璽は長五尺許の木の御箱也、其内に石の御箱あり。箱と箱との間を、赤土にて能つめたり。石の御箱の内に、樟木の丸木を、箱の如く、内をくりて、内に黄金を延敷、其上に御神體御鎮座也。石の御箱と、樟木の箱との間も、赤土にてつめたり。御箱毎に錠あり。皆一鎰にて開、開様は大宮司の秘傳と云ふ。御神體は長さ二尺七寸許り、刃先は菖蒲の葉なりにして、中程はムクリと厚みあり。本の方六寸許りは、節立て魚等の脊骨の如し、色は全體白しと云ふ。

これによれば、色は白く、長さは二尺七八寸もあり、柄の部分に筋がはいり、魚の骨のようであったという。そして、鍵のついた三重の箱に納められており、箱と箱のあいだには赤土が詰められていたという。

ちなみに、川口陟『定本日本刀剣全史』第一巻（歴史図書社、昭四十八年五月）が紹介する尾張連家の伝承によれば、剣の長さは一尺八寸であり、箱の形状にも『玉籤集』裏書の記述とはことなる点がある（三二頁）。いずれも、正確な調査記録ではないだけに、不明な部分が残るのはやむを得ないが、これらを綜合すると、ある程度草薙剣の姿がうかがえる。考古学者の後藤守一氏は、『玉籤集』裏書から、草薙剣は銅剣であると推測しており（「三種の神器の考古学的検討」『日本古代史の考古学的検討』〈山岡書店、昭和二十二年七月〉所収）、刀剣の研究家のなかにも、これを弥生時代中期の有柄式銅剣とみるひとがいる。

ただ、銅剣としてはあまりに長く、長さの点では、鉄剣説も捨てがたい。色は白というから、まさしく白色銅のそれであろうが、森浩一氏のように、『玉籤集』裏書の色の記載を疑う研究者もおられる（同氏『日本神話の考古学』〈朝日新聞社、平成五年八月、のち平成十一年三月に朝日文庫に収録、ここでの引用頁は後者による〉六〇〜六四頁）。学界の現状は、銅剣説に傾いているが、鉄剣の可能性についてもなお考慮の餘地があろう。神代巻の記載によれば、もともとが、出雲にいた八岐大蛇の尾から得たものであるという。産鉄・製鉄とかかわりの深い土地から出たという伝承を考慮すると、鉄剣説も魅力がある。

(8) そのほか、『尾張国風土記』逸文として確実なものに、『萬葉集註釈』一に引用される「川嶋の社」（萬葉集叢書本七頁）と福興寺（萬葉集叢書本八頁）の二条がある。

(9) 小野正敏他編『歴史考古学大辞典』（吉川弘文館、平成十九年三月）の「熱田神宮」の項（西宮秀紀氏執筆）には、「『尾張国風土記』逸文には日本武命の剣を形見にし社を建てたとある」（一二二頁）と記載する。しかし、原文の「形影」を形見と解釈してよいかどうかは疑問である。筆者は、植垣節也校注新編日本古典文学全集『風土記』（小学館、平成九年十月）が「形代」（四五三頁）と訳出しておられるのが、的を射ていると思う。

(10) なお、このうち、「温泉・伊社邇波の岡」については、後世の偽作であるとする説が根強くあり、近年も、大山誠一氏が聖徳太子非実在論とのかかわりで、偽作説を主張しておられる（大山誠一『聖徳太子と日本人』風媒社、平成十三年五月）。しかしながら、廣岡義隆博士の指摘されるように、古風土記の逸文と断定してほぼまちがいないと思う。この点については、上代文献を読む会編『風土記逸文注釈』（翰林書房、平成十三年二月）の「伊社迩波之岡」（廣岡博士執筆）五五〇〜五五四頁参照。

(11) この点については、尾崎氏前掲論文、三六〜三七頁参照。

(12) 当該逸文には、「臣。去寛平五年。任㆓備中介㆒。彼国下道郡。有㆓迩磨郷㆒。爰見㆓彼国風土記㆒。皇極天皇六年。大唐将軍蘇定方。率二新羅軍一伐二百済一。百済遣レ使乞レ救。天皇。行二幸筑紫一。将レ出二救兵一。時天智天皇。為二皇太子一。摂レ政従行。路二宿下道郡一。見二一郷戸邑甚盛一。天皇下レ詔。試徴二此郷軍士一。即得二勝兵二万人一。天皇大悦。名二此邑一曰二二万郷一。後改曰二迩磨一。其後天皇。崩二於筑紫行宮一。終不レ遣二此軍一。」とある。風土記引用の古い事例である。

# 第六章　鈴木重胤の風土記研究
## ―『日本書紀伝』を中心に―

幕末の国学者鈴木重胤は、四十九年の生涯に厖大な古典研究を残した。なかでも『日本書紀伝』全三十巻と『延喜式祝詞講義』全十五巻は、質量ともに重胤の代表的な著作で、いずれも『鈴木重胤全集』に収録され、こんにちでも学界を裨益しつづけている。

重胤は、他の国学者同様、古典の一つとして風土記に深い関心を寄せており、べつに紹介した『常陸国風土記鈔』などは、その成果の一部である。(1) さらに、前掲『日本書紀伝』において、『日本書紀』注釈の材料として、諸国の風土記を活用している点は注目してよい。とくに、重胤は、『日本書紀伝』の二十九巻を執筆中に『播磨国風土記』を入手し、『日本書紀伝』中でその考証を施すとともに、随所にその記述をあげて、『日本書紀』注釈に援用している（後述参照）。

そこで、小論では、こうした、『日本書紀伝』における風土記の利用について考え、幕末の国学者による風土記研究の実態に迫りたい。(2)

〇

はじめに、重胤の『日本書紀伝』について、かんたんに紹介しておく。

『日本書紀伝』三十巻は未完ではあるが、『延喜式祝詞講義』全十二巻とともに重胤の代表的著作で、分量的にも他の著作を凌駕している。

『日本書紀伝』については、弘化元年（一八四四）に重胤の著した『著撰書目』(3)に、予定書目としてすでにその名がみえるが、実際には、嘉永六年（一八五三）九月十八日に開宴、同十一月十四日に起稿されたものである。文久二年（一八六二）四月二十六日に三十二之巻を脱稿しているが、重胤は翌年八月十五日に暗殺されたので（遭難時執筆中の三十三之巻は、所在不明）、以後は未完のままである。

なお、重胤は、一・二之巻は総論にあてる予定で後回しにし、三之巻から執筆に着手したため、実際に脱稿したのは、三十巻分である。後述の刊本はいずれも、三之巻を一之巻とし、以下、巻数を繰り上げているため、本来の巻数と全集本等の巻数にはずれが生じている（以下、小論でも、全集本にしたがって、繰り上げた巻数でしるす）。

重胤は、『日本書紀伝』について、『著撰書目』のなかで、つぎのようにのべている。

日本書紀伝　五十巻

此は鈴屋翁の古事記伝、伊吹屋大人の古史伝に倣ひ、此紀の伝を記すとてほ、釈日本紀、神代巻口訣、日本紀纂疏、通証、集解、其余にも有ゆる諸註どもを普く読通りて用ふべき限り叉ひ採り、伊吹尾大人の天朝無窮暦に因り、此御紀の暦策の我が神代に在りて万国に比類なき事どもを述むとす。此書と古始太元考とを合せ見て、古道の藩奥を鏑ふべし。(4)

これによれば、『日本書紀伝』はかならずしも神代紀の注釈に限定したものではないようである。五十巻という総数が、いかなる計算に基づくものかは不明だが、実際には三十二之巻が神代下天孫降臨第一の一書を扱っているから、かりに『日本書紀』全三十巻の注釈ということであれば、おそらく、予定の五十巻を大幅に超過することになったであろう。

ちなみに、各巻執筆のスピードはまさに驚異的で、三十巻のなかには脱稿までに半年以上を要したものもあるが、多くは一二箇月、はやい巻なら十五之巻のように、わずか九日で脱稿したものもあり、平均すれば、四箇月に一巻のペースで仕上げている。年譜によれば、[5]この期間には他の著作も手がけており、長期の旅行もあったりしたので、『日本書紀伝』にかかりきりというわけではなかった。そのことを思うと、彼の集中力と筆の速さはまさに驚異的である。

このように、『日本書紀伝』は驚くほど短期間で仕上げられているが、短い時間で稿を組んだにもかかわらず、その内容は精緻で充実している。同書は、まず『日本書紀』の原文をあげ、つぎにその注釈を掲げるスタイルをとるが、その注釈は、『日本書紀』に登場する地名・氏族・人名の考証から、訓読・語義・語源など多方面にわたり、関聯資料を豊富に紹介しつつ独自の解釈を示す。その縦横無尽の博引旁証ぶりは、驚嘆に値するが、索引もデータベースもない時代にこれだけの文献を駆使し、必要な典拠をあたかも掌を指すがのごとく挙示してみせる重胤は、陳腐な表現ながら、超人的頭脳の持ち主であったといえよう。

重胤の智識を総動員した『日本書紀伝』の記述は、こんにちでも学界を裨益する点が少なくないのであって、たんに注釈書というレベルを超えて、読み物としてのおもしろさがある。江戸から明治にかけての『日本書紀』の注釈書としては、河村秀根・益根『書紀集解』・谷川士清『日本書紀通証』や飯田武郷『日本書紀通釈』が有名であるが、重胤の『日本書紀伝』ももっと評価されてよい注釈書ではあるまいか。[6]

ちなみに、『日本書紀伝』は、現在でも山形県鶴岡市の大滝家に重胤の自筆稿本が保管されているが、明治四十三年（一九一〇）から翌年にかけて秋野庸彦氏の校訂にかかる全七巻の活字洋装本[7]が皇典講究所から刊行されたのをはじめとして、『鈴木重胤全集』第一～九巻（鈴木重胤先生学徳顕揚会、昭和十二年十一月～同十五年十一月）にも、樹下快淳氏の校訂にかかる全文が収録されている。[8]

○

右にもふれたように、『日本書紀伝』にはじつに多くの典籍が引用されているが、風土記からの引用も頗る多い。そこで、以下は、『日本書紀伝』における風土記の引用について考えることにしたい。

まず、いわゆる五風土記から取り上げる。

周知のように、元明天皇の和銅六年（七一三）五月、諸国に、①畿内七道の国名・郡名・郷名に好い字を着けよ、②郡内に産する鉱物・植物・動物などで有用なものの品目を筆録せよ、③土地の肥沃状態、④山川原野の名の由来、⑤古老相伝の旧聞異事、の五項目をそれぞれ「史籍に載せて言上せよ」という官命が下り、これをうけて諸国から報告書が提出される。それらは、当初から「風土記」と称されていたわけではないが、はやい段階から「某国風土記」と呼ばれ、独立した書物として取り扱われた。

風土記は、当時存在した六十餘国のほとんどが提出したと推測されるが、現存するのはわずかに常陸・播磨・出雲・豊後・肥前の五国の分だけで、これをわれわれは、五風土記と称している。現存する風土記が、和銅六年（七一三）の通達をうけたものであることは、①現存する風土記の内容が通達とよく符合すること、②報告書の再提出を命じた延長三年（九二五）十二月の太政官符において、「風土記」という呼称がもちいられていること、③奈良時代の文献としてとくに不審な点がない、などの点から、ほぼ疑いのないところである。

五風土記のうち、『常陸国風土記』・『出雲国風土記』・『豊後国風土記』・『肥前国風土記』の存在は、比較的はやくから知られていた。重胤のころには、最後に出現した『播磨国風土記』の写本もある程度流布していたようで、のちに詳しくふれるように、彼もまた、『日本書紀伝』の二十八之巻、宝劔出現章の執筆途中で、『播磨国風土記』の写本を入手して参照している。

そこで、以下、五風土記の利用状況についてみておきたい。

まず、『常陸国風土記』について考える。

『常陸国風土記』は、重胤がよく利用した文献の一つで、四之巻、八洲起元章での引用を皮切りに（①―二九四頁）、たびたび引用している。重胤が、嘉永元年（一八四八）四月に『常陸国風土記鈔』という注釈書を著していることについては、べつに言及したが[9]、同書には、「飯名社ハ、校本頭書に按飯名社未詳、其所在鹿島郡有飯名村坂戸與當間相接と見えたり」とか、「榎浦之津ハ、校本頭書に、古本将門記曰、著常陸國信太郡箭前津蓋篕前津古名榎浦津即今江戸崎是也と有り」、などと、「校本」からの引用がみえる。これは、天保十年（一八三九）、重胤二十八歳のときに刊行された西野宣明『訂正常陸国風土記』のことで[10]、『日本書紀伝』における『常陸国風土記』の引用も、おそらくは、この西野宣明『訂正常陸国風土記』によったものであろう。

つぎに、『播磨国風土記』であるが、重胤が『日本書紀伝』二十八之巻、宝劔出現章を執筆中に『播磨国風土記』を入手したことはさきにものべたとおりである。いま少し具体的にいえば、安政五年（一八五八）十一月に、宗像神社参詣の帰途立ち寄った六人部是香のところで、はじめてその写本を披瀝し、なんとか手に入れたいと考えていたが、翌年、念願叶って、一本を入手したのである。

入手に至る経緯はなかなか複雑であるが、『日本書紀伝』の当該箇所に詳しくのべられている。いささか長文にわたるが、以下、参考のために引用しておく。

予此の播磨風土記を得て、此の説を立つる今日は、安政六年十一月廿三日庚子なりき、此に時日を書す所以は、学問の辛きと学者の心狭きとに殆に懲竟てたる述懐なり、近頃世に出でて珍らしきは、此の記と丹後風土記と、新撰字鏡と字鏡集と、大同類聚方との五部なりき、中に此の記は四五年以前に、京人谷森種松と云ふが、或る堂上の御家本を写し得つるを、江戸にも此の三年秋の頃にや、黒川春村の手に入れたりと聞えたれども、未だ知る人ならざれば求むるに由無くて有りしを、伊勢人八羽光穂の許に、伊豫国矢野玄道と云ふ者、参宮の序に其の事を語りたりと聞きて、長門国白石資興と云ふ予が門人の参宮せる便に誂へて京に令レ求たるに、一人だに知れりと云ふ人無くして、空しく帰る由を京より云ひ遣せたりとて、光穂も我も共に力を落したるに、去年十一月にや有りけむ、筑紫より帰るさ六人部是香の許に立寄りて見せたるに、其の写を得させむと契置きて下りつるより、梅戸美延は花山院殿の御内人にて、予とは交り深かりければ、此の人に語らひ置きつるに、其の男□□を遣はして懇に求るに、其の契を違へて終に借ず成りしかば、美延種々に計りて、丹後風土記は鈴鹿連胤より借得て写取らせて、十月十三日に下り著きぬ、然るに此の記は谷森にも云はせけるに、末世に出す事を許さずとて、両人共に辞びて為べき様無しと云ひ遣せたり、若くて大同類聚方の神社と姓氏とに用有りて、佐藤某が板本に為るを借りに遣はしたりけるに、一巻は五年以前に借りて、漸に写持(シ)たりければ、其の次々をと云ひけるに、四より八迄五冊を、一日に一冊宛、日毎に取替へて借りたるを見訖りて、其の写本なる方を見ま欲く成りて借りに行きたりけるに見せず、其の神社と姓氏とは抄録して贈らむと云ひければ、其だに辱き賜物をとて、其の報賽には右の丹後風土記と、秘庫器録とを写させて、十二月朔日を限りて相換ふべく云契れり、其の日は此十九日なりき、若くて春村よりは借りて写持てりとて此の記を見せければ、借賜ひてむやと云ひけるに、此は世の秘物なり、借しては春村を欺くに当れりと云へり、義に於て犯させむも快からざりければ、二三説を抄録して、右に少か書き入れて説を成し居たるに、今朝孫福弘運、八羽光穂の許より贈り来れり、然るに右の隠岐国の説を今日書きて、播磨国の事を注るさむに、如何は為むと思ひ煩ひつるに、此の書を今日に至りて得る事、実に天照皇太神の大御賜物と辱み尊み頂き読奉りて、今夕より此の説には及べるなり、（後略）

（⑦－四〇三～四〇五頁）

『日本書紀伝』では、以下に風土記本文の詳細な注釈が続くが、これは省略するとして、右の記述によって、五風土記のうち、『播磨国風土記』については、『日本書紀伝』の執筆中、それも二十八之巻、宝劒出現章まで進んだところでようやく参照しえたことが知られる。

ちなみに、重胤が、六人部是香のもとで『播磨国風土記』をはじめてみたときのことについては、『筑紫再行』という紀行文の安政五年（一八五八）十一月八日条に、

八日、初卯なり、宗像御祭なりけれども、旅なればいかゞはせん、朝たちて、向日神社にまうで、六人部是香をとふ、はじめてあへり、此ごろ世にめずらしとする播磨風土記をみる、夕さり和田清紀（花山院家侍）がりつく（後略）

としるされている。ここにいう六人部是香所蔵の『播磨国風土記』とは、おそらく是香自身の筆写にかかる一本のことであろうが、この写本は、のち久松潜一氏の所蔵するところとなり、久松潜一校註日本古典全書『風土記』上（朝日新聞社、昭和三十四年十月、のち日本古典選として昭和五十二年五月に復刊）所載の『播磨国風土記』の校訂にも利用されている。凡例によれば、同写本は、二冊からなり、第一冊は郡里などの地名を列記したもので、巻末に是香の署名

があり、第二冊が本文であるという（同書、一〇五頁参照）。ただ、筆者は、その後、この写本がどこに所蔵されているのかは寡聞にして知らない。

ところで、この『播磨国風土記』については、いま一つ考えておかねばならない点がある。それは、『日本書紀伝』では、二十八之巻、宝劒出現章以前にも『播磨国風土記』からの引用文が夥しくみえているという点である。

これについては、『播磨国風土記』の写本を入手した時点で、それまで執筆した分に溯って筆を加えた可能性も考えられるであろう。しかしながら、重胤は、稿成るにしたがって、鶴岡の大滝家に逐一原稿を送っていたから、あとからの加筆は基本的に不可能である。[11]

では、いったいなにによったのかといえば、これらは、おそらく、卜部兼方の『釈日本紀』や仙覚『萬葉集註釈』からの間接的引用であろう。なぜなら、『日本書紀伝』の二十八之巻以前の『播磨国風土記』の引用文は、『釈日本紀』や『萬葉集註釈』に引かれた逸文とことごとく符合するからである（なかには「釈紀の引く播磨風土記に云ふ」などと、出典を明記したものもある）。しかも、『日本書紀伝』が引く逸文のなかには、たとえば、十一之巻、四神出生章に引かれる、いわゆる「明石の駅家」（②―六五七頁）や、二十二之巻、宝劒出現章の引く、いわゆる「速鳥」（⑥―一九頁）など、現存本『播磨国風土記』にはなく（現存本は、巻首の部分が欠落しており、ここに総記や賀古郡の冒頭の記載などが存在したと考えられる）、逸文によってのみ知られる記事があるので、二十八之巻以前の『播磨国風土記』が逸文によったものであることは、ほぼ間違いない。

さて、つぎに『出雲国風土記』である。

出雲地方は日本神話の重要な舞台なので、神代巻を取り上げた『日本書紀伝』には、その引用がきわめて多く、ほぼ全巻にわたって大小の引用がある。とくに、巻二十四附録には、スサノヲノミコトの御子とのかかわりから、

『古事記』と『出雲国風土記』に関する詳しい注釈があり、『出雲国風土記』については、十五頁にわたって詳細な注解がある（⑥―三〇七～三二四頁）。この部分は、さながら『出雲国風土記』の注釈書の様相を呈している。

重胤が利用した『出雲国風土記』がいかなる本かはあきらかでないが、『出雲国風土記鈔』（②―六二頁、②―六六三頁、③―二九頁、⑨―二二七頁、⑨二四〇―一頁）や内山眞龍『出雲国風土記』（⑨―一九〇頁）など他の注釈書を利用しているので、重胤の引く風土記本文には、それらの注釈書からの間接的引用もふくまれている可能性が考えられる。

最後に、九州地方の二つの風土記、すなわち、『豊後国風土記』と『肥前国風土記』について、かんたんにふれておく。

『日本書紀伝』には、これらの風土記からの引用も確認できるので、重胤がこれら二書を所持していたこともほぼ確実である。『豊後国風土記』と『肥前国風土記』については、つとに寛政十二年（一八〇〇）開板の荒木田久老校訂本が流布していたし、[12]『豊後国風土記』については、豊後岡藩々士唐橋世済の『箋釈豊後国風土記』もあるので、重胤もこれらの板本を所持していたことはじゅうぶん想定できる。

ただし、『豊後国風土記』については、『日本書紀伝』にあまり引用がなく、『日本書紀伝』所引の『豊後国風土記』と久老校訂本・『箋釈豊後国風土記』を比較する材料もかぎられているので、重胤がいずれのテキストに依拠したのかは明確にしがたい。そもそも、久老校訂本も『箋釈豊後国風土記』も際立った相違点がないので、見極めがむつかしいのである。

ただ、たとえば、『日本書紀伝』十三之巻、瑞珠盟約章には、

豊後国風土記に日田郡靫編郷、昔者磯城嶋宮御宇天国排開広庭天皇之世、日下部君等祖邑阿自仕二奉靫部一、其邑阿自就二於此村一造レ宅居レ之、因レ斯名曰二靫負村一、後人改曰二靫編村一など云ふ事も有れば、靫を作ること

編むと云へるなり、（③―二六一～二六二頁）

とみえているが、圏点を附した「就」は、久老校訂本は「久」、『箋釈豊後国風土記』は「就」である。この異同については、『日本古典全集　古風土記集』下（日本古典全集刊行会、大正十五年、のち昭和五十四年現代思潮社より復刻）に附された「豊後国風土記参考」に、「阿自久は、阿自。久として阿自、久しくとよみて久旧本作レ玖、又作二玖珠一。以二僻按一改レ之」（二頁）とある。是非の判断はむつかしいが、いずれにしても、ここの文字は、『箋釈豊後国風土記』のほうに合うのである。他の引用（①―六五二頁、②―九八・六四九頁、③―四九〇頁など）についてみても、箋釈所引の風土記本文とおおむね一致しているところをみると、重胤が拠ったのは、『箋釈豊後国風土記』かも知れない。

いっぽう、『肥前国風土記』のほうはどうかというと、こちらは、『日本書紀伝』所引の風土記本文と久老校訂本の相違が顕著である。たとえば、重胤は、『日本書紀伝』十三之巻、瑞珠盟約章において、『肥前国風土記』基肆郡姫社郷条を引用しているが、そこにはこうある。

> 此に就て思寄れるは、肥前国風土記に）、基肆郡姫社郷、此郷之中有レ川、名曰二山道川一、其源出二郡北山一、南流而会二御井大川一、昔者、此川之西有二荒神一、行路之人多被二殺害一、半凌半殺、于時卜三求崇由一、兆二云令三筑前国宗像郡人珂是古祭二吾社一、若合レ願者不レ起二荒心一、覓二珂是古一、令レ祭二神社一、珂是古即捧レ幡祈祷二云、誠有レ験二吾祀一者此幡随レ風飛行堕二願レ吾之神辺一、使二即挙レ幡随レ風放遣一、于時其幡飛往堕二御原郡之社一、更還飛来落二此山道川辺之田村一、珂是古自知二神之在家一、其夜夢見三臥機（謂二久都毘枳一）絡垜（謂二多々利一）儛遊出来圧三驚珂是古一、於レ是亦織女神即立レ社祭レ之、自レ尒已降行路之人不レ被二殺害一、因曰二姫社一、今以為二郷名一と有る織女神は（後略）（③―四二〇頁）[13]

ところが、この部分を久老校訂本についてみると、

姫社郷、

此郷之中有レ川、名曰二山途川一、其源出二郡北一、山南流而会二御井大川一、昔者、此門之西有二荒神一、行路之人多被二殺害一、半凌半殺、于レ時、卜二求祟由一、兆云、令下筑前国宗像郡人珂是古一、祭中吾社上、若合レ願者、不レ起二荒心一、覓二珂是古一、令レ祭二神社一、珂是古即捧レ幡祈祷云、誠有レ欲二吾祀一者、此幡順風飛往堕二願レ吾之神辺一、使二即挙レ幡順レ風放遣一、于レ時其幡飛往、堕二於御原郡姫社之社一、更還飛来二落此山途川辺之田村一、珂是古自知二神之在一、家其夜夢見、臥レ機〈謂二久都毘枳一〉絡垜〈謂二多々利一〉儛遊出来圧二驚珂是古一、於レ是亦織女神即立レ社祭レ之、自レ尓已来行レ路之人不レ被二殺害一、因曰二姫社一、今以為二郷名一（三丁裏）

となっており、用字や返り点にかなりのちがいがみられる。他にも、久老校訂本とは一致しない引用があることとも考えあわせると、『肥前国風土記』に関しては、重胤は、べつの写本を利用した可能性が大きい。ただ、それがいかなる系統の写本であったかは、遺憾ながら、あきらかにしがたい。

○

五風土記の利用については、ほかにも書きたいことがあるが、ひとまず、これで打ち切り、つぎに、五風土記以外の引用について考えておきたい。ただ、重胤の時代は、現在ほど、風土記の信憑性に対する研究は進んでおらず、彼自身も、その区別を明記しないまま、種々雑多な風土記を利用している。そのなかには、古風土記とは認めがたい、日本総国風土記(14)（惣国風土記・風土記残篇などとも呼ばれる）のたぐいもふくまれているのであって、『日本書紀伝』において、古風土記とそれ以外のものとを明確に区別して論じることは、いささか困難である。そこで、ここでは、便宜上、「五風土記以外」のものを一括して扱う。

最初に、現存しない古風土記からの引用、いわゆる「風土記逸文」の引用についてのべておく。『日本書紀伝』は、じつに多くの風土記逸文を引用しており（おなじ逸文を繰り返し引くケースも少なくない）、逸文への目配りにも抜かりがない。

いま、『日本書紀伝』が引く風土記逸文を国名で示すと、山城・摂津・伊勢・尾張・常陸・越後・伯耆・出雲・播磨・備後・阿波・伊豫・土佐・筑紫・筑前・筑後・肥後・日向・大隅・薩摩、などであるが、多くは、前掲『釈日本紀』・『萬葉集註釈』からの引用である。これら二書は、まだ多くの風土記が残存していた十三世紀後半の成立であり、そこには五風土記からの引用も多数存在するので、他の風土記逸文についても、おおむね古風土記からの直接引用とみてよい。したがって、逸文に関しては、『日本書紀伝』は、古風土記の逸文として信憑性の高い、たしかなものを利用しているといえよう。

なお、『日本書紀伝』の記述をみると、重胤は、あたかも、風土記逸文を自家薬籠中のものにしているかの感がある。これは、彼の卓越した記憶力をもってすれば当然のことかも知れないが、おそらくは、事前に、逸文を抜書きしたものを作成していたか、他の学者の作った逸文集成のたぐいを入手し、引用はそれによったのであろう。重胤のころには、今井似閑『萬葉緯』[15]をはじめとして、すでに風土記逸文の採輯作業の成果が流布しており、国学者どうしの情報交換もあった重胤の手元に、逸文のリストや抜書があったとしても不思議はない[16]。

ところで、『日本書紀伝』には、こうした確実な逸文とともに、古風土記とは認めがたい風土記もずいぶん利用されている。日本総国風土記やその他の風土記残缺が、それである。

日本総国風土記は、古風土記とは体裁も文体もことなる、後世の偽書であって、こんにちでも各地の文庫や図書館にかなりの数の写本が伝わっている。

同書は、こんにちでは偽作という説が定着しているが、江戸時代にはまだ評価が一定していなかった。

そもそも、日本総国風土記は、近世初頭、古書探索の機運が隆盛になるにつれ取り上げられるようになったもので、研究もおくれていた。伴信友なども、文化十二年（一八一五）に書いた「前後風土記概論」（栗田寛『纂訂古風土記逸文』〈大日本図書株式会社、明治三十一年八月、のち昭和二年十二月に大岡山書店から再刊〉に収録）では、「其は前風土記〔いわゆる古風土記を指す〕とは、書の体裁も別にして、文章のさまも後めきて、やゝ、劣り、又いかにぞやとおもはるゝ事少からず」としながらも、日本総国風土記（信友のいう「後風土記」）を延暦十五年（七九六）の勅に応じて編纂されたものとみていた。のちに、中山信名「前後風土記概論の辨」（前掲書所収）が、これを批判し、同書は近世初期の偽書であると論じ、その後はこうしたみかたが定着するが（伴信友もこれを受けて前説を撤回している）、だれがいつどのような理由で偽作したのかという点については、信名の偽書説をもってしてもじゅうぶんに解明されたわけではない[17]。

さて、『日本書紀伝』についてみると、重胤自身が日本総国風土記からの引用と断っているもの以外にも、あきらかに日本総国風土記からの引用とわかる文章がかなりの数ある。いま国名のみを示すと、摂津・和泉・河内・伊勢・志摩・尾張・参河・遠江・駿河・相模・武蔵・上総・安房・近江・美濃・信濃・甲斐・陸奥・加賀・但馬・播磨、などであり、なかでも、駿河・武蔵の分は引用回数も多い[18]。

では、こうした日本総国風土記について、重胤は、いったいどのような評価を下していたのであろうか。

重胤は、日本総国風土記や、後述の『丹後国風土記残缺』など、こんにちの研究水準からみて、古風土記とは認めがたいものまで「風土記」として利用しており、この点だけをみれば、風土記の信憑性についてはあまり意をもちいていたとはいえない。しかし、彼も、けっして「風土記」と称される書物が一律に古風土記であるとは考えていなかった。

たとえば、『日本書紀伝』十之巻、四神出生章には「播磨国假字風土記」（②－五八二頁ほか）と称する書が、また、二十七之巻、宝劒出現章には「播磨国惣国風土記」（⑦－三七頁）と称する一本が引かれている。重胤が、「播磨国假字風土記」を古風土記とは別種のものであると判断していたことは、二十七之巻、宝劒出現章で、『古事記伝』の引く「假字風土記」の記事を引いた直後に、「古風土記に餝磨郡安師里（土中中）」云々と、『播磨国風土記』の文を引いていることから瞭然である（⑥－六六一頁）。同様に「播磨国惣国風土記」のほうも、当該箇所の後文に、あえて「古風土記」と断ったうえで『播磨国風土記』揖保郡条を引用しているから、こちらも、古風土記とは別種のものと認識していたことは疑いあるまい。

日本総国風土記は、他国の分も多数引用しているが、おそらくは、右に引いた播磨国の場合と同様に、それが古風土記とは異なる、別種の地誌であることは、重胤も承知していたのであろう。

このほかにも、重胤は、「志摩風土記」（⑨－六九・二五二・七一七頁など）・「伊豆風土記」（⑥－二二一・四四六頁、⑦－二九・六〇頁など）・「会津風土記」（②－四四九頁）など、風土記の名を冠する書物を引用しているが、なかにはいかなる書物か判然とせず、扱いに苦しむものもある。[19] 今井似閑『萬葉緯』巻第十七巻には、山城・伊賀・伊勢・尾張など、日本総国風土記とは別種の風土記が複数収載されている。ほかにも、こんにち風土記逸文として知られるもののなかには、日本総国風土記以外のべつの地誌からの引用とおぼしきものが少なくない。これらの点から判断すると、日本総国風土記以外にも、「風土記」と名のつく典籍が、逸文もふくめて多数存在したのであって、重胤は、こうしたたぐいの地誌もかなり入手していたのであろう。

ちなみに、日本総国風土記との関聯で言及しておきたいのは、『丹後国風土記残缺』である。

『丹後国風土記残缺』は、『丹後国風土記』のうち、総記と伽佐郡の残缺からなり、その奥書には、

右風土記残冊丹後国伽佐郡餘巻
資益王家之蔵本積年懇望漸今年一覧不日頓臨写之畢
　長享二戊申年九月聖院権大僧都真言大阿闍梨　智海法印　在判

とある（丹後史料叢書第一輯〈名著出版、昭和四十七年復刻〉一三二頁）。

しかしながら、この風土記については、はやくに邨岡良弼「丹後国風土記偽撰考」（『歴史地理』三―五、明治三十四年五月）・井上通泰『上代歴史地理新考　南海道　山陽道　山陰道　北陸道　附風土記逸文註釈』（三省堂、昭和十六年四月、のち『井上通泰上関係著作集』13〈秀英書房、昭和六十一年十一月〉として復刻）が論じたように、後世の偽書である可能性が大きい。

この『丹後国風土記残缺』は、さきに『播磨国風土記』入手の経緯をのべたところで引いた『日本書紀伝』の記述に、

近頃世に出でて珍らしきは、此の記と丹後風土記と、新撰字鏡と字鏡集と、大同類衆方との五部なりき、

とあり、さらにつづいて、『大同類聚方』抄録の「報賽」として、「右の丹後風土記と、秘庫器録とを写させて、十二月朔日を限りて相換ふべく云契れり」とあることからもあきらかなように、重胤は、古風土記の一つとして認識していたようで、[20]『日本書紀伝』においてしばしばこれを引用している（①五七二頁・②―四一八頁・④―四一三頁、⑨―一五一頁など）。

たしかに、他書にみられない古伝承を引いていることや、文体にもあまり不自然なところがないこと、などから、重胤が古風土記と判断したのも無理からぬところであるが、いろいろな点から判断して、やはり古風土記とは認め

がたい。同書については、べつにものべたように[21]、いつごろ、誰が、いかなる目的で、かかる偽書を編んだのか、その際、どのような資料を用いたのか、など、未解決の問題が残るが、ここでは古風土記以外の地誌として扱っておく。

○

さて、以上、『日本書紀伝』における風土記の利用状況についてみてきた。同書は、『日本書紀』注解の参考となる文献を総動員しているかの感があり、古典からの引用も豊富な反面、比較的新しい時代の文献もふんだんに使っている。風土記についても、重胤自身は、古風土記とそうでないものとの区別をある程度認識していたのであろうが、『日本書紀伝』の引用ではいちいち断ることをしていないために、漫然と読めば、両者が混在しているかのような印象を読者に与えてしまうところがある。

しかし、だからといって、重胤が風土記に対して厳密な史料批判をおこなわなかったというわけではない。あと一つだけ例をあげておくと、八之巻、四神出生章には、『日向国風土記』からの引用を掲げるが、引用にあたって、重胤は「後の日向風土記児湯郡の所に」云々（②―二四三頁）と断っている。後文に、

但し後の風土記の成れるは、和名抄の出来て程も遠からず出来し物なるに、然る違の有るべくも非ねば、後に偽り作れるなる可しと思ゆれども、又思へば、往昔和名抄に在る郷名などを、豈知らざらむや、此は其に漏れたるを拾ひ載せたりと云はゞ云ふべけれども、猶思束無き事なり、此書、弘治二年丙辰五月十五日、権大宮司富成在判と有るが上に、又、右風土記残冊十七冊之内、日向国今度以㆓台命之故㆒訂㆓誤字㆒者也、寛文十年庚

戌七月六日、大納言源通村在判と有り、予右の疑有るが故に、慥に日向国とは得定めず、如此記し置ざて、後人の定めを待たむとす（②－二四三頁）

とあることを参考にすると、彼はここにいう『日向国風土記』を延長年間の再撰本と把握していたようにも受け取れるが、[22]それはともかく、古風土記とは考えていなかったことはあきらかである。

しかし、重胤が風土記の史料的評価に言及するのはむしろ稀で、他の風土記に対する彼の評価はかならずしも明確ではない。日本総国風土記にしても、古風土記とは異なる、別種の文献であることは、重胤もよくわかっていたであろうが、個々の風土記に対してどのような評価を下していたのか、残念ながら、具体的なところまではうかがいえない。「駿河国風土記」などは、その頻繁な引用をみると、古風土記ではないにしても、古文献と認識していたのかも知れない。[23]重胤が敬愛していた平田篤胤は、中山信名らの日本総国風土記偽書説に対し批判的で、むしろ日本総国風土記辯護説を展開していたから、[24]重胤の風土記観も、この影響を蒙っていることは、じゅうぶん考えられるのである。

いずれにしても、重胤が、『日本書紀伝』において、風土記と呼ばれる一群の書物すべてを同列に扱っていないことは、これまでのべてきたことからも明白である。当時は、いまだ風土記に対する評価の定まっていない、いわば風土記研究の草創期であったから、時として彼がその判断を誤ることもある程度はやむを得ない。それゆえ、『日本書紀伝』を利用するにものは、その点に留意すべきであって、それさえわきまえれば、『日本書紀伝』は、神代巻の注釈書・研究書として、いまなお不朽の価値をもつのである。

（1）拙稿「鈴木重胤と風土記―『常陸国風土記鈔』の翻刻と解説―」『皇學館大学文学部紀要』四六輯、平成二十年三月）。

（2）なお、『延喜式祝詞講義』においても、風土記は利用されている。ただ、『日本書紀伝』の半分近い分量を誇る大著だが、風土記の引用は、十五之巻、出雲国造神賀詞の項で『出雲国風土記』がかなり引用されている点を除けば、『日本書紀伝』にくらべ、ずいぶん少ない。ゆえに、ここでは、同書のことはとくにふれていない。

（3）同書は、弘化元年（一八四四）、重胤が出羽滞在中、おそらく鶴岡にいた五月ごろ書かれたもので、著述目録という形をかりて、自身の学問の構想を示したものである〈谷省吾「鈴木重胤著述目録」『鈴木重胤の研究』〈神道史学会、昭和四十三年六月〉所収、三六九頁〉。

（4）谷省吾「鈴木重胤の古典研究」（同氏『鈴木重胤の研究』〈前掲〉所収）五九頁による。

（5）谷省吾「鈴木重胤略年譜」（同氏『鈴木重胤の研究』〈前掲〉所収）を参照した。

（6）たとえば、『書紀集解』・『日本書紀通証』・『日本書紀通釈』の三書は、いずれも『國史大辞典』に立項されているが、『日本書紀伝』の項目はない。これなどは、『日本書紀伝』が不当に低い評価をうけている例としてあげることができる。

（7）この皇典講究所版は、戦時中、日本書紀伝刊行会から再刊されている。

（8）なお、『鈴木重胤全集』第十三巻「鈴木重胤皇学論纂」（図書出版株式会社、昭和十九年九月）には、『日本書紀伝補説』が収録されている。これは、「巻頭語」に、「元、日本書紀伝の本文中に組み入れられしを、今回便宜切り離して別冊とせしもの」とあるが、三十之巻の附録にあたる。

（9）補註（1）拙稿参照。

（10）ちなみに、西野宣明『訂正常陸国風土記』は、與謝野寛他編纂校訂『日本古典全集　古風土記集』下（日本古典全集刊行会、大正十五年十一月、のち昭和五十四年二月現代思潮社より復刻）に収録されていて、こんにちでは披見が容易である。

(11) 二十八之巻以前に、『播磨国風土記』のことを追記したとみられる箇所は、管見の及ぶかぎり、二十四之巻、附録に「猶播磨風土記の事は伝二十八巻に云ふべし」(⑥―二六一頁)とあり、また、二十七之巻、宝剱出現章に「後に播磨風土記を得たるに、其託賀郡に大人の迹と云ふ者数有り、伝廿八に注す可し」(⑦―二六頁)とあるのが、唯一である。

(12) 『豊後国風土記』の久老校訂本については、植垣節也「豊後国風土記四本集成」(『風土記研究』八、平成元年十二月)に、植垣氏が原本をトレースしたものが掲載されていて参考になる。また、『肥前国風土記』の久老校訂本は、與謝野寛他編纂校訂『日本古典全集　古風土記集』下(前掲)に影印本が収録されていて、こんにちでは披見が容易である。

(13) 『肥前国風土記』のこの一文は、『日本書紀伝』ではしばしば引用され、ここで引いたほかにも、十五・十八・二十三・二十七之巻(③―六一七頁・④―四八〇頁・⑥―七四頁・⑦―二〇五頁)にみえている。

(14) 日本総国風土記については、早川万年「風土記逸文の採択と日本総国風土記」(『風土記研究』四、昭和六十二年七月)に詳しい考察があるので、参照されたい。

(15) 今井似閑『萬葉緯』は、全二十巻のうち、巻第十六・十七巻に「風土記残篇」として近江国風土記をはじめとする諸国風土記の残缺を収録し、第十八には「諸書所引風土記文」として後世の典籍に引用された風土記の逸文を収録する。なお、上賀茂神社の三手文庫に今井似閑が同社に奉納した『万葉緯』の自筆稿本が現存するが、これは、今井似閑吉澤義則編『未刊国文古註釈大系第三冊　萬葉緯』(帝国教育会出版部、昭和九年四月)に収録され、のち、同書は、清文堂出版から、昭和四十四年三月に複刻され、また、万葉集古註釈大成の一冊として、昭和五十二年十一月に日本図書から復刻されている。

(16) 重胤が利用していた書物としては、たとえば、羽田野敬雄『風土記逸文』が、候補にあげられる。なお、これについては、拙稿「羽田野敬雄『風土記逸文』について」(皇學館大学史料編纂所報『史料』一六二、平成十一年八月、のち拙著『風土記逸文の文献学的研究』〈学校法人皇學館出版部、平成十四年三月〉所収)を参照されたい。

(17) こうした日本総国風土記に対する研究史に関しては、早川万年「風土記逸文の採択と日本総国風土記」(『風土記研究』四、昭和六十二年七月)に詳しい考察がある。小論も、これに負うところが大きい。

(18) 駿河・遠江の分は、『延喜式祝詞講義』でも引用されている。

(19) このうち、「伊豆風土記」については、平泉澄「伊豆国風土記逸文と伝へられるものは偽作であらう」(『日本上古史研究』三―四、昭和三十四年四月)がその偽作であることを明快に論じている。

(20) 重胤が、『丹後国風土記』を古風土記と認識していた徴証は、本文中に引いた『日本書紀伝』二十八之巻の記事のほか、八之巻、四神出生章に「丹後国加佐郡笑原神社は、古風土記に謂はゆる真名井匏宮にて渡らせ給へるが」(②―四一八頁)とあることによっても知られる。

(21) 『丹後国風土記』については、荊木美行「『海部氏勘注系図』の風土記関係記事をめぐって」(拙著『風土記逸文研究入門』〈国書刊行会、平成七年八月〉所収)の「附記」参照。

(22) 「後の―風土記」については、『延喜式祝詞講義』九之巻に「後の駿河風土記」(⑪―五三頁)として、今井似閑『萬葉緯』巻第十六「風土記残篇」に収録される「日本総国風土記第五十三　推薦河」を引く例があるので(今井似閑吉澤義則編『未刊国文古註釈大系第三冊　萬葉緯』〈前掲〉所収五三六〜五三七頁参照)、日向の場合も、重胤は総国風土記と認識していたのかも知れない。

(23) 本居宣長は、やはり、『古事記伝』において、この「駿河国風土記」を引用しているが(『本居宣長全集』十―五二四頁、十一―二二三・二二七頁、十二―二二四・二二九・四〇八頁)、その記述を読めば、同書が古風土記ではなく、平安遷都以後の著作であると認識していたようである。この点については、早川氏前掲論文、三五頁参照。

(24) この点については、平田篤胤『古史徴』一、秋の記述(『新修平田篤胤全集』第五巻〈名著出版、昭和五十二年八月〉所収）一三四～一三五頁参照。

〔附記〕

小論の執筆にあたっては、皇學館大学名誉教授・元学長の谷省吾先生から資料の提供とご教示を得た。末尾ながら、先生の学恩に深謝する次第である。

# 第七章　鈴木重胤と風土記

## ―『常陸国風土記鈔』の飜刻と解説―

### はじめに

幕末の国学者鈴木重胤は、四十九年の生涯に厖大な古典研究を残した。なかでも『日本書紀伝』全三十巻と『延喜式祝詞講義』全十五巻は、質量ともに鈴木重胤の代表的な著作で、いずれも全集に収録され、こんにちでもなお学界を裨益しつづけている。

鈴木重胤は、他の国学者同様、古典の一つとして風土記に深い関心を寄せており、前掲『日本書紀伝』のなかでも『日本書紀』注釈の材料として諸国の風土記を縦横に活用している。とくに、鈴木重胤は、『日本書紀伝』の二十九巻を執筆中に念願だった『播磨国風土記』を入手し、『日本書紀伝』中でその考証を施すとともに、随所にその記述をあげて、『日本書紀』注釈に援用している。

『日本書紀伝』における風土記の利用については、別稿に譲るとして、今回は、新出資料である鈴木重胤著『常陸国風土記鈔』を紹介したい。

### 一、『常陸国風土記』の成立

はじめに、鈴木重胤が本書において注釈の対象としている『常陸国風土記』の成立時期や編者について、概要をのべておく。

周知のように、元明天皇の和銅六年（七一三）五月、諸国に、①畿内七道の国名・郡名・郷名に好い字を着けよ、②郡内に産する鉱物・植物・動物などで有用なものの品目を筆録せよ、③土地の肥沃状態、④山川原野の名の由来、⑤古老相伝の旧聞異事、の五項目をそれぞれ「史籍に載せて言上せよ」という官命が下った。これをうけて諸国から提出された報告書（「解」という）が、風土記である。

風土記は、当時存在した六十餘国のほとんどが提出したと推測されるが、現存するのはわずかに常陸・播磨・出雲・豊後・肥前の五国の分だけである。したがって、『常陸国風土記』は、きわめて貴重な史料なのだが、現存する写本は、いずれも抄本で、総記と行方郡以外の部分には「以下略之」と断ったうえでの省筆箇所がある。また、現存本には、白壁（真壁）・河内二郡の記事がない。これらは、やはり伝写の過程で抄略されたのかも知れないが、もとから備わっていなかった可能性も大きい。

この『常陸国風土記』がいつ編纂・撰進されたかは、それを明確にしるした史料がないために、たしかなことはわからない。しかし、風土記にみえる記事の内容や用字の分析を通じて成立年代の推定がおこなわれ、現在ではさまざまな説が提出されている。

たとえば、『常陸国風土記』多珂郡条には、「石城郡は、今は陸奥国の堺の内に在り」という分注がある。ここにみえる「石城郡」については、『続日本紀』養老二年（七一八）五月二日条に「割㆓陸奥国之石城。標葉。行方。宇太。日理。常陸国之菊多六郡㆒。置㆓石城国㆒。割㆓白河。石背。会津。安積。信夫五郡㆒。置㆓石背国㆒。割㆓常陸国多珂郡之郷二百一十烟一。名曰二菊多郡一。属二石城国一焉」という記事がみえる。

これは、当時、対蝦夷政策の一環として、浜通り一体を陸奥国から切り離し、一国としたものであろうが、石城国は、その後、養老四年（七二〇）九月からはじまる蝦夷の叛乱と鎮圧の過程で、石背国とともに陸奥国に併合されとみられている（土田直鎮「石城石背両国建置沿革再考」『奈良平安時代史研究』〈吉川弘文館、平成四年十一月〉所収）。したがって、「石城国」を郡と表記し、しかも、それが陸奥国の一部であることをしるした、風土記のこの注は、養老二年（七一八）に石城国が分置される以前の状態を指すものとみることができるのであって、そうなると、『常陸国風土記』は養老二年（七一八）以前の成立となる。しかしながら、この記事については、養老五年（七二一）ごろ、ふたたび石城国が陸奥国への併合されたあとの状態をいったものだとする解釈もあるので、これだと、風土記は養老五年（七二一）以後の成立となる。「今は」という表現に重きをおけば、むしろ後者の可能性のほうが大きいようにも思うが、いずれにしても、これだけでは風土記の成立年代を推定することは不可能である。

そこで、これ以外に、『常陸国風土記』の成立年代をうかがう手がかりを探す必要があるのだが、はやくから注目されてきたのが、風土記にみえる「里」の表記であった。これに最初に注目したのは伴信友である。彼は、『出雲国風土記』意宇郡条に「右の件の郷の字は、霊亀元年の式に依りて、里を改めて郷と為す」とある記述をもとに、「里」の字を用いた『常陸国風土記』が霊亀元年（七一五）以前の撰録であると考えた（「風土記考」『比古婆衣』巻十三所収。なお、『比古婆衣』は、『伴信友全集』巻一〈国書刊行会、明治四十年、のち昭和五十二年八月ぺりかん社から再刊〉所収）。

信友の説は、風土記の用字に注目したものとして説得力をもつが、ただ、霊亀元年（七一五）以前に『常陸国風土記』が完成していたとすると、撰進の命令が出てから完成までがあまりに短期間である。しかも、『常陸国風土記』に「郷」字を用いるのが二例（行方郡当麻郷・久慈郡太田郷）あることは、信友の説に不利である。さらに、近年では、霊亀三年（七一七）の年紀をもつ平城京跡出土木簡に、依然として郡里制による地名表記があることから、郷里制の施行を霊亀三年（七一七）にもとめる新説も提出されている。これが正しいとすれば、『常陸国風土記』を霊亀元年以前の成立とするのは、ますます困難である。

また、『常陸国風土記』には国府以北の河内・助川・藻島の三駅のことがしるされている。これらは、養老三年（七一九）閏七月に石城国に置かれた十駅とともに、それに直結するかたちで設置されたと考えられるので、それを記載する風土記も、右の諸駅の設置以降のある時期に加筆・修正された可能性が大きいのである。

さて、このようにみていくと、『常陸国風土記』は、一時期に集中的に編纂されたとみるよりは、和銅六年（七一三）五月の撰進の詔が出た直後から編纂が開始され、郷里制への移行が図られた霊亀元年（七一五。あるいは、鎌田元一氏の所説にしたがい、霊亀三年〈養老元年〉とみるべきか）以降も、なお修訂がつづけられたとみるほうがよいように思う。

ところで、『常陸国風土記』が、右のような成立過程を経たとすれば、撰録者についても、複数の人物を想定する必要があるが、この期間に常陸国守に任じられた記録が『続日本紀』に残るのは、つぎの三名である。

①和銅元年（七〇八）三月（任命）従五位下・阿部狛朝臣秋麻呂

②和銅七年（七一四）十月（任命）従四位下・石川朝臣難波麻呂

③養老三年（七一九）七月（在任）正五位上・藤原朝臣宇合

増尾伸一郎氏によれば、①の阿部狛秋麻呂の場合、和銅六年（七一三）五月の撰進の詔を受けた翌年に退任したとすれば、撰録の準備段階に留まったものとみられ、それを引き継いで作業を推進したのは、②の石川難波麻呂であるという（「神仙の幽り居める境」井上辰雄編『古代東国と常陸国風土記』〈雄山閣出版、平成十一年六月〉所収、以下、この論文に負う）。

石川難波麻呂は、『日本後紀』弘仁二年（八一一）二月条に、常陸国は京から遥かに遠く隔たり、調・庸を貢上する運脚夫の路粮の負担も大きかったため、霊亀年中に始めて稲五万束を置き、年毎に出挙して利を以て粮に充て、郡発稲と名づけた、とあるように、地方の実情に通じた能吏であり、風土記の撰録を進めるには適しい人物であった。

つぎに、③の藤原宇合は、これまで、『常陸国風土記』の撰録者として、菅政人以来もっとも有力視されている人物である。宇合は、霊亀二年（七一六）八月に正六位下で遣唐副使に任じられて入唐し、養老二年（七一八）暮れに帰朝し、翌年年正月十日に正五位上に昇叙しているので、常陸守の任命と下向は、この年の上半期のことと考えられる。国守としての在任期間はあきらかではないが、神亀元年（七二四）四月の蝦夷の叛乱に際して持節大将軍に任じられたときには、すでに式部卿であったから、宇合は養老年間（七一七〜七二四）の後半を東国で過ごしたと考えられ、石川難波麻呂による風土記初稿本へ修訂を加えて、常陸守在任中に風土記を完成させた可能性が大きい。

彼が文人貴族として傑出した存在であったことは、『旧唐書』巻百九十九上、東夷伝日本条や『尊卑分脉』の「藤氏大祖伝」からうかがうことができる。周知のように、『常陸国風土記』は、六朝的な四六駢麗体による表現が随所にみられるほか、「容止」「器杖」「様」「検校」「解」「所部」などといった律令用語も用いられており、漢語表現や法律に通暁した人物が述作したと考えられている。

とくに、漢語表現についていえば、それらは『常陸国風土記』全体におよぶわけではなく、部分的に認められるものであり、なかでも、総記（国の地勢の条）・筑波郡（祖神尊巡行の条・筑波峯之会の条）・茨城郡（高浜の条）・行方郡（現原丘天皇四望の条・鳥見丘天皇遥望の条）・香島郡（香島神社周辺の地勢の条・童子女松原の条）・久慈郡（久慈河の条）に顕著にみられる。これらの箇所について『懐風藻』所載の宇合の作詩と詳しい比較をこころみた増尾氏によれば、『懐風藻』が載せる宇合の詩と『常陸国風土記』には、同一もしくは類似の表現が数多く認められるという。そして、これを風土記成立の時期と考えあわせると、最終的な編成は宇合の手になるとみなしてよいという。かれは、前任者の石川難波麻呂がまとめた初稿本の地誌や古伝承に関する部分の大半を活かしつつ、おもに景観をめぐる描写を中心に、四六駢麗文を駆使しながら修訂を施したのであろう。

## 二、『常陸国風土記鈔』の写本について

つぎに、鈴木重胤の筆にかかる『常陸国風土記鈔』についてのべたい。

本書は、谷省吾先生の所蔵にかかるもので、唯一の写本である。一冊。外題・内題ともになく、表紙に、

諄辭集
大同類聚方
常陸国風土記鈔
鎖狂録

とあって、他の著作との合本の体裁をとる。配列と内容は、つぎのとおりである。

①『鎖狂録』二十六枚
玄田活堂の著作。同書については、梶山孝夫『水戸派国学の研究』（神道史學會、平成十一年一月）参照。

②『常陸国風土記鈔』十三枚
鈴木重胤の著作。ただし、未完の稿か。

③『大同類聚方』十四枚
鈴木重胤が所持していた一本の写しとみられる。

④『諄辭集』四十三枚

鈴木重胤が作った祝詞十五篇を収録したもの。

この一本は、もと樹下快淳先生の旧蔵にして、先生の歿後、令夫人より谷先生が譲り受けたものである。写本には、古書肆の筆になる紙片が挿入されており、そこには、

内藤存守自筆

鎖狂録　外　合冊

とみえているから、樹下先生はこれを古書肆よりもとめられたのであろう。内藤存守は、嘉永二年（一八四九）平田家に入門した、いわゆる篤胤歿後の門人であって、明治三十五年（一九〇二）に七十二歳で歿している。内藤存守がどのような経緯を経て本書を書写したかは不明であるが、おそらくは鈴木重胤から直接借り受けて書写したものであろう。

さて、右の四書のうち、小論で紹介する『常陸国風土記鈔』は、『常陸国風土記』を適宜抄出し、注釈を加えたものである。

この点についていま少し詳しく説明すると、現存本『常陸国風土記』には、総記と新治・筑波・信太・茨城・行方・香島・那賀・久慈・多珂諸郡の記載があるが、『常陸国風土記鈔』は、総記・筑波郡・信太郡（逸文）・茨城郡・行方郡の一部について注釈を施したものである。注釈が風土記全体のごく一部に止まり、しかも、香島郡以下については まったくないので、谷先生の推測されたように、未完の稿本である可能性が大きいが、考証のある部分についてはいちおうまとまっており、未定稿という印象はない。取り上げられた記事はわずかだが、その周到な考証は『日本書紀伝』を彷彿させるものがあり、これが全篇にわたらないのは返す返すも惜しい。

冒頭に、

嘉永元年四月十七日　　鈴木重胤　著述

とあり、鈴木重胤三十七歳のときに執筆されたものである。この年の十月には、畢生の大作『延喜式祝詞講義』の執筆にも着手している。本書は、鈴木重胤の風土記研究の特色をよくあらわした一篇であり、こんにち『常陸国風土記』を研究する人々を裨益する点も少なくない。

そこで、以下、『常陸国風土記鈔』の全文を飜刻するとともに、巻末にかんたんな補註を施したが（必要に応じて見出しも附している）、補註で取り上げた項目は、風土記本文の読解の手助けとなるものをとくに択んで掲げた。補註の執筆にあたっては、先行の『日本書紀』・『続日本紀』の注釈書を参考にしたが、一々の典拠はしるさなかった。ご諒解を乞う次第である。なお、『常陸国風土記』の本格的な注釈書としては、秋本吉郎氏校注『日本古典文学大系2　風土記』（岩波書店、昭和三十三年四月）・久松潜一校註日本古典全書『風土記』下（朝日新聞社、昭和三十五年五月）・小島瓔禮校注『風土記』（角川書店、昭和四十五年七月）・植垣節也校注・訳『新編日本古典文学全集5　風土記』（小学館、平成九年十月）などがあるので、これらを参照されたい。

飜刻にあたっては、風土記本文は13ポイント、割注は一行に改め、10ポイントで組み、鈴木重胤の注釈については9ポイント（割注は7ポイント）で組み、割注は〈　〉に括って注釈本文と区別した。漢字は、つとめて原文に忠実に飜刻することをこころがけた。鈴木重胤の注釈部分については、読み易さを考慮して最低限の句読点を施したが、風土記本文については、鈴木重胤の引用のままとした。

また、写本中の鼇頭の書入れは、便宜上、当該箇所を文中に数字で示し、『常陸国風土記鈔』本文の巻末に一括した。諒解せられたい。

# 常陸國風土記鈔

嘉永元年四月十七日　鈴木重胤　著述

難波長柄豊前大宮臨軒天皇(1)之世遣二高向臣中臣幡織田連等一惣三領(2)自レ坂以東之國二干時我姫之國分為二八國一

頭注1

孝徳天皇御紀曰、大化元年八月丙申朔庚子拜二東國等國司一と有る此なり。此乃往古よりの御定を改替て郡縣の御制有る始なり○高向臣ハ姓氏録〈右京皇別上〉に高向朝臣石川同氏武内宿祢六世孫猪子臣之後也と有り。此氏人を以て遣ハさるゝ事ハ、景行天皇御代に武内宿祢を遣して北陸及東方諸國之地を令察給ふ例に依てなり。然るハ彼家牒に其後の消息ども詳なるべけれバ、其事を所思しての御事なるべし〈二十五年二十七年の御紀見るべし〉。○中臣幡織田連ハ中臣氏の復姓にて中臣鹿島連などの例なるべし〈校正本に中臣幡として幡を人名とし織田連と別人の如くせるハ無証の妄言なり〉。

倭武天皇(3)巡狩東夷之國幸過新治之縣所遣國造毘那良珠命新令堀井(4)云々

新治郡文曰、古老曰、昔美麻貴天皇馭宇之世為平討東夷之荒賊〈俗曰阿良夫流尓斯母乃○按に此尓斯母乃ハ盗を云ふ古言と通えたり努須に近し〉遣新治國造祖名曰比奈良須珠命此人罷到即穿新井云々と有る事の二に傳ハれるなるべし。偖國造本紀に新治國造志賀高穴穗朝御世美都呂岐命兒比奈羅布命定賜國造と有るを併思ふに比奈良珠命の此國に到給ふハ、崇神天皇の御代にて、其より此国に留りて倭武命に仕奉り。尚此國に居給しが、成努天皇の御代に此國造にハ封され給へるなるべし。今其系譜を作為れり。

頭注2

弥都侶岐命〈阿波国造條云天穂日命八世孫〉——比奈羅布命〈布風土記作珠〉
├弥佐比命〈高国造弥都侶岐命孫弥佐比命〉
└大伴直大瀧〈阿波国造弥都侶岐命孫〉

筑波郡(5)古老曰筑波之縣古謂紀國美萬紀天皇(6)之世遣采女臣友属(7)筑波命於紀國之國造時筑波命曰欲令身名者著國而後世流傳即改本號更称筑波者〈風俗説曰握飯筑波之国〉

頭註3

采女臣ハ姓氏録〈右京神別上〉に、采女朝臣石上朝臣同祖神饒速日命六世孫大水口宿祢之後也。また同書〈和泉国神別〉に、采女臣神饒速日命六世孫伊香我色雄命之後也と見えて、其出自を大水口宿祢又伊香我色雄命と云り。共に饒速日命六世孫と有れども、實ハ大水口宿祢ハ七世なる事同書〈左京神別上〉に穂積臣伊香賀色雄命男大水口宿祢之後也と有るにて思分べきなり〈然れバ、上なる采女朝臣の下の六ハ七を誤れるなり。〉。偖年代を以て推する孝元天皇の皇妃伊香色謎命後に開化天皇の皇后となり給へるが、崇神天皇御紀に物部遠祖大綜麻杵之女也と有れバ、伊香我色雄命の姉妹なり〈古同胞の兄弟男女共に名称同じかりしなり。古事記孝元天皇段に内色許男命妹内色許賣命と見え、開化天皇段に沙本毘古命妹沙本毘賣命など其餘にも多かり。〉。然れバ、伊香我色雄命ハ孝元天皇御代より崇神天皇御代まで仕奉りけむ〈崇神天皇御紀に、七年秋八月物部連祖伊香色雄為神班物者と有るにて知るべし〉

頭註4

其子大水口宿祢ハ、崇神天皇御代ハ眞盛なりし事、七年秋八月の下に見えたるが如し〈委しき事ハ今知るべきならず。〉。偖筑波命ハ、采女臣友属と有れバ大水口宿祢の兄弟なるべきを、今其記文傳ハらねバ定むべきならねども、此風土記に筑波郡を紀國と云しを以て攷れバ、木に由有る称なるべし。然れハ姓氏録〈左京神別上〉眞神田曽祢連神饒速日命六世孫伊香我色乎男氣津別命之後也と有る氣津別命にて〈行方郡の下に藝津里古有國栖曰寸津毘古寸津毘賣云々とある此か。同下の文に古津比古と云ふ人あり。此子なるにや。〉伊香我色雄命の子にて、大水口宿祢の弟なれバ、此命なるべく所思たり〈また按に筑波命ハ大水口宿祢の子ならむも知べからず。續紀に神護景雲二年常陸國筑波采女為本國國造と見えたれバ、筑波命采女臣なりとも通えたり。〉。

信太郡(8)古老曰難波長柄豊前大宮馭宇天皇(9)之世癸丑年(10)小山上(11)物部河内(12)大乙上(13)物部(14)會津(15)等請惣領高向大夫(16)分筑波茨城郡七百戸(17)置信太郡(18)此地本日高見國(19)也(20)

癸丑年ハ孝徳天皇白雉四年に當れり〈高向大夫などの下られて大化元年より九年に及べり。下なる行方郡の下にも癸丑年云々と有り。大かた國々の郡を分られたるハ、此癸丑年頃の事と見えたり。〉。○物部氏の此國に在る事ハ、上なる采女臣同祖なれバ、出自ハ伊香我色雄命なり。○日高見國は景行天皇御紀二十七年の下に見えたり。

飯名社此即筑波岳所有飯名神之別属也榎浦之津云々傳駅使等初将臨國先洗口手東面拜香島之大神(21)然後得入也

飯名社ハ、校本頭書に按飯名社未詳、其所在鹿島郡有飯名村坂戸與當間相接と見えたり。飯名神詳ならずと雖も、筑波私記〈文化戊辰春三月、蠶川飯冢淑慎著〉に、梅嶽大庾（イナムラ）神社ハ日神天照大神ナリ。伊勢内宮ト御同躰ナリ。旧記ニ稲村ト書りと見え、常陸國誌に今按ニ柱神外別有稲村権現と有る、此にて必す豊受大神なるべし〈筑波私記に、日神天照大神ナリ。伊勢内宮ト御同体ナリと有る元傳ハ伊勢外宮ト御同体ナリと有けむを傳へ誤れる物なるべし。〉。○榎浦之津ハ、校本頭書に、古本将門記曰、著常陸國信太郡箭前津蓋箆前津古名榎浦津即今江戸崎是也と有り。〇洗口手云々ハ、神拝の状を傳たる証文にて甚尊し。

茨城郡(22)古老曰昔在國巣〈俗語都知久母又曰夜都賀波岐〉山之佐伯野之佐伯普置堀土窟常居穴云々此時大臣族黒坂命伺候出遊之時以茨蕀塞施穴内即縦騎兵急令逐迫云々或曰山之佐伯野之佐伯自為賊長引率徒衆横行國中大為劫殺時黒坂命規滅此賊以茨城造所以地名便謂茨城焉〈茨城國造初祖天津多祁許呂命仕息長帯比賣天皇(23)之朝當至品大天皇(24)之誕時多祁許呂命有子八人中男筑波使主茨城郡湯坐連等之初祖也〉

頭註5

山之佐伯野之佐伯と有る佐伯ハ、教化に順従せざる輩を呼ふ称なるべし。景行天皇御紀に、五十一年秋八月云々、於是所献神宮蝦夷等、晝夜喧嘩出入無礼時倭命曰、是蝦夷等不可近就於神宮則進上、於朝廷〈此より前、日本武尊の俘に為給乞し蝦夷等なり。神宮に献られし由、御紀に見ゆ。〉仍令安置御室山傍云々。天皇曰、其置神山傍之蝦夷是本有獣心難住中國故隨其情願令班邦畿之外、是今播磨讃岐伊勢安藝阿波凡五國、佐伯部之祖と有るを姓氏録〈右京皇別下〉に佐伯直景行天皇皇子稲背入彦命之後也、男御諸別命稚足彦天皇〈謚成努〉

頭註6

御代、中分針間國給之仍号針門別男阿良都命〈一名伊許自別〉誉田天皇為定國堺車駕巡幸到針間國神埼郡瓦村東崗上、于時青菜葉自崗辺川流下天皇詔応川上有人也、仍差伊許自別命、往問即答曰、己等是日本武尊平東夷時所俘蝦夷之後也、散遣於針間阿藝阿波讃岐伊豫等國、仍居地為氏也〈後改為佐伯〉伊許自別命以状復奏天皇詔曰、宜汝為君治之即賜氏針間別佐伯直と見えて、佐伯ハ其司る人を云ひ、直を其佐伯を率るに就て、賜ハれる姓なるを以て知るべし〈姓氏録神別なる大伴同祖の佐伯連・佐伯宿祢・佐伯造・佐伯首・佐伯日奉連など此

頭註７

を以て推考るに、悉く東征の功有りて其俘田等を掌る。依て負へるなる事、此文に依て明かに知れたり。〉。然れバ御紀の文に、蝦夷等晝夜喧嘩と有るハ、礼節無くして教化為難かりし趣なるが、其事状を以て佐伯と称しにて言義ハ喧嘩（サハメク）なりかし〈応神天皇御紀に、三年十一月処々海人訕哤（サハメク）之不レ従レ命と有る、同し喧嘩（ナリトヨキ）の旧訓ハ遠くして允當ならず。〉。○國巣ハ神武天皇御紀に、天皇欲省吉野之地乃従菟田穿邑親率軽兵巡幸至吉野時有人云々、有尾而披磐石而出者天皇問之曰、汝何人對曰、臣是磐排別之子、此則吉野國樔部始祖也〈古事記にも同傳有て此者吉野國巣之祖〉と有て、國巣ハ其地の酋長を云ふ称と通えたり、國神に對へて人なるを然云けらし〈國巣ハ國主（クス）なるが、主を須と云ハ字音ならず。訓義にも然唱ふる事、古始太元考神世眞語なとに委しく証據を挙て論へり。神名式に、大和國高市郡氣吹雷響吉野大國栖御魂神社ニ座並名神太月次新嘗と有るハ、吉野大國主御魂神社と云ふ意はへなる事云ふも更なり。〉。○俗語曰、都知久母ハ、地隠（ツチクモ）にて其國巣どもの穴居せるを卑しめ云ふ古語なり。神武天皇御紀に土蜘蛛と作き。古事記にハ土雲と記されたり〈日向國風土記、豊後國風土記など此に同じ。〉。○夜都賀波岐ハ、八掬脛の長太なりしにて自称ふ号にハ非ず。佗より字せるなり。釋紀に引る越後風土記に越國有人名八掬脛長八掬多力大強と有るにて知べし〈景行天皇御紀に日本武尊の東征に幸行し、時以七掬脛爲膳夫と見えて、古ハ如此る人名多かりしなり。此事寛平熱田縁起また年中行事秘抄に引る高橋氏文にも載せり同人也。〉。○黒坂命ハ、茨城國造初祖天津多祁許呂命なるべし。黒と許呂と言桐近きを以て証すべし〈姓氏録に天津彦根命十四世孫建許呂命と有るハ、此天津田祁許呂命なり。國造本紀に建許呂命ハ石城國造之祖とあり。〉。然れど國造本紀に茨城國造軽島豊明朝御世、天津彦根命孫筑紫刀祢定賜國造と有て、風土記に多祁許呂命有子八人中男筑紫使主茨城郡湯坐連等之初祖也と見えたる〈湯坐連ハ、古事記に天津彦根命者額田部湯坐連茨木國造木之祖也と有り。姓氏録に額田郡湯坐連天津彦根命五世孫乎田部連之後也と有る。五世ハ十五世の十を脱せるにて、此筑紫使主なるにや〉と同人にて此筑紫刀祢が茨城國造の祖なりけむ〈古事記神代紀ともに茨城國造の始祖を天津比古祢命に係て云れぞ、今ハ國造本紀の委しき方を取より外有へからす。〉。○多祁許呂命有子八人ハ、國造本紀に依て此を數ふるに、師長國造志賀高穴穂朝御世、茨城國造祖建許呂命兒意富鷲意弥命定賜國造〈其一〉須恵國造志賀高穴穂朝茨城國造祖建許侶命兒大布日意弥命定賜國造〈其二〉馬來田國造志賀高穴穂朝御世建許呂命兒深川意弥命定賜國造〈其三〉茨城國造軽島豊明朝御世天津彦根命孫筑紫刀祢定賜國造〈其四○筑紫刀祢風土記所謂筑紫使主是子〉道奥菊多國造軽島豊明御代以建許呂命兒屋主乃祢定賜國造〈其五〉道奥岐閇國造軽島豊明御世建許呂命兒宇佐比乃祢定賜國造〈其六○道奥古事記作道尻奥尻孰是〉石背國造志賀高穴穂朝御世以建許侶命兒建弥依米命定賜國造〈其七〉以上七人にて今一人知られざるが、其遺憾くて此を佗書に索むるに姓氏録〈河内國神別〉に、額田部湯坐連天津彦根命五世孫乎田部連之後也と有る、決く建許呂命の子なり〈五世孫と本に有るを今改めて引る由ハ、其連と云ふ名、昔時未た有る事なく、必其命と云ふべき時勢なれハ、決めて十ノ字をや脱つらむと思ひ定めての所為なり。姓氏録に考るに、天津彦根命子天久志麻比止都命孫意冨伊我都命曽孫彦伊賀都命と有れバ、乎田部連もし天津彦根命の五世孫ならむにハ彦伊賀都命の孫なるを、名の様も似つかハしからざれハ、如此ハ云也。〉。同録〈大和國神別〉三枝部連奄智造〈和泉國神別〉高市縣主の下に天津彦根命十四世孫建許呂命と有れバ、乎田部連ハ其子なる事云も更なり〈此を度會延佳が旧事紀の頭書に十二世とせるハ誤なりけり。〉。此等を合せて有子八人と云ふ事の實を得たる心ちす。

従郡西南、近有阿間、謂信筑之川、源出自筑波之山、

信筑之川ハ古歌に詠る雫之田井此なり。

行方郡(25)古老曰難波長柄豊前大宮馭宇天皇(26)之世癸丑年茨城國造小乙下(27)壬生連麻呂那珂國造大建(28)壬生直夫子等請惣領高向大夫中臣幡織田大夫等割茨城地八里合七百餘戸別置郡家(29)所以称行方郡者(30)

茨城國ハ上に國造本紀を引て云る如く、建許侶命の子孫なるべきを壬生直と有るハ此まで封建の御制なりけるを此御代新に郡縣の御制に改易させ給ふに就て、本よりの國造を除て京より國造を任して下し給へるが、其壬生直なるべし。偖壬生氏ハ姓氏録〈河内國皇別〉に、壬生臣大宅臣同祖天足彦國押人命之後也と有と同書〈未定雜姓河内國〉に、壬生部公御間城入彦天皇後者不見と有と二統有るが此なるハ、其壬生部公なる方なるべし。其証ハ日本往生極楽傳に釋圓仁壬生氏下野國都賀郡人豊城入彦命之後也と有て、上毛野君同祖なれバ、古く此近國に滋漫して有けるが申請て此國造を拜せしなるべし〈壬生臣の統ならじと云るハ、此に依ての事なり〉那阿國造借馬命定賜國造と見え、古事記に神八井耳命者常道仲國造之祖也と見えたれば、佗氏なるを此癸丑年始て壬生直夫子の此國造を拜せしなるべし。

郡東國社此號縣祇杜中有寒泉謂之大井

類史貞観八年五月十一日、叙常陸國國津神従五位下と有り此なり〈校本に、今行方村有國神明神神と云り。〉。縣祇は二十二社注式山城國平野社の條に、縣社祭神天穂日命と有り。此社若くは同神ならむか。上に云る如く筑波國造高國造の祖神たればなり。

自郡西北提賀里(31)云々其里北在香島神子之社云々従此以北曽尼村古有佐伯名

曰蹠祢毘古。取名著村今置駅家此謂曽尼之驛(32)

香島神子之社、今鹿島神宮の中に在る由、鹿島志に云り。

曽尼村ハ園村なるべし。此ハ蹠祢毘古の名を取るなれども、諸國に某曽根と云ふ地多し。園の義なる事、此書曽尼村の前文に、山野土沃草木推栗竹苐之類多生と有るにて知べし。平誉重此を詳記せる物有り。

古老曰石村玉穂宮大八洲所馭天皇(33)之世有人箭括氏麻多智點自郡西谷之芦原墾闢新治田。此時夜刀神相群引率悉盡到来左右防障令勿耕田〈俗曰謂蛇為夜刀神其形蛇身頭角率紀免難時有見人者破滅家門子孫不継凡此郡傍郊原甚多所住之〉於是麻多智大起怒情著被甲鎧之自身執(34)伏打殺駆逐乃至山口標杭置堺堀告夜刀神曰自此以上聽為神地自此以下須作人田自今以後吾為神祝永代敬祭冀勿崇勿恨設社初祭者即還發耕田一十餘町餘麻多智子孫相承致祭至今不絶云

箭括氏は矢作氏にや姓氏録〈未定雑姓〉に矢作連布都努志乃命之後也と有る、此なるべし。當郡に香取神之社有か。上に此人の勇壮なるなど佗人の能及ぶ所に非れバなり〈今一つの考有り。下に云べし。〉。また思ふに箭括の括ハ、詰(ツメ)字の草書より誤れるにて姓氏録〈左京神別上〉に、矢集連伊香我色乎命之後也、また〈右京神別上〉に、矢集宿祢石上朝臣同祖神饒速日命六世孫伊香我色雄命之後也と有る、此氏人にや。然るハ己に筑波郡下に云る如く采女臣友属筑波命有て、其ハ伊香我色雄命の族なれば、必其統なる矢集氏いと似著ければなり〈其餘の古書に箭括氏所見なし。〉。夜刀神ハ弥利神なり。

郡南七里男高里[35]云々國宰當麻大夫所筑池今存路東云々北有香取神子之社也

當麻大夫ハ、姓氏録〈右京皇別〉なる當麻眞人用明麻呂古王之後也と有る、此氏人なるべし。新任の國司として下られたれと王氏を出て遠からぬが故に大夫とハ尊称せるなるべし〈然れども惣領たる高向臣中臣幡織田連の例にハ非ず〉香取神子之社ハ四鹿村に在とぞ。

所謂行方之馬云々

飛鳥浄御原大宮臨軒天皇之世[36]同郡大生里[37]建部袁許呂命得此野馬献於朝廷

此前文に、麻生里云々、其野出葝馬[38]と有る聯の文なり。葝馬ハ生角馬三字なりしを誤れるなりと云り然も有べし。扶桑略記に、天智天皇七年五月、自常陸國進白雉并生角馬と有る此なり〈風土記の趣にてハ天武天皇御世なり。略記に従ふべし。〉。建部袁許呂命の建部ハ氏、袁許呂ハ名なるべし。建部ハ姓氏録〈右京皇別下〉に、建部公犬上朝臣同祖日本武尊之後也と有る、此にて風土記に倭武天皇云々と多く見えて、此國にての御事跡多かれば、此御子孫の此常陸國に在る事も故有る事なりかし。偖命字を名下に著る事ハ、古の尊称なるが、朝廷にハ既く此事廢れたるハ、直邉鄙にハ古風を守りて其命も当時称せしにとぞ。

郡南二十里香澄里[39]古傳曰大足日子天皇[40]登坐下総國印波鳥見丘留連遥望顧東而勅侍臣曰海即青波浩行陸是丹霞空朦國在其中云々此里以西海中北洲謂新治洲云々従北以南十里板来村[41]近臨海濵安置駅家此謂板来之駅云々浄御原天皇之世遣麻績王[42]居處之其海焼藻多生

麻績王ハ、万葉集に見ゆ。天武天皇御紀曰、四年三位麻績王有罪流因幡國と有れバ、万葉集に依るに、因幡國より伊勢に迂し。なほ遠く常陸國に迂されたるにや。

古老曰斯貴瑞垣宮大八洲所馭天皇之世[43]為平東夷之荒賊遣建借間命〈即此那賀國造初神〉云々頓宿安婆之島

國造本紀に、仲國造志賀高穴穂朝御世伊豫國造同祖建借馬命定賜國造と有れバ、瑞垣宮御代に御國を平治坐し、功に依て高穴穂朝御世に此國造に任され給へるなるべし。今其系記を載して考備ふ〈此ハ弘化三年予が著せりし歴世大統譜の中より抄出たるなり。委しくハ本書に譲る。〉。

神八井耳命——日子八井耳命——建五百建命——
速甕玉命——建借馬命——武恵賀前命——志貴多奈彦命——
速後上命——伊都許利命

安婆之島ハ、校本頭書曰、疑浮島之地也、今浮島有安場明神社祭神大己貴命、安場村亦祭之里俗謂大杉明神也と有り。

自郡東北十五里當麻鄉[44]古老曰倭武天皇巡行過于此鄉云々東所経之道狭地深浅取悪路之義謂之当麻〈俗曰多支多支斯[46]〉有香島香取二神子之社従此以南藝津里[45]古有國栖曰寸津毘古寸津此賣云々其南名田里息長足日賣皇后之[47]時此地人名曰古都比古三度遣於韓國重其功労賜田因名又有波都武之野云々野北海

辺在香取神子之社
当麻ハ大和國葛上郡に同地名有り。

【鼇頭書入れ】
1、行方郡下ニ高向大夫中臣幡織田大夫と有り。
2、延佳曰、穂日可作押日乎。
3、國造本紀曰、筑波國造志賀高六穂朝以忍凝見命孫阿閇色命定賜國造。
4、垂仁天皇御紀二十五年の下に、倭大神大水口宿祢に著玉ふ事あり。
5、行方郡提賀里古有佐伯名手鹿マタ曽尼村古有佐伯名曰、疏祢毘古マタ男高里古有佐伯小高居其地。
6、伊勢校之姓氏録当作伊豫乎。
7、行方郡下に、於是有國栖名曰、夜天斯夜筑斯天為有師堀穴造堡常所居住覘伺官軍。

〔補註〕
(1)孝徳天皇。
(2)『常陸国風土記』にみえる総領(惣領)　総領(惣領)は、大宰とも呼ばれ、「筑紫総領」(『続日本紀』文武天皇四年〈七〇〇〉十月十五日条)をはじめとして、「吉備大宰」(『日本書紀』天武天皇八年〈六七九〉三月九日条)・「周芳総令」(同十四年〈六八五〉十一月二日条)・「伊予総領」(持統天皇三年〈六八九〉八月二十一日条)・「総領」(『播磨国風土記』揖保郡条）などの例がある。薗田香融氏によれば（「律令国郡政治の成立過程」『日本古代財政史の研究』〈塙書房、昭和五十六年〉所収）、『常陸国風土記』・『播磨国風土記』は、総領・国宰・国司をはっきり使い分けており、これら史料から、①初期の国司がミコトモチと呼ばれ、「宰」「使者」と表記されていること、②「国司」の字があてられるようになるのは、大宝令施行後のことであること、③大宝以前の国司には、総領（大宰）と国宰の二種の存したこと、などがわかるという。この総領は、地方行政上重要な地域に置かれ、近隣数国を管轄する地方行政官のことであると考えられるが、薗田氏によれば、総領と国宰という二重組織が採用されたのは、①大和朝廷の植民地支配や直轄地管理において、すでに大宰－宰という二重組織ができあがっていた、②国郡編成には国を越えた上級官司が必要であった、という二つの理由からであるという。ただし、松原弘宣氏は、『常陸国風土記』における総領・国宰の書き分けを認めつつも、これらが同時期に並存したことをしるす記事はないとして、孝徳天皇朝における総領－国宰の二重組織は存在しなかったと考えている（「総領と評領」『日本歴史』四九二）。なお、鈴木重胤のように、『日本書紀』大化元年八月に派遣された東国国司を総領とみて、『常陸国風土記』にみえる高向臣や中臣幡織田連を東国国司にあてる説もあるが、これは、やはり国宰とみるべきだろう。

（3）景行天皇皇子の日本武尊。ただし、『古事記』・『日本書紀』によれば、日本武尊が即位した事実はない。

（4）同じ井のことが、新治郡条にもみえる。真壁郡協和町（現筑西市）古郡にある霊水にあてられる。

（5）現在のつくば市・下妻市の一部にあたる地域。郡衙の所在地は、つくば市平沢の平沢官衙遺跡と推定される。民部省式上に「筑波」、『和名抄』に「豆久波」。記紀にそれぞれ「都久波」（景行天皇段）・「菟玖波」（景行天皇四十年是歳条）とみえる。『国造本紀』に「筑波国造。志賀高穴穂朝。以忍凝見命孫阿閇色命。賜国造」とある。郡司は国造の系譜を引く壬生氏が任命され、『続日本紀』神護景雲元年（七六七）三月癸亥〈十四〉条に「常陸國筑波郡人従五位下壬生連小家主女賜姓宿祢」、神護景雲二年（七六八）六月戊寅〈六〉条に「掌膳常陸國筑波采女従五位下勳五等壬生宿祢小家主。尚掃従五位上美濃眞玉虫。掌膳上野國佐位采女外従五位下上野佐位朝臣老刀自。並爲本國國造」、宝亀七年（七七六）四月丙子〈十九〉条に「授（中略）壬生宿祢小家主並正五位下」とみえるほか、天平宝字二年（七五八）十月の黄絁袷幡鎮袋墨書に「郡司副□領大初位上丈部□佐弥万呂」（『正倉院宝物銘文集成』二九七頁）、同七年（七六三）十月の白布墨書に「郡司擬主帳无位中臣部広敷」（『正倉院宝物銘文集成』二九七頁）とある。なお、『東大寺要録』によれば、天平十九年（七四七）九月二十六日に金光明寺にあてた食封一千戸のなかに「常陸国筑波郡五十戸」がみえる。

（6）崇神天皇。『日本書紀』に「御間城入彦五十瓊殖天皇」、『古事記』に「御真木入日子印恵命」「美麻紀伊理毗古」とある。

（7）『続日本紀』神護景雲二年（七六八）六月戊寅〈六〉条に「（前略）掌膳常陸国筑波采女従五位下勲五等壬生宿禰小家主。（中略）並本国国造」とあること参照。

（8）信太郡は、稲敷市発足以前の旧稲敷郡の大部分と土浦市南部および龍ヶ崎市をふくむ地域と推定される（『角川日本地名大辞典』茨城県）。

（9）孝徳天皇。

（10）孝徳天皇の白雉四年（六五三）。

（11）大化五年（六四九）制定の冠位十九階制の第十三階。なお、天智天皇三年（六六四）制定の冠位二十六階の第十六階にもおなじ称呼がある。現存本『常陸国風土記』行方郡条に「那珂国造大建壬生直夫子」として天智天皇三年制定の冠位がみえれば、この「小山上」もおなじときのものであろう。あるいはのちの追記か。

（12）他にみえず。正倉院に残る調布の墨書銘に「擬主政无位物部大川」（『正倉院宝物銘文集成』二九八～二九九頁）とあり、さらに、『続日本紀』養老七年（七二三）三月戊子〈二十三〉条に「常陸国信太郡人物部国依。改賜信太連姓」、おなじく延暦五年（七八六）十月丁丑〈二十一〉条に「常陸国信太郡大領外正六位上物部志太連大成。以私物。周百姓急。授外従五位下」とあれば、物部氏は、信太郡の譜代の郡司であったことがわかる。

(13) 大化五年（六四九）制定の冠位十九階制の第十五階。なお、天智天皇三年（六六四）制定の冠位二十六階の第十九階にもおなじ称呼がある。

(14) 他にみえず。

(15)「請」の字は、前田家本『釈日本紀』にはないが、西野宣明『訂正常陸風土記』にはある。同本は、現存本『常陸国風土記』の行方郡・香島郡・多珂郡の箇所にみえる同様の記事を参考に意補したのであろう。

(16) 現存本『常陸国風土記』総記に「高向臣」、行方郡・香島郡・多珂郡条に「惣領高向大夫」とみえる。名を言わないのは敬称であるが、結果、名を缺失。

(17) 五十戸で一里となるから、十四里となる。これは、『和名抄』がしるす信太郡の郷数と一致。

(18)『常陸国風土記』によれば、行方郡・多珂郡も同年に建郡。

(19) 日没の西方に対し、日昇の東方の意の広義で使われる時がある（『日本書紀』景行天皇二十七年二月条）。また、「自日高見国還之。西南歴常陸至甲斐国」（同四十年是歳条）の例は常陸より更に北方をさしての称。東方の国という汎称を、信太郡という狭い範囲の旧称として用いたものか。

(20) この一文は、「信太郡の沿革」などと呼ばれ、『釈日本紀』巻第十（新訂増補国史大系本、一四四頁）に、「公望私記曰」として引用される逸文である。『公望私記』は佚書だが、『日本書紀』を読み解く「読日本紀」会の講義録のうち、延喜四年（九〇四）における紀伝学生矢田部公望による記録を指している。新訂増補国史大系には、ほかに『日本紀私記』甲本・乙本・丙本・丁本の四本が収録されているが、その丁本（零本）は文章博士矢田部公望の講筵を受けた承平六年（九三六）の記録である。『日本紀竟宴和歌』に公望の歌が載るが、その上巻は延喜四年（九〇四）の学生としてのもので、下巻は承平六年（九三六）のものである。なお、『和名抄』に「山州員外刺史田公望日本紀私記」（序）とあり、引用されている。

ところで、久松潜一校註『日本古典全書　風土記』下（朝日新聞社、昭和三十五年）・武田祐吉『風土記』（岩波書店、昭和十二年）は、これを逸文として扱っていない。全書本は、「古老曰……日高見国也の一条は現伝本の祖本には無かつたらう。底〈西野宣明『訂正常陸風土記』〉は小寺本によつて此の一条を採つた」（五七頁）とのべる。そこで西野宣明『訂正常陸風土記』（天保十年刊、『日本古典全集　古風土記集』〈日本古典全集刊行会、大正十五年、のち昭和五十四年現代思潮社より復刻〉所収）をみると、ここには、「按自古老曰以下至日高見国。諸本欠。今拠戊本補之。釈日本紀所引与此小異矣」とある。ここにいう「戊本」は、同本の「凡例」によれば、「備中笠岡祀官小寺清先所校訂」の一本で、現存しない。この「戊本」が原本の形態を伝えたものであれば、宣明の校訂のとおりであろうが、「戊本」そのものが、すでに『釈日本紀』によって補った可能性もあるので、ひとまず逸文として扱うべきではないかと思うが、鈴木重胤は、西野宣明『訂正常陸国風土記』によって、本文として取り扱っている。

(21) **鹿島神宮の祭神**　鹿島・香取社の祭神について、風土記は、ここにみえる「香島天之大神」のほか、「香島国坐天津大御神」・「香取神子之社」とするだけで、具体的な名称はしるしていない。風土記は、天智天皇朝における神宮の造営を、また、孝徳天皇朝・天武天皇朝における神戸の加増をしるすから（香島郡条）、常陸に中臣部が置かれ、建評が進められた七世紀中期頃から、神社としての基盤が整い、広く信仰を集めるようになったのであろう。鹿島・香取社の神格を武甕槌神・経津主神と明記するのは、大同二年（八〇七）に忌部広成が撰述した『古語拾遺』が最初である。六国史では『続日本後紀』承和八年（八三六）五月九日条が初見だが、これは香取の神を経津主命ではなく「伊波比主命」とする。では、東国常陸の在地神であった鹿島と香取の神が、記紀神話の武神武甕槌神と経津主神に結びつけられて、それが藤原氏の氏神を配る春日社に勧請された時期は、いつ頃のことであろうか。春日社の創建については諸説あるが、関聯史料を再検討した菊地康明氏は、天平宝字八年（七六四）九月の藤原仲麻呂の乱後、藤原氏は一族の結集を図る必要に迫られ、その精神的紐帯として春日社を創建したとする。そして、それ以前は、紫微中臺（七四九年に皇后宮職を改称）において、皇后宮の祭神である宮神として祀られていたと考え、光明皇后の尊崇が、春日社創建と藤原氏の氏神信仰の起点になったのではないかとみている（「春日神社と律令官社制」同氏編『律令制祭祀論考』〈塙書房、平成三年〉所収）。これをうけて、増尾伸一郎氏は、鹿島・香取の二神を平（枚）岡の二神の上位に置いて春日社四座を定め、鹿島を武甕槌神、香取を経津主神（あるいは伊波比主神）としたのは、この紫微中台（皇后宮職）の宮神の段階からであり、その勧請の端緒を拓いたのは宇合だとする（「神仙の幽り居める境」井上辰雄編『古代東国と常陸国風土記』〈雄山閣出版、平成十一年〉所収）。また、その時期については、中村英重氏も指摘するように（「中臣氏の出自と形成」佐伯有清編『日本古代中世史論考』〈吉川弘文館、昭和六十二年〉所収）、宇合が、常陸国守に兼ねて安房・上総・下総の按察使に任じられた養老三年（七一九）から東国に在任した数年間と、式部卿となって帰京した後、神亀元年（七二四）四月に、「漸進の蝦夷を征たむが為」に持節大将軍に任じられて、再度東国に赴き、同年十一月に帰任するまでの間とみられるが、増尾氏は、より直接的な契機となったのは後者であるとする。再三にわたる征夷に際しては、鹿島と香取二神、とくに鹿島神の分霊が守護神として帯同されたようで、『続日本紀』延暦元年（七八二）五月壬寅〈二十〉条には、陸奥国が「鹿嶋神に祈み祓って、兇賊を討ち撥むるに、神の験、虚しきに非ず。望まくは、位封を賽せむことを」と言上したので、勅して、勲五等と封二戸とを授けた、とある。また、『三代実録』貞観八年（八六六）正月二十日条の「鹿島神宮司解」によれば、陸奥国内には三十八座の苗裔神が存在したとされ、『延喜式』では、陸奥国黒川郡・亘理郡・信夫郡・磐城郡・牡鹿郡・行方郡に鹿島の苗裔神八座、牡鹿郡と栗原郡に香取の苗裔神二座を記載しており、征討に際して帯同された分霊が、叛乱鎮圧後、地域、ひいては律令国家の守護神として祀られたことがうかがえる。宇合が鹿島・香取の二神の勧請への端緒を拓いた背景には、新興貴族である藤原氏が、律令政治を領導し、国家的課題としての蝦夷征討を推進するうえで、東国の在地神である鹿島・香取二神を武神である武甕槌神と経津主神に結びつけ氏神として尊崇することは、その政治的立場を補強することにつながる、という目論見があったのであろう。そして、その二神が本来鎮座する常陸を「常世国」として仙郷視したのは、都からみて東方の果てに位置する在地神に、中国的な要素をもふくむ新たな神威を附与し得ると考えたからではなかろうか（増尾氏前掲論文、一九六頁）。

(22)『和名抄』に「宇婆良紀」。土浦市の一部、西茨城郡岩間町（現笠間市）・友部町（現笠間市）の南部・東茨城郡茨城町・東茨城郡小川町（現小美玉市）・同郡美野里町（現小美玉市）・旧石岡市・新治郡八郷町（現石岡市）・新治郡千代田町（現かすみがうら市）・新治郡霞ケ浦町（現かすみがうら市）・新治郡玉里村（現小美玉市）などの地域。郡司としては、天平勝宝四年十月の「馬鞍腹帯」に「郡司擬主帳従八位□茨城□□」とみえる（『正倉院宝物銘文集成』二九九頁）。

(23) 神功皇后をいう。ただし、記紀は、神功皇后の即位をしるさないので、「天皇」の表記は不審。

(24) 応神天皇。

(25)『和名抄』に「奈女加多」。旧行方郡全域にあたる。民部省式上に「行方」、『和名抄』に「行方〈奈女加多〉」。郡司は、正倉院宝物の天平勝宝五年（七五三）十月の布袋・白布墨書に、「郡司大領外正八位下壬生直足人」・「□」領外正八位下壬生直足人」（『正倉院宝物銘文集成』三〇一頁）とみえる。

(26) 孝徳天皇。

(27) 大化五年（六四九）制定の冠位十九階制の第十八階。なお、天智天皇三年（六六四）制定の冠位二十六階の第二十四階にもおなじ称呼がある。

(28) 天智天皇三年（六六四）制定の冠位二十六階の第二十五階。

(29) **郡家の構造**　ここにいう「郡家」は、いうまでもなく、行方郡家のことを指す。風土記には、郡の政庁である郡家（グンケ・グウケ・コホリノミヤケなどと訓む）についての記載が多数あり、とくにある場所を示すのに、「郡家北三十里」などと郡家を起点とした書法をとっていることは、当時郡家が各郡においてセンター的な役割を果たしていたことを示唆している。ところで、『常陸国風土記』行方郡条は、行方郡家の構造をしるした文献として貴重である。行方郡家については、下文に「郡家南門。有一大槻。其北枝。自垂触地。還聳空中」という記載があり、これによれば、郡家には庁とその前庭があり、庁の南には門が配置されていた構造になっていたことがわかる。また、べつな史料には「垣」がみえるから、郡家のある場所は塀などで区劃されていたのであろう。足利健亮氏の推定では、こうした郡家の規模は、基本的には方二町、実質的には方三町近くにおよんだという（「郡衙の境域について」「（大阪府立大学）歴史研究一一」）。八～九世紀の郡家に関する文献は少ないが、これを補うものとして長元三年（一〇三〇）の『上野国交替実録帳』（国司交替の際の事務引継ぎ関係書類の草案）がある。この文書には同国の郡家の建物群がかなり詳しく記載されている。前沢和之氏によれば、この文書は、もともと郡単位で作成されたものであり、記載が整理されていない草案であること、内容が破損もしくは無実の列記であるという基本的性格を有しており、かならずしも現状を反映した史料ではないというが（「『上野国交替実録帳』にみる地方政治」『群馬県史』通史編2〈群馬県、平成三年〉六七六頁）、それでも郡家全体の構造のうかがう稀有の文献である。『上野国交替実録帳』をもとにした郡家の復元については、竹内理三・福山敏男・吉田晶諸氏の研究があるが、いまこれらによりつつ、当時の郡家の構造をしるすと、つぎのとおりである。『上野国交替実録帳』によれば、郡家には各郡ごとに①正倉・②郡庁・③館・④厨家に区分され、この順で記載されている。こうした区分は、儀制令集解17所引の古記が、郡家を郡院・倉庫院・厨院に、また、『朝野群載』国務条々事が、郡家を郡庫院・駅館・厨家・諸郡院に、それぞれ用途別に区分していることとおおむね一致する。まず、①正倉は、正税を収納する倉庫である。『上野国交替実録帳』では、最初に正倉のことが詳しく記載されており、十一世紀初頭には郡家の機能として徴収した租税を管理することが重要視されていたことをよくあらわしている。正倉は、「東第二屋壱宇」などと、方角＋番号＋倉の構造＋棟数の順で記録されているが、欠番もあり、かつてはなお多くの正倉が存在したことをうかがわせる。ちなみに、『上野国交替実録帳』がしるす正倉の数は、一郡平均十三宇である。つぎに、②郡庁は、郡家の政庁で、郡司らが執務するところである。『常陸国風土記』の記事にみえる行方郡家も、おそらくはこの郡庁にあたる建造物の記載であろう。『上野国交替実録帳』記載の上野国各郡について整理すると、郡庁は、「庁屋」・「副屋」・「向屋」など数棟の建物で構成されていたことがわかるが、その名称や建物数は郡によって差がある。つぎの③館については、その機能をめぐっていろいろな説があるが、建物の構成から判断して、諸使のための宿泊施設であろう（「厩」は伝馬繋飼の廐舎と考えられる）。郡ごとに三四の館があり、一館・二館・三館・四館と名数をもって呼ばれていた。各館は、いずれも「宿屋」・「向屋」・「副屋」・「廐」（または「厨」）から構成されている。最後の④厨屋は、酒屋・竈屋・納屋・備屋からなり、文字通り食膳を整える厨房的施設であるともに、郡家で消費する食糧や器を収納しておく施設であったと考えられる。

なお、現在、各地で郡家遺蹟と考えられる遺構の発掘調査が進み、各地の郡家の実態があきらかになりつつあるが、それらの事例によると、館や厨家の実態はじつにさまざまで、山中敏史氏によれば、『上野国交替実録帳』の館や厨家の記載はかならずしも全国的な傾向を反映したものではないという（山中敏史・佐藤興治『古代日本を発掘する5　古代の役所』〈岩波書店、昭和六十年〉一二四頁）。

(30)　**『常陸国風土記』の建郡記事**　『常陸国風土記』によれば、信太郡の場合は、物部河内らが、筑波・茨城郡の七百戸を分かって信太郡を新置（「信太郡の沿革」の逸文参照）、行方郡の場合は、茨城国造・那珂国造が、両国造部内の十五里七百戸を割いてべつに郡家を新置、香島郡の場合は、中臣□子らが、下総国海上国造の部内一里と那賀国造の部内五里を割き神郡として新置、多珂郡の場合は、多珂国造と石城評造が、旧多珂国を多珂・石城二郡に分かち、多珂郡を常陸国に、石城郡を陸奥国に属けた（里数・戸数は不明）、とある。これらの建郡（正しくは「建評」）記事について、鎌田元一氏・井上辰雄氏は、建郡（建評）のことをしるした史料の分析から、孝徳天皇朝に全面的に施行されたとする。とくに、鎌田氏は、香島郡条にみえる己酉年（六四九）に一般諸郡の建郡がおこなわれ、信太・行方・多珂郡の建郡記事にみえる癸丑年（六五三）は、「新置のコホリ」が分出された年であるとみる。ただし、このとき、郡の下級行政単位として里制が実施されたかどうかについては確証がなく、鎌田氏は、孝徳天皇朝に五十戸単位の編戸制が進められていたが、五十戸一里制は天武天皇四年（六七六）の部曲廃止を待って徐々に進められ、庚午年の造籍によって全国的な実現をみたと考えている。なお、薗田香融氏は、『常陸国風土記』は立郡の申請人の名を記録しているが、多くの場合、かれらが初代の郡領に就任したであろうとする。すなわち、こうした在地豪族は、父祖以来管掌してきた屯倉、あるいはあらたに造建した屯倉を朝廷に献上し、これを郡家となすことによって、以後、長く譜代郡司となる途をえらんだのだという（「律令国郡政治の成立過程」『日本古代財政史の研究』〈前掲〉所収）。

(31)『和名抄』に「提賀」。行方郡玉造町（現行方市）手賀。

(32) **常陸国の駅と交通路**　『常陸国風土記』には、信太郡榎浦、行方郡曾尼・板来、那賀郡平津・河内、久慈郡助川、多珂郡藻島の諸駅の名がみえ、さらに逸文によって新治郡大神駅の存在が確認される。こうした風土記中の諸駅の所在地については、地名の遺存や遺蹟の存在から、榎浦駅は現在の稲敷郡江戸崎町（現稲敷市）、曾尼駅は行方郡玉造町（現行方市）、板来駅は行方郡潮来町（現行方市）、平津駅は水戸市平戸町、河内駅は水戸市上河内町・渡里町、助川駅は日立市助川町、藻島駅は多賀郡十王町（現日立市）伊師、大神駅は西茨城郡岩瀬町（現桜川市）平沢、にあたる場所にあったと考えられている。これらの駅の存在から、風土記編纂当時は、延暦二十四年（八〇五）に廃止された下総国の鳥取・山方・荒海・真敷四駅からの駅路が榎浦・板来に通じ、板来から国府また平津に至り、国府からは安侯・河内・石橋・助川・藻島・棚嶋の諸駅を経由して陸奥国（石城国）に通じ、いっぽう、大神駅を経由して下野国に通じる駅路があったことが知られる。こうした駅路は、その後、いくたびか変更があった。『日本後紀』弘仁三年（八一二）十月癸丑〈二十八〉条には、「廃常陸国安侯。河内。石橋。助川。藻島。棚嶋六駅。更建小田。雄薩。田後等三駅」とあるが（吉田東伍は「小田」は『延喜式』にみえる「山田」の誤りとする）、これは、おなじく『日本後紀』弘仁二年（八一一）四月乙酉〈二十二〉条に「廃陸奥国海道十駅。更於通常陸道。置長有。高野二駅」とあることと対応する措置で、従来の海道の駅路にかわって、国府から山田川沿いに陸奥国白河郡に通じる東山道との連絡路が開けたことを示している。さらに、弘仁六年（八一五）十二月戊午〈二十二〉条には「廃常陸国板来駅」とあり、延暦二十四年（八〇五）の下総国四駅の廃止とも関聯し、鹿島神宮へ通じる駅路が廃止されたことが知られる。当時は、全国的に駅の廃止・新置が多く、これら常陸国の駅の整理も、その一環にあたるものと考えられる。

なお、『延喜式』によれば、常陸国の駅は「駅馬。榛谷五疋。安侯二疋。曾禰五疋。河内。田後。山田。雄薩各二疋。伝馬。河内群五疋」とあり、下総国から開かれた新路に対応して榛谷駅（龍ヶ崎市半田か）・曾禰駅（土浦市附近か。風土記の「曾尼」とはべつの駅であろう）が置かれ、国府以北の安侯・河内の二駅が復活されたことがわかる。とくに、榛谷・曾禰二駅に、それぞれ五疋の駅馬が配備されているところをみると、当時は、下総国からの幹線駅路が、重要視されていたことがうかがわれる。

(33)　継体天皇。

(34)　麻多智が武装して杖を執るのは、地主神の霊威に対抗するためであろう。『水経注』には、楼蘭で屯田を開こうとした将軍が武力をもって川の水勢を止め、灌漑に利用したという話がある（辰巳和弘『風土記の考古学』〈白水社、平成十一年〉一五三頁）。

(35)　『和名抄』に「小高」。麻生町（現行方市）小高。

(36)天武天皇。

(37)『和名抄』に「大生」。行方郡潮来町(現潮来市)大生附近。

(38)諸本「莇馬」に作るも、大系本は「勒馬」に改む。

(39)『和名抄』に「香澄」。行方郡麻生町(現行方市)富田から牛堀町にわたる地域。

(40)景行天皇。

(41)板来駅。

(42)養老獄令、流移人条に「凡流移人。太政官量配。符至季別一遣。〈若符在季末至者。聴後季人同遣。〉具録応随家口及発遣日月。便下配処」とあり、「遣」は京ないし郷里からの放逐を意味する語として使われている。なお、『日本書紀』では天武天皇四年(六七六)に因幡国に、『萬葉集』二三・二四では伊勢国に流されたことになっている。

(43)崇神天皇。

(44)『和名抄』に「当鹿」(鹿は麻か)。いまの鹿島郡鉾田町(現鉾田市)当間。

(45)『和名抄』に「藝都」。行方郡北浦町(現行方市)内宿字化蘇沼附近。

(46)「云々」としるされた部分には、『常陸国風土記』では「其寸津毗古。当天皇之幸。違命背化。甚无粛敬。爰抽御劔。登時斬滅。於是。寸津毗売。懼悚心愁。表挙白幡。迎道奉拝。天皇。矜降恩旨。放免其房。更廻乗輿。幸小抜野之頓宮。寸津毗売。引率姉妹。信竭心力。不避風雨。朝夕供奉。天皇。欸箕慇懃恵慈。所以。此野謂宇流波斯之小野」という文章がある。

(47)神功皇后。前出茨城郡では「息長帯比売天皇」と表記する。

〔附記〕

小論を発表するにあたっては、鈴木重胤研究の第一人者である皇學館大学名誉教授・元学長の谷省吾先生に資料の提供とご教示を得た。末尾ながら、記して謝意を表する次第である。

# 第八章　敷田年治の風土記研究

## はじめに

幕末から明治にかけて活躍した国学者敷田年治は、『古事記』・『日本書紀』をはじめとする、さまざまな古典の研究において多くの業績をあげたが、風土記にも関心が深く、同書にかかわる著作を少なからず残している。敷田年治の風土記研究といえば、だれもが『標注播磨風土記』を頭に思いうかべるが、じつは、そのほかにも、複数の著述が存在する。しかしながら、それらは未刊のままであったので、風土記研究史上においても、ほとんど知られることのないまま、こんにちに至っている。(1)

筆者は、近年、神宮文庫のご厚意により、数回にわたり、敷田年治の旧蔵書・遺稿を収める同文庫所蔵の百園文庫(2)を閲覧する機会に恵まれ、そうした未刊の風土記関係の原本について親しく調査することができた。そこで、小稿では、そのおりの調査報告を通じて、敷田年治の風土記研究について考察したいと思う。

## 一、敷田年治翁の略伝

はじめに、敷田年治翁の生涯についてかんたんに紹介しておく。

敷田年治翁は、文化十四年（一八一七）七月二十日、豊前国宇佐郡敷田村の八竜宮の社家に宮本包継主の子として生まれた。宮本家は、代々八竜宮（二葉山神社）の社家をつとめる家柄であった。翁は、幼少のころより国学の志があり、十五歳のとき、家を出て前後五年、諸国を流浪した。天保十年（一八三九）、二十二歳のとき、宇佐郡四日市町蛭児神社の神職吉松能登守の養子となり、仲治と改名した。その後、年治と改名し、帆足萬里の塾に入門したが、萬里は嘉永五年（一八五二）に歿しているので、彼の教えをうけた期間はそれほど長くはなかったと思われる。嘉永六年（一八五三）、三十七歳のおりに江戸に遊学し、大次郎と改名。旗本の家来となり、勤務のかたわら、著述に精励したといい、鈴木重胤・黒川春村らとも交遊をもった。文久三年（一八六三）、幕命により和学講談所の教官となり、国文を講じた。やがて、慶応四年（一八六八）に大阪に転じ、大阪国学教習所の講師に迎えられるが、翁が江戸を離れて大阪に来たのは、和学講談所の教官という立場にありながら、勤王の志士と交わり、幕士の怒りを買ったためだという。明治二年（一八六九）、佐土原藩主島津忠寛の招きに応じて藩の教授となり、道修町の藩校において皇典を教授したが、同五年（一八七二）、河内国門真村に隠棲して著述に励んだ。その後、同十四年（一八八一）に至り、神宮祭主久邇宮朝彦親王の招きに応じ、伊勢の神宮教院本教館に奉職、同館閉鎖後の翌十五年（一八八二）は、皇學館の創立にあたって教頭となり活躍した。同十六年（一八八三）、病を得て河内国に戻ったが、同二十一年（一八八八）には、大阪北堀江の地に百園塾を開き、国典を講じた。そして、同三十五年（一九〇二）一月三十日に八十六歳で没するまでのあいだ教育と著述に励み、多数の著作を残した。翁の墓は、大阪市阿倍野区の阿倍野墓地にあり、百園塾のあった上本町五丁目には百園塾跡の記念碑が立てられている。(3)

## 二、風土記関係の著作

翁の著作はその生前から多数刊行されたようで、さきにあげた『標注播磨風土記』をはじめとして『古事記標註』・『日本紀標註』など、古典の注釈書はよく知られている。角正方編輯『桃垣葉』下巻（敷田年継、昭和七年一月）には、角氏が編纂した「敷田年治先生著書目録」が転載されており、これには、翁の著作百七十二冊（自筆原稿本・索引百九冊、刊行本五十三冊）と補遺三冊が載せられている。(4) 筆者が調査したところでは、この目録にみえる翁の著作、またはその原稿の多くは、百園文庫に収められているが、このなかには、風土記に関する研究、風土記を駆使した著作が少なからずふくまれている。

そこで、以下は、それらのなかから、おもなものを紹介し、あわせてその特色にふれておきたい。

① 『風土記考』

全一巻。袋綴じ。二四・八チセン×一七・三チセン。百園文庫所蔵。一冊の本として装丁されているが、わずか三丁の短篇である。外題に「風土記考　残缺」とされていることからもわかるように（翁自身がしるしたものではなかろう）、未定稿の草稿であり（随所に推敲のあとがある）、完全なものではない。しかしながら、本書は、諸国風土記の編纂の経緯や成立時期について考証したもので、短篇ながら、明快な見解が開陳されている。本書の内容をかんたんに紹介しておくと、つぎのとおりである。

翁は、風土記には記紀に洩れた古伝が少なくないにもかかわらず、完全なかたちで残るのがわずかに『出雲国風土記』のみであることを慨嘆しつつ、まず、風土記の編纂過程についてのべる。翁の説によれば、風土記の濫觴は、『日本書紀』履中天皇四年八月に諸国に国史を置いて言事を記し四方志を達せと宣出したことにあり、その後、和銅六年（七一三）五月の通達を受けて、諸国とも風土記編纂に着手したという。このとき、もっとも早く提出されたのは『播磨国風土記』であるというが、翁がそのように考える根拠は、『播磨国風土記』が霊亀元年（七一五）の郷里制施行以前におこなわれていた「里」による行政区劃の表記を採用している点にある。これなどは、おそらく伴信友の『風土記考』の影響があるのではないかと思う。なお、翁は「如此風土記の勘造ニハ必遅速ありしのミならす天下諸国普ク造リたるニハあらす遷延して遂さる国も多かりけむ」として、延長三年（九二五）の再提出の通達を引き、この督促によって、ようやくいまだ作成されていなかった分も提出され、諸国の風土記が出揃ったとしている。

以上のような、風土記編纂の流れを把握したうえで、翁は、さらに、播磨・常陸・肥前・豊後等の風土記について個別にコメントする。そこで、以下、その概要を、箇条書きにして紹介しておく（掲載順にしたがう）。


播磨…明石・赤穂二郡を脱す。

常陸…河内・真壁二郡を缺く。

肥前…毎郡洩らさずしるしてあるが、いずれも省略があり、抄録本が伝わったものである。

豊後…肥前同様、郡数に脱落はないが、省略が多く、抄録本である。

丹後…伽佐郡のみ残存。明細に伝えてはいるが、虫喰いがあることは惜しむべきである。

騎風土記…群書類従にも収録されているが、往人の偽作である。


つぎに、翁は、風土記逸文のことにも筆をおよぼし、その成立年代や特色にふれている。その一端は、つぎのとおりである。

備後…宣命文にて書き綴っている。

石見…位階の記載など史実とあわない点があることから、後人の偽作であろう。

山城…最古文である。『日本書紀』成立以前の作である。

摂津…山城同様古文にて、おなじころの作である。

伊勢…『日本書紀』撰述以後の作ではあるが、『古事記』に洩れた古伝がある。

尾張…『日本書紀』の筆法を用いたもので、養老以後の作だが、『日本書紀』に洩れた古伝も多い。

志摩…延長後の作である。天平勝宝元年に遷化した行基のことを、昔語のようにのべている。

参河…わずかな抜萃なので、新古定めがたい。

駿河…仙覚抄に引用されたものは假名書きで、漢文のものをみないので、もともと假名書きだったのかも知れない。『職源抄首書』に引用されたものは後人の偽作である。

伊豆…延長後の作である。

甲斐…文章が短いので、知りがたい。

相模…少しばかり假名書きにて伝わっている。


本書の記述は、相模の分で終わっている。この他の国の分についても、当然言及があってしかるべきだが、それがないのは、本書が未定稿で不完全なものであることをうかがわせる。本書の外題を書きつけた人が「風土記考残缺」としたのも、こうした記述を受けてのことであろう。ただ、翁自身が、このあとを書き足すことを意図していたかどうかは不明である。

『風土記考』はきわめて短く、しかも、これまで学界に紹介されたことがなかったので、べつにその内容を詳しく紹介したが、同書は、現在の学界の研究水準からすれば、不備な点も少なくない。しかし、風土記の撰進に関する二度の通達の関係を的確におさえ、それをもとに五風土記だけでなく、風土記逸文の成立時期まで推定した研究は、本書以前に例をみないもので、翁の風土記に対する見識のほどがうかがわれる。

②『逸史』

全四巻。袋綴じ。百園文庫所蔵。風土記・『新撰姓氏録』などの古典から適宜記事を抜粋し、神代、さらには歴代天皇順に排列したもので、『日本書紀』・『続日本紀』の闕を補う。各巻の構成は、つぎのとおりである。

第一巻　二六・〇チセン×一七・一チセン。内題一丁、引證書目四丁、本文三十七丁。神代の記事を収録。

第二巻　二六・〇チセン×一七・一チセン。内題一丁、本文五十一丁。神武天皇朝から景行天皇朝までの記事を収録。

第三巻　二六・〇チセン×一七・一チセン。内題一丁、本文四十一丁。成務天皇朝から継体天皇朝までの記事を収録。

第四巻　二六・〇チセン×一七・一チセン。内題一丁、本文五十丁。安閑天皇朝から聖武天皇朝神亀元年までの記事を収録し、末尾に「往昔」ではじまる時代の確定できない記事を収載。

本文上の餘白にも記事の出典を一々明記しているが、第一巻冒頭には、まとめて「引證書目」を掲げている。ここに、山城・大和・伊賀・伊勢・尾張・駿河・伊豆・上総・常陸・越後・丹後・丹波・因幡・伯耆・出雲・石見・播磨・備前・備中・備後・美作・阿波・伊豫・土佐・筑前・筑後・豊前・豊後・肥前・肥後・日向・大隅・筑紫の風土記と、因幡記・肥後志があがっていることからもわかるように、風土記および風土記逸文からの引用が多数を占める。たとえば、神武天皇のところでは、『萬葉集註釈』所引の『伊勢国風土記』逸文「伊勢国号」を、神功皇后のところでは、『萬葉集註釈』所引の『摂津国風土記』逸文「美奴売の松原」、『釈日本紀』所引の『土佐国風土記』逸文「玉島」、『萬葉集註釈』所引の『豊前国風土記』逸文「鏡山」など、神功皇后にかけて語られる風土記逸文を収載している。このように、風土記逸文を数多く収載している点で、伴信友『古本風土記逸文』や黒川春村『風土記逸文』(5)に一脈通じるところがあり、本書は、一種の風土記逸文集であると評価しうる。

翁が、これらの逸文を、どのような板本・写本から引用したかは、翁の蔵書の全貌があきらかでないこんにちでは明確にしがたいが、後述のように、五風土記の写本または板本のほか、逸文を引用する典籍書(『萬葉集註釈』・『釈日本紀』・『詞林采葉抄』のたぐい)や、それを抜き出した、たとえば、今井似閑の『萬葉緯』のごとき書物を座右に置いていたのではなかろうか。

③『諸国雑纂』

全六巻。袋綴じ。百園文庫所蔵。外題の「諸国雑纂」も、翁の自筆であろう。古典にみえる諸国の地名や地名に関聯する人名を国別に類聚し、出典を注記した索引。もともと順不同で書き抜きしておいた紙を、のちに一項目づつ切断し、さらに五十音順に排列してつなぎあわせ、適当な長さで一丁として袋綴じにしたものであろう。各巻の体裁は、つぎのとおり。

第一巻　二三・八チセン×一六・〇チセン。本文四十一丁。山城国・大和国。
第二巻　二三・八チセン×一六・一チセン。本文六十二丁。河内国・和泉国・摂津国と東海道諸国。本冊にのみ、朱で翁自身による若干の書入れ、合点がみられる。
第三巻　二三・九チセン×一六・二チセン。本文三十八丁。東山道・北陸道諸国。
第四巻　二三・七チセン×一六・一チセン。本文三十三丁。山陰道諸国。
第五巻　二三・九チセン×一六・一チセン。本文三十丁。山陽道諸国。

第六巻　二三・九チセン×一六・一チセン。本文四十四丁。南海道・西海道諸国。

本書では、第二巻に『常陸国風土記』にみえる地名が、第四巻には『出雲国風土記』にみえる地名が、第五巻には『播磨国風土記』にみえる地名が、第六巻には『豊後国風土記』・『肥前国風土記』にみえる地名が、それぞれ多数採られているほか、風土記逸文にみえる地名も収録されており、さながら風土記地名索引の様相を呈している。

④　『標注播磨風土記』

『標注播磨風土記』は、上下二巻からなる。袋綴じ。上は二六・二チセン×一八・五チセン、下は二六・一チセン×一八・四チセン。上は序九丁、本文が三十丁、あわせて三十九丁で、賀古郡の途中から揖保郡の終わりまでの風土記本文とその注釈である。周知のように、『播磨国風土記』は、現存する写本はその祖本となる三條西家本以下、ことごとく巻首部分と明石郡の全文を缺き、つづく賀古郡の冒頭部分も缺落しているので、『標注播磨風土記』の注釈も、当然のことながら、ここからはじまっている。[6]

なお、蛇足ながら、植垣節也氏によれば、従来、印南郡の冒頭と解されてきた「一家云、所ヨ以号二印南一者、穴門豊浦宮御宇天皇、与二皇后一倶、欲レ平二筑紫久麻曽国一、下行之時」以下の箇所について、風土記の編述当時印南郡が存在した確証はないから、ここも賀古郡についての記述であるという。[7] これは、『播磨国風土記』全体の構成を考えるうえで、重要な点なので、あえて言及しておく。

つぎに、下巻は、佐用郡から美嚢郡に至る風土記本文とその注釈であるが、そのあとに『釈日本紀』所載の『播磨国風土記』逸文二条の原文と注釈を附し、さらに注釈の追補がある。本文二十九丁と跋三丁、あわせて三十二丁で、上巻より若干分量が少ないだけである。

ちなみに、下巻の巻末には、つぎのような奥附がある。

明治二十年七月十一日御届
全　年八月廿八日出版　定價金九拾銭

注釋人　大坂府平民 敷田年治　印
河内國茨田郡門真村百六十壹番地

出版人　愛媛縣平民 石丸忠胤　印
越後國新潟區田中町廿八番戸寄留

發兌所　新潟縣新潟區田中町 玄同舎　印

これによれば、『標注播磨風土記』は、敷田年治翁が七十一歳のときに刊行されたものであることが知られる。(8)奥附の隣には「賣弘書肆」として全国二十四の書肆の名がしるされており、これらの取り扱い店を通じて世に出たのであろう。

敷田年治翁が風土記の注釈のなかで、『播磨国風土記』を取り上げたのかは定かではない。さきにあげた『逸史』の「引證書目」からもわかるように、敷田年治翁の手元には相当数の風土記が集まっていたと思われるが、(9)そのなかで、あえて『播磨国風土記』の注釈を世に問うた理由は不明である。

ただ、五風土記のなかでも『播磨国風土記』は世に出るのがもっともおそく、研究も立ち遅れていたこと、などが、その理由であろう。石丸忠胤の序に、『播磨国風土記』はわずか三十年ばかりまえに出現した稀有の書物であるが、知識人にもその内容は難解で、敷田年治翁はこの点を嘆いて注釈の筆を執った、とあることは、こうした推測を裏づけるものである。さらに、晩年大阪に居住した翁の周りには、播磨出身の門人も集っており、彼らの存在も大きかったと考えられる。そのことは、明治五年四月の年紀をもつ下巻末尾の追補の部分に、

　此の風土記ハ、安政元年の春、京師なる學友ら、或家に秘(ヒメ)もたるを、辛クして取出しを、予も寫しとりて、釋紀ノ述義、日本紀纂疏、仙覺万葉抄、詞林採要、塵添壒囊抄等に、引けるに讀み比べ、訓を附ケて、此標注をバ書キ出つ。其は我家塾に物しゝ、播磨ノ國人らに撩(ソヽノ)がされてなり。

とあるによってうかがうことができる。なお、ここにいう「播磨ノ國人」については、おなじく、追記に、

　此風土記に見ゑたる地名等の中に、知リがたき所々を、彼國に問に遣シしを、其は是なりといひおこせしハ、餝東郡射楯兵主神社、神主上月爲彦、揖西郡加茂神社、神主岡平保なりと、彼國のをしへ子、西松茂彦が書て告來りぬ。

として、名前のあがっている人物がそれにあたるのであろう(10)。

　このほかにも、まったくの推測ではあるが、大阪から地理的にも近い位置にある播磨国のことをしるした書物に、翁がとりわけ深い関心を示していたということも考えられるのではないだろうか。

　ところで、『標注播磨風土記』の内容であるが、同書は、まず柳原紀光所蔵本を底本とした風土記原文をあげ、それに訓点と読みを附す。そして、頭注のかたちで主要語句に注釈を加えている。たとえば、こころみに、上巻の巻頭の部分を紹介すると、つぎのとおりである(11)(番号は、かりに附した)。

　望①三覽四方二云。此土丘原野。甚廣大而。見二此丘一。如二鹿兒一。故名曰二賀古郡一②。狩之時。一鹿走三登於此丘一鳴。

其聲比々。故號二日岡一③。

①上文明石郡を闕ク．但釈日本紀に引ける逸文あり．巻末に附ス．望覧以下賀古郡なり．是亦上文を闕ク．惜むべし．

②賀古の名義應神天皇十三年ノ紀の一書に傳あり．此記と異なり．

③日岡．播州名所巡覽記に．日岡大明神は大野村に在リ．氷岡とも書クと云ヘり．式に日岡ニ坐天伊佐々比古神社．

こうした頭注は、上下巻あわせて四百九十九におよぶ。その内容は、風土記本文の文字の校訂、地名比定、語句の和訓、神社比定、など多岐にわたり、豊富な引用文献によりつつ、的確かつ穏当な学説を展開している。戦前、『播磨国風土記』の注釈書として世に出たものは、本書と井上通泰氏『播磨国風土記新考』(大岡山書店、昭和六年五月、のち昭和四十八年七月に臨川書店から復刻)を数えるに過ぎないが、いずれも『播磨国風土記』の研究において後学を裨益した、有益な注釈書であったと評価しうる。

## おわりに

以上、敷田年治翁の風土記研究に関する著述について紹介してきた。これらをみる限りでは、翁は、風土記に対して強い探求心を抱いていたようで、記紀とならぶ古典として尊重しつつ、研究の対象としてきたことがうかがえる。前述のように、『風土記考』は、こんにちの研究水準からみれば、未熟な点もあるが、風土記の成立に対する翁の所説は穏当なものだし、『逸史』・『諸国雑纂』は、翁が史料として風土記をどのように活用していたかという、いわば翁の研究方法を垣間見る重要な文献である。また、唯一の刊行物である『標注播磨風土記』は、こうした地道な史料の蒐集・整理と、それらの分析にもとづく基礎的な研究とのうえに立ったもので、さきにものべたように、当時としては、レヴェルの高い注釈書である。

風土記の研究が、翁の時代とはくらべものにならないほど飛躍的に進んだこんにちにあっては、『標注播磨風土記』なども、もはや研究史上の存在でしかないという意見もあろうが、秋本吉郎校注日本古典文学大系２『風土記』（岩波書店、昭和三十三年四月）や植垣節也校注・訳新編日本古典文学全集５『風土記』（小学館、平成九年十月）といったすぐれた注釈書が登場するまでの前史として、『標注播磨風土記』の存在も、またその意義が少なくないであろう。上記の風土記の注釈書にも『標注播磨風土記』の頭注が活かされているのであって、翁の歿後百年になろうとするこんにち、あらたに『標注播磨風土記』の存在価値を見直す必要があるように思われてならない。

翁の古典注釈書のなかでは、近年、角林文雄氏が、『日本書紀』神代巻の注釈において、[12]随所に翁の『日本紀標注』を引用し、その説を高く評価しておられる。これをみても、翁の著述のなかには、こんにちなお利用に耐えるものも存在することが知られる。ゆえに、われわれは、翁の著述を研究史上のものとして等閑視すべきではなく、適宜参照し、活用すべきものについては大いに活用していく態度が望まれよう。

〔補註〕

（１）秋本吉郎「近世の風土記研究」（『風土記の研究』〈大阪経済大学後援会、昭和三十八年十月〉所収）一〇六四頁にも、『標注播磨風土記』のことは紹介されているが、他の風土記関係の著作についてはふれられていない。

（２）神宮文庫所蔵の百園文庫は、敷田年治門下の角正方氏が整理し、のちに神宮文庫に寄贈されたもので、おもに翁自身の著作・草稿と翁の蔵書から構成される。ただ、整理が終了しておらず、未公開なので、神宮文庫から刊行されている同文庫の目録の類にも書目は掲載されていない。筆者も、必要に応じて、閲覧したい書物を文庫の職員のかたに出していただくかたちをとっていたので、文庫を全貌を把握しているわけではない。

（3）以上の記述は、おもに高梨光司『敷田年治翁傳』（播仁文庫、大正十五年四月）によりつつ、『国学者伝記集成』続編（大日本図書株式会社、昭和九年六月、のち大川茂雄・南茂樹共編『国学者伝記集成』〈大日本図書株式会社、明治三十七年九月〉とあわせて三分冊で昭和五十三年九月に名著刊行会より復刊）三三三～三三四頁の「敷田年治」の項や、日本古典文学大辞典編集委員会編『日本古典文学大辞典』第三巻（岩波書店、昭和五十九年四月）一六〇頁の「敷田年治」（肥田晧三氏執筆）など参照。

なお、管宗次氏が、現在、翁の伝記的研究を『すみのえ』に連載中で（「敷田年治翁について」と題するこの連載は、平成元年四月発行の一九二号に第一回が掲載され、同十三年七月発行の二四一号で第四十一回を数える）、有益である。

（4）ただし、『標注播磨風土記』下巻の巻末には、「百園敷田年治先生著述書目」があり、敷田年治翁の五十五種の著作を掲げており、その欄外には「右の外に猶次々著し給へる、草稿等の数多あなれど、其は訂正を加へ、清書成りて後に、書き加ふべくなむ。明治二十年五月　　門人等謹記」としるされている。

（5）これらの著述については、「伴信友『古本風土記逸文』について」（『国学院大学日本文化研究所紀要』八五、平成十二年三月）・「黒川春村『風土記逸文』について」（『史料』一七〇、平成十二年十二月）で詳しく紹介したので、参照されたい。

（6）ちなみに、翁が披瀝したのは、柳原紀光所蔵本の系統の写本であったと考えられる。そのことは、『標注播磨風土記』の風土記原文の巻末に、

右播磨風土記。以或家古巻令寫之。当時出雲豐後之外諸國風土記逸。〈於後人擬作者餘國猶有〉最可謂奇珍矣。

寛政八年六月廿六日。〈同日令一校而所々有不審重以正本可挍者也〉

正二位　藤原紀光

とあることからも知られる。

（7）植垣節也「播磨国風土記注釈稿（二）」（『風土記研究』二、昭和六十一年六月）三三～四五頁。

（8）『標注播磨風土記』の刊行は、かなりはやくから企てられていたらしく、明治六年一月十日（年は、角正方編輯『桃垣葉』下巻〈前掲〉の推測による）附の渡邊資政あての書簡に、「上木一條御配慮あり難く何卒急速ニ御許可ニ相成候やう御周旋奉願候風土記標註ハ最早取りかゝり居候」（角正方編輯『桃垣葉』下巻〈前掲〉一三丁ウ）とみえる「風土記標註」とは『標注播磨風土記』のことをいったものであろう。

（9）神宮文庫の職員のかたに依頼して百園文庫の調査していただいた範囲では、風土記の板本・写本は見出せなかった。

（10）このうち、岡平保は、べつに、安政六年（一八五九）に『播磨風土記考』という著作があり（東京大学史料編纂所にその写本がある）、はやい時期の研究書として注目される（秋本吉郎「近世の風土記研究」〈前掲〉一〇六四頁参照）。

（11）『標注播磨風土記』の全文は、筆者が「敷田年治『標注播磨風土記』について――風土記本文と頭注の飜刻――」（『皇学館大学文学部紀要』三九輯、平成十二年十二月）に飜刻したので、これを参照されたい。なお、小稿の記述も、その際附した解説の記述をもとに、それを増補・訂正したものである。

（12）角林文雄『『日本書紀』神代巻全注釈』（塙書房、平成十一年三月）。

〔附記〕

小稿で紹介した資料の閲覧にあたっては、神宮文庫にご便宜をおはかりいただいた。その労を多とするとともに、末尾ながら、しるして謝意を表する次第である。

なお、筆者が、神宮文庫において、敷田年治関係の資料を調査したのは、平成十三年から十四年にかけてのことである。当時、百園文庫は未整理・未公開の状態であったが、その後、整理が進み、平成十八年五月には目録が完成し、閲覧も可能になった。敷田家寄贈の百園文庫と角家寄贈の花園文庫はほぼ一体となっていることから、資料は百園花園文庫として整理され、目録も『百園花園文庫目録』とされている。

この目録によって、文庫の全貌が知られるようになったのはまことにありがたいことで、目録にもとづく再調査の結果、拙稿にも補訂すべき点があることが判明した。ただ、部分的な加筆は、論旨の破綻を招く恐れもあるので、第八・九章については、ほぼ旧稿のままとし、本格的な補正は他日を期すことにしたい。

# 第九章　敷田年治著『風土記考』について

## ――全文の翻刻と解題――

### はじめに

幕末から明治にかけて活躍した国学者敷田年治は、記紀をはじめとする古典の研究においていちじるしい業績をあげたが、風土記にも関心が深く、同書にかかわる著作を少なからず残している。敷田年治の風土記研究といえば、だれもが『標注播磨風土記』を頭に思いうかべるが、じつは、そのほかにも、複数の著述が存在する。しかしながら、それらは未刊のままであったので、風土記研究史上においても、ほとんど知られることのないまま、こんにちに至っている(1)。

筆者は、近年、神宮文庫のご厚意により、数回にわたり、敷田年治の旧蔵書・遺稿を収める同文庫所蔵の百園文庫(2)を閲覧する機会に恵まれ、そうした未刊の風土記関係の原本について調査することができた。その結果はべつに報告したが(3)、そこでは、紙幅の制限もあり、そうした資料を翻刻するまでには至らなかった。しかし、最近になって、神宮文庫のご高配によって、翻刻のご許可を得ることができたので、小稿では、まず、翁の風土記関係の著作のなかから、『風土記考』の一点について、かんたんな解説をまじえながら、翻刻・紹介したいと思う。『風土記考』を択んだのは、比較的短文であることと、翁の風土記に対する考察の結果がよくあらわれていることによる。

ただ、なにぶんにも、同書は、翁の残した草稿の一つで、首尾一貫しないところもあり、完全な翻刻はむつかしいが、未公開の資料である点を重視し、あえてここにその内容を紹介したい。筆者の微意をお汲み取りいただければ、幸いである。

## 一、凡例

一、ここに翻刻したのは、神宮文庫の百園文庫に納められた敷田年治著『風土記考』（未整理のため、請求番号は附されていない）の自筆草稿である。
一、本文は、10ポイントの活字を使用した。
一、『風土記考』は、神宮文庫本以外に、写本が存在しないので、ここでは、この自筆草稿の文字をできるだけ忠実に翻刻した。ただし、組版の都合で、原本の体裁を再現できない箇所もあることを、あらかじめお断りしておく。
一、本文には、正字体と新字体が混在しているが、ＪＩＳ規格の第二水準の範囲内で、原文どおりに組んだ。また、「伊セ」・「播广」などの略字ももとのままとした。
一、細注の部分は、読者の便宜を考慮し、【 】に括って八ポイント一行の体裁にあらためた。
一、頭注のかたちで存在する書入れは、本文の翻刻の末尾に掲げ、※を附して頭注のありかを示した。
一、本文中、「 」で括った部分は、草稿原文では、＊を附した箇所におかれていたが、草稿に示された著者の指示にしたがって、文章を移動させた。

一、判読不明の文字は、□で示した。
一、草稿原文には、線を引いて抹消した字句がおびただしく散見するが、それらは、いずれも「見セ消チ」のかたちで抹消した部分がわかるように配慮した。
一、その他は、おおむね史料飜刻の先例にしたがった。

## 二、解題

現在神宮文庫に所蔵される敷田年治著『風土記考』の自筆草稿は、全一巻。袋綴じ。二四・八チセン×一七・三チセン。百園文庫所蔵。一冊の本として装丁されているが、わずか三丁の短篇である。外題に「風土記考　残缺」とされていることからもわかるように（翁自身がしるしたものではなかろう）、未定稿の草稿であり（随所に推敲のあとがある）、完全なものではない。しかしながら、本書は、諸国の風土記編纂の経緯や成立時期について考証したもので、短篇ながら、明快な見解が開陳されている。本書の内容をかんたんに紹介しておくと、つぎのとおりである。

翁は、風土記には記紀に洩れた古伝が少なくないにもかかわらず、完全なかたちで残るのがわずかに『出雲国風土記』のみであることを慨嘆しつつ、まず、風土記の編纂過程についてのべる。翁の説によれば、風土記の濫觴は、『日本書紀』履中天皇四年八月に諸国に国史を置いて言事を記し四方志を達せと宣出したことにあり、その後、和銅六年（七一三）五月の通達を受けて、諸国とも風土記編纂に着手したという。このとき、もっとも早く提出されたのは『播磨国風土記』であるというが、翁がそのように考える根拠は、『播磨国風土記』が霊亀元年（七一五）の郷里制施行以前におこなわれていた「里」による行政区劃の表記を採用している点にある。これなどは、おそらく伴信友の『風土記考』の影響があるのではないかと思う。なお、翁は「如此風土記の勘造ニハ必遅速ありしのミならす天下諸国普ク造リたるニハあらす遷延して遂さる国も多かりけむ」として、延長三年（九二五）、再提出の通達を引き、この督促によって、いまだ作成されていなかった分もようやく提出され、諸国の風土記が出揃ったとする。

以上のような、風土記編纂の流れを把握したうえで、翁は、さらに、播磨・常陸・肥前・豊後等の風土記について個別にコメントする。そこで、以下、その概要を、箇条書きにして紹介しておく（掲載順にしたがう）。

播磨…明石・赤穂二郡を脱す。

常陸…河内・真壁二郡を缺く。

肥前…毎郡洩らさずしるしてあるが、いずれも省略があり、抄録本が伝わったものである。

豊後…肥前同様、郡数に脱落はないが、省略が多く、抄録本である。

丹後…伽佐郡のみ残存。明細に伝えてはいるが、虫喰いがあることは惜しむべきである。

騎風土記…群書類従にも収録されているが、往人の偽作である。

つぎに、翁は、風土記逸文のことにも筆をおよぼし、その成立年代や特色にふれている。その一端は、つぎのとおりである。

備後…宣命文にて書き綴っている。

石見…位階の記載など史実とあわない点があることから、後人の偽作であろう。

山城…最古文である。『日本書紀』成立以前の作である。

摂津…山城同様古文にて、おなじころの作である。

伊勢…『日本書紀』撰述以後の作ではあるが、『古事記』に洩れた古伝がある。

志摩…延長後の作である。天平勝宝元年に遷化した行基のことを、昔語のようにのべている。

尾張…『日本書紀』の筆法を用いたもので、養老以後の作だが、『日本書紀』に洩れた古伝も多い。

参河…わずかな抜萃なので、新古定めがたい。

駿河…仙覚抄に引用されたものは假名書きで、漢文のものをみないので、もともと假名書きだったのかも知れない。『職源抄首書』に引用されたものは後人の偽作である。

伊豆…延長後の作である。

甲斐…文章が短いので、知りがたい。

相模…少しばかり假名書きにて伝わっている。


本書の記述は、相模の分で終わっている。この他の国の分についても、当然言及があってしかるべきだが、それがないのは、本書が未定稿で不完全なものであることをうかがわせる。本書の外題を書きつけた人が「風土記考残缺」としたのも、こうした記述を受けてのことであろう。ただ、翁自身が、このあとを書き足すことを意図していたかどうかは不明である。

『風土記考』は、現在の学界の研究水準からすれば、不備な点も少なくない。しかし、風土記の撰進に関する二度の通達の関係を的確におさえ、それをもとに五風土記だけでなく、風土記逸文の成立時期を推定した研究は、本書以前に例のないもので、翁の風土記に対する見識の深さがうかがわれる著作として貴重である。

## 三、『風土記考』全文の飜刻

世に風土記と云へるもの諸書に散見するを検るに其文古雅にして紀記に洩たる古傳等もあり大方の学者此書の世にも□たるを悔イ歎かさるものにし實に一桑無價の金玉なる字漢国全盛に行はれし世は内を疎ミ他を親む悪弊却りてよろしさまにニ思誇□寫し傳ふるものも少ナかりしゆゑ少カ存れりしも紙魚に食ハれ或は兵火に焼かれ漸全ク存れるは出雲国より外なきを思へハ口をしく〱ち□て誰か長歎息せさる人なからんそも〱此緯の既ク書に見え初たる書紀履中天皇の御世にて書紀に四年秋八月辛卯朔戊戌始之於㆓諸國㆒置㆓國史㆒記㆓言事㆒達㆓四方ノ志㆒と宣出給へリ是即風土記選述の濫觴にハ有けり其より世降り元明天皇の御宇に至り和銅六年五月二日紀に畿内七道諸国郡郷ノ名著㆓好字㆒其郡内所㆑生銅銅釈色草木禽獣魚虫等物具㆓。色目㆒及土地沃堉山川原野ノ名号所由又古老相傳舊聞異事載㆓于史籍㆒言上と布告しめ給へるハ厚キ叡慮○□仰奉ルへし是よりして諸国とも風土記編輯に懸りけむに今現に存れる中に最速に奉りしハ播广風土記也然は郡郷の郷に當へき処を某ノ里と記せり【是ハ工代より里とのミ書来り既ニ孝徳天皇二年の紀御式にも丘郡以㆓四十里㆒為大郡三十里以下四里以上為㆓中郡㆒三里為㆓小郡㆒とある里ハ道程を数ふる一里二里にあらす一郷二郷と云事也同餘に丘五十戸為㆑里無㆑里置㆓長一人㆒とあるにて明諒也大寶又養老の御世に降りて定メ給へる令文にも戸令又雑令□□里ノ字を用ひ給へり】此里を郷に改メたるハ出雲風土記に依㆓霊亀元年或改㆑里為郷とあれハ播广なるハ霊亀以前に脱稿せし事明か也出雲国なるハ是にあたり同書に神宅臣金太理と宀出臣廣嶋と天平五年二月卅に勘造ルよし記せれハ也如此風土記の選述ニハ必遅速ありしのミならす天下諸国普ク造リたるニハあらて洩（遷延して遂さる）たる国も多かりけむ朝野群載廿一延長三年十二月十四日ノ大政官ノ符に五畿七道諸国司應三早速（スミヤカニ）勘二進風土記一事右如聞（キクナラク）諸国可レ有二風土記ノ文一今被二左大臣宣一偁ク宜下仰二国宰一令ヒ勘二進レ之若無二国底一探二求部内一尋二問古老一早速言上諸国承知（者ヘハ）依宣行之不得延廻苻到奉行とある延長ハ醍醐天皇の御宇の年号にて初メ布告シ給ひし和銅六年より二百十三年を経たる（て）けれハ再ヒ風土記の御促ハありしなり然れハ未タ造らさりし国此度に及ひ諸国とも整ひけん今○仙覚の万葉抄釈日本紀塵添埃嚢抄を（等）始め何是（クレ）の中に散見するもの是を聚め（む）れハ或ハ三四葉（一二行より）或ハ（二）四葉又（或）は三四行（葉に過す）實に面影を見るのミ也

此外播广国ハ　（以下空白）

○今出雲の外残闕の傳ふるもの書（多）かる中播广国明石赤穂の二郡を脱し次常陸国河内真壁二郡を欠き次ニ肥前国十四郡の中基肆養父佐嘉（三根神崎松浦）　小城小城杵島（藤津）彼木高木ハ全郡（毎）洩さす記シてハあれと甚（何れも）々略キて甚しきハ二行許の処あり抄録本の傳はりたるなるへし豊後も郡数ふ脱落ハ見えされと□（虫損）又甚タ畧シたるものニて一郡一行の所さへあり同ク抄録本なるへし丹後風土記五郡の中伽佐郡一郡存れり原本にて明細に傳へてハあれと毎行五字三字の虫食あり惜むへし此外騎（世に）風土記と云ものあり是ハ誰も正本也と思ひけん群書類従ニも編入をハあれと後人の偽作なれハ信（トリ）□へし此外仙覚ノ万葉抄釈日本紀塵添埃嚢抄等を始メ何是（ハレ）の書に散見するものあれと或ハ（一国ニつき）一二行より一（或ハ）葉或は三四葉ニ達す惜むへき也諸国を（凡）集メて躰裁を見るに全クからぬものハ評スへきよしなし今紙数の多かる中に文の古雅（□□ウルハシキ）なるハ出雲に及ふものなし古傳を有の侭に傳ヘて古雅なるハ播广に過たるなし（もの）備後国なるハ（独）別躰にて宣命文に書綴れり爰に石見国風土記

と云へるもの詞林採葉に引けり是文日云〻此文甚疑はし先ッ天武の朝正四イ又正三イなと云位号なくハ朝十三年迄は天智天皇三年二月に製(定メ)給ひし廿六階を用ひさせ給ひ今用る処の三十階は文武天皇の大寶年中に定メ給へれハ天智三年より四十年許後の事也然云へ彼御世の(冠位の)大錦の上中下今ノ三十階ニ引合セて改メ書けりと助けて云ともさる高位の人紀に見えす且子息躬都良(ミツラ)と云ヒし人の隠岐国に配流せしと云事も書に見えす甚不審なれハ是ハ必後人の偽作なるへし山城国なるハ最古文也(日本紀より前の)養老神亀の條(□作)のものなるへし次ニ摂ツ国の風土記も古文なり(又)日本紀より前に作りたるものにて(にて)山城と同じ程作なるへし間々宣命書の躰(の文)○も交れり伊セ風土記ハ日本紀撰述以後の作なれと時〻記に洩たる古傳あり甚愛へき書也「志广風土記ハ延長後の作なるへし天平勝寶元年に遷化せし釈(僧)行基の(が)事を昔語のやう云□(にせ)ノ文も甚拙し」尾張風土記も日本紀の書法を用ひたりをり〳〵見ゆれハ養老後の作なり然れとも紀に洩たる古傳多し＊次参河国ハ聊の抜萃なれハ新古定メ難し駿河国のハ仙覚抄□(及)(虫損)(何是に引)引けるもの仮名文にて漢文のものを見されハ素より仮名文なりしも知ルへからす職原抄首書に引けるもの有リ後人の偽作ニて信(トリ)難し伊豆国なるハ延長後の作にて鎌倉實記○(等)に引けり甲斐国ハ夫木集に引ける文短かけれハ知(詑)難し相模(サカミ)国なるも少カ仮名書にて傳はれり

※青註

出雲風土記安来郷ノ條飛鳥清御原宮御宇天皇御□(虫損)戊七月十三日□(虫損)猪麿云々自二一甬□(虫損)一以来至于今日経二六十歳一トアリ天平五年癸酉ヲ云

〔補註〕

（１）秋本吉郎「近世の風土記研究」（同氏『風土記の研究』〈大阪経済大学後援会、昭和三十八年十月、のち平成十年十月にミネルヴァ書房より復刊〉所収）一〇六四頁にも、『標注播磨風土記』のことは紹介されているが、他の風土記関係の著作についてはふれられていない。

（２）神宮文庫所蔵の百園文庫は、敷田年治門下の角正方氏が整理し、のちに神宮文庫に寄贈されたもので、おもに翁自身の著作・草稿と翁の蔵書から構成される。ただ、整理が終了しておらず、未公開なので、神宮文庫から刊行されている同文庫の目録の類にも書目は掲載されていない。筆者も、必要に応じて、閲覧したい書物を文庫の職員のかたに出していただくかたちをとっていたので、文庫を全貌を把握しているわけではない。

（３）拙稿「敷田年治の風土記研究」（『神道史研究』四九－四、平成十三年十月）。なお、このほか、敷田年治翁の風土記関係の著作については、拙著『風土記逸文の文献学的研究』（学校法人皇學館出版部、平成十四年三月）の附篇第四章「敷田年治『標注播磨風土記』について」でも言及しているので、参照されたい。

# 第十章　顕宗天皇・仁賢天皇の即位をめぐって

## 『古事記』下巻の物語

意祁命（のちの仁賢天皇）・袁祁命（のちの顕宗天皇）の兄弟は、履中天皇の子市辺忍歯王と葛城黒比売とのあいだに生まれた。この二人は、『古事記』下巻では、きわめて徳の高い天皇（本来は、「大王」と表記すべきだが、便宜上「天皇」に統一する）として描かれているが、二人は、ほんとうに有徳の君主だったのであろうか。小論では、この点を中心に考えみたいが、はじめに、『古事記』が二人をどのように描いているのかをみておこう。

『古事記』によれば、五世紀のなかごろから六世紀前半にかけては、皇室内部で皇位継承をめぐる骨肉の争いが、絶え間なくつづいた時代であったという。仁徳天皇ののち、履中・反正・允恭という同母の皇子があいついで即位してからは、兄弟による皇位継承が定着するが、これが、皇位をめぐる争いに拍車をかける。

履中天皇は、即位のまえに、反乱を起こした同母弟の墨江中王を殺害しているし（後述参照）、安康天皇も、同母妹の軽大郎女と密通した兄の木梨之軽太子を自害に追い込んでいる。しかし、もっとも残虐だったのは、大長谷若建命（のちの雄略天皇）である。

安康天皇は、根臣の讒言を信じて伯父の大日下王を殺したために、みずからも大日下王の子目弱王に寝首をかかれる。当時、まだ少年だった若建命は、知らせを聞いて激怒するとともに、この変事に平然としている兄の境之黒日子王と八瓜之白日子王の二人を殺害し、目弱王にも矛先を向ける。目弱王は、都夫良意富美の家に逃げ込むが、も王に殉じる。

若建命は、兵を起こしてその家を囲む。若建命の軍勢のまえに力尽きた都夫良意富美は、目弱王を殺し、みずから

## 記が描く顕宗・仁賢天皇

若建命の残虐ぶりは、その後も止まるところを知らず、こんどは市辺忍歯王を狩りに誘い出して射殺し、その遺骸を飼葉桶に入れて埋めてしまう。これを聞いた意祁命・袁祁命の二人は、播磨国の住人志自牟の家に身を寄せ、身分を隠して馬飼・牛飼となってはたらく。

かくして、対抗馬の排斥に成功した若建命は、長谷の朝倉宮において天下を治めるが、血で血を洗う抗争は、結果的に、皇室の弱体化を招き、雄略天皇崩御ののちは皇位継承者にもこと缺くありさまであった。『古事記』によれば、雄略天皇の子の清寧天皇には皇后も皇子もなく、天皇崩御ののちは市辺忍歯王の妹忍海郎女（飯豊王）が葛城の忍海の高木角刺宮で政治をとったほどである。

そんなとき、山部連小楯が播磨国の宰（のちの国司）に任ぜられ、たまたま志自牟の新築祝いの酒宴に出席していた。酒も酣になったころ、竈の傍で火を焼いていた少年二人が舞を命じられた。だれあろう、意祁命・袁祁命の兄弟である。二人は譲り合ったのち、兄から先に舞ったが、弟が舞おうとするとき吟詠して、「われこそは、天下をお治めになった伊邪本和気天皇の御子市辺之押歯王の子である」と名乗りをあげた。

これを聞いて驚いた小楯は、床より転げ落ち、二人を左右の膝の上にお据えして、泣き悲しんだ。そして、假宮を作り、そこに住まわせるとともに、急使を派遣して飯豊王に報告したが、王はこれを歓び、ただちに兄弟を角刺宮に召した。

こうして宮中に迎え入れられた二人だが、譲り合ってどちらも皇位に即こうとしない。『古事記』によれば、意祁命が袁祁命に向かって「あなたが名をあきらかにしなかったならば、ふたたび天下を治める君主になることはなかっただろう。これは、まったくあなたの手柄だ」といい、強く袁祁命に譲ったために、弟である袁祁命がさきに皇位についたという。

これとおなじ話は、『日本書紀』顕宗天皇即位前紀や『播磨国風土記』美嚢郡条にもみえている。内容に多少の出入りはあるものの、播磨国に身を隠していた市辺忍歯王の二人の子どもが発見され、相次いで即位するという大筋は、おおむね一致している。

こうした皇位の互譲は、仁徳天皇と宇遅能和紀郎子がたがいに皇位を譲り合ったという話を彷彿させるものがあるが、『古事記』の叙述をみると、同母弟の顕宗天皇に皇位を譲った仁賢天皇は、きわめて徳の高い人物として描かれている。たとえば、『古事記』には、顕宗天皇が父を殺した雄略天皇の御陵を破壊させようとしたとき、意祁命はみずからこの役を買ってでて、御陵の傍らをすこし掘るだけにとどめたという話などは、その好例である。

### さまざまな天皇像

ところで、『古事記』下巻を叮嚀にみていくと、有徳の君主として描かれているのは、顕宗天皇や仁賢天皇だけではない。たとえば、仁徳天皇もその一人である。

大雀命（のちの仁徳天皇）と宇遅能和紀郎子が皇位を譲り合ったという話は、さきにもすこしふれたが、二人がたがいに大贄（天皇に献上する食材）を辞退したので、これを運んだ海人が往還に疲れて泣いたというエピソードは、有名である。これは、中巻の応神天皇段にみえる話だが、下巻でも、仁徳天皇はきわめて徳の高い為政者として描かれて

いる。すなわち、仁徳天皇段には、

> 是に、天皇、高き山に登りて、四方の国を見て、詔ひしく、「国の中に、烟、發たず。国、皆貧窮し。故、今より三年に至るまで、悉く人民の課役を除け」とのりたまひき。是を以て、大殿、破れ壊れて、悉く雨漏れども、都て修理ふこと勿し。（中略）後に、国の中を見るに、国に烟満ちき。故、人民富めりと為ひて、今は課役を科せき。是を以て、百姓は、栄えて、役使に苦しびず。

云々とあって、人々が天皇の治世を「聖帝の世」と讃えた伝承がしるされている。

さらに、天皇のあとを受け継いだ履中天皇の治世には、墨江之中津王の反乱が起きているが、弟の水歯別命（のちの反正天皇）が兄に忠誠を尽くし、これを鎮圧している。

『古事記』によれば、履中天皇が、まだ難波宮にいたころ、弟墨江中王が天皇を殺害しようとして大殿に火をつけた。阿知直の機転によって、あやうく難を逃れた天皇は大和に向かい、石上神宮に滞在する。

兄が難波にいないことを心配した同母弟の水歯別命は、兄を訪ねるが、疑い深くなっている天皇は会おうとしない。そして、「おまえに邪心がないなら、すぐに難波に戻って墨江中王を殺せ」と命じたので、水歯別命は、墨江中王の近習の隼人曾婆加理を唆して主君を殺させ、つぎに不忠を理由に曾婆加理も斬り、翌日、石上神宮に参上して、ことの次第を報告する。天皇は、水歯別命を呼び入れ、ともに語らったというが、こうした記述を読むと、水歯別命が兄に忠誠を尽くしたことがわかるし、主君を殺した曾婆加理の処遇に悩む姿からは、その人柄が偲ばれる。

ところで、こうした事例とはぎゃくに、『古事記』が好意的に書かない人物がいる。

たとえば、反正天皇のあとには、大后の忍坂之大中津比売命の強い要請によって病弱な允恭天皇が即位するが、『古事記』は、二人の子どものことをよく書かない。さきにあげた木梨之軽太子と軽大郎女の密通の話などは、その例である。また、安康天皇や雄略天皇も、ともに『古事記』はあまりよく書かない。安康天皇が根臣の讒言を信じて伯父の大日下王を殺し、最後はみずからも大日下王の子目弱王に殺されることや、弟の雄略天皇もつぎつぎと兄弟を手にかけたことは、さきに紹介したとおりである。

## 「原帝紀」のイデオロギー

このようにみていくと、『古事記』下巻の物語は、かなり明確な、一つの思想的立場によって貫かれていることがわかる。それは、かんたんにいえば、葛城氏と親密な関係にある仁徳天皇・履中天皇系の王統を是とし、忍坂之大中津比売命の家系と深いつながりをもつ允恭天皇系の王統を非とする立場である。

では、こうした政治的イデオロギーは、なににもとづくのであろう。

近年の研究によれば（塚口義信「〝原帝紀〟成立の思想的背景」『ヒストリア』一三三ほか。以下、これらに負うところが大きい）、こうした思想は、いわゆる「原帝紀」の性質に由来するものだという。

「原帝紀」とは、記紀編纂の材料となった帝紀のもとになった書物をいうが、それが成書化されたのは、欽明天皇朝のことであるという。

「原帝紀」の成立を欽明天皇朝とみる根拠は、いくつかあるが、もっとも有力なのは、『古事記』下巻の皇位継承の伝承が、欽明天皇即位の正統性を示したところで終わっている点である。

詳しくいえば、つぎのとおりである。

武烈天皇記には、「故、品太天皇の五世の孫、袁本杼命を、近淡海国より上り坐さしめて、手白髪命に合せて、天の下を授け奉りき」とあるが、こうした書きぶりは、『古事記』が、継体天皇ではなく、仁賢皇女の手白髪命を

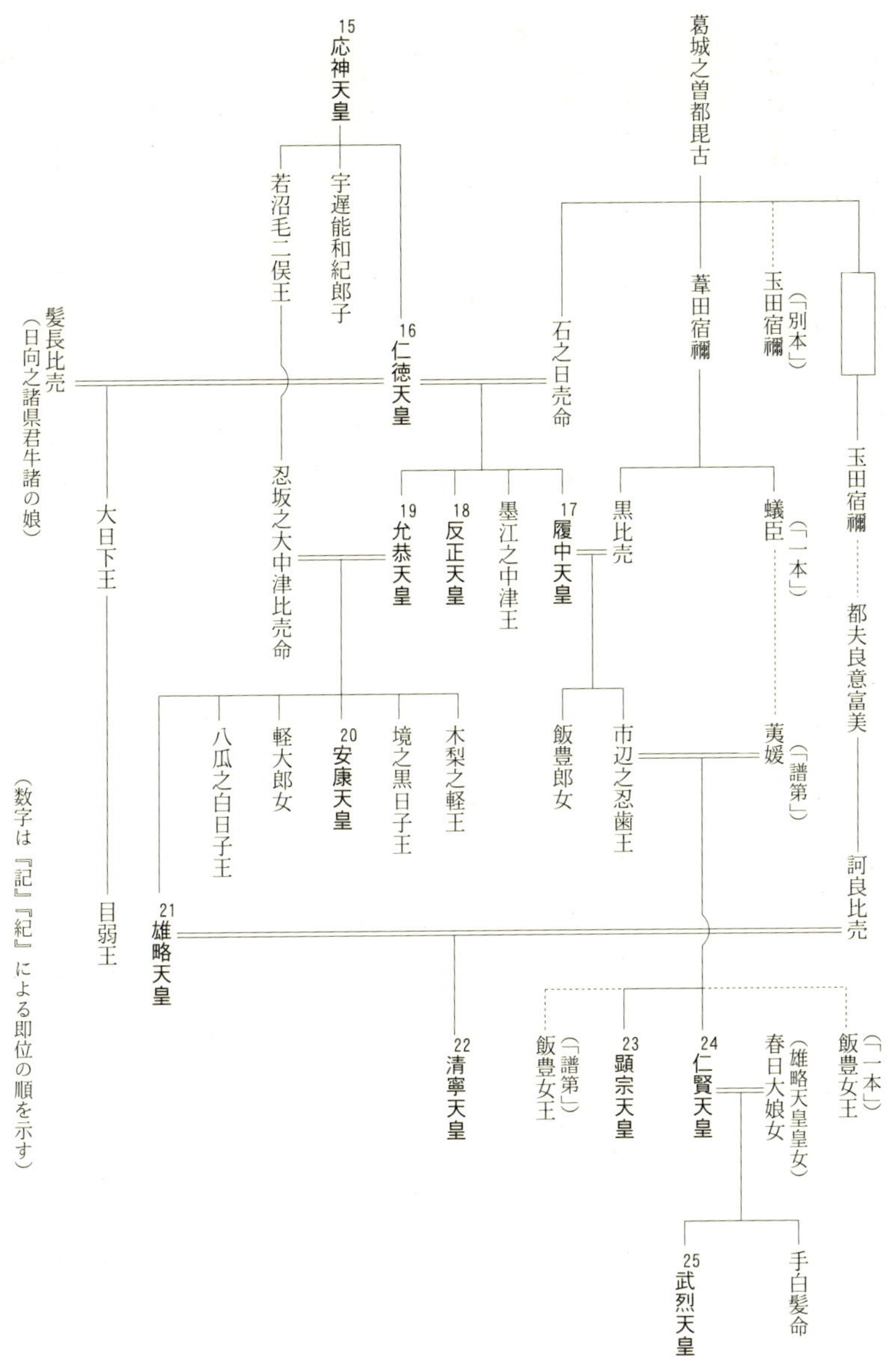


天皇家・葛城氏関係系図（原図は塚口義信氏）

王権の正統な後継者とみなしている証拠である。しかも、『古事記』では、欽明天皇の即位を安閑天皇・宣化天皇のそれより先に掲げたり、欽明天皇の宮のことを「師木嶋大宮」と表現するなど、欽明天皇を特別視した記事が目につく。これらは、いずれも、尾張氏所生の安閑・宣化天皇よりも、手白髪命所生の欽明天皇のほうが、王権の正統な後継者であるとする認識ないしは主張にもとづくものである。

してみると、『古事記』下巻の皇位継承の伝承は、仁徳天皇にはじまり欽明天皇の即位に終わる履中天皇系の立場によって書かれた物語だといえる。だから、それが、話のおしまいにあたる欽明天皇の治世にまとめられたというみかたは、きわめて穏当な推測である。

しかも、こうした伝承が、葛城氏と親密な関係にある仁徳・履中天皇系王統を是としているのは、「原帝紀」の編纂に、葛城氏が関与していたことを示唆している。欽明天皇朝には、葛城氏の同族である蘇我氏から大臣が出ているし、蘇我系の堅塩媛と小姉君が、ともに欽明天皇妃となっている。この点からも、欽明天皇朝は「原帝紀」が編纂されるにふさわしい時代であったといえる。

欽明天皇朝には、皇室内部において、継体天皇・安閑天皇・宣化天皇系王統と、欽明天皇系王統とが対立していた。天皇は、反対派勢力に対抗するためにも、みずからの正統性を裏づける「原帝紀」を編纂する必要があったのであろう。

### 天皇の虚像と実像

ところで、「原帝紀」編纂のねらいが、欽明天皇系皇統の正統性を説くことにあったとすれば、その皇統につらなる人々がよく描かれるのは、ある意味、当然である。じつは、この点を考慮に入れなければ、顕宗・仁賢天皇の実像はみえてこないのである。

さきに紹介したように、『古事記』には、顕宗・仁賢天皇が難を逃れて播磨国に身を潜めていたという話がみえる。これは、口誦伝承の世界でいう王胤出現譚もしくは貴種流離譚に属するもので、そのまま事実とは認めがたい。

では、なぜ、こうしたお伽噺的な物語が掲げられているのか。

この謎を解く鍵は、二人が皇位を譲り合ったとする記述にある。すなわち、儒教思想によれば、こうした行為は、有徳の表徴にほかならないのであって、それを実践した顕宗・仁賢天皇は、ともに有徳の天皇である。そう考えると、播磨への逃避譚も、その後、二人が相次いで即位したことを際立たせるために附加された話だとわかるのである（ただし、顕宗天皇・仁賢天皇にまつわる物語が説話的であることを理由に、天皇の実在性まで否定することはできないと思う）。

さて、こうしてみると、『古事記』の人物像によって、天皇を評価したり、ことの善悪を判定したりすることは、危険をともなうことがわかる。最近でも、皇室典範改正問題に関聯して、男系男子限定主義者が、顕宗・仁賢天皇の所伝を無批判に取り上げているのをみたが（松浦光修他『国を虐げる人々』二二七頁）、あれは、率直にいって不勉強である。『古事記』下巻の皇位継承の物語の取り扱いは、もっと慎重でなければならない。

## 天武天皇の思想的立場

最後に、いま一つ考えておかなければならないことがある。

それは、『古事記』の編纂と天武天皇とのかかわりである。

一般に、『古事記』は、天武天皇の勅命によって編纂された書物であるから、そこには天皇の意思が強くはたらいているといわれる。ところが、下巻にかぎっていえば、むしろ、天皇の意思に反する点が多いのである。

それは、たとえば、息長氏や継体天皇の扱いによくあらわれている。

周知のように、息長氏は、天武天皇の家系と深い関係にある。しかも、天武天皇の直接の祖にあたる継体天皇も、息長氏とかかわりが深かったから、息長氏や継体天皇に対する、天武天皇の評価は格別のものがあったと思われる。そうした価値判断は、『古事記』にも反映されてしかるべきである。

ところが、実際の『古事記』の記述は、そうではない。応神天皇記には、「意富々杼王者、〈三国君・波多君・息長坂君・酒人君・山道君・筑紫之米多君・布勢君等之祖也〉。」とあって、息長氏の始祖が意富々杼王であることが明記されている。王は、允恭天皇の大后忍坂之大中津比売命の兄だが、この忍坂之大中津比売命は、木梨之軽太子・境之黒日子王・穴穂命・軽大郎女といった、『古事記』が暗愚とする皇子女を生んだ女性である。また、継体天皇も、前述の武烈天皇記によるかぎり、入り婿のかたちで皇位を継承した人物でしかない。

さらに、継体天皇の出自について、『古事記』は、「品大天皇五世孫」（武烈天皇記）・「品大王五世孫」（継体天皇記）と書くだけで、中間の具体的な系譜をあげていないし、息長氏の始祖とされている意富々杼王と継体天皇の関係も、まったくふれられていない。これらは、いずれも天武天皇の意に叶うものとはいいがたいのである。

## 〝未完〟の『古事記』

では、どうして、下巻には、天武天皇の意思に反するような叙述がみうけられるのか。

差し当たって考えられるのは、『古事記』が、そうしたイデオロギーをふくむ「帝紀」を原史料に採用したことであろう。つまり、下巻そのものが、素材とした「帝紀」（さらに溯れば、そのもとになった「原帝紀」）の思想に大きく制約されているのである。

しかし、それなら、なぜ天武天皇は、改変を加えなかったのか。だれもが訝るところだが、どうも、帝紀の撰録にまで手がまわらなかったというのが、真相のようである。

『古事記』序文のしるすところによれば、天武天皇は、みずからおこなった「帝紀」・「旧辞」の削偽定実の結果を、稗田阿礼に勅語して（お話しして）講習せしめ、それを後世に伝えようと考えていた。しかし、天皇自身が崩御し、時勢も移り変わったので、ついに撰録の事業は完成に至らなかったという。中断した削偽定実の作業が、どこまで進捗していたかはあきらかでないが、序文に引用される和銅四年九月十八日の詔から、ある程度うかがうことが可能である。

この詔は、元明天皇が太安萬侶に対し、「稗田阿礼が所誦める勅語の旧辞を撰ひ録して献上れ」と命じたもので、これを読むかぎりでは、「旧辞」の削偽定実は完了していたが、いっぽうの「帝紀」は未完成のままであったことが知られる。つまり、天武天皇による帝紀の撰録は、不徹底のまま終わったのである。

このように考えると、『古事記』下巻の帝紀的部分が、天武天皇の意向に反した内容を載せている「矛盾」も、整合的に理解できよう。

ちなみに、こうした「原帝紀」のおもかげが残るのは、『日本書紀』もおなじである。しかしながら、『日本書紀』の場合、継体天皇を直接の祖と仰ぐ天武・持統・文武・元明・元正天皇が、編纂の過程でかなり手を加えており、結果的に、『古事記』の叙述とはかなりことなるものに仕上がっている。継体天皇をよくみせるために、その前の武烈天皇を悪逆無道の天皇に仕立てていることなどは、その顕著な例である。じつは、この点が、『古事記』と『日本書紀』の決定的なちがいなのである。

【顕宗天皇・仁賢天皇即位の所伝対比一覧】

| 対比事項 | 『古事記』 | 『播磨国風土記』 | 『日本書紀』 |
|---|---|---|---|
| ①市辺押磐皇子の殺害場所<br>②二王の播磨に至る経路<br>③二王の従者とその進退<br>④二王の寄寓した家<br>⑤縮見の所在<br>⑥縮見屯倉<br>⑦二王の屯倉での仕えかた | 【安康天皇段】<br>自茲以後、淡海之佐々紀山君之祖、名韓帒白、①淡海之久多（中略）綿之蚊屋野、多在猪鹿。（中略）相率市辺之忍歯王、幸行淡海、到其野者、（中略）大長谷王子（中略）抜矢射落其忍歯王乃、亦切其身、入於馬樎、与土等埋。於是、市辺王之王子等、意祁王・袁祁王[二柱。]聞此乱而逃去。故、②到山代苅羽井、食御粮之時、面黥老人来、奪其粮。尓、其二王言、不惜粮。然、汝者誰人。答曰、我者山代之猪甘也。故、逃渡玖須婆之河、至針間国、入其国人、④名志自牟之家、隠身、⑦役於馬甘・牛甘也。 | ⑤【美嚢郡志深里】<br>於奚・袁奚天皇等、所以坐此土者、<br>御父、市辺天皇命、所殺於①近江国摧綿野之時、<br>③率𣇃部連意美而逃来、隠於惟村石室。然後、意美、自知重罪、乗馬等、切断其筋逐放之。亦、持物、桉等、尽焼廃之、即経死之。尓、二人子等、隠於彼此迷於東西、②④⑦仍、志深村首、伊等尾之家所役也。 | 【顕宗天皇即位前紀】<br>弘計天皇［更名来目稚子。］大兄去来穂別天皇孫也。市辺押磐皇子子也。母曰諱媛。（中略）<br>穴穂天皇三年十月、天皇父市辺押磐皇子及帳内佐伯部仲子、於①蚊屋野、為大泊瀬天皇見殺。因埋同穴。<br>於是、天皇与億計王、聞父見射、恐懼皆逃亡自匿。③帳内日下部連使主（中略）与吾田彦（中略）窃奉天皇与億計王、②避難於丹波国余社郡。使主遂改名字、曰田疾来。③尚恐見誅、従兹遁入播磨縮見山石室、而自経死。天皇尚不識使主所之。勧兄億計王、②向播磨国⑤赤石郡、倶改字曰丹波小子。⑦就仕於④⑥縮見屯倉首。［縮見屯倉首、忍海部造細目也。］③吾田彦、至此不離、固執臣礼。 |
| ⑧小楯の官職<br>⑨新室と二王の役割 | 【清寧天皇段】<br>故、天皇崩後、無可治天下之王也。於是、問日継所知之王、市辺忍歯別王之妹、忍海郎女、亦名飯豊王、坐葛城忍海之高木角刺宮也。尓、⑧山部連小楯、任針間国之宰時、到其国之人民、⑨名志自牟之新室楽。於是、盛楽。酒酣以次第皆儛。故、⑨焼火少子二口、居竈傍。 | ⑨因伊等尾新室之宴、而二子等令燭、 | 白髪天皇二年冬十一月、⑧播磨国司山部連先祖伊豫来目部小楯、於赤石郡、親辨新嘗供物。［一云、巡行郡県、収斂田租也。］⑨適会縮見屯倉首、縦賞新室、以夜継昼。尓乃、天皇謂兄億計王曰、（中略）如是相譲再三。而果使天皇、自許称述、倶就室外、居于下風。屯倉首命居竈傍、⑨左右秉燭。夜深酒酣、次第舞訖。屯倉首語小楯曰、 |

| | | | |
|---|---|---|---|
| ⑩二王の相譲の態度<br><br>⑪詠舞の順 | 令儛少子等。尓、其一少子曰、汝兄先舞其兄亦曰、汝弟先儛。⑩如此相譲之時、其会人等、咲其相譲之状。尓、遂⑪兄儛訖。次、弟将儛時、為詠曰、 | 仍、令挙詠辞、尓、⑩兄弟各相譲、⑪乃弟立詠。其辞曰、 | 僕見此秉燭者、貴人而賤己、先人而後己。恭敬振節。退譲以明礼。（中略）可謂君子。於是、小楯撫絃、命秉燭者曰、起舞。於是、⑩兄弟相譲、久而不起。小楯嘖之曰、何為太遅。速起舞之。⑪億計王起舞既了。天皇次起、自整衣帯、為室寿曰、 |
| | | 多良知志　吉備鉄　狭鍬持　如由打　手拍子等　吾将為儛 | 築立稚室葛根、築立柱者、此家長御心之鎮也。取挙棟梁者、此家長御心之林也。取置椽橑者、此家長御心之斉也。取置蘆萑者、此家長御心之平也。（中略）取結縄葛者、此家長御寿之堅也。取葺草葉者、此家長御富之餘也。出雲者新墾、々々之十握稲、於浅甕醸酒、美飲喫哉。（中略）吾子等。（中略）脚日木此傍山、牡鹿之角（中略）挙而吾舞者、旨酒餌香市不以直買、手掌憀亮（中略）拍上賜、吾常世等。 |
| | | | 寿畢乃赴節歌曰、<br><br>伊儺武斯盧、呵簸泝比野儺擬、寐逗喩凱麼、儺弭企於己陀智、曾能泥播宇世儒。<br><br>小楯謂之曰、可怜。願復聞之。天皇遂作殊舞。（中略）誥之曰、<br><br>倭者彼々茅原、浅茅原弟日、僕是也。 |
| | 物部之、我夫子之、取佩、於大刀之手上、丹画著、其緒者、載赤幡、立赤幡見者、五十隠、 | 又、詠。其辞曰、 | 小楯由是、深奇異焉。更使唱之。天皇誥之曰、 |

| | | | |
|---|---|---|---|
| ⑫詠歌の共通点 | 山三尾之、竹矣訶岐（中略）苅、末押縻魚簀、如調八絃琴、⑫所治賜天下、伊耶本和気、天皇之御子、市辺之、押歯王之、奴末。 | 淡海者　水渟国　倭者　青々垣々　⑫山投坐　市辺之天皇　御足末　奴僕良麻者 | 石上振之神榲、（中略）伐本截末、（中略）⑫於市辺宮治天下、天万国万押磐尊御裔、僕是也。 |
| ⑬名乗りに驚く人の姿<br><br>⑭造宮と官名<br>⑮都で二王を迎えた人物 | 尓、⑬即小楯連聞驚而、自床堕転而、追出其室人等、其二柱王子、坐左右膝上、泣悲而、⑭集人民作假宮、坐置其假宮而、貢上駅使。於是、⑮其姨飯豊王、聞歓而、令上於宮。 | 即⑬諸人等、皆畏走出。爾、⑧針間国之山領所遣山部連少楯、相聞相見、語云、「為此子、⑮汝母手白髪命、昼者不食、夜者不寝、有生、有死、泣恋子等」。仍参上、啓如右件。即歓哀泣、還遣少楯召上。仍、相見相語。<br><br>⑭自以後、更還下、造宮於此土而坐之。故有高野宮・少野宮・川村宮・池野宮。又、⑥造屯倉之処、即号御宅村、造倉之処、号御倉尾。 | ⑬小楯大驚、離席悵然再拜、承事供給、率属欽伏。於是、⑭悉発郡民造宮。不日権奉安置。乃詣京都、求迎二王。⑮白髪天皇、聞憙咨歎曰、朕無子也。可以為嗣、与大臣大連、定策禁中。仍使播磨国司来目部小楯、持節、将左右舎人、至赤石奉迎。<br><br>【顕宗天皇元年正月】<br>乃召公卿百寮於近飛鳥八釣宮、即天皇位。百官陪位者、皆忻々焉。［或本云、弘計天皇之宮、有二所焉。一宮於小郊、二宮於池野。又或本云、宮於甕栗。］<br><br>【仁賢天皇即位前紀】<br>億計天皇、諱大脚。［更名大為。自餘諸天皇、不言諱字。而至此天皇、独自書者、拠旧本耳。］字嶋郎。弘計天皇同母兄也。（後略）<br><br>【仁賢天皇元年正月乙酉】<br>元年春正月辛巳朔乙酉、皇太子、於石上広高宮、即天皇位。［或本云、億計天皇之宮、有二所焉。一宮於川村、二宮於縮見高野。其殿柱至今未朽。］ |

| | | 【賀毛郡玉野村】<br>有玉野村。所以者、意奚・袁奚二皇子等、坐於美嚢郡志深里高（野）宮、遣山部小楯、誂国造許麻之女根日女命。於是、根日女、已依命訖。尓時、二皇子、相辞不娶。（逕）于日間、根日女、老長逝。于時、皇子等大哀、即遣小立、勅云、「朝（日）夕日不隠之地、造墓蔵其骨、以玉餝墓」。故、縁、此墓号玉丘、其村号玉野。 | |
|---|---|---|---|

（1）『古事記』と『播磨国風土記』の異同
両者がほとんど一致するもの
①・⑧・⑨・⑩
両者が異なるもの
④・⑪・⑫・⑬・⑭・⑮
両者の関係が未詳のもの
②・③・⑤・⑥・⑦

（2）『播磨国風土記』と『日本書紀』の異同
両者がほとんど一致するもの
①・③・④・⑥・⑦・⑧・⑨・⑩・⑭
両者が異なるもの
③・⑤・⑪・⑫・⑬・⑭・⑮
※ただし、③日下部連意美、⑭宮名に関しては一致。
両者の関係が未詳のもの
②

（3）『古事記』と『日本書紀』の異同
両者がほとんど一致するもの
①・⑧・⑨・⑩・⑪・⑭
両者が異なるもの
②・④・⑫・⑬・⑮
両者の関係が未詳のもの
③・⑤・⑥・⑦・⑭

〈参考文献〉
田中卓「顕宗天皇の即位をめぐる所伝の形成—古事記・播磨国風土記・日本紀の関係—」（『社会問題研究』10－2、昭和35年5月、のち『田中卓著作集』第10巻〈国書刊行会、平成5年8月〉所収）

# 第十一章　風土記と地方豪族

――『常陸国風土記』を中心に――

## 風土記と豪族

周知のように、風土記は、和銅六年（七一三）の政府通達に対して、諸国が提出した文書（解）をいう。

このときの通達は、①全国の地名に好い字をつけよ、②郡内の物産を筆録せよ、③土地の肥沃の状態、④山川原野の名の由来、⑤古老が代々伝える旧聞異事、という五点について、史籍に記載して報告せよ、というものであった。

これを受けて、諸国では、国司・郡司らが調査して報告書をまとめたが、それが、やがて、国名を冠して「―国風土記」と呼ばれるようになった。風土記は、当時存在した六十餘国ほとんどすべてが提出したと思われるが、現在では、わずかに、常陸・播磨・出雲・豊後・肥前の五国の分が残るだけである（そのほかの国については、わずかな逸文が知られている）。

風土記は、さきの通達からもわかるように、原則として、土地に残る伝承の筆録を目指していた。そのため、同書には、中央で編纂された記紀にはみえない、貴重な所伝が採輯されている。これが、風土記という史料の持ち味でもある。

小論では、こうした風土記の記載をよりどころに、在地の豪族について考えてみたいが、紙幅の制限もあるので、ここでは、おもに『常陸国風土記』を取り上げたい。『常陸国風土記』をえらんだのは、同書が、ヤマト政権と常陸の豪族とのかかわりをしるす貴重な史料だからである。

### 『常陸国風土記』の建郡記事

最初にみたいのが、『常陸国風土記』香島郡条の記事である。

常陸国香島郡は、茨城県鉾田町（現鉾田市）南西部を除く旧鹿島郡および鹿嶋市・東茨城郡大洗町にあたる。『常陸国風土記』香島郡条に、「香島郡。〈東は大海、南下総と常陸との堺なる安是の湖、西は流れ海、北は那賀と香島の堺なる阿多可奈の湖なり。〉」とあるように、周囲を海に囲まれた、その名のとおり、島状の土地であった。

香島郡条には、さらにつづけて、

古老の曰へらく、難波長柄豊前の大朝に馭宇しめしし天皇のみ世、己酉の年に、大乙上中臣□子・大乙下中臣部兎子等、惣領高向大夫に請ひて、下総国海上の国造の部内、軽野より以南の一里と、那賀の国造の部内の寒田より以北の五里とを割きて、別に神郡を置きき。

とあるが、これによれば、香島郡は、孝徳天皇の大化五年（六四九）に中臣□子（□は缺字）・中臣部兎子らが惣領（地方行政上重要な地域に置かれ、近隣数国を管轄する地方行政官）の高向大夫に申請し、下総国海上と那珂の国造の部内の一部を割いてあらたに建てた神郡（有力な神社の祭祀・経営を支える目的で、租税の供出などを義務づけられた特殊な郡）であった。

『常陸国風土記』には、この香島郡のほかにも、孝徳天皇朝における建郡（正しくは「建評」）について詳しい記述がある。物部河内らが、筑波・茨城郡の七百戸を分かって信太郡を（後述）、茨城国造・那珂国造が、茨城の地八里と那珂の地七里（推定）の七百戸を割いて行方郡の郡家を、多珂国造と石城評造が、旧多珂国を分割して多珂・

石城二郡（里数・戸数は不明）を置いた記事が、それである。

他郡のことはしばらく措くとして、右の『常陸国風土記』の記事で注目されるのは、建郡の申請者が中臣□子と中臣部兎子（中臣部は、もとは中臣氏の部民で、中臣部氏はその伴造氏族）といった、中臣氏関係の人物だった点である。このとき割愛された下総国海上郡も、中臣氏とかかわりが深い豪族（他田日奉部直氏）が郡司層を形成していたから、香島郡とその近隣は、中臣氏が勢力を張る地域であったことがわかる。

## 鹿島神と中臣氏

ところで、この地において中臣氏が奉斎していたのが、鹿島神である。

この神については、『常陸国風土記』が、さきの建郡の記事につづけて、

その処に有ませる天の大神の社・坂戸の社・沼尾の社の三処を合はせて、惣べてを香島の天の大神と称ふ。因りて郡に名づく。

としるしているが、風土記には、さらに、

清めると濁れると糺はり、天地の草昧より已前、諸の祖の天神〈俗、賀味留弥・賀味留岐と云ふ。〉八百万の神たちを高天の原に会集へたまひし時に、諸の祖の神たち告云りたまひしく、「今我が御孫の命の、光宅さむ豊葦原の水穂の国」とのりたまふ。高天の原より降り来りし大神、名を香島天の大神と称す。

とあって、天地開闢以前に、諸祖天神が高天原に八百万神を集め、「いまわが御孫の命が統治しようとする豊葦原の水穂国」と宣言し、香島の天の大神が降臨したという伝承がしるされている。

ここで問題となるのは、「香島の天の大神」が、具体的にはいかなる神を指すのかという点である。鹿島神とこ

れと密接なかかわりをもつ香取神が、それぞれ、記紀神話で活躍する武甕槌神・経津主神であることは周知のとおりだが、風土記が編纂された時代に（霊亀元年〈七一五〉以前にいちおう脱稿され、養老年間〈七一七〜七二三〉の後半に藤原宇合が常陸守として赴任した際に、修訂を加え完成したと考えられる）、すでにこれらの祭神が確定していたのかどうかは、いまひとつ明確でない。

鹿島・香取社の神格を武甕槌神・経津主神と明記するのは、大同二年（八〇七）に忌部広成が撰述した『古語拾遺』をもって嚆矢とする（六国史では『続日本後紀』承和三年〈八三六〉五月九日条が初見であるが、これは、香取神を「伊波比主命」とする）。風土記には、右にあげた「香島天之大神」以外にも、おなじ香島郡条に「香島国坐天津大御神」とあり、また、行方郡条には下総国の香取社を分祠したとみられる「香取神子之社」（玉造町〈現行方市〉若海の香取神社）のことがみえるが、いずれも、具体的な祭神はしるされていない。

東国常陸の在地神であった鹿島神・香取神が、武甕槌神・経津主神と結びつくのは、藤原宇合が、蝦夷征討のために持節大将軍となって東国に赴き、帰任するまでのあいだ（神亀元年〈七二四〉四月〜十一月）のこととする説が有力である。すなわち、再三にわたる征夷に際し、鹿島・香取の二神、とりわけ鹿島神の分霊を守護神として帯同したことが、両者の結びつくきっかけになったといわれている（増尾伸一郎「神仙の幽り居める境」井上辰雄編『古代東国と常陸国風土記』所収）。

ただ、『常陸国風土記』信太郡条に、

古老の曰へらく、天地の権輿(はじめ)、草木言語(ことと)ひし時に、天より降り来たまひし神、名は普都大神と称す。

とあって、普都大神（経津主神）の名がみえていることを思うと、香島の天の大神も、武甕槌神を指すと考えてよいのではないだろうか。志田諄一氏によれば、信太郡条で経津主神と書かずに普都大神としたので、香島郡条でも武甕槌神と書かず、香島の天の大神としたのだというが（志田氏『古代氏族の性格と伝承』二三一〜二三二頁）、したがうべき見解である。筆者も、風土記が完成したころには、すでに鹿島神・香取神は武甕槌神・経津主神であるという認識が広く存在していたと思う。

## 武甕槌神と経津主神

そこで、つぎに、この二神の性格について考えてみたいが（香取社は、在地の香取連氏が祀っていたが、この地に中臣部が存在したことから判断すると、香取連氏も、中臣氏の支配下にあった豪族とみてよい）、興味深いのは、これら二神が、しばしば同一神として取り扱われていることである。

経津主神は、『日本書紀』神武天皇即位前紀の戊午年六月条によれば、武甕槌神が託宣によって高倉下に下した剣、すなわち韴霊を神格化したものであると考えられるが（松前健『日本神話の形成』三六六頁）、『古事記』上巻にも、建御雷之男神の「亦名」として建布都神や豊布都神がみえるなど、両者の別名には紛らわしい点がある。このことから、武甕槌神と経津主神を同一神とみる説もあるほどである。

ただ、二神は、本来、べつな神であった。

まず、経津主神についていうと、これが石上神宮に祀られる神であったことは、よく知られている。『古事記』上巻、神武天皇段には、韴霊を建御雷神が降した横刀とし、「此の刀の名は佐士布都神と云ひ、亦の名は甕布都神と云ひ、亦の名は布都御魂。此の刀は、石上神宮に坐す」としるされている。

この石上神宮については、『日本書紀』垂仁天皇八十七年二月条に、五十瓊敷命が神宝の管理を妹の大中姫に委ねようとしたところ、大中姫命は手弱女人であるゆえをもってこれを辞退し、物部十千根大連にその管理権を譲った話がみえる。

この伝承の真偽のほどは不明だが、石上神宮とその祭神が、物部氏と深くかかわっていることを示す史料（たとえば、『先代旧事本紀』天孫本紀）は枚挙に遑がなく、同社の祭神が、韴霊とそれを神格化した経津主神であり、物部氏がこれを奉斎していたことは疑いない（加藤謙吉「中臣氏と物部氏」『研究論集〈共立女子第二高校〉』五・六合併号、四四〜四五頁）。

つぎに、武甕槌神（武甕雷神とも）であるが、こちらは、神名が示すように、本来は雷神ないしは水神であった。同神の性格については、横田健一氏の研究があるので（「中臣氏と卜部」同氏『日本古代神話と氏族伝承』所収）、詳細はそちらに譲るが、氏によれば、香島の大神の神格は水神であり、『常陸国風土記』香島郡条に、

その社の南に、郡家あり。北は沼尾の池なり。古老の曰へらく、神世に、天より流れ来し水沼なり。生へる蓮根は、気味太く異にして、甘きこと他所に絶れたり。病める者、この沼の蓮を食らはば、早く差えて験あり。鮒・鯉多に住めり。前に郡の置かれし所にして、多に橘を蒔う。その実味し。

とみえる沼尾池こそ、その本質であるという。

風土記の香島郡条には、「神つ社の周匝は、卜氏の居所なり」とあって、鹿島社周辺に占部氏が多数居住していたことが知られるが、鹿島神も、もとは、この占部氏が奉斎していた神であった。

この占部氏こそ、のちの中臣氏とみられるのだが、彼らは、さきの沼尾池など、香島社附近に豊富に存在する井泉や水の霊力に対する信仰を有していた。中臣氏が、宮廷祭祀において、水にゆかりのある祭事に関与しているのも、香島の大神の本来の性格によるものと考えられる（横田氏前掲論文、二九五〜二九六頁）。

## 物部氏と中臣氏

さて、経津主神や武甕槌神の性格を右のようにとらえると、つぎに問題となるのは、なぜこの二神が一体化したのか、いいかえれば、武甕槌神が武神化したのかという点である。

これを解く鍵は、やはり、『常陸国風土記』にある。

『釈日本紀』巻十の引く『常陸国風土記』信太郡条の逸文（現存本『常陸国風土記』は抄本で、これはその省略部分にあたる）には、

信太郡。（云々）古老の曰へらく、「難波長柄豊前の宮に御宇ひし天皇の御世、癸丑の年、小山上物部河内・大乙上物部会津ら、惣領高向大夫らに請ひて、筑波と茨城の郡七百戸を分きて信太郡を置きき」といへり。この地はもと日高見の国なり。（云々）

とあり、同郡が、孝徳天皇朝の白雉四年（六五三）に建郡されたことをしるす。このときの申請者が物部河内・物部会津の二人であったことからすると、信太郡が建てられた、この地域は、物部氏の拠点であったとみてよい（信太郡に物部氏が盤踞したことを示す史料は、ほかにも多い）。

信太郡は、霞ケ浦南岸沿いの地域で、旧稲敷郡の大部分と旧土浦市南部および龍ヶ崎市をふくむ。ここは、常陸国の入口を扼するところで、水陸の交通の要衝であり、軍事的にも重要な拠点であった。

物部氏がこの地に進出してきたのは、五世紀中葉以降、ヤマト政権が東国に進出したことと関係があるといわれている（直木孝次郎「物部連に関する二、三の考察」『日本書紀研究』二所収、一七六頁）。ヤマト政権の東国経営の尖兵となってこの地に進出してきた物部氏は、やがて、その拠点を信太郡から香島郡へと移し、鹿島神の祭祀にたずさわっていた卜氏をはじめとする、在地の祭祀集団を占部として支配下においた。そして、雷神（水神）である武甕槌神を奉

斎する在地の信仰を、武器類の祭祀を中心とした武神の信仰に変えていったのであろう（前川明久「中臣氏の歴史地理的考察」同氏『日本古代氏族と王権の研究』所収、四〇八〜四一〇頁）。

このように考えると、武甕槌神が経津主神と同一神とされ、ともに武神としての神格を強めていった理由も、よく理解しうるのである。

ところで、武甕槌神と経津主神のうち、記紀神話において活躍するのは、もっぱら武甕槌神である。記紀のなかで、韴霊（経津主神）が武甕槌神の佩刀・佩剣として位置づけられていることは、そのことを象徴している。ただ、そもそも、武神は経津主神のほうだったから、いつのころからか、両者の地位が逆転したことになる。では、こうした変化はいかにして生じたのであろうか。

よく知られているように、五世紀末の仏教受容をめぐる蘇我氏との抗争に敗れた物部本宗家は没落する。この争いで、排仏側に加担した中臣氏も滅亡し、かわって、傍流の中臣氏が、物部氏の支配を逃れ、政治的地位を確立したとみられる。武甕槌神が武神としての神格を強めていくのも、じつは、こうした中臣氏の抬頭が原因であると考えられる（加藤氏前掲論文、四七頁）。

ちなみに、加藤謙吉氏は、記紀における武甕槌神の活躍の背景には、天武天皇十年（六八一）の帝紀および上古諸事の記定事業に、中臣大嶋が参劃したことも無視できないといわれるが、おそらく氏の推察のとおりであろう。

### 藤原鎌足と常陸

ところで、七世紀以降、中央政界で活躍する中臣氏（のちの藤原氏）の出自について、ここに興味深い史料がある。それは、藤原氏の始祖鎌足が常陸国で生まれたとする『大鏡』の記述である。

鎌足の出身地については、『家伝』上に、大倭国高市郡の人で、推古天皇二十二年（六一四）に「藤原之第」に生まれたとあるから、おそらくはこちらのほうが正しいであろう。

しかしながら、彼の生誕地を常陸国とする説も、あながち妄説とはいいがたい。

さきにも少しふれたように、中央の中臣氏が没落したあと、これにかわって、地方の中臣氏が中央の祭祀をつとめるようになるが、それが常陸国の中臣氏（もとの占部氏）であったと考えられる。おそらく、占部氏の一部は、物部氏の主導によって、河内の同氏の本拠地に近い河内郡枚岡に移住したのであろう。そして、六世紀前半以降、物部氏が大連として政権を担当すると、彼らも宮廷に進出し、その祭祀にたずさわるようになり、やがて欽明天皇朝に中臣連氏と改賜姓されたのであろう（前川氏前掲論文、四〇九・四一八頁）。

物部氏の没落以前に中央で活躍したのは、中臣鎌子・磐余・勝海であるが、これらの人物は、『尊卑分脈』が載せる「藤原氏系図」にはみえない。彼らが、鎌足の系図と直結しないのは、鎌足が傍系の中臣氏から出たことを示唆している（井上辰雄『常陸国風土記にみる古代』一六五～一六七頁）。したがって、鎌足本人ではないにしても、その祖先が常陸国から来た可能性は大きいのである。

藤原氏の氏神が春日神社であることはよく知られているが、その祭神は、『延喜式』巻八、春日祭条によれば、鹿嶋に坐す健御賀豆智命・香取に坐す伊波比主命・枚岡に坐す天の子八根命・比売神の四柱である。その筆頭に武甕槌神があげられていることは、いかに鹿島神が藤原氏（中臣氏）にとって大切な存在であったか、いいかえれば、いかに彼らが常陸国と強く結びついていたかを雄辯に物語っている。風土記の久慈郡条には、この地に鎌足の封戸が存在したことがみえているが、これも、藤原氏と常陸国の浅からぬ因縁を語っているといえる。

# 第十二章　風土記伝承の在地性

## ―記紀神話との比較から―

### 一、記紀神話の特色

われわれが日本神話という場合、まず頭に思いうかべるのは、『古事記』や『日本書紀』のそれである。周知のように、『古事記』では上巻を神代とし、『日本書紀』では巻一・二をそれにあてて、神々の物語をしるしている。『古事記』と『日本書紀』では、登場する神々や神話の展開に異なるところがある。しかし、天地の創成から説き起こし、イザナギ・イザナミ二神[1]による国生み、アマテラスオオミカミの誕生、オオクニヌシノミコトの国譲りを経て、ホノニニギノミコトの降臨、ヒコホホデミノミコト（神武天皇）の生誕、と展開する話の大筋は一致している。

記紀神話は、時間的な経過を追って話が展開され、ストーリー性をもっているのが、大きな特色である。しかも、記紀に登場する神々は、系譜上、神武天皇の祖先であって、その意味で、この物語は、天皇が日本を統治することの正統性を語った、きわめて政治的色彩の濃い神話であるといえよう。

記紀神話の成立は古く、その原型となる旧辞は、すでに六世紀後半にはまとめられたらしいが、『日本書紀』が本文につづけて引用する「一書」のような、異伝・別伝が、はやくから存在したようである。

いったい、神話や伝承は、長い年月を経るあいだに、新しい要素が加わったり、語り継ぐものによって、改変されていく性格のものである。ゆえに、異なる、複数の神話が存在するのは、むしろ、当然のことである。『日本書紀』の編者が多くの異説を掲げているのは、古伝を尊重する、編者の学問的な態度のあらわれである。

## 二、風土記の伝承

ところで、こうした、国家がまとめた記紀神話とはべつに、地方の古老が伝えた、素朴な伝承が存在する。それが、風土記の語る神話である。

ここにいう風土記とは、和銅六年（七一三）の政府通達に対して、諸国が提出した文書（解）をいう。このときの通達については、『続日本紀』和銅六年（七一三）五月二日条に、

五月甲子。制。畿内七道諸国郡郷名着二好字一。其郡内所レ生。銀銅彩色草木禽獣魚虫等物。具録二色目一。及土地沃塉。山川原野名号所由。又古老相伝旧聞異事。載二于史籍一亦宜二言上一。

とあって、①全国の地名に好い字をつけよ、②郡内の物産を筆録せよ、③土地の肥沃の状態、④山川原野の名称の由来、⑤古老が代々伝える旧聞異事、という五点について、史籍に記載して報告せよ、というものである。(2)

これを受けて、諸国では、国司・郡司らが調査して報告書をまとめたが、それが、やがて、国名を冠して「―国風土記」と呼ばれるようになった。

風土記は、当時存在した六十餘国ほとんどすべてが提出したようだが、現在では、わずかに、常陸・播磨・出雲・豊後・肥前の五国の分が残るだけである（そのほかの国については、若干の逸文が知られている）。

この風土記には、地名の由来や古い伝承が数多く採訪されており、その関係で、土地の神々のことが記録されている。わけても、『出雲国風土記』が残ったのはきわめて幸運で、記紀とほぼ同時期に、神話の重要な舞台となる出雲で採訪された伝承が残っていることは、貴重である。

もっとも、風土記の神話は、『出雲国風土記』にかぎらず、記紀神話のように、体系化されたものではない。その多くは、地名の起源を説明するためのもので、断片的である。そのため、記紀との比較がむつかしい部分もある。しかし、風土記のなかにも、記紀とおなじモチーフの話が出てくるケースもあるので、それを手がかりに、両者を比較研究することが可能である。

そこで、つぎに、具体的な事例をあげながら、記紀神話と風土記の記載について検討を加えてみよう。

## 三、記紀の天孫降臨神話

記紀神話のヤマ場の一つに、皇孫ホノニニギノミコトの天降りがある。オオクニヌシノミコトの国譲りを受けて、ホノニニギノミコトが日向の高千穂峰に天降りするという、あの有名な物語である。

この話については、『古事記』・『日本書紀』ともに詳しい記述があるが、とくに『日本書紀』が、本文以外に十二の異伝を掲げている点が注目される。

そこで、まず、『日本書紀』本文についてみると、そこには、

于レ時。高皇産霊尊。以二真床追衾一。覆二於皇孫天津彦彦火瓊瓊杵尊一使レ降之。皇孫乃離二天磐座一。〈天磐座。此云二阿麻能以簸矩羅一。〉且排二分天八重雲一。稜威之道別道別而。天二降於日向襲之高千穂峯一矣。

とあって、そこには、夜具に包まれた嬰児の姿をした天孫が一人で天降るという、きわめて簡素な所伝がしるされている。[3] これに対し、『古事記』上巻の当該部分は、つぎのとおりである。

爾天照大御神・高木神之命以。詔二太子正勝吾勝々速日天忍穂耳命一。今平二訖葦原中国一之白。故随二言依賜一。降坐而知看。爾其太子正勝吾勝々速日天忍穂耳命答白。僕者将レ降装束之間。子生出。名天邇岐志国邇岐志〈自レ邇至レ志以レ音〉天津日高日子番能邇々芸命。此子応レ降也。此御子者御二合高木神之女。万幡豊秋津師比売命一生子。天火明命。次日子番能邇々芸命二柱也。是以随レ白之。科レ詔二日子番能邇々芸命一。此豊葦原水穂国者。汝将レ知国。言依賜。故随レ命以可二天降一。爾日子番能邇々芸命将二天降一之時。居二天之八衢一而。上光二高天原一。下光二葦原中国一之神於レ是有。故爾天照大御神・高木神之命以。詔二天宇受売神一。汝者雖レ有二手弱女人一。与二伊牟迦布神一〈自レ伊至レ布以レ音〉面勝神。故専汝往将レ問者。吾御子為二天降一之道。誰如此而居。故問賜之時。答白。僕者国神。名猿田毘古神也。所二以出居一者。聞二天神御子天降坐一故。仕二奉御前一而。参向之侍。爾天児屋命・布刀玉命・天宇受売命・伊斯許理度売命・玉祖命并五伴緒矣支加而。天降也。於レ是副二賜其遠岐斯〈此三字以レ音〉八尺勾璁。鏡及草那芸剣。亦常世思金神・手力男神・天石門別神一而。詔者。此之鏡者専為二我御魂一而。如レ拝二吾前一伊都岐奉。次思金神者取二持前事一為レ政。此二柱神者。拝二祭佐久々斯侶。伊須受能宮一〈自レ佐至レ能以レ音〉。次登由宇気神。此者坐二外宮之度相一神者也。次天石戸別神。亦名謂二櫛石窓神一。亦名謂二豊石窓神一。此神者御門之神也。次手力男神者坐二佐那之県一也。故其天児屋命者〈中臣連等之祖〉。布刀玉命者〈忌部首等之祖〉。天宇受売命者〈猿女君等之祖〉。伊斯許理度売命者〈作鏡連等之祖〉。玉祖命者〈玉祖連等之祖〉。故爾詔二天津日子番能邇々芸命一而。離二天之石位一。押二分天之八重多那〈此二字以レ音〉雲一而。伊都能知和岐知和岐弖〈自レ伊以下十字以レ音〉。於二天浮橋一宇岐士摩理蘇理多々斯弖〈自レ宇以下十一字以レ音〉。天二降一坐于竺紫日向之高千穂之久士布流多気一〈自レ久下六字以レ音〉。故爾天忍日命・天津久米命二人取二負天之石靫一。取二佩頭椎之大刀一。取二持天之波士弓一。手二挟天之真鹿児矢一。立二御前一而仕奉。故其天忍日命〈此者大伴連等之祖〉。天津久米命〈此者久米直等之祖也〉。於レ是詔之。此地者向二韓国一。真二来－通笠紗之御前一而。朝日之直刺国。夕日之日照国也。故此地甚吉地詔而。於二底津石根一宮柱布斗斯理。於二高天原一氷椽多迦斯理而坐也。（後略）

これをみればあきらかなように、おなじ天孫降臨をあつかいながらも、『日本書紀』にくらべるとかなり詳しく、しかも、その記載には出入りがある。

たとえば、降臨を命ずる神を、『日本書紀』本文はタカミムスヒノミコトとするのに対し、『古事記』はタカギノカミとアマテラスオオミカミとする。そして、降臨する神も、『古事記』では当初アメノオシホミミノミコトであったのが、のちにホノニニギノミコトにかわったことになっている。

また、『日本書紀』本文では、ホノニニギノミコトが単独で降臨するのに対し、『古事記』では、多くの、しかもさまざまな役割を負った神々が随行している。さらに、三種の神器の授与や葦原瑞穂国の統治の神勅なども、『古事記』にのみみえる話である。

これらの異伝について、三品彰英氏は、その内容を、①降臨を命じた神、②降臨する神、③降臨神の容姿、④降臨地、⑤お供する神、⑥神器の授与、⑦統治の神勅、という要素に分析して比較された。これによれば、天孫降臨の基本的要素である①～④のみで構成される、『日本書紀』本文や第六の一書は古い伝えの原型に近いものであり、ぎゃくに、⑦の天壌無窮の神勅をしるした『日本書紀』第一の一書や、それに近い内容をもつ『古事記』は、神話発達の最後の段階に位置するものであるという[4]。

また、おなじ要素でも、①のように、諸書のあいだで記載の異なるものがあるが、三品氏によれば、『日本書紀』

のなかでも、アマテラスオオミカミとする第一の一書のほうが、タカミムスヒノミコトとする本文や第六の一書よりあたらしい所伝であるという。

では、こうした物語は、風土記のなかでは、いったいどのようにあつかわれているのであろうか。

## 四、風土記にみえる天孫降臨

さきにものべたように、風土記の神話には、神代の歴史を時間の経過にしたがって語るというストーリー性はない。それゆえ、記紀にみえる天孫降臨がそのままのかたちで登場することはないが、これにふれた記述は、各地の風土記に残されている。

なかでも、仙覚の『萬葉集註釈』巻十・卜部兼方の『釈日本紀』巻八などに引かれる、『日向国風土記』知鋪郷条の逸文は、さきに掲げた『日本書紀』巻二の神代第九段の記述と部分的に一致する点で注目される。

日向国風土記曰。臼杵郡内知鋪郷。天津彦々火瓊々杵尊。離二天磐座一。排二天八重雲一。稜威之道々別々而。天二降於日向之高千穂二上峯時。天暗冥。昼夜不レ別。人物失レ道。物色難レ別。於レ茲。有下土蜘蛛名曰二大鉗小鉗一二人上。奏言。皇孫尊。以二尊御手一。抜二稲千穂一為レ籾。投二散四方一。必得二開晴一。于レ時。如二大鉗等所一レ奏。搓二千穂稲一。為レ籾投散。即天開晴。日月照光。因曰二高千穂二上峯一。後人改号二智鋪一。（『萬葉集註釈』巻十による）

右の逸文は、九州地方の二種の風土記のうち、いわゆる甲類に属するものである。(5) 現存する『豊後国風土記』・『肥前国風土記』（ともに甲類）が『日本書紀』の影響を受けているところから判断すると、おなじ甲類の『日向国風土記』が『日本書紀』によって文章をなした可能性は大きいのであって（『釈日本紀』巻八所引の、べつな『日向国風土記』

逸文には、景行天皇紀とほぼ同文が存在する）、右の記述を、そのまま日向国における伝承とみるわけにはいかない。しかし、土蜘蛛の助言によってホノニニギノミコトが籾を四方に撒くという、後半の話は記紀にはみえないから、この部分は、日向独自の伝承とみてよいであろう。

このほか、『塵袋』第六が引く『薩摩国風土記』の逸文にも、

皇祖哀能ノ忍耆命、日向ノ囎於郡、高茅穂ノ槵生ノ峯ニアマクタリマシテ、コレヨリ薩摩国閼駝ノ郡ノ竹屋ノ村ニウツリ給テ、土人竹屋ノ守カ女ヲメシテ、其ノ腹ニ二人ノ男子ヲマフケ給ケルトキ、彼ノ所ノ竹ヲカタナニツクリテ、臍ノ緒ヲキリ給ヒタリケリ。ソノ竹ハ今モアリト云ヘリ。此ノアトヲタツ子テ、今モカクスルニヤ。

とあって、やはり、ホノニニギノミコトの降臨にふれた一文が存在したようである。

この逸文は、その用字などから推して、甲類よりもはやく成立した、もう一種の九州地方の風土記、すなわち乙類の逸文と判断される。乙類は、「筑紫風土記」などと総称され、国別に独立したものではなかったようだが[6]、右の一文は、登場する地名から、そのなかの薩摩に関する記述の一部と考えられる。

なにぶんにも、『塵袋』の引用が原文に忠実ではないので、不確かな部分もあるが、さきの『日向国風土記』の記述とともに、九州地方の風土記に、皇孫がこの地に天降ったという所伝がみえることは興味深い。

ところで、九州地方以外の風土記にも、この天孫降臨にふれた記述がある。たとえば、『常陸国風土記』には、つぎのような、二つの物語がしるされている。

まず、同風土記の香島郡条には、

清濁得糺。天地草昧已前。諸祖天神〈俗云二賀味留弥・賀味留岐一。〉会二集八百万神於高天之原一時。諸祖神告云。今我御孫命。光宅豊葦原水穂之国。自二高天原一降来大神。名称二香島天之大神一。

とある。これによれば、天地開闢以前に、諸祖天神が高天原に八百万神を集め、「いまわが御孫の命が統治しようとする豊葦原の水穂国」と宣言し、香島の天の大神が降臨したという。(7) 基本的には記紀の天孫降臨神話とおなじモチーフだが、諸祖天神がタカミムスヒノミコトやアマテラスオオミカミではないこと、降臨した神がホノニニギノミコトではないことなど、あきらかに記紀とは異なる点がある。

これに対し、久慈郡太田郷、長幡部の社の条にみえるつぎの記事は、かなり記紀の内容を投影したものである。

古老曰。珠売美万命。自レ天降時。為レ織二御服一。従而降之神。名綺日女命。本。自二筑紫国日向二所之峰一。至二三野国引津根之丘一。後。及二美麻貴天皇之世一。長幡部遠祖。多弖命。避レ自二三野一。遷二于久慈一。造二立機殿一。初織之。(後略)

ただし、この話自体は、あくまで長幡部神社の鎮座の由来を説いたもので、皇孫の降臨も、その説明のなかでふれられているに過ぎない。

このように、風土記の天孫降臨神話は、いずれも断片的な憾みがある。しかし、こうした記述によって、風土記の編纂された時代に、天孫降臨を伝えた物語が各地に存在したことが確認できるのは、貴重である。

ただ、それは、かならずしも一様ではなかった。日向や薩摩といった、日向神話の舞台となる南九州地方では、かなり記紀神話に近いものであったかも知れないが、常陸のそれはずいぶんちがう様相を呈している。おそらく、風土記は、その土地に伝えられる物語を、そのままのかたちで記録したのであろうが、それらをみる限りでは、記紀神話の政治的イデオロギーが、地方にまで滲透していたとはいいがたい。

なお、紙幅の制限もあるので、小稿では、こうした天孫降臨神話の歴史的意義にまで筆を及ぼす餘裕はない。しかし、筆者のみるところ、記紀にみられる神代の物語は、その核心部分に、神武天皇以前の古い史的事実をふくんでいるかのようである。それゆえ、たとえば、天孫降臨を、持統天皇→文武天皇、元明天皇→聖武天皇といった祖母から孫への皇位継承を正当化・神格化するために創作された物語とみる説[8]には、筆者は与しないのである。

## 五、出雲神話と風土記

さて、これまで、天孫降臨神話を取り上げ、記紀と風土記の比較をこころみてきたが、記紀神話と風土記のそれを対比するのであれば、出雲神話とそこに登場する神々についてもふれねばならない。

いうまでもなく、出雲は、記紀、とりわけ『古事記』の神話において重要な舞台であって、そこには内容豊かな物語が展開されている。しかし、この出雲神話に関しても、やはり、『古事記』と『出雲国風土記』とでは異なる点が多い。

たとえば、よく知られていることだが、スサノヲノミコトに関しては、『古事記』と『出雲国風土記』とではずいぶん取り扱いがちがう。『古事記』では、高天原から追放されたスサノヲノミコトは出雲にくだり、肥川の上流で八岐大蛇を退治し、草薙剣を得るが、この話は、『出雲国風土記』にはまったくみえない。

そもそも、『古事記』では、スサノヲノミコトは、荒ぶる神として、ずいぶん派手に活躍するが、『出雲国風土記』では、そうした面影はまったくといっていいほど見当たらない。しかも、スサノヲノミコト自身は、地名の由来を説く話のなかでわずか四箇所ほど登場するだけで、あとは、その御子のことがみえている。

風土記のしるすスサノヲノミコトの御子には、青幡佐久佐日古命（意宇郡大草郷）・都留支日子命（島根郡山口郷）・国忍別命（同郡方結郷）・磐坂日子命（秋鹿郡恵曇郷）・衝矛等乎与留比古命（同郡多々郷）・八野若日女命（神門郡八野郷）・

和加須世理比売命（同郡滑狭郷）がいる。こうした神々は、いずれも、各地を国めぐりして、そこに宮居しているのであって、この点から判断すると、風土記のスサノヲノミコトは祖神的な存在であるといえよう。

記紀の描く姿と大きく相違するのは、スサノヲノミコトだけではない。オオナムチノミコト（大国主命）も、またそうである。

『古事記』のしるすところによれば、オオナムチノミコトは、兄である八十神に迫害され、根の国に逃れる。そこでスサノヲノミコトから与えられた試練を克服し、葦原中国の支配者として認知される。そして、スクナヒコノミコトの協力を得て国づくりを完成させるが、その葦原中国も、高天原から派遣されたタケミカヅチノカミの申し入れを容れて献上（国譲り）する。

こうしたストーリーは、『出雲国風土記』にはみられないものである。

『出雲国風土記』において、オオナムチノミコトが出雲の最高神であることは、動かしがたい事実である。それは、この神が、しばしば、「天の下造らしし大神」という修辞をもって呼ばれることからもうかがえる。とくに、意宇郡出雲神戸条に、「伊弉奈担の麻奈子に坐す熊野加武呂の命と、五百津鉏々猶ほ取り取らして、天の下造らし大穴持の命との二所の大神等依さし奉る。故れ、神戸と云ふ」とある点から判断すると、「天の下造らしし大神」という表現は、国土の開墾・開発にかかわる尊称であったと考えられる。

いったい、『出雲国風土記』では、さきのスサノヲノミコトもふくめ、神名表記の統一がなされていないのが普通だが、オオナムチノミコトに限っては、一貫して「大穴持命」である。これなども、風土記の編者が、この神を重要視していたことのあらわれである。

オオナムチノミコトのことは、『出雲国風土記』に頻繁に登場する。しかし、それらは、もっぱら地名の起源にかかわる話であって、記紀のようなストーリー性のある物語はみえない。

ただ、記紀神話に符合するような記述が、まったくないわけではない。断片的にではあるが、存在している。たとえば、大原郡来次郷条に、

所レ造二天下一大神命。詔。八十神者。不レ置二青垣山裏一詔而。追廃時。此処迨次坐。故云二来次一。

とあり、また、同郡城名備山条に、

所レ造二天下一大神大穴持命。為レ伐二八十神一造レ城。故云二城名樋一也。

とあって、『古事記』にみえる八十神の迫害を思わせる記事がみえるし、嶋根郡美保郷条には、短文だが高志のヌナカワヒメとの婚姻もしるされている。また、意宇郡母理郷条に、

所レ造二天下一大神大穴持命。越八口平賜而。還坐時。来二坐長江山一而詔。我造坐而命国者。皇御孫命平世所レ知依奉。但八雲立出雲国者。我静坐国。青垣山廻賜而。珍玉置賜而守詔。故云二文理一。（後略）

とあるように、国譲りをうかがわせる記述も存在している。これらをみると、記紀が載せているような伝承は、出雲国内にも伝えられていたと考えるべきである。

ただ、ここで重要なのは、『出雲国風土記』が、記紀の記述をそのまま取り込んでいるのではないという点である。

『出雲国風土記』は天平五年（七三三）にできたことがはっきりしているから（これが、初撰か再撰かはこの際しばらく措く）、記紀が『出雲国風土記』を参照していないのは当然としても、『出雲国風土記』の編者は記紀をみることができたはずである。にもかかわらず、記紀に材料を求めた形跡がないのは、やはり、風土記が、本来、土地に残る伝承の筆録を目指したものであったことが、大きな原因であろう。風土記の立場からは、強いて記紀神話を取り込

む必要はなかったのである。

オオナムチノミコトの国譲りは、出雲国造（出雲国内の諸神の祭祀を主宰する地位）が代替わりのたびに奏上する出雲国造神賀詞（出雲国造が、就任時に朝廷で奏上する寿詞）でもふれられていることであって、[9]それ自体、ヤマト政権側の一方的な主張ではない。『出雲国風土記』をまとめた出雲広嶋も、当時国造の地位にあった人物で、そうした出雲にかかわる伝承は、じゅうぶん承知していたはずである。それをあえて参酌しなかったのは、やはり、彼自身が風土記撰進の通達の趣旨をよく理解していたからであろう。

## 六、風土記に息づく神々

このように、風土記が、在地の伝承を採訪した書物であったことは、同書が、記紀にはまったく姿をみせない在地神に関する所伝を筆録していることからも、うかがうことができる。風土記にのみみえる神は多く、枚挙に遑がないが、たとえば、『伊勢国風土記』逸文にみえる伊勢津彦の「国譲り」の話などは興味深い。[10]

もっとも、この物語は、神武天皇の東征伝承を前提としたもので、そこには記紀の影響が考えられる。しかし、それでも、アメノミナカヌシノミコトの十二世孫天日別命の平定以前に、伊勢津彦という神（おそらくは、これを奉斎する氏族）が伊勢国を支配していたという伝承は見逃しがたい。

このほかにも、新嘗祭の夜、福慈（富士）の神に宿泊を拒否された神祖の尊を温かく迎え入れた筑波の神の話（『常陸国風土記』筑波郡条）、土地の開発を妨害する夜刀神の話（同書、行方郡条）、八束水臣津野命による出雲国の引き神話（『出雲国風土記』総記）、毎年海神が多数の小魚をしたがえてこの神のところに来るという世田姫の話（『肥前国風土記』

佐嘉郡条)、などは、いずれも、風土記独自の所伝である。

さらに在地神といえば、『播磨国風土記』の伊和大神や、『出雲国風土記』の熊野大神・佐太大神・野城大神なども、逸することはできない。前者は、宍禾郡を本拠とする伊和君氏が奉斎していた、この地方固有の神と考えられるし、後者も、さきに紹介したオオナムチノミコトとともに、在地の信仰を考えるうえで重要な鍵となる神々である。

こうした、記紀には記載されない神に関する所伝を採輯していることが、風土記の持ち味である。と同時に、そうした在地の伝承をも視野にいれて研究を進めていくことが、ほんとうの意味で日本神話の解明につながるのである。

〔補註〕

(1) 複数の表記がある神名については、原則としてカタカナでしるす。以下、おなじ。

(2) このときの通達の解釈については諸説あるが、筆者は、増尾伸一郎「風土記編纂の史的意義」(植垣節也・橋本雅之編『風土記を学ぶ人のために』〈社会思想社、平成十三年八月〉所収)六〇～六五頁の解釈にしたがう。

(3) 念のためにのべておくと、『日本書紀』の本文は、同書の編纂の際に、一書の記載を総合して、あらたにまとめられたものであって、一書と同列に論ずべきものではない。なお、この点については、西川順土「日本書紀巻一巻二の「一云」の用例をめぐって」(『皇学館大学紀要』九輯、昭和四十六年一月)など参照。

(4) 三品彰英「記紀神話異伝研究の一齣」(三品氏『日鮮神話伝説の研究』〈柳原書店、昭和十八年六月〉所収、のち「天孫降臨神話異伝考」と改題して『三品彰英論文集』第二巻〈平凡社、昭和四十六年二月〉所収)。

（5）九州地方の風土記については、拙稿「九州風土記の成立」（『皇學館論叢』二八―二、平成七年四月、のち、改稿を加え、「九州地方の風土記の成立」と題して、拙著『風土記逸文の文献学的研究』〈学校法人皇學館出版部、平成十四年三月〉所収）で詳しくのべたので、参照されたい。

（6）坂本太郎「風土記と日本書紀」（『史蹟名勝天然紀念物』一七―五、昭和十五年三月、のち『坂本太郎著作集』第四巻〈吉川弘文館、昭和六十三年十月〉所収）。

（7）鹿島・香取社の祭神について、風土記は、ここにみえる「香島天之大神」のほか、「香島国坐天津大御神」・「香取神子之社」とするだけで具体的な名称はしるしていない。二社の神格を武甕槌神・経津主神と明記するのは、大同二年（八〇七）に忌部広成が撰述した『古語拾遺』が最初である。六国史では、『続日本後紀』承和八年（八三六）五月九日条が初見だが、これは、香取の神を経津主ではなく「伊波比主命」とする。

（8）長谷川一浩「天孫降臨神話と『風土記』」（風土記を読む会編『風土記の神と宗教的世界』〈おうふう、平成九年十月〉所収）。長谷川氏の所説には疑問とするところが多いが、筆者がもっとも不審に思うのは、そのような新しい時期に造作された神話に、『日本書紀』が採録するような、かくも多数の異伝がある点である。この点について、同氏は、いかに解釈されるのであろうか。

（9）ただし、『延喜式』巻第八祝詞29「出雲国造神賀詞」では、「国作らしし大神をも媚び鎮めて、大八嶋国の現事・顕事、事避らしめき」とあり、いくぶんニュアンスが異なる。なお、こうした神賀詞の表現が、風土記の完成したころの神賀詞でもおなじであったかどうかは、なお検討の餘地が残る。

（10）この逸文は、『萬葉集註釈』巻一・『釈日本紀』二十三などに引用されるもので、前者によれば、「夫伊勢国者。天御中主尊之十二世孫。天日別命之所レ平。始。天日別命。神倭磐余彦天皇。自二彼西宮一。征二此東州一之時。相二随天皇一到二紀伊国熊

野村一。于時。随二金烏之導一。入二中州一而。到二於菟田下県一。天皇勅二大部日臣命一曰。逆党胆駒長髄。宜早征罰。亦勅二天日別命一曰。国有二天津之方一。宜平二其国一。即賜二標釼一。天日別命。奉レ勅。東入二数百里一。其邑有レ神。名曰二伊勢津彦一。天日別命。問曰。汝国献二於天孫一哉。答曰。吾覔二此国一。居住日久。不二敢聞一レ命矣。天日別命。発レ兵欲レ戮二其神一。于時。畏伏啓云。吾国悉献二於天孫一。吾不二敢居一矣。天日別命。令レ問云。汝之去時。何以為レ験。啓云。吾以二今夜一。起二八風一吹二海水一。乗二波浪一将二東入一。此則吾之却由也。天日別命。令レ整レ兵窺之。比及二中夜一。大風四起。扇二挙波瀾一。光曜如レ日。陸国海共朗。遂乗レ波而東焉。古語云。神風伊勢国。常世浪寄国者。蓋此謂之也。〈伊勢津彦神。逃令レ来二往信濃国一。〉天日別命。懐二柔此国一。復二命天皇一。々々大歓詔曰。国宜取二国神之名一。号二伊勢一。即為二天日別命之封地国一。賜二宅地于大倭耳梨之村一焉。〈或本云。天日別命。奉レ詔。自二熊野村一。直入二伊勢国一。殺二戮荒神一。罰二平不一レ遵。堺二山川一定二地邑一。然後。復二命橿原宮一焉。〉」とある。

# 附録一　古典にかける情熱　―伴信友と風土記―

昨年は、伴信友の『古本風土記逸文』の写本をもとめて、全国の文庫や図書館を歴訪した一年だった。わたくしは、近年、風土記を研究テーマの一つにしているが、伴信友は、風土記研究において逸することのできない存在である。

周知のように、伴信友（一七七三〜一八四六）は、古典に関する実証的研究を多数残した国学者で、風土記に対しても終生強い感心を抱きつづけた。国立国会図書館に残る自筆の『常陸豊後肥前風土記』にみられる夥しい書入れは、かれの風土記に対する取り組みの深さを示して餘蘊がないが、同時に、『出雲風土記国引考』など、正面から風土記を取り扱った研究も少なくない。

伴信友がみることのできた風土記は、常陸・出雲・豊後・肥前国の四風土記にとどまるが、かれは、こうした成書として伝わる風土記以外に、各種の典籍に引用されるかたちで残された風土記逸文にも目を向け、はやくからその蒐集と注解につとめた。その成果が、『古本風土記逸文』と『風土記逸文略注』（こちらは、こんにち所在不明）である。

伴信友以前に風土記逸文を網羅的に採輯した人物としては今井似閑がおり、また、同時代に、やはり風土記逸文の採輯に情熱を傾けたひととして三河の国学者羽田野敬雄があげられるが、伴信友の採輯作業は、本来、これらの作業とは別個に進められたものである。

ただ、伴信友は、風土記逸文の採輯の過程で、二人の研究成果のうち取るべきものについては、これを『古本風土記逸文』に注記している。したがって、『古本風土記逸文』は、ひとまず、近世における風土記逸文の採集作業の集大成とみることが可能であって、その後の風土記逸文の研究に与えた影響は少なくない。しかも、『古本風土記逸文』に引かれた逸文には、こんにちではその引書が失われ、『古本風土記逸文』によってのみ確認しうる稀有の逸文もふくまれているのである。

ところで、この『古本風土記逸文』については、伴信友の歿後、遺族が寄贈した自筆本が宮内庁書陵部に所蔵されている。これを詳しく調査してみると、かれは文化二年（一八〇五）以前にいったん脱稿し、その後もこれを座右において補訂を繰り返したようで、紙面の餘白には夥しい数の書き入れがあるほか、附箋を貼って書き足した箇所も珍しくない。書入れのもっとも新しいものは、弘化二年（一八四五）のものだが、伴信友は翌年京都で歿しているから、かれは文字通り終生風土記の研究に精進したということができよう。

さらに、『古本風土記逸文』に関しては、宮内庁所蔵の自筆本をはじめとして、比較的多数の写本が各地の図書館・文庫に伝えられている。わたくしが現在確認しているだけで、その数は十九種にのぼっている。それらはすこしづつ体裁がちがうが、写本によって内容に出入りがあるのは、写された時期がことなるからであろう。おそらく、伴信友は、門人や研究仲間の需めに応じて、随時『古本風土記逸文』を提供していたのであろう。

しかも、『古本風土記逸文』の写本には、伴信友の歿後に書写されたものも多く、なかには数度の転写を経たものもみられることは、この本が研究者のあいだで広く活用されたことを示している。

残念ながら、国書刊行会が明治四十年に『伴信友全集』を刊行した際には、原稿まで用意されながら、なぜか収録が見合わされたが、それでも、風土記、とくに逸文研究の歴史のなかで、同書は不朽の価値をもつ。わたくしたちの風土記の研究も、いまなお『古本風土記逸文』に負うところが大きいのであって、同書を繙くたびに、伴信友の該博な知識と飽くなき探求心に頭の下がる思いがする。

# 附録二　『伊勢国風土記』逸文

はじめに風土記について、すこしお話ししておきます。

ここにいう風土記とは、和銅六年（七一三）に出された政府の通達に対して、諸国が提出した報告書のことです。このときの通達には、いろいろな要求があげられていますが、要点を摘むと、①全国の地名に好い字をつけよ、②郡内の物産を筆録せよ、③土地の肥沃の状態、④山川原野の名の由来、⑤古老が伝える旧聞異事、という五点について史籍に記載して報告せよ、というものです。

これを受けて、諸国では役人がいろいろと調査して、報告書をまとめます。当時は、こうした報告書のことを「解」といいましたが、やがてのちには、国名を冠して「―国風土記」と呼ばれるようになりました。

風土記は、ほとんどすべての国の分が存在したようですが、残念なことに、いまでは、常陸・播磨・出雲・豊後・肥前の五国の分が現存するのみで、そのほかは、まとまったかたちで残っていません。

ここで取り上げている『伊勢国風土記』も例外でなく、風土記そのものは現存せず、いくつかの古典籍に引用された逸文が、十五条ほど知られているだけです。しかも、そのなかには、奈良時代の風土記（これを「古風土記」といいます）からの引用かどうか疑わしいものもふくまれており、これらの逸文を利用する際には、慎重な取り扱いが必要です。わたくしの考えでは、現在知られている『伊勢国風土記』逸文のうち、古風土記からの引用は、甘く見積もっても四条しかありません。

『伊勢国風土記』逸文のなかで、とくに有名なのは、『萬葉集註釈』という、十三世紀に仙覚が書いた『萬葉集』の注釈書に引かれたもので、伊勢国の国号の由来をしるした、比較的長文のものです。

これによると、伊勢国は、天の御中主の尊の十二世孫天の日別の命が平定したというのですが、風土記は、その経緯をつぎのようにしるしています。

神武天皇が日向の宮から東征の旅に出て大和国の菟田の下つ県というところに到着したとき、随行していた天の日別の命に、みずからを象徴する剣を与えて、はるか彼方の海のほうにある国を平定せよと命じます。天の日別の命は、東方に数百里進んだところで、土地の神伊勢津彦（「つ」は「の」の意）に遭遇します。伊勢津彦は、伊勢地方の在地の神です。彼は、天の日別の命に「おまえの国を神武天皇に献上しないか」と問われ、いったんは拒否します。しかし、天の日別の命が兵力を発動して自分を殺そうとしたのをみて、この地を神武天皇に献上し、退去することを決意します。伊勢津彦は、天の日別の命に「今夜、大風を起こして海水を吹き上げ、その波に乗って東国に行く」と告げます。

天の日別の命が、兵を整えて様子をうかがっていると、真夜中に大風が起こり、予告のとおり、伊勢津彦は、波に乗って東国へと立ち去ります。天の日別の命は、さっそく神武天皇にこの旨を報告しますが、知らせを聞いた天皇はたいそうよろこんで、伊勢津彦の名をとって伊勢を国名とするのがよいと詔して、天の日別の命を伊勢国に封じます。

出雲の国譲りの大国主命を彷彿させる話ですが、これらの伝承は、ヤマト政権が、その勢力を拡大していく過程で、各地の政治集団を傘下におさめたことを、彼らが奉斎していた神の服属という形で語ったものでしょう。各地の風土記には、巻頭に国名の由来をしるす例が多くあります。そこから判断すると、この逸文は、『伊勢国風土記』

冒頭におかれた総記に記載されていた話ではないでしょうか。

# 附録三　関和彦著『古代出雲への旅——幕末の旅日記から原風景を読む——』

天平五年（七三三）に撰進された『出雲国風土記』。同書は、古代出雲の地理・伝承・寺社などを詳しく記載した地誌として知られる。古風土記はほかにもあるが、国内全郡郷について網羅的な記述があり、しかもその全文がいまに伝わるのは、出雲のみである。

幕末のころ、この書に魅了され、風土記に記載された神社の踏査を思い立った人物がいる。その人の名は、小村和四郎（おむら・わしろう）。出雲国平田で廻船商家を営む篤志家である。

和四郎は、平田の国富村の金築春久（かねつき・はるひさ）に師事。その講莚に列し、そこで渡辺彝（わたなべ・つね）の『出雲神社巡拝記』と出会う。彼は、この書の抜書を作成しつつ、風土記に記載された諸社への参詣を志し、春久に相談。これを聞いた春久は、所蔵の『出雲国風土記』の板本を貸与し、和四郎を督励する。

こうして、和四郎は、師から借りた『出雲国風土記』と『出雲神社巡拝記抜書』を携え、慶応二年（一八六六）の二月から六月にかけ、四回にわたって、参詣の旅に出る。この旅の記録が、『風土記社参詣記』。本書の著者、関和彦氏が島根県立図書館所蔵の春日家文書から発見した新資料で、その書名も、著者の命名にかかる。

本書は、その旅日記の内容の紹介を中心とするが、著者自身が、『風土記社参詣記』を携え、和四郎の旅を追体験するという体裁が、本書の持ち味である。

著者は、和四郎の旅日記を平易な現代語訳で紹介しつつ、彼が、旅の途中、なにを見、誰と出会い、そして、どのように考えたかを生き生きと描く。ところどころに『出雲国風土記』の記述を引用し、古代の原風景に思いを馳せるいっぽうで、神社の現状を豊富な写真を交えて読者に示す。

著者は、『出雲国風土記』研究の第一人者。「『出雲国風土記』註論」（島根県古代文化センター編集『古代文化研究』に連載）は、徹底した現地調査をもとに風土記の地名や神社を考察した労作だが、その成果は本書にも遺憾なく発揮されている。

いまからおよそ百四十年前、和四郎が『出雲神社巡拝記』に誘われて旅に出たように、こんどは、われわれが本書に誘われ、出雲の古社を巡る番である。

# 附録四　「伊賀国」の誕生

古代の行政区分では、名張郡は阿拝・山田・伊賀三郡とともに伊賀国を構成しています。では、この伊賀国は、いったいいつごろ建置されたのでしょうか。

伊賀国の建置のことは、『日本書紀』には洩れていますが、他の史料にはみえます。『先代旧事本紀』がそうです。同書、巻十のいわゆる「国造本紀」には、孝徳天皇朝には伊勢国に属したが、のちに天武天皇の治世に分国されたことがしるされています。

『先代旧事本紀』は、九世紀後半に完成したとみられる書物ですが、右の記事をふくむ巻十「国造本紀」は、巻五「天孫本紀」とともに独自の古い記録にもとづいており、史料的価値が高いとされるところです。ただし、伊賀国云々については、いったん成書化されたあと加筆された部分だと思われます。

ところで、『先代旧事本紀』には天武天皇朝とあるだけですが、建国の時期をいますこし詳しくのべている本もあります。たとえば、『扶桑略記』は、天武天皇九年（六八〇）七月のこととして、「割二伊勢四郡一。建二伊賀国一。」としるしています。同様に、『倭姫命世紀』崇神天皇六十四年丁亥条では、倭姫命が神霊を伊賀国隠市守宮に遷幸して二年間奉斎したとする記事のあとに、「伊賀国。天武天皇庚辰歳七月割二伊勢国四郡一立二彼国一。」と注記しています。『倭姫命世紀』のこの分註は、のちの追補だといわれていますが、おそらくは、前出の『扶桑略記』のような年代記からの引用でしょう。記事もよく似ています。

こうした天武天皇朝説は、『伊賀国風土記』逸文にもみえています。

もっとも、風土記といっても、和銅六年（七一三）の風土記撰進の詔をうけて提出された、いわゆる古風土記ではありません。それに擬して作られた後世のものです。天武天皇朝説を伝えた『伊賀国風土記』（①類）は、今井似閑が『萬葉緯』において採択したものですが、『伊賀国風土記』は、ほかにも数種類確認されています。

たとえば、『萬葉緯』には、いま一つ『伊賀国風土記』からの引用として、「伊賀国者。往昔属㆓伊勢国㆒。大日本根子彦太瓊天皇御宇。癸酉。分而為㆓伊賀国㆒。」云々という記事が採録されています（②類）。①・②は、いずれも『萬葉緯』では風土記残篇（いわゆる日本総国風土記）に包括されていますが、偽書だといわれる他の総国風土記とはおよそ体裁の異なるもので、古風土記とはいえないまでも、なんらかの古伝承を伝えたものでしょう。

ただ、②が建国を孝霊天皇朝としている点は、これまでみてきた他の史料と大きくちがいます。

たしかに、『新撰姓氏録』右京皇別下の「阿保朝臣」条には、垂仁天皇朝に皇子息速別のために伊賀国阿保村に宮室を築いた伝承がみえていますし、『日本書紀』宣化天皇元年（五三六）五月には、阿倍臣・伊賀臣を遣わし伊賀国にあった屯倉の穀を運ばせたという記事があります。ですから、こうした記載にもとづくかぎりでは、伊賀国がはやくから設置されていたとみることも可能でしょう。

しかし、これらの国名は、のちに伊賀国が誕生してからその知識にもとづいて書かれたとみるべきで、右の史料によって、伊賀国建置の時期を必要以上に古くみることはむつかしいと思います。

詳しくのべる餘裕はありませんが、『扶桑略記』等が、天武天皇九年（六八〇）に伊勢国を割いて伊賀国を置いたとしているのは、かなり信憑性が高いと思います。

壬申の乱（六七二）では、隠郡をはじめとし、伊賀地方が重要な舞台となります。このときすでに伊賀国が存在したとすれば、その国司の動向が『日本書紀』にしるされるはずですが、それがまったくみられません。天武天皇二年（六七三）に壬申の勲功を賞されている紀阿閇麻呂を伊賀国司とする説もありますが、彼は、乱後も伊賀に留まっていたというだけで、国司だという確証はありません。

ただ、この阿閇麻呂が伊賀における有力者であったことは、事実です。天武天皇九年（六八〇）に伊賀国が置かれたことも、在地の実力者である彼が同三年（六七四）に歿したことと無関係ではないでしょう。彼の死を契機に、律令政府による地方支配が強化され、その結果として、「国」が設定されたと考えられるのです。建置が、阿閇麻呂の死後、六年を経てからと、時期的におくれるのは、岐阜大学の早川万年先生が推測されたように、壬申の功臣であった阿閇麻呂への配慮があったからではないでしょうか。

# 附録五　聖徳太子の編んだ天皇記・国記　―国記は風土記か―

『日本書紀』推古天皇二十八年（六二〇）是歳条には、

是歳。皇太子。嶋大臣共議之録二①天皇記及②国記。③臣連伴造国造百八十部并公民等本記一。

という記事があり、聖徳太子が蘇我馬子とともに、天皇記や国記等を編纂したことがしるされている。冠位十二階や十七条憲法がはたして聖徳太子が制定したものか、これを疑う説があるが、ここにいう書物の編纂についても、はたして真実を伝えたものか、古来いろいろと議論がある。

しかしながら、皇太子（聖徳太子）が嶋大臣（蘇我馬子）と共同で天皇記などを録したとする記事は、二人が政治の中心になったという推古天皇朝の体制ともよく合致するので、とくにこれを否定する理由は認められない。なにより、このとき編纂された天皇記・国記については、『日本書紀』皇極天皇四年（六四五）六月十三条に、

蘇我臣蝦夷等臨レ誅。悉焼二天皇記。国記。珍宝一。船史恵尺即疾取二所レ焼国記一而奉二献中大兄一。

とあり、乙巳の変の際に焼失したという。したがって、編纂そのものは動かしがたい事実であって、それが推古天皇朝のことだというのだから、聖徳太子がその事業にかかわっていたのは当然であろう。しかも、皇極天皇四年当時、蘇我氏の私邸に保管されていたというのだから、馬子の関与もまた事実であろう。

では、推古天皇紀の記述が史実だとすれば、それらの内容はいかなるものだったのであろうか。以下は、天皇記・国記等について考えてみたい。

まず、このとき編纂された書目であるが、一般には、①天皇記・②国記・③臣連伴造国造百八十部并公民等本記の三書が編まれたと考えられている。筆者は、③は②の副題、ないしは説明的なもので、独立した書名とは考えないのだが、その点については、のちに詳しくのべる。

そこで、順に①天皇記からみていきたいが、これが、歴代天皇にかかわる基本的な情報を整理した帝紀的なものであったことは、多くの研究者の認めるところである。推古天皇朝にすでに「天皇」号が存在したことを疑う説もあるので、書名については疑いを挟む向きもある。しかし、本書は、すでに存在していた帝紀を整理・統一したものであり、天皇の称号・系譜・皇妃・皇子女・在位中のおもな事績・年齢・陵墓などをしるしていたと考えられている。坂本太郎氏は、①天皇記の特色は、従来の帝紀に年紀を附した点にあると推測されるが、そうした試みがなされたという可能性も捨て切れない。

つぎに、②国記だが、これについては、従来、国を国家のこととみて、日本の歴史を綴ったものとする説や、国を諸国の意に解し、のちの風土記のたぐいのものとする説があった（後世の書物で、風土記を「国記」という名称で引用する例がある）。原本が存在しない書籍の内容を、書名だけから類推するのだから、さまざまな臆説が飛び交うことになるが、まったく手がかりがないわけではない。それは、九世紀に完成した古代諸氏族の系譜をまとめた『新撰姓氏録』の序にみえる、つぎのような記述である。

允恭御宇。万姓紛紜。時下二詔旨一。盟神探湯。（中略）皇極天握レ鏡。国記皆燔。幼弱迷二其根源一。狡強倍二其偽説一。天智天皇儲宮也。船史恵尺奉進二燼書一。至二庚午年一。編二造戸籍一。人民氏骨。各得二其宜一。

ここに国記が諸氏の氏姓の根源にかかわるものとされていることは、『新撰姓氏録』が編纂されたころには、国記が氏姓にかかわるものと認識されていたことを示しているのであって、そこから、国記とは、諸氏族の氏姓にかかわる情報をふくむ書物ではなかったかということが推測される。

そこで注目されるのが、③臣連伴造国造百八十部并公民等本記の存在である。臣・連・伴造・国造以下の公民等までの記述が当時の身分階級を示したものであることは疑いないが（百八十部とは伴造に率いられる下級官人の意で、最後の「公民」はヤマト政権支配下の部民であろう）、では、本記とはなんであろうか。

これは、『住吉大社神代記』に引かれる「船木等本記」や『粟鹿大明神元記』などからも知られるように、特定の氏の出自や系譜を記録した書物のことをいうのであって、結局、③臣連伴造国造百八十部并公民等本記は②の国記とおなじものを指している可能性が大きい。筆者が、③を②の副題ないしは注記と考える理由もそこにある。とくに、さきの皇極天皇四年条に「悉焼㆓天皇記。国記㆒。」とのみあって、臣連伴造国造百八十部并公民等本記をしるしていないことは、この推測を補強するものである。

本記については、欽明天皇妃の堅塩媛を桧隈大陵に改葬した際に、蘇我馬子が誄を奉ったことをしるした『日本書紀』推古天皇二十年（六一二）二月二十日条に、

是日。（中略）第四大臣引㆓率八腹臣等㆒。便以㆓境部臣摩理勢㆒令㆑誄㆓氏姓之本㆒矣。時人云。摩理勢。烏摩侶二人能誄。唯鳥臣不㆑能㆑誄也。

とあるのが注意を惹く。ここにいう「氏姓之本」とは、おそらく蘇我氏の本記であって、それぞれの氏には、こうした本記が伝えられていたのであろう。

ちなみにいうと、本記とは、たんなる氏の系譜だけでなく、ヤマト政権に奉仕してきた祖先の功績についても記載されていたと考えられる。

ややのちの史料になるが、天武天皇の殯宮での儀式の際に、「諸臣が各己が先祖等の仕へる所の状を挙げて逓に

誄を進む」（『日本書紀』持統天皇二年〈六八八〉十一月四日条）とある「己が先祖等の仕へまつる状」とは、まさに本記の記載をいったのではないかと思う。『日本書紀』持統天皇五年（六九一）八月十三日条には、大三輪など十八氏族に詔してその祖等の墓記（纂記）を上進させているが、これも、本記のたぐいであって、あるいは田中卓氏のいうように、「墓記」は「基記（もとつふみ）」の誤写ではないかとも考えられるのである。

こうした祖先の功績は、個々の氏族がいかにヤマト政権に仕えてきたかを示すものとして重要な意味をもつのであり、天皇への誄において「己が先祖等の仕へまつる状」が読み上げられるのは、天皇への忠誠と臣従を再確認するための行為であった。

してみると、推古天皇朝に天皇記とともに、国記が編まれたことは、ヤマト政権に臣従する、すべて人々の歴史的由来を、天皇（大王）を中心に整理・統一する作業であって、十七条憲法や冠位十二階の制定とともに、内政の充実を目指していた推古天皇朝にふさわしい事業の一つであったと評価できる。

# 附録六　小野田光雄自筆『播磨風土記（三條西家本（古典保存会））』

## はじめに

ここに紹介するのは、風土記研究の第一人者として知られる小野田光雄博士が筆写された三條西家本の『播磨国風土記』である。数年前に神田神保町の誠心堂書店から購入し、現在は筆者の所蔵にかかるものである。

博士は、戦後のはやい時期から、「播磨国風土記の成立に関する一考察」（『國學院雜誌』五五―三、昭和二十九年十一月）・「播磨国風土記成立の試論」（『國語と國文學』三七九、昭和三十年一月）・「播磨国風土記の成立について」（『神道史研究』六―一・二、昭和三十三年一・三月）など、『播磨国風土記』成立論に関する論文を発表されている。このうち、最後のものは、博士の代表的論文を集成した『古事記　釈日本紀　風土記の文献学的研究』（続群書類従完成会、平成八年二月）にも収録されている。

また、博士は、こうした一聯の論文とはべつに、久松潜一校註の日本古典全書『風土記』上（朝日新聞社、昭和三十四年十月、のち昭和五十二年五月に日本古典選として復刻）において、風土記原文の校訂、書き下し、そして注釈に協力されたようである。同書の「凡例」には、「常陸国風土記と播磨国風土記とは久松潜一の校註したものに小野田光雄が再訂を加へ、補考を附した」とあり、さらに、「豊後国風土記と肥前国風土記とは秋本吉郎氏の協力を得て久松潜一の校註したものに小野田光雄が再訂を加へた」（四四頁）としるされている。

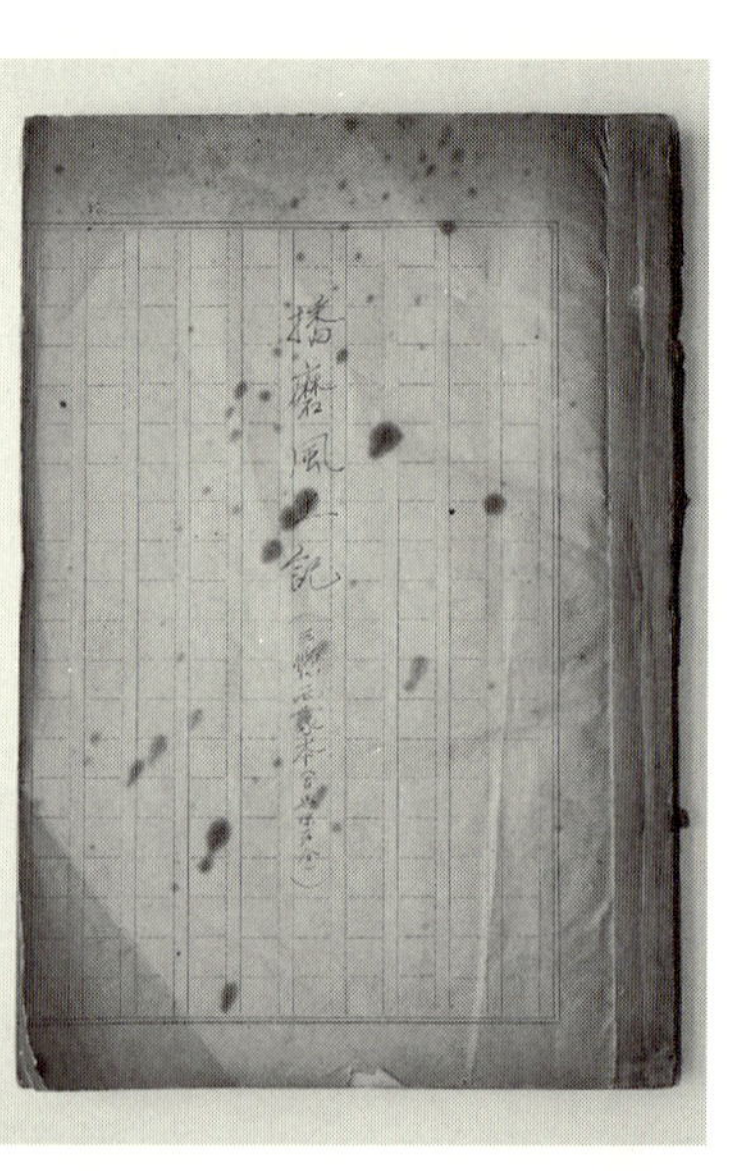


日本古典全書『風土記』上の校註者としては、久松博士の名前しかあげられていないが、実際には小野田博士の助力に負うところが大きかったようである。かつて筆者も、複数の研究者から、このお仕事は、むしろ小野田博士が中心であったとうかがった記憶がある。ただ、「解説」において、『常陸国風土記』と『播磨国風土記』の〔補考〕の部分を補筆していること以外は、博士が、どの程度この作業にかかわっていたのか、いまとなってはよくわからない。

いずれにしても、ここに掲げる『播磨国風土記』は、博士が、古典保存会の複製本によって三條西家本を書写し、行間に校異などを書き込んだもので、博士が『播磨国風土記』を研究する際に、座右に置いて活用されたものと思われる。書き込みのなかには、有益なものもあるので、あえて全文を写真版のかたちで公開する次第である。もとは、四百字詰原稿用紙に筆写したものを二つに折り、袋綴じにしていたが（写真参照）、ここでは綴じひもを解いたかたちで原稿用紙一葉づつを写真（約五〇％に縮小）に収めたことをお断りしておく。

掲載にあたって、表題の次と巻末にある遊紙は省略した。また、附箋のある四十七丁と六十六丁は、附箋の内容が読み取れる写真とそれをめくった状態のものと二葉掲げ、とくに六十六丁については、貼附されたはがきの裏面の写真を別に収載した。なお、モノクロ印刷ゆえ、原文の朱筆部分を判別しづらいが、原稿では、鼇頭の標題と返り点・送り仮名、行間の注記がおおむね朱筆である。

附録6　小野田光雄自筆『播磨風土記（三條西家本（古典保存会））』

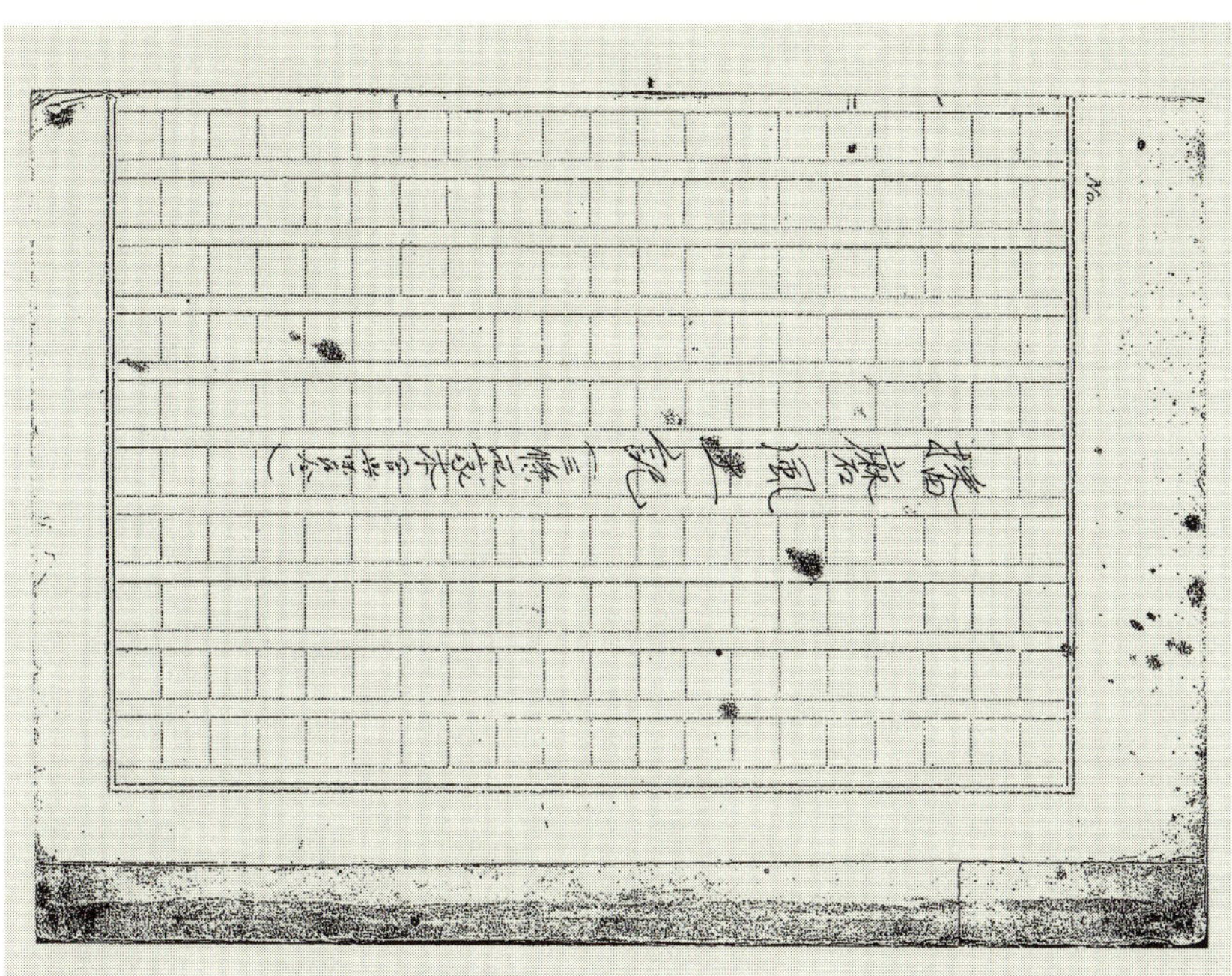

No.　　　　No.

○武田祐吉編「風土記」（岩波文庫）に拠り、訂正、追補（訓点）を施し、他書によりて訂

西は其の書名を記す。

［　］は削除すべき字句

△印は補訂箇所を示す。

㊐は井上通泰氏　播磨風土記新考

㊕敷田年治標注

㊜栗田寛標注

20×20

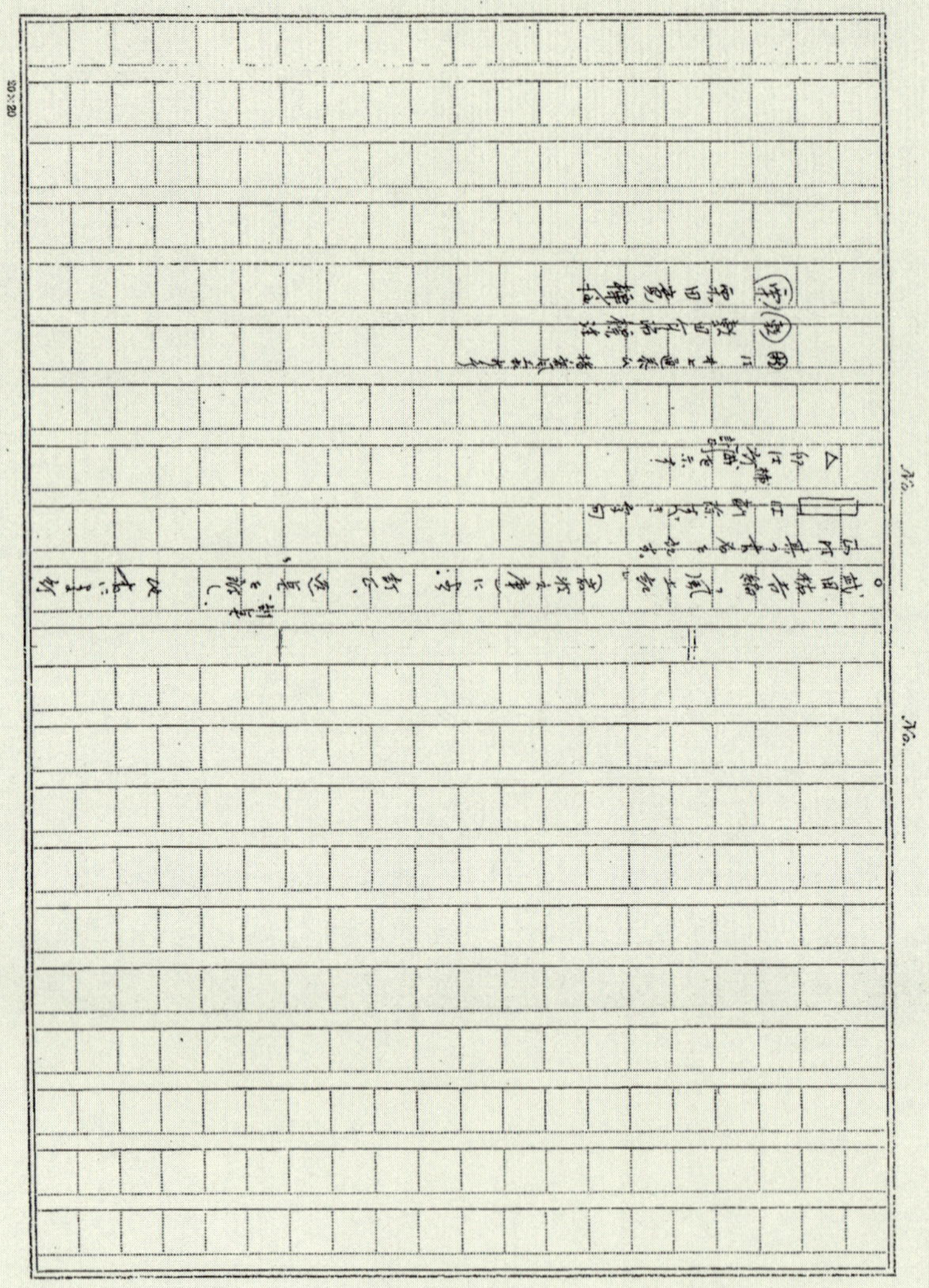

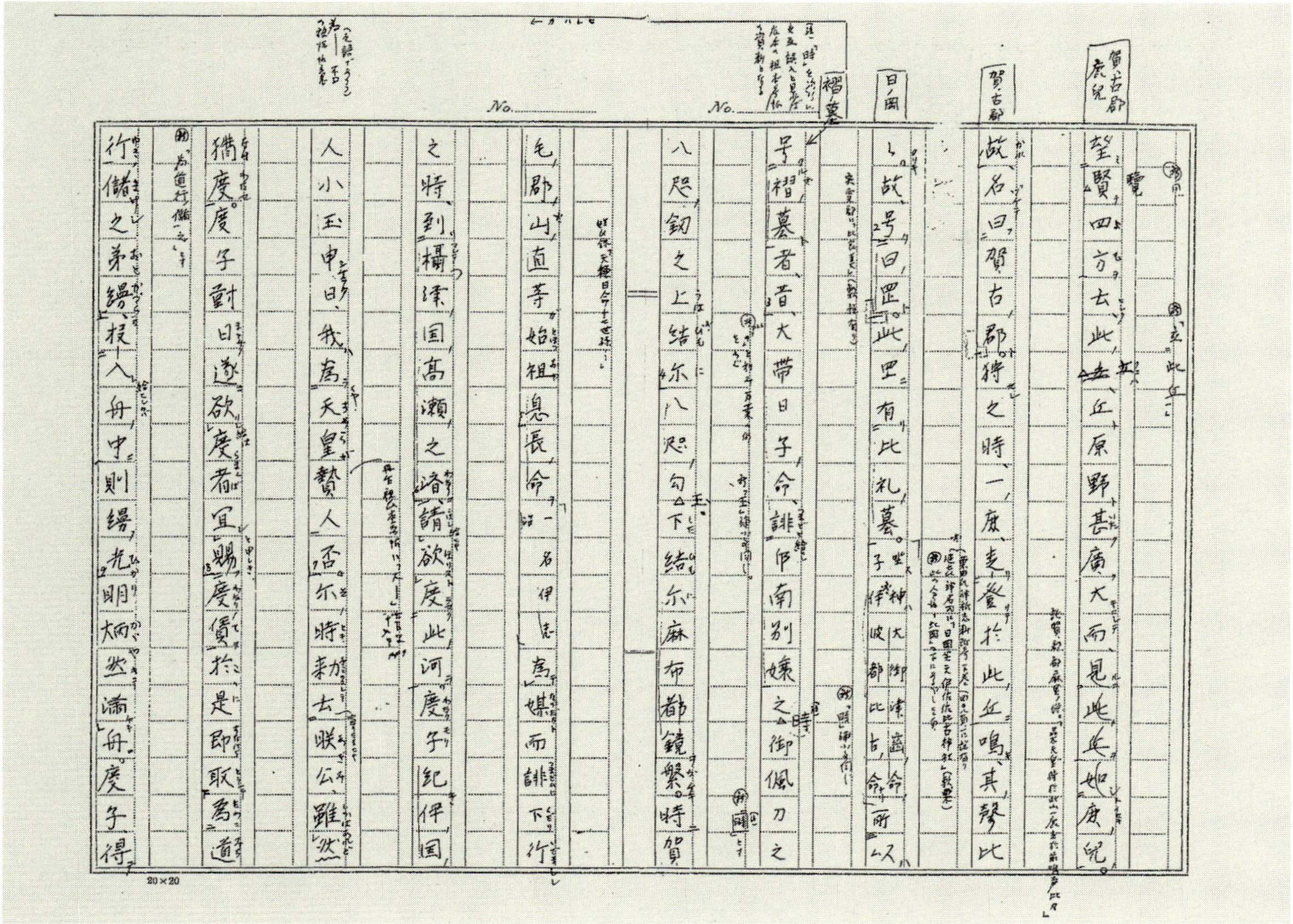

賀古郡 鹿兒

望覽四方云此丘原野甚廣大而見此丘如鹿兒

賀古郡

故名曰賀古郡狩之時一鹿走登於此丘鳴其聲比

日岡

々故号曰日岡此岡有比礼墓 坐神大御津歯命子伊波都比古命 所以

褶墓

号褶墓者昔大帯日子命誂印南別嬢之時御佩刀之

八咫劔之上結尓八咫勾玉下結尓麻布都鏡繋時賀

毛郡山直等始祖息長命 一名伊志治 為媒而誂下行

之時到攝津国高瀬之濟請欲度此河度子紀伊国

人小玉申曰我為天皇贄人否尓時勅云朕公雖然

猶度度子對曰遂欲度者宜賜度賃於是即取為道

行儲之弟縵投入舟中則縵光明炳然満舟度子得

20×20

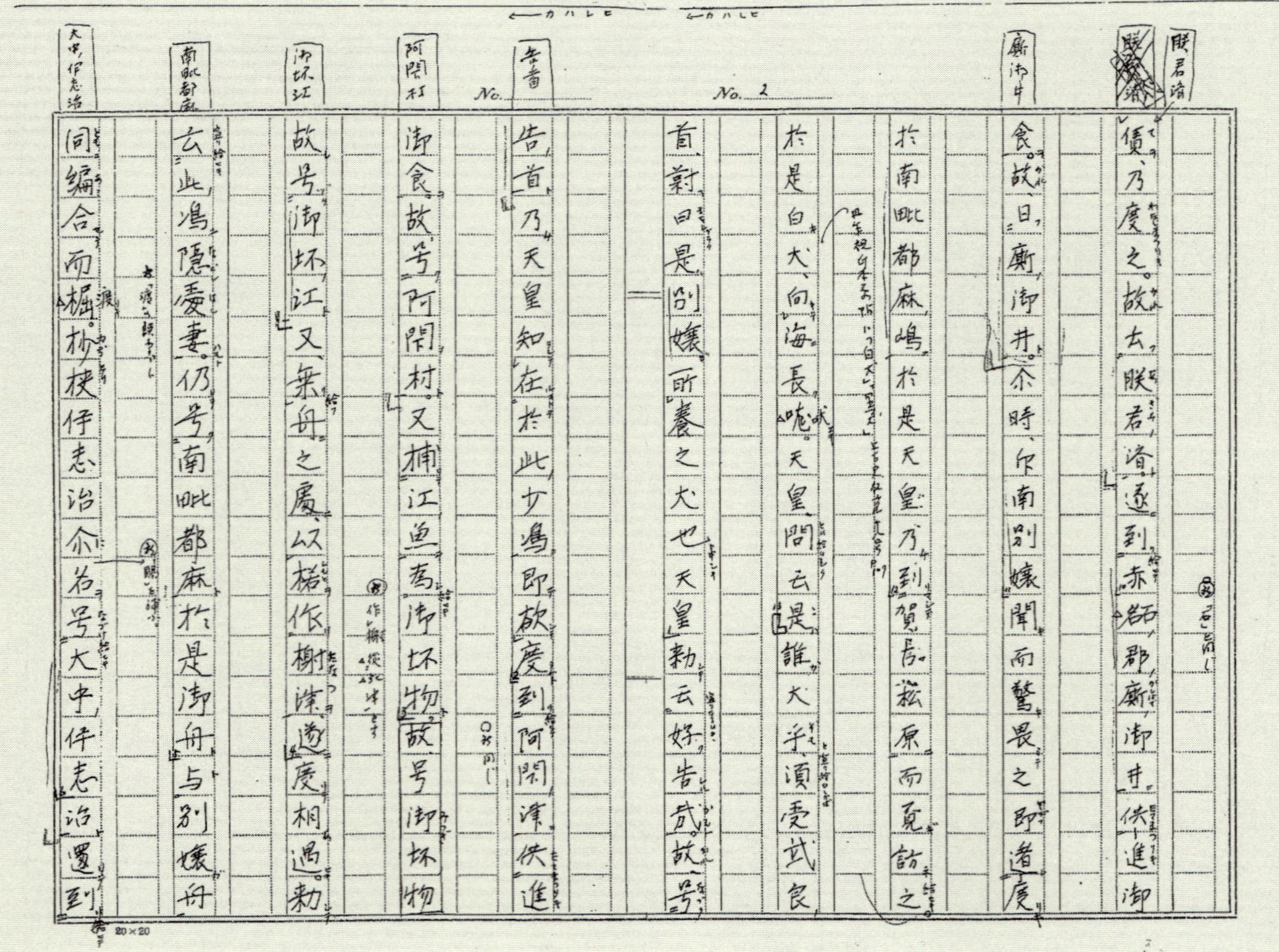

No. 2

賃乃度之故去朕君淆遂到赤石郡廚御井供進御
食故曰廚御井尓時印南別嬢聞而驚畏之即遁度
於南毗都麻嶋於是天皇乃到賀古松原而覓訪之
於是白犬向海長吠天皇問云是誰犬乎須受武良
首對曰是別嬢所養之犬也天皇勅云好告哉故号
告首乃天皇知在於此少嶋即欲度到阿閇津供進
御食故号阿閇村又捕江魚為御坏物故号御坏物
故号御坏江又乗舟之處以梲作榭遂度相遇勅
云此嶋隠愛妻仍号南毗都麻於是御舟与別嬢舟
同編合而梶抄伊志治尓名号大中伊志治還到

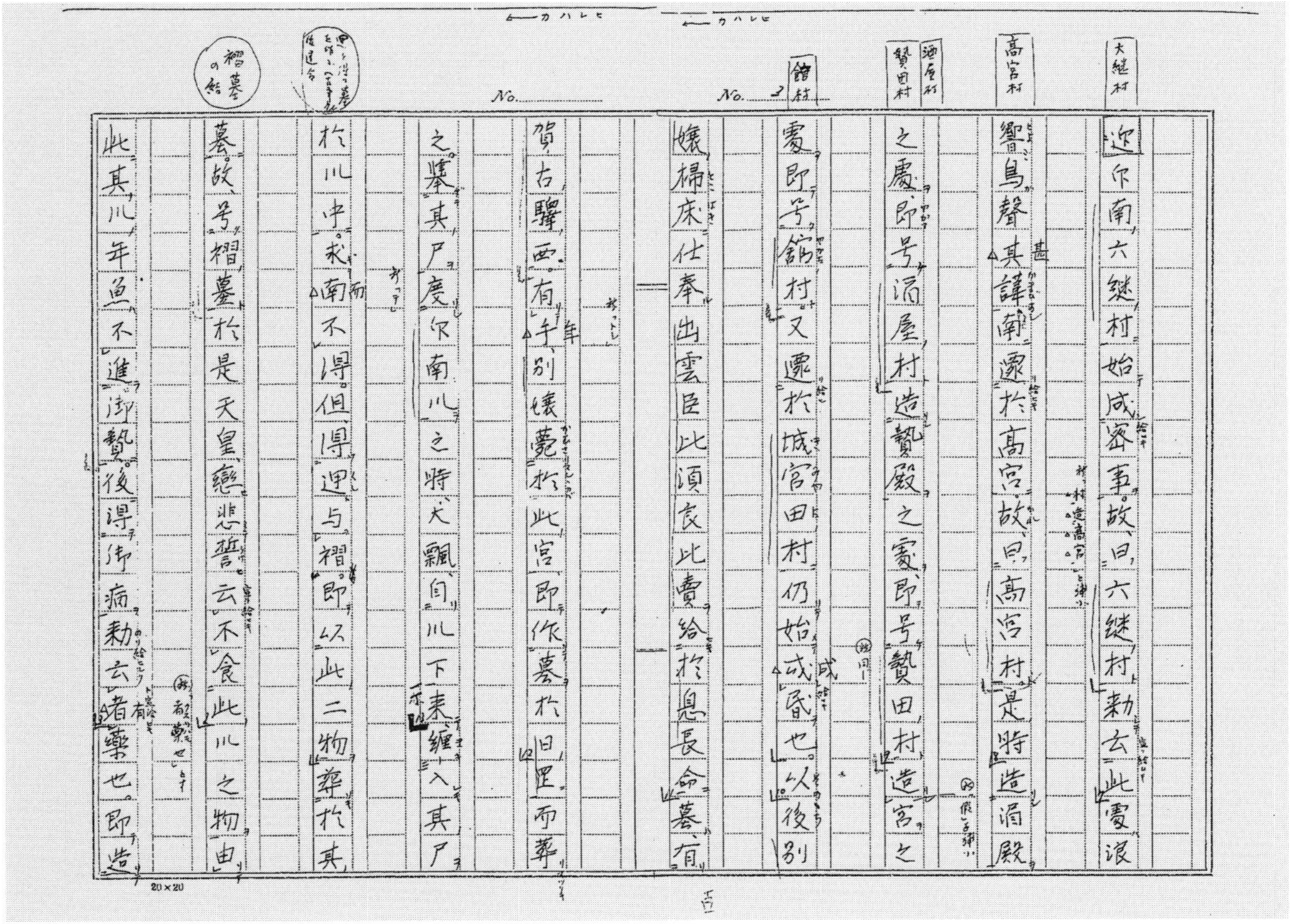
大継村　高宮村　酒屋村　贄田村　館村

No.　3

迩尓南六継村始成密事故曰六継村勅云此處狼
響鳥聲其譁甚歸還於高宮故曰高宮村是時造酒殿
之處即号酒屋村造贄殿之處即号贄田村造宮之
處即号館村又遷於城宮田村仍始成昏也以後別
孃掃床仕奉出雲臣比須良比賣給於息長命墓有
賀古驛西有年別孃薨於此宮即作墓於日岡而葬
之擧其尸度印南川之時大飄自川下來纏入其尸
於川中求而不得但得匣与褶即以此二物葬於其
墓故号褶墓於是天皇戀悲誓云不食此川之物由
此其川年魚不進御贄後得御病勅云藥者也即造

20×20

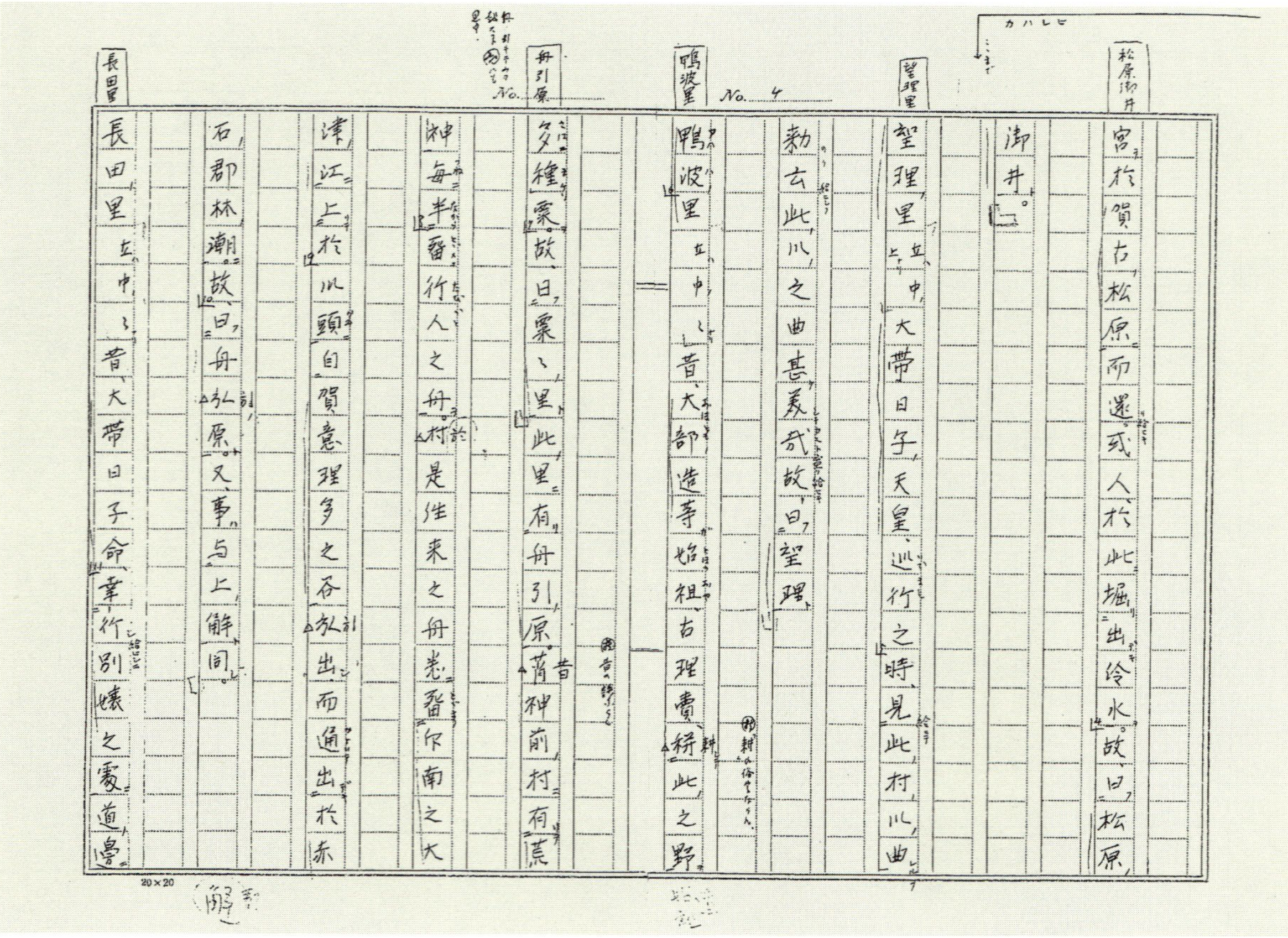

松原御井

宮於賀古松原而還或人於此堀出冷水故曰松原

御井。

望理里

望理里　土中　大帯日子天皇巡行之時見此村川曲

勅云此川之曲甚美哉故曰望理。

鴨波里　No. 4

鴨波里　土中　昔大部造等始祖古理賣耕此之野

舟引原　No.

多種粟故曰粟々里此里有舟引原昔神前村有荒

神毎半留行人之舟於是往来之舟悉留印南之大

津江上於川頭自賀意理多之谷引出而通出於赤

石郡林潮故曰舟引原又事与上解同。

長田里

長田里　土中　昔大帯日子命幸行別嬢之處道邊

20×20

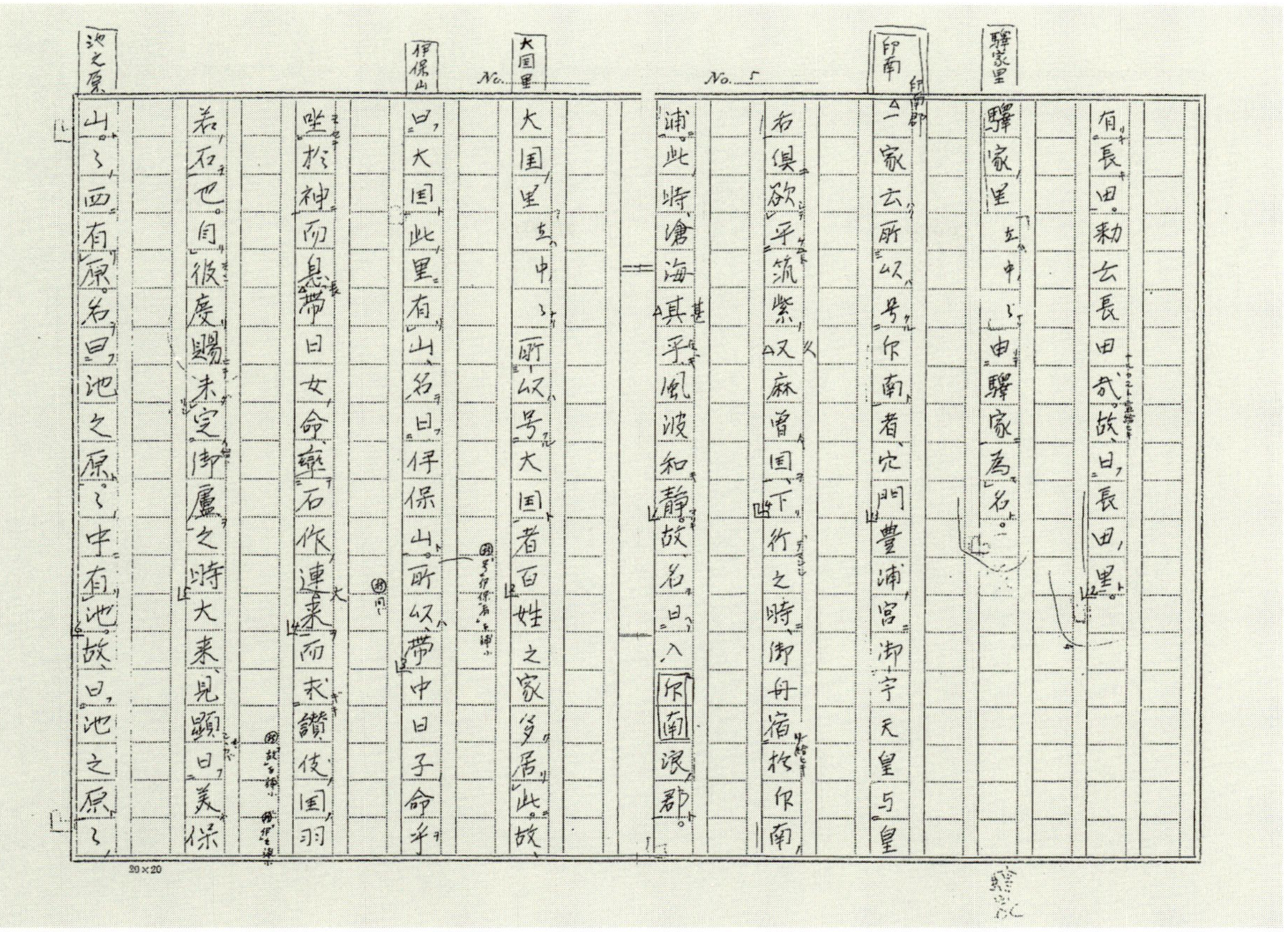

驛家里　印南　大国里　伊保山　池之原

No. 5

有長田。勅云長田哉。故曰長田里。

驛家里　土中々。由驛家為名。

一家云、所以号印南者、穴門豊浦宮御宇天皇与皇

后倶欲平筑紫久麻曽国、下行之時、御舟宿於印南

浦。此時滄海其平、風波和静。故名曰入印南浪郡。

大国里　土中々。所以号大国者、百姓之家多居此。故

曰大国。此里有山、名曰伊保山。所以帯中日子命乎

坐於神而、息長帯日女命率石作連大来而求讃伎国羽

若石也。自彼度賜、未定御廬之時、大来見顕。故曰美保

山。山西有原、名曰池之原。原中有池。故曰池之原。原

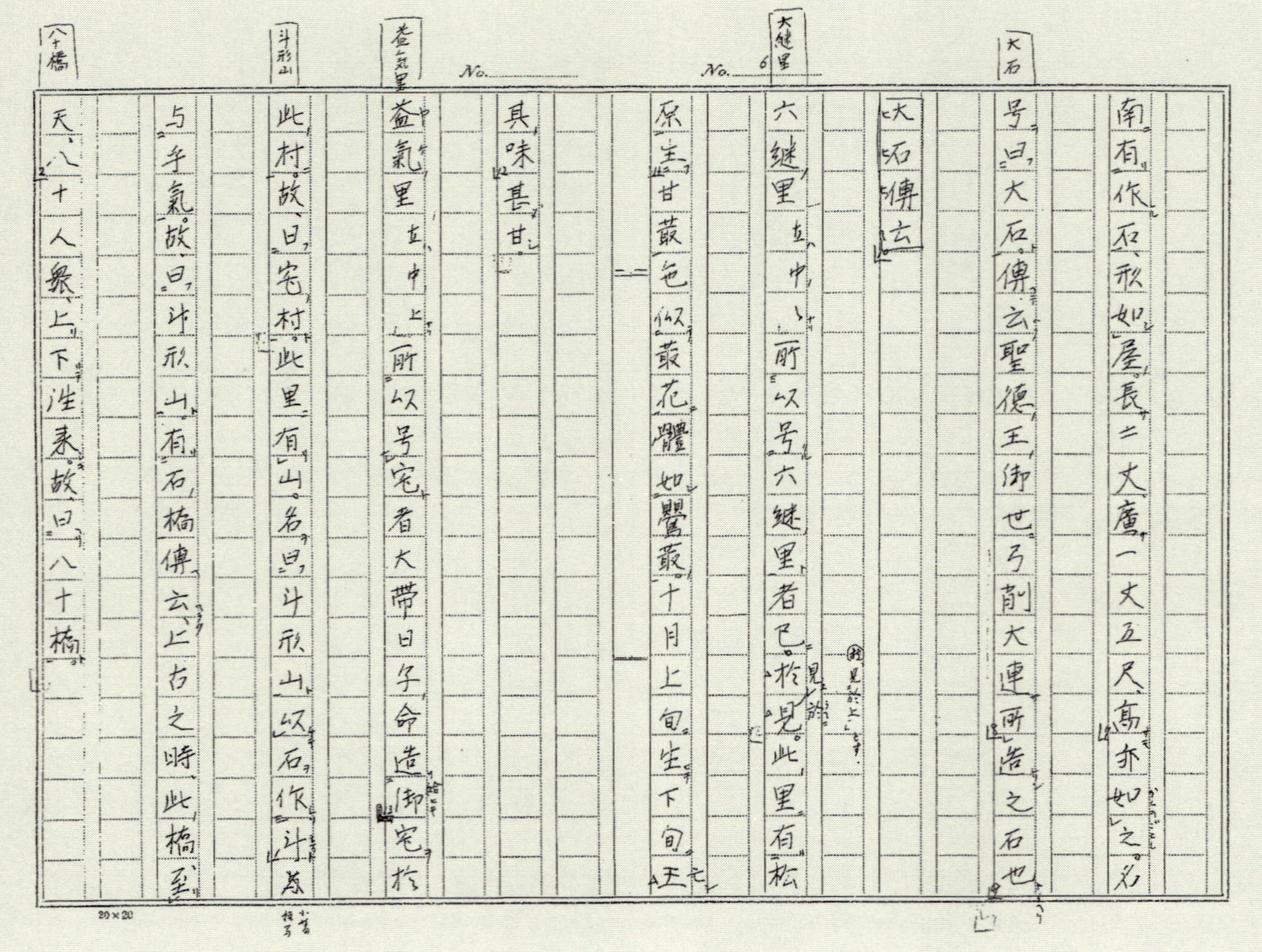

No. 6

大石

南有作石、形如屋、長二丈、廣一丈五尺、高亦如之。名

号曰大石。傳云、聖徳王御世、弓削大連所造之石也。

大石傳云

大継里

六継里 土中上。所以号六継里者、已於見此里有松

原生甘茸、色似茸花、體如蘡薁、十月上旬生、下旬亡。

其味甚甘。

益気里

益気里 土中上。所以号宅者、大帯日子命造御宅於

斗形山

此村。故曰宅村。此里有山、名曰斗形山。以石作斗

与乎気。故曰斗形山。有石橋。傳云、上古之時、此橋至

八十橋

天、八十人衆上下往来。故曰八十橋。

20×20

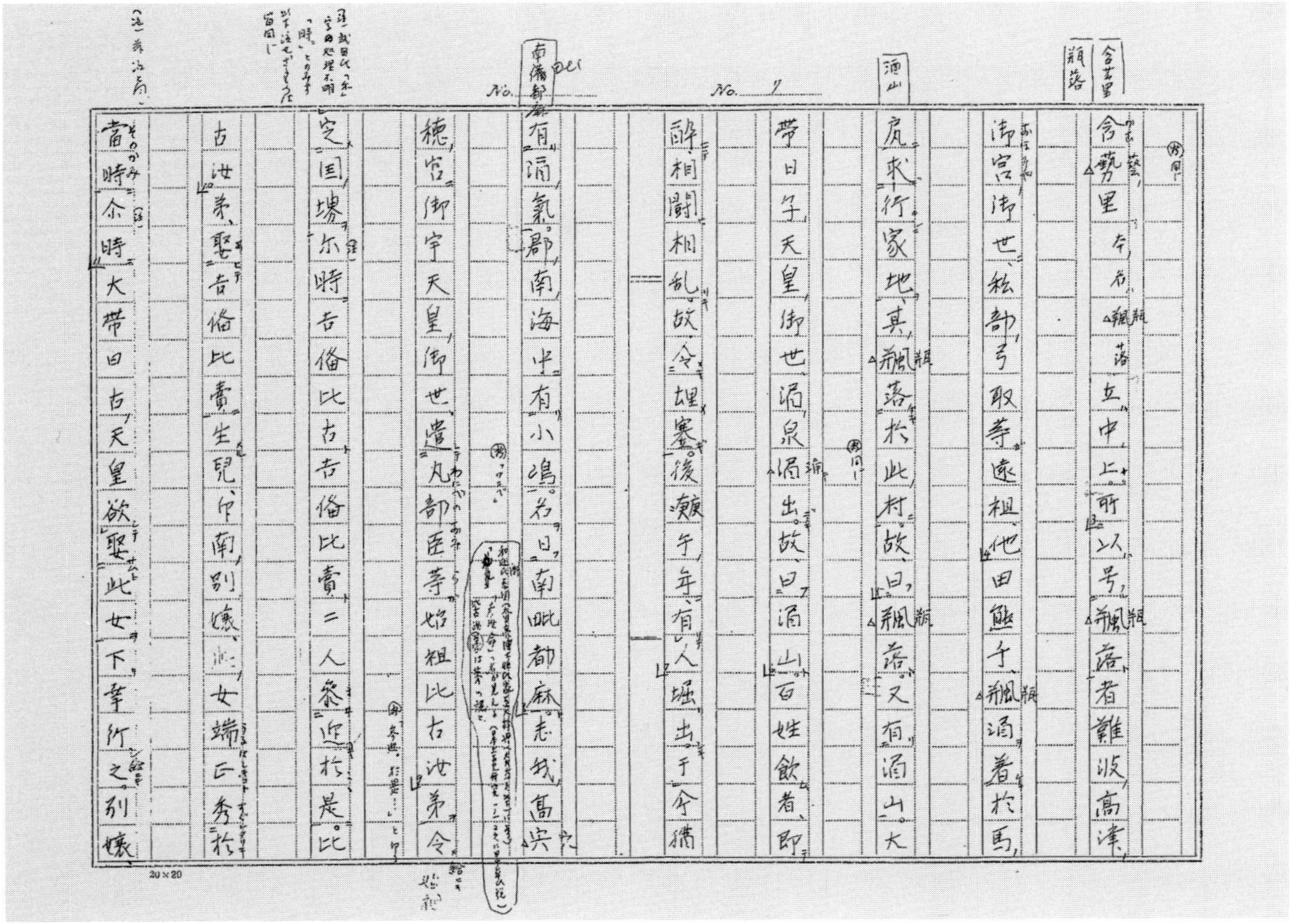

No. 1

含藝里　瓶落

含藝里本名瓶落土中上所以号瓶落者難波高津

御宮御世私部弓取等遠祖他田熊千瓶酒着於馬

酒山

尻求行家地其瓶落於此村故曰瓶落又有酒山大

帯日子天皇御世酒泉涌出故曰酒山百姓飲者即

醉相闘相乱故令埋塞後庚午年有人堀出于今猶

南毗都麻

有酒氣郡南海中有小嶋名曰南毗都麻志我高穴

穂宮御宇天皇御世遣丸部臣等始祖比古汝弟令

定国堺尓時吉備比古吉備比賣二人参迎於是比

古汝弟娶吉備比賣生児印南別嬢此女端正秀於

當時尓時大帯日古天皇欲娶此女下幸行之別嬢

20×20

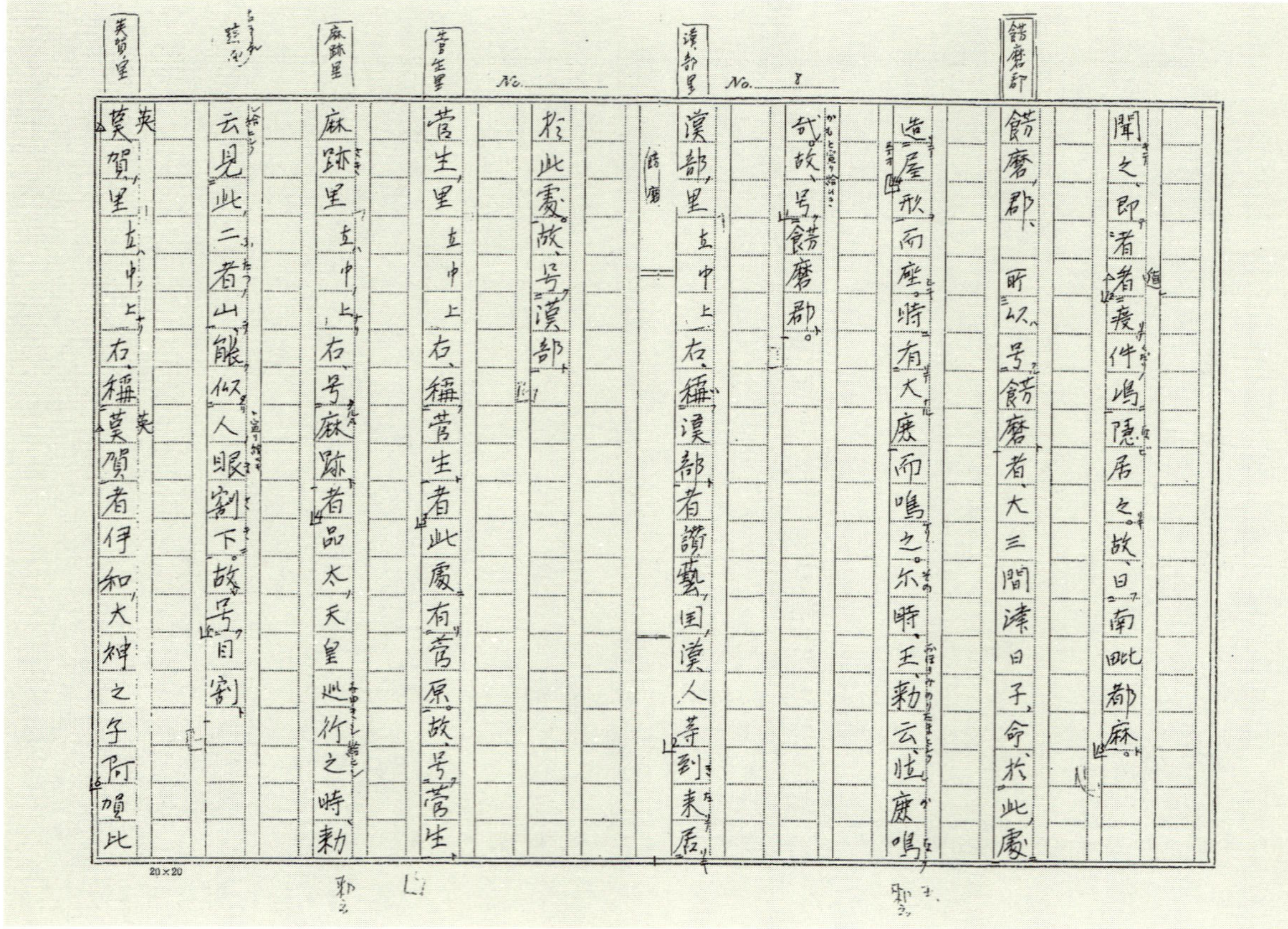

餝磨郡 No. 8 漢部里 No. 菅生里 麻跡里 英賀里

聞之、即者瘦件鳴隠居之。故曰南毗都麻。

餝磨郡。所以号餝磨者、大三間津日子命、於此處造屋形而座時、有大鹿而鳴之。尓時、王勅云、壮鹿鳴哉。故号餝磨郡。

漢部里。土中上。右、稱漢部者、讃藝国漢人等到来居於此處。故号漢部。

菅生里。土中上。右、稱菅生者、此處有菅原。故号菅生。

麻跡里。土中上。右、号麻跡者、品太天皇巡行之時、勅云、見此二山、能似人眼割下。故号目割。

英賀里。土中上。右、稱英賀者、伊和大神之子阿賀比

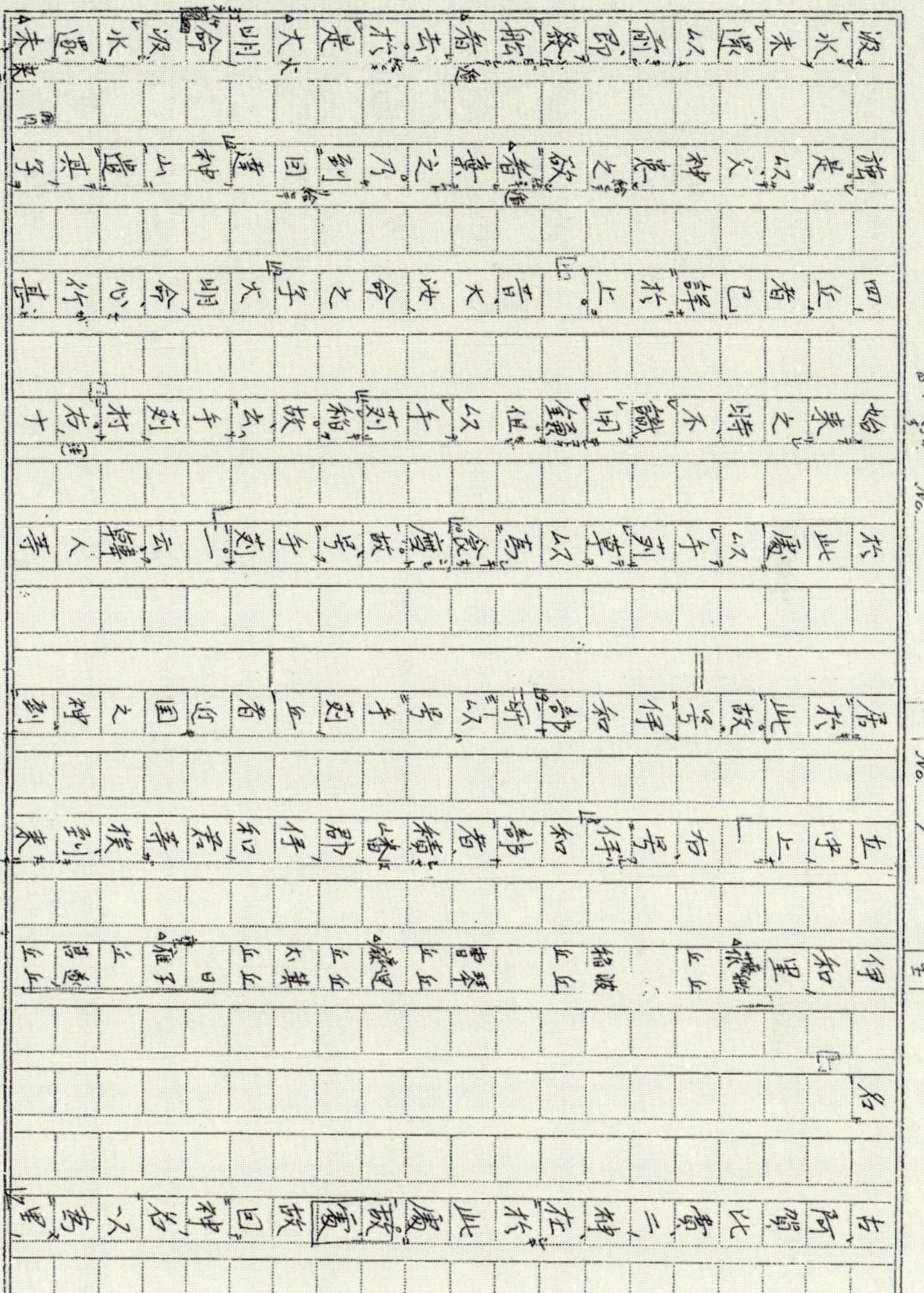
右阿賀比賣二神在於此處故曰神名以為里

伊和里

右伊上布伊和部者積幡郡伊和君等族到來

居於此故號伊和部所以號手苅丘者近國之神到

於此處以手苅草以為食薦故號手苅一云韓人等

始來之時不識用鎌但以手苅取稲故云手苅村右十

四丘者已詳於上昔大汝命之子火明命心行甚

強是以父神患之欲遁棄之乃到因達神山遣其子

汲水未還以前即發船遁去於是火明命汲水還來

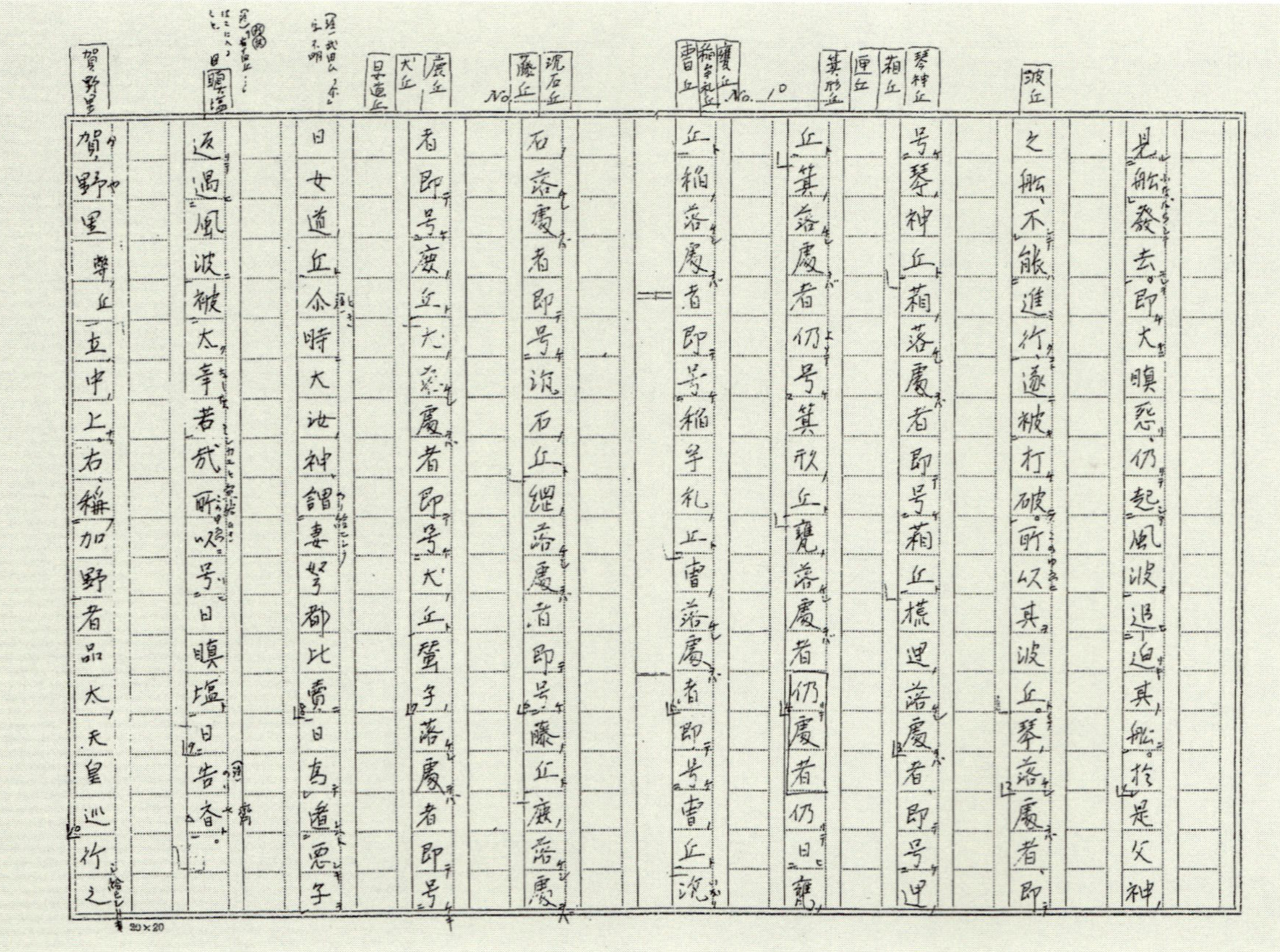

是船發去。即大瞋怒、仍起風波、追迫其船。於是父神
之船、不能進行、遂被打破。所以其波丘。琴落處者、即
号琴神丘。箱落處者、即号箱丘。梳匣落處者、即号匣
丘。箕落處者、仍号箕形丘。甕落處者、仍處者仍日甕、
丘。稲落處者、即号稲牟礼丘。冑落處者、即号冑丘。沈
石落處者、即号沈石丘。綱落處者、即号藤丘。鹿落處
者、即号鹿丘。犬落處者、即号犬丘。蠶子落處者、即号
日女道丘。尒時大汝神、謂妻弩都比賣曰、為遁惡子
返遇風波、被太辛苦。所以号曰瞋塩、告斉。
賀野里。幣丘。土中上。右、稱加野者、品太天皇巡行之

時此處造殿仍張蚊屋故号加野山川之名亦与里
同
所以稱幣丘者品太天皇到於此處奉幣地祇
故号幣丘
韓室里 土中上 右稱韓室者韓室首寶等上祖家大
富饒造韓室故号韓室
巨智里 草上村〔大立丘〕 土上下 右巨智等始屋居此村故曰
爲名
所以云草上者韓人山村等上祖柞巨智賀
那請此地而墾田之時有一聚草其根尤臭故号草
上 所以稱大立丘者品太天皇立於此丘見之地形
故号大立丘

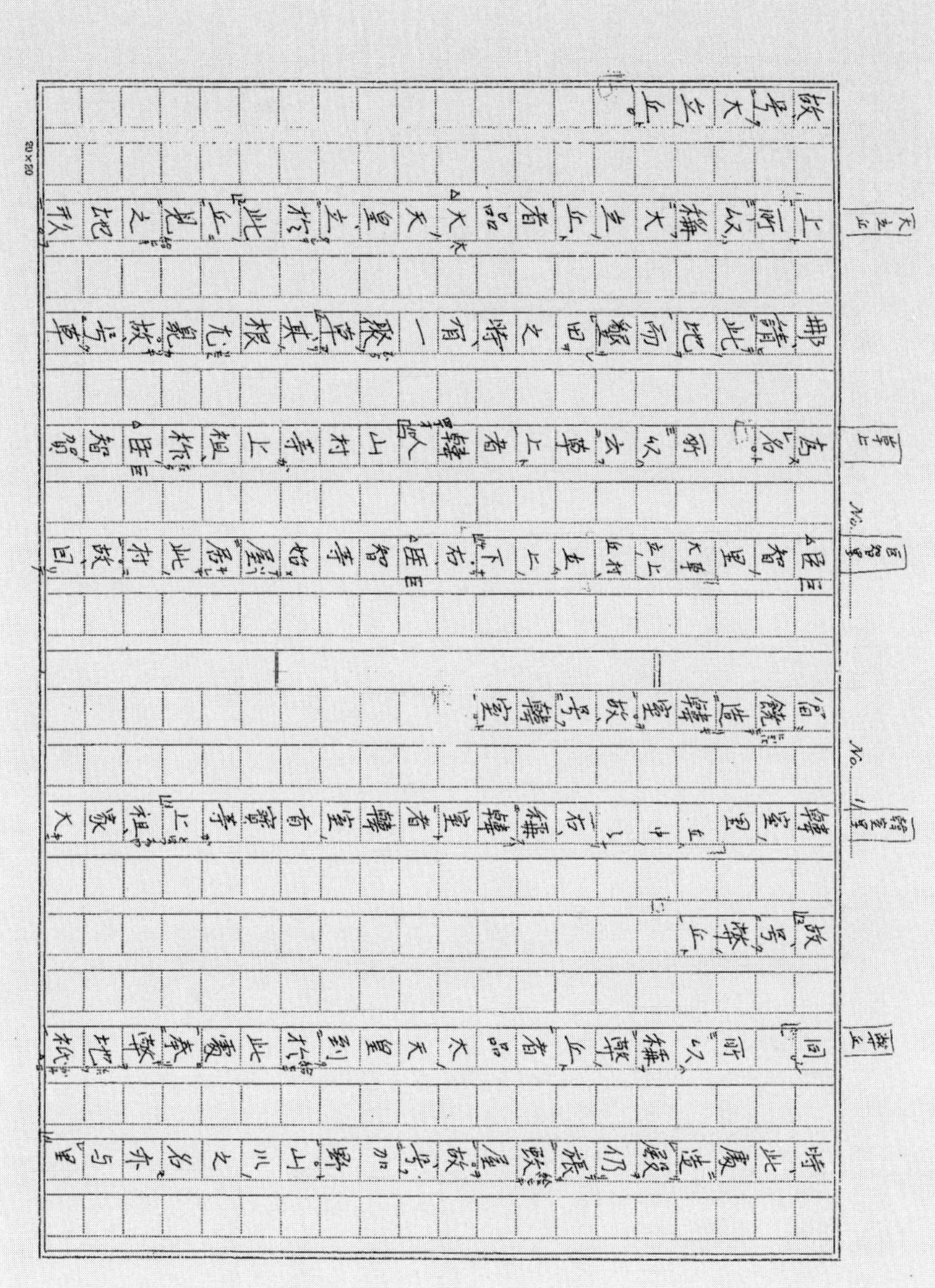

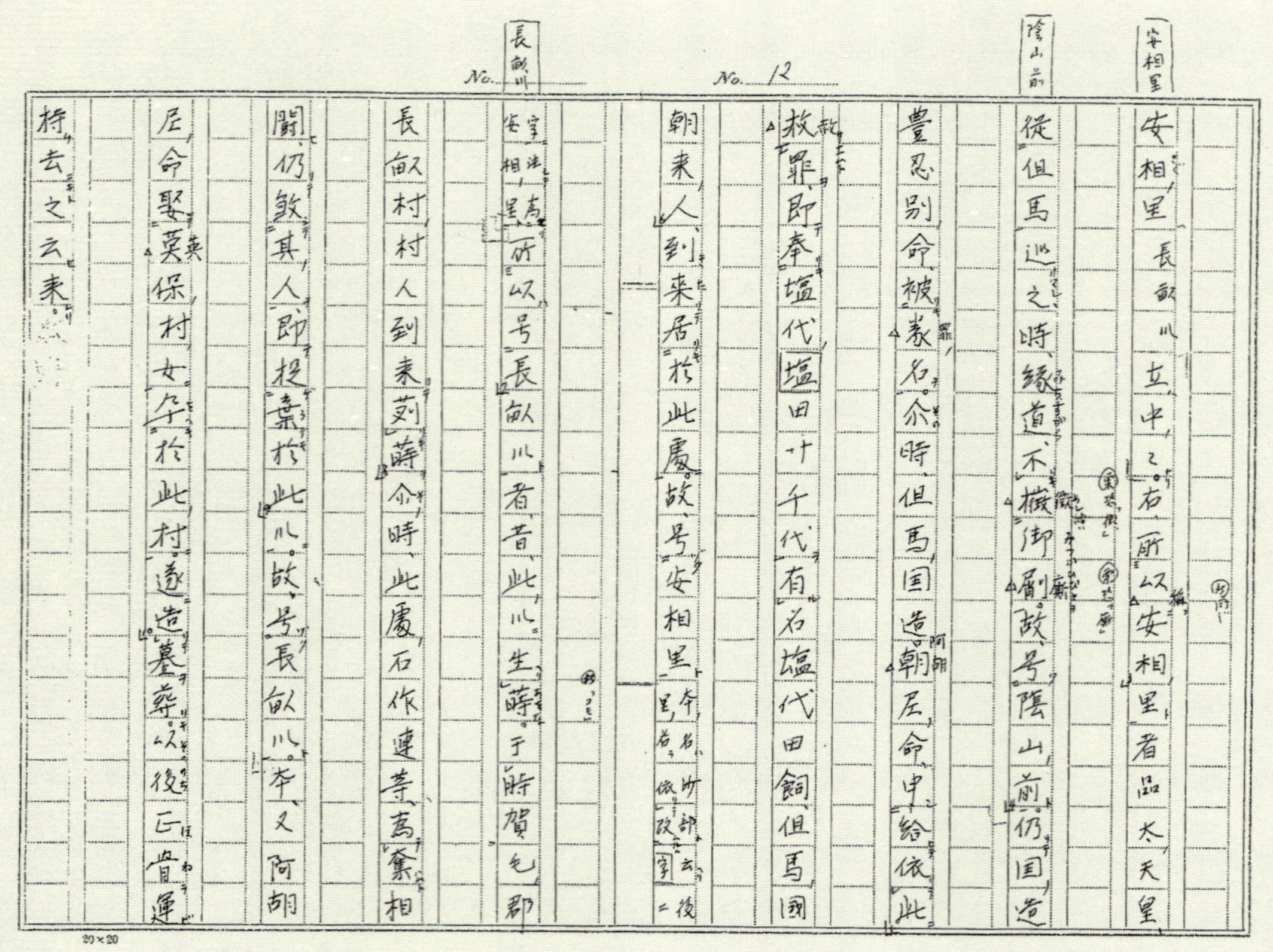

安相里　長畝川　陰山前

No. 12

安相里長畝川立中、右所以安相里者、品太天皇
従但馬巡之時、縁道不撤御冠、故号陰山前、仍国造
豊忍別命被剝名、介時但馬国造朝居命中給、依此
赦罪、即奉塩代塩田廿千代有名、塩代田飼但馬国
朝来人到来居於此處、故号安相里、本名沙部云、後里名依字改二字
注為安相里、所以号長畝川者、昔此川生蒋、于時賀毛郡
長畝村村人到来苅蒋、介時此處石作連等、為奪相
闘、仍殺其人、即投棄於此川、故号長畝川、本文又阿胡
尼命娶英保村女、卒於此村、遂造墓葬、以後正骨運
持去之云来。

20×20

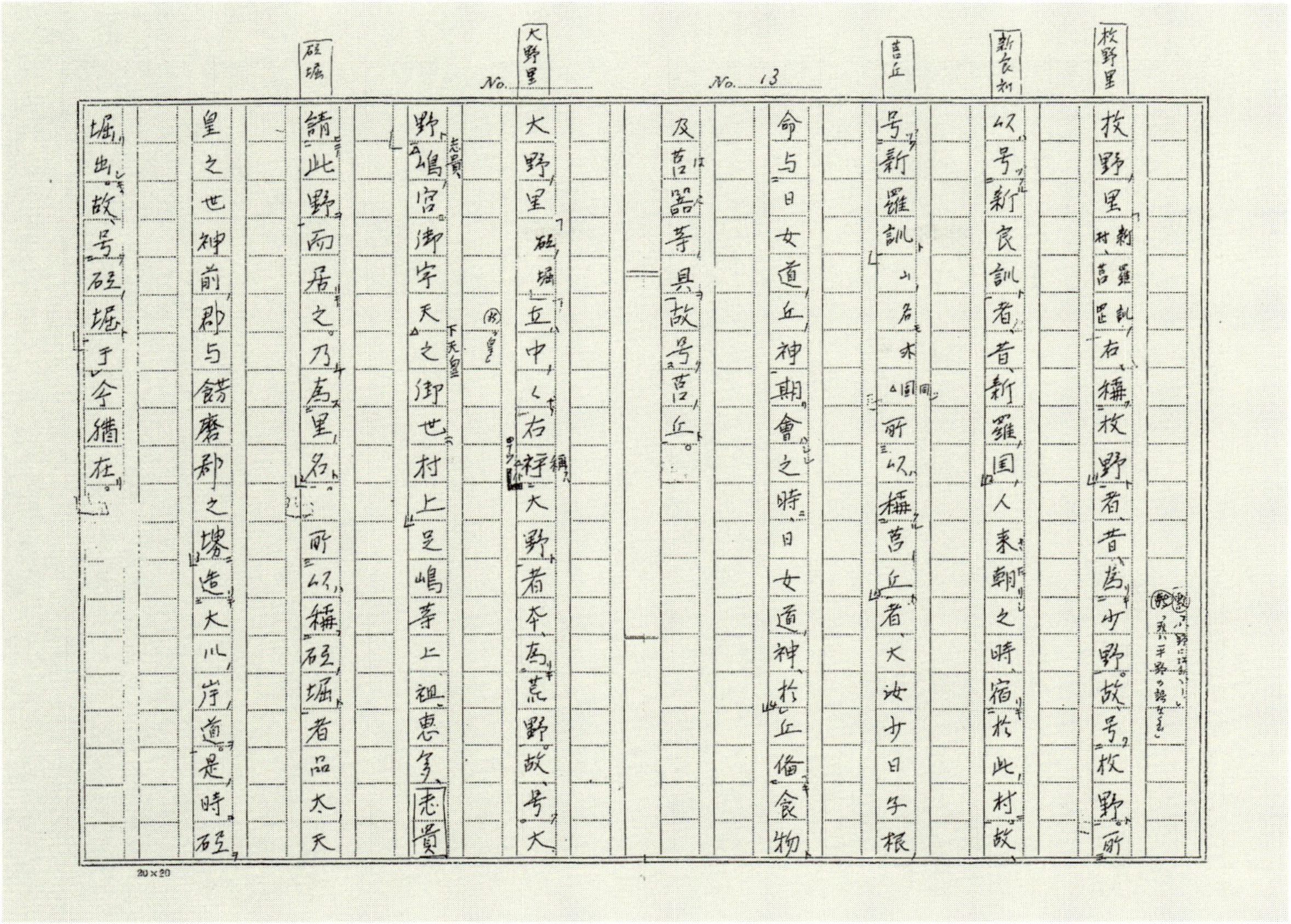

No.　　No. 13

枚野里（新羅訓村・莒置）右稱枚野者、昔爲少野。故号枚野。所
以号新良訓者、昔新羅国人来朝之時、宿於此村。故
号新羅訓。山名亦同。所以稱莒丘者、大汝少日子根
命与日女道丘神期會之時、日女道神於丘備食物
及莒器等具。故号莒丘。

大野里　砥堀　右中く右稱大野者、本爲荒野。故号大
野。志貴嶋宮御宇天皇之御世、村上足嶋等上祖恵多、志貴
請此野而居之。乃爲里名。所以稱砥堀者、品太天
皇之世、神前郡与餝磨郡之堺造大川岸道。是時砥
堀出。故号砥堀。于今猶在。

20×20

No. 14

少川里 高瀬村 豊国村 英馬野 射目前 檀坂 多取山 御豎 伊刀嶋 丘中〻 本名私里 右、
号私里。嶋宮御宇天皇也、私部弓束等祖田又利君
鼻留志貴請此處而居之。故、号私里。以後、庚寅年、上
大夫為宰之時、改為小川里。一云、小川、自大野流来
此處。故、曰小川。
所以称高瀬者、品太天皇登於夢
前丘而望見者、北方有白色物。云、彼何物乎。即遣舍
人上野国麻奈毗古令察之。申云、自高處流落水是
也。即号高瀬村。
所以号豊国者、筑紫豊国之神在
於此處。故、号豊国村。
所以号英馬野者、品太天皇
此野狩時、一馬走逸。勅云、誰馬乎。待従等對云、朕御

20×20

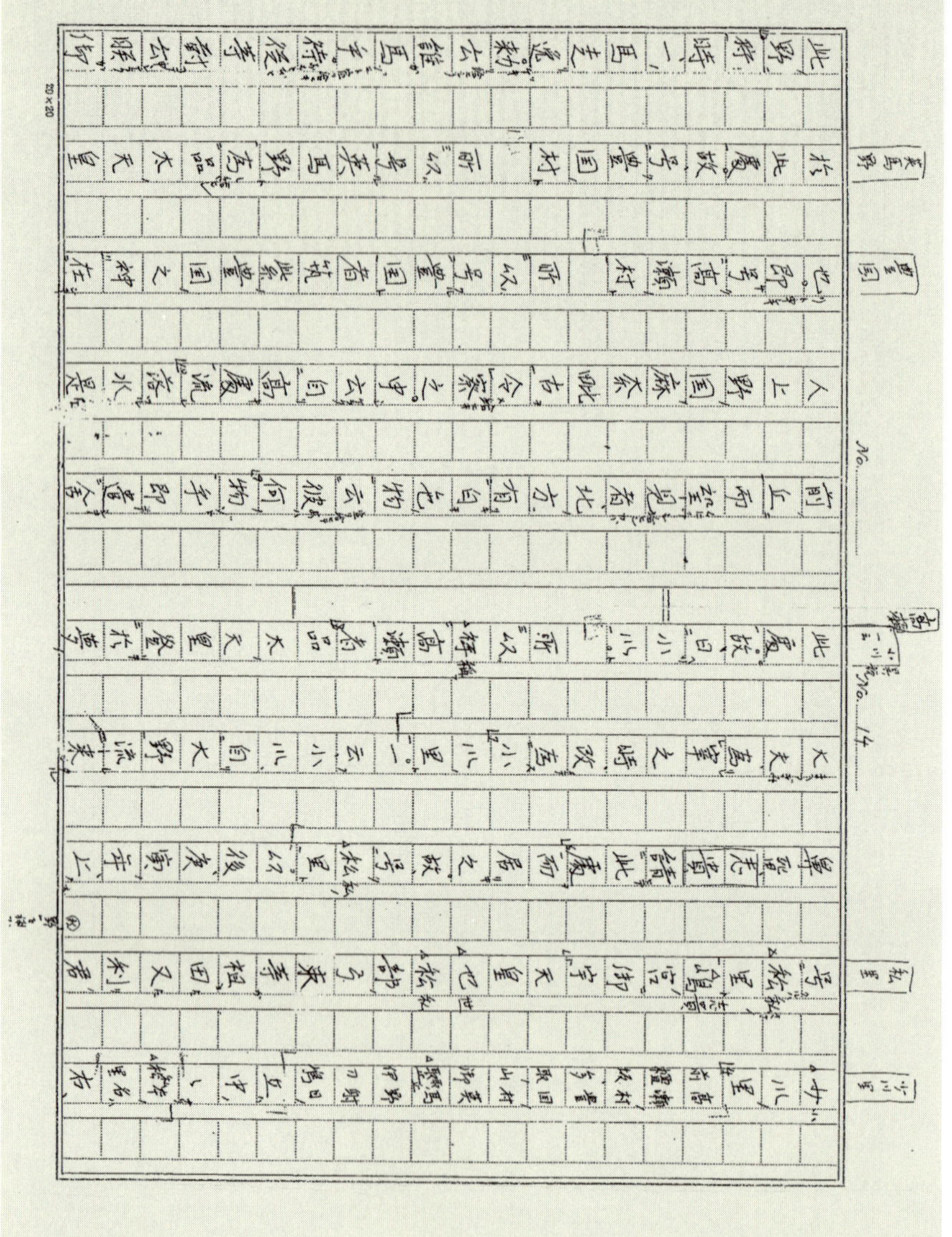

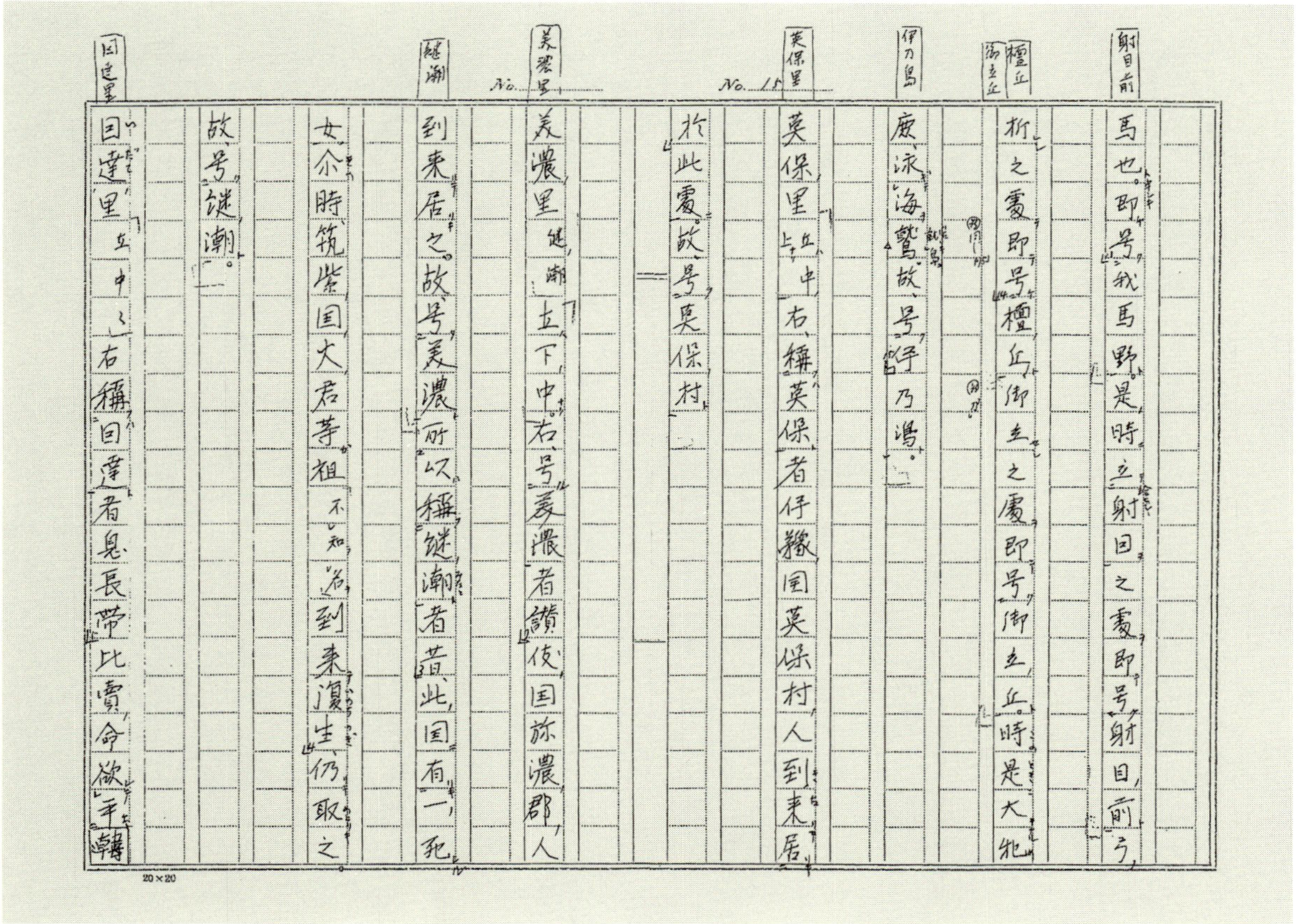

射目前

檀丘　御立丘

伊刀島

英保里

美濃里

继潮

因達里

No.

No. 15

馬也。即号我馬野。是時立射目之處即号射目前。

折之處即号檀丘。御立之處即号御立丘。時是大牝

庭、泳、海鷲、故号伊乃島。

英保里　土中　右、稱英保者伊豫国英保村人到来居

於此處。故号英保村。

美濃里　继潮　土下中。右、号美濃者讃伎国弥濃郡人

到来居之。故号美濃。所以稱继潮者昔此国有一死

女。尓時筑紫国火君等祖　不知名　到来復生。仍取之

故号继潮。

因達里　土中　右稱因達者息長帯比賣命欲平韓

20×20

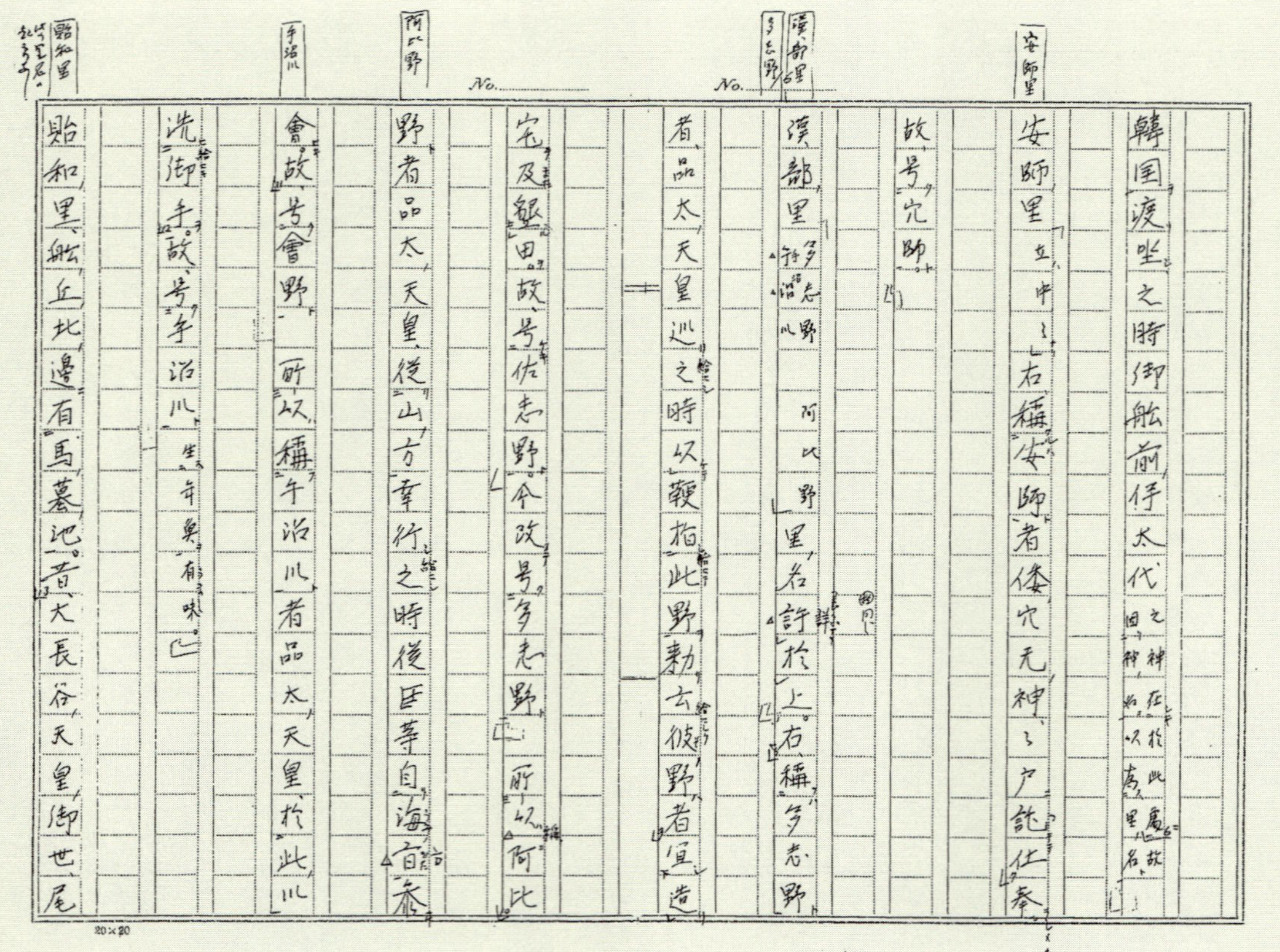

安師里 漢部里 多志野 阿比野 手沼川 貽和里

韓国渡坐之時御船前伴太代之神在於此處故因神名以為里名

安師里 土中〻 右稱安師者倭穴无神〻戸託仕奉故号穴師

漢部里 多志野 阿比野 手沼川 里名詳於上 右稱多志野者品太天皇巡之時以鞭指此野勅云彼野者宜造宅及墾田故号佐志野今改号多志野 所以阿比野者品太天皇従山方幸行之時従臣等自海首参會故号會野 所以稱手沼川者品太天皇於此川洗御手故号手沼川 生年魚有味

貽和里 船丘 北邊有馬墓池 昔大長谷天皇御世尾

No. 17

治連等上祖長日子有善婢与馬並合之意於是長
日子将死之時謂其子曰吾死以後皆葬准吾即為
之作墓第一為長日子墓第二為婢墓第三為馬墓
併有三後止生石大夫為国司之時築墓邊池故
因名為馬墓池　所以稱餝磨御宅者大雀天皇御

No.

世遣人喚意伎出雲伯耆因幡但馬五国造等是時
五国造即以召使為水手而向京之以此為罪即退
於播磨国令作田也此時所作之田即号意伎田出
雲伯耆田因幡田但馬田即彼田稲収納之御宅即
号餝磨御宅又云賀和良久三宅

20×20

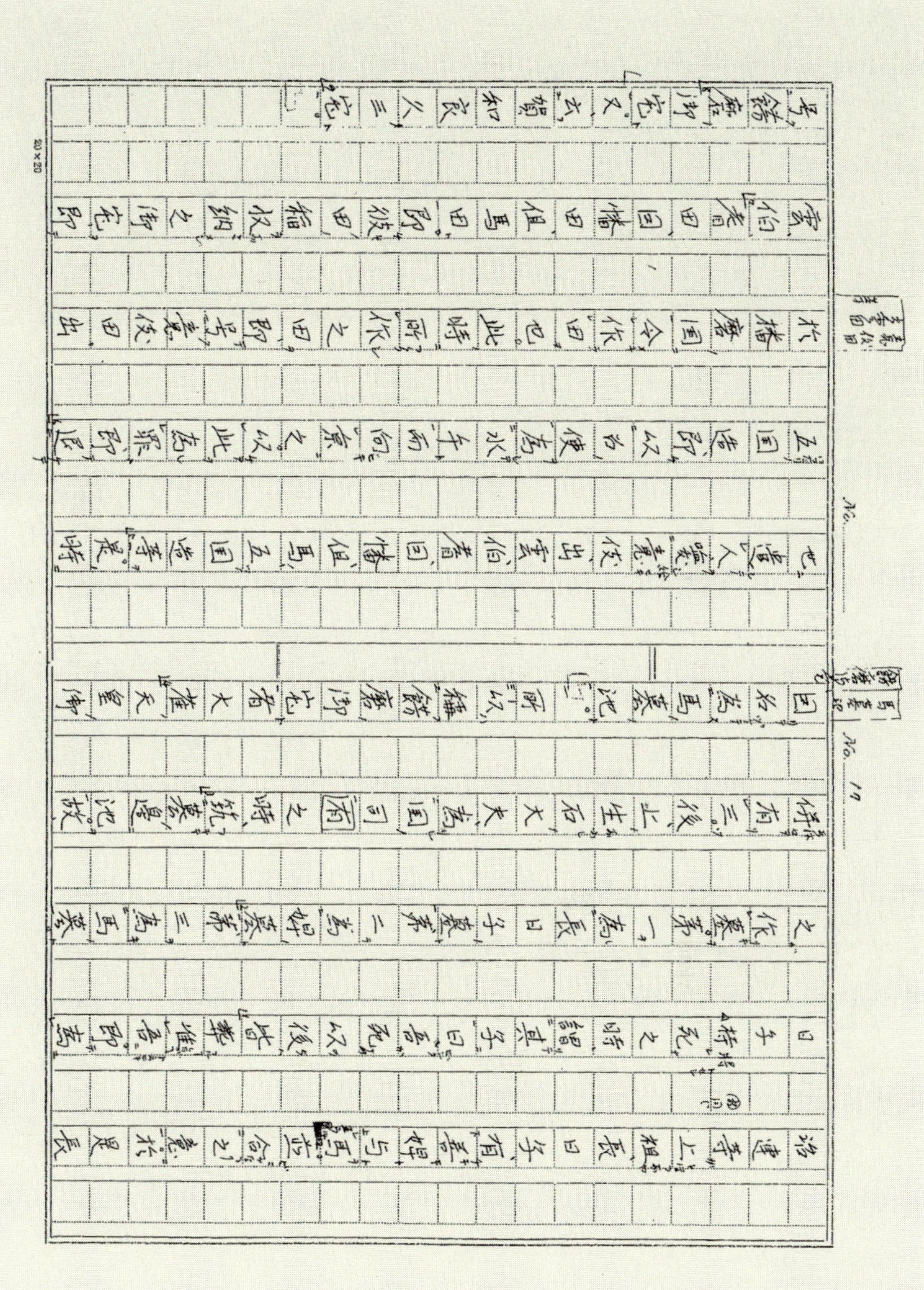

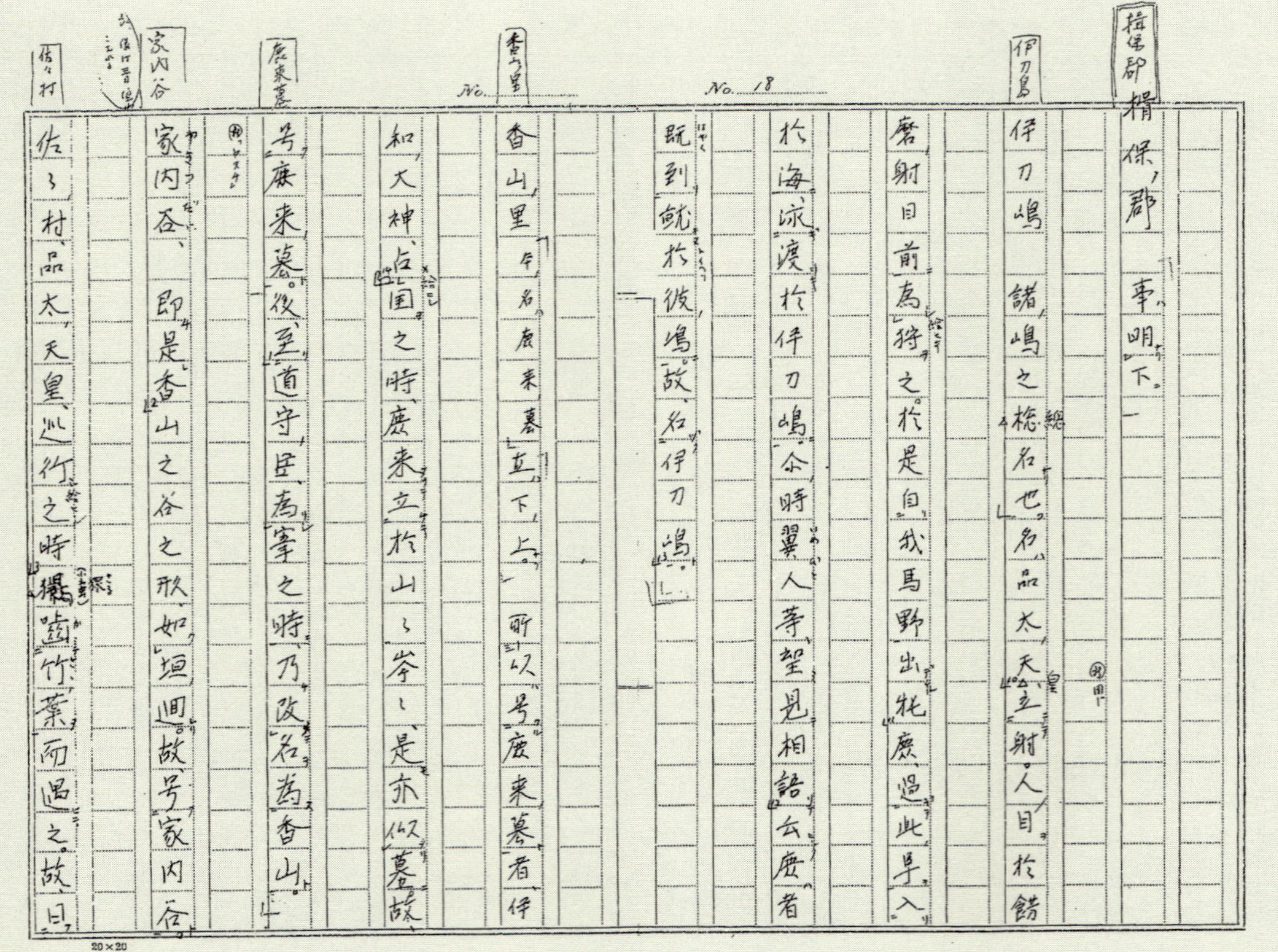

No. 18

揖保郡

揖保郡 事明下。

伊刀島

伊刀嶋 諸嶋之惣名也。右、品太天皇、射人目於餝

磨射目前為狩之。於是、自我馬野出牝鹿、過此阜入

於海、泳渡於伊刀嶋。尒時、翼人等、望見相語云、鹿者

既到就於彼嶋。故、名伊刀嶋。

香山里

香山里 本名鹿来墓 土下上。所以号鹿来墓者、伊

和大神占国之時、鹿来立於山岑。山岑、是亦似墓。故、

鹿来墓

号鹿来墓。後至道守臣為宰之時、乃改名為香山。

家内谷

家内谷 即是香山之谷之形、如垣廻。故号家内谷。

佐々村

佐々村 品太天皇巡行之時、猿噛竹葉而遇之。故曰

20×20

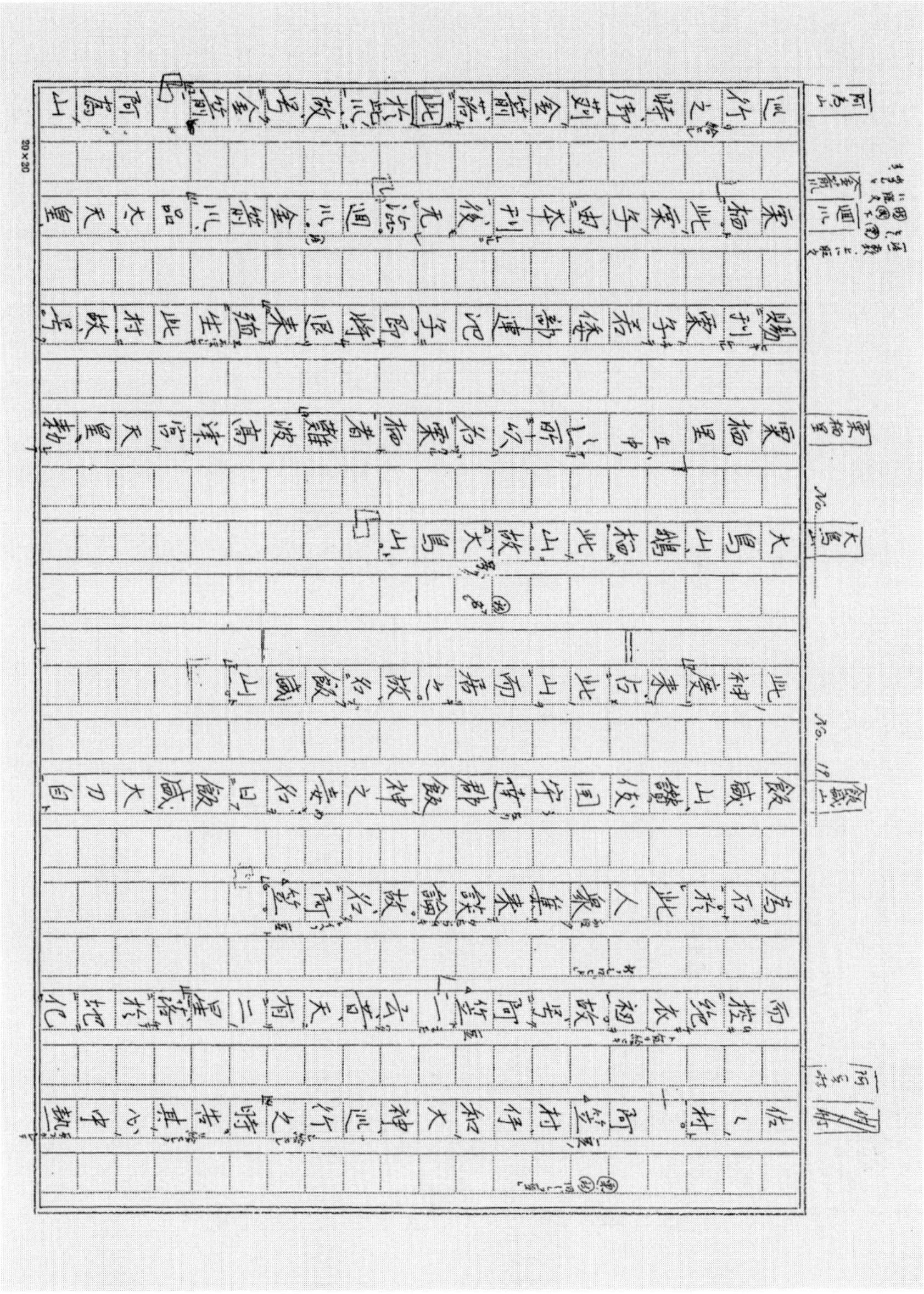

佐々村。阿笠村。伊和大神巡行之時、告其心中執
而控绝衣初。故号阿笠。一云、昔天有二星落於地化
為石。於此人衆集来談論。故名阿笠。
飯盛山。讃伎国宇達郡飯神之妾名曰飯盛大刀自
此神度来占此山而居之。故名飯盛山。
大鳥山。鵤栖此山。故号大鳥山。
粟栖里 土中。所以名粟栖者、難波高津宮天皇勅
賜刊粟子若倭部連池子。即将退来殖生此村。故号
粟栖。此粟子由本刊後无澁。廻川。金箭川。品太天皇
巡行之時、御苅金箭落。於此川。故号金箭川。阿爲山

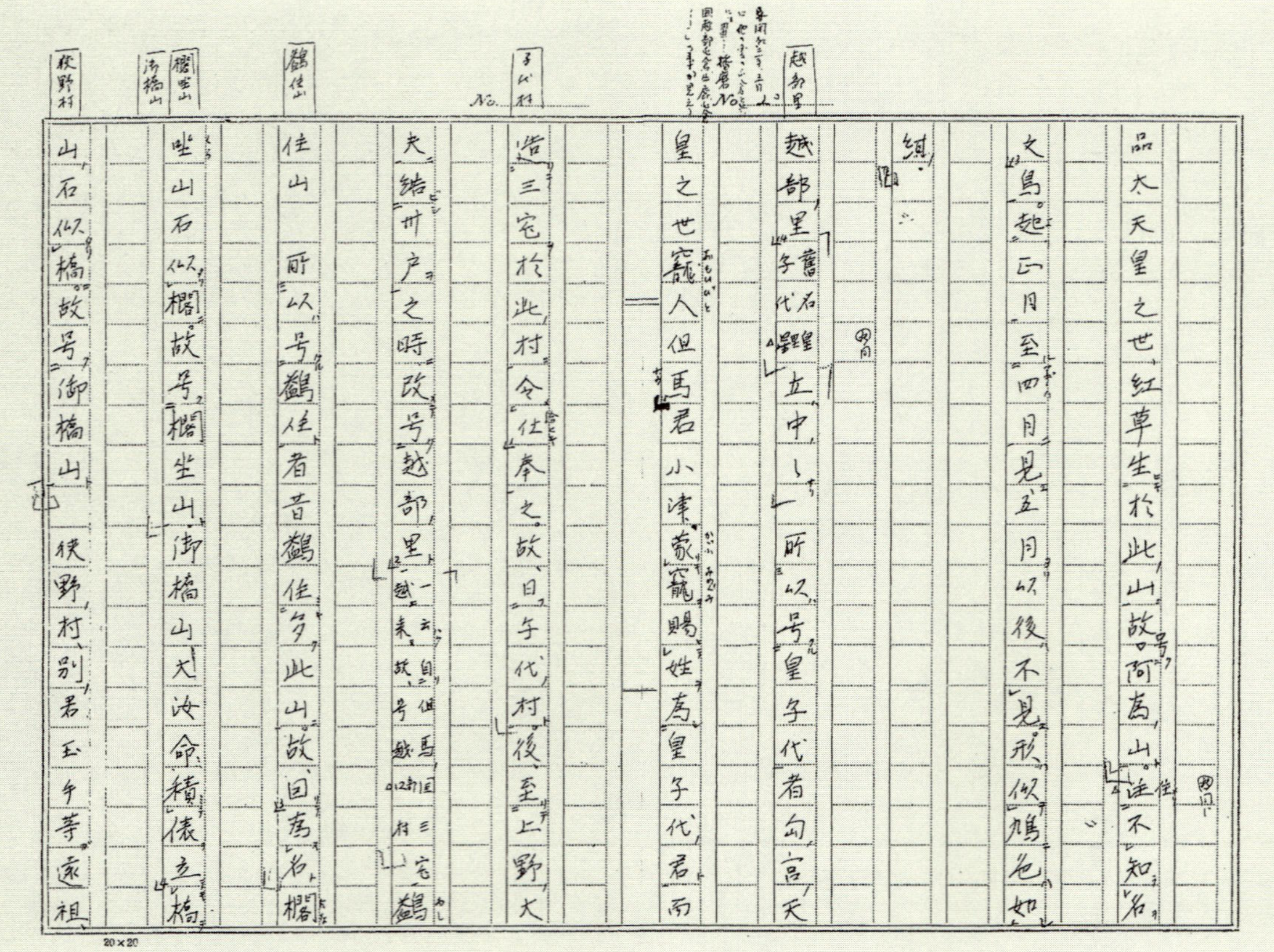

品太天皇之世紅草生於此山故号阿為山迷不知名
文鳥起正月至四月見五月以後不見形似鳩色如
紺
越部里　舊名皇子代里　土中上　所以号皇子代者勾宮天
皇之世寵人但馬君小津蒙寵賜姓為皇子代君而
造三宅於此村令仕奉之故曰子代村後至上野大
夫結卅戸之時改号越部里　一云自但馬国三宅越来故号越部村　鸛
住山　所以号鸛住者昔鸛住此山故因為名　欄
坐山　石似欄故号欄坐山　御橋山　大汝命積俵立橋
山石似橋故号御橋山　狭野村　別君玉手等遠祖

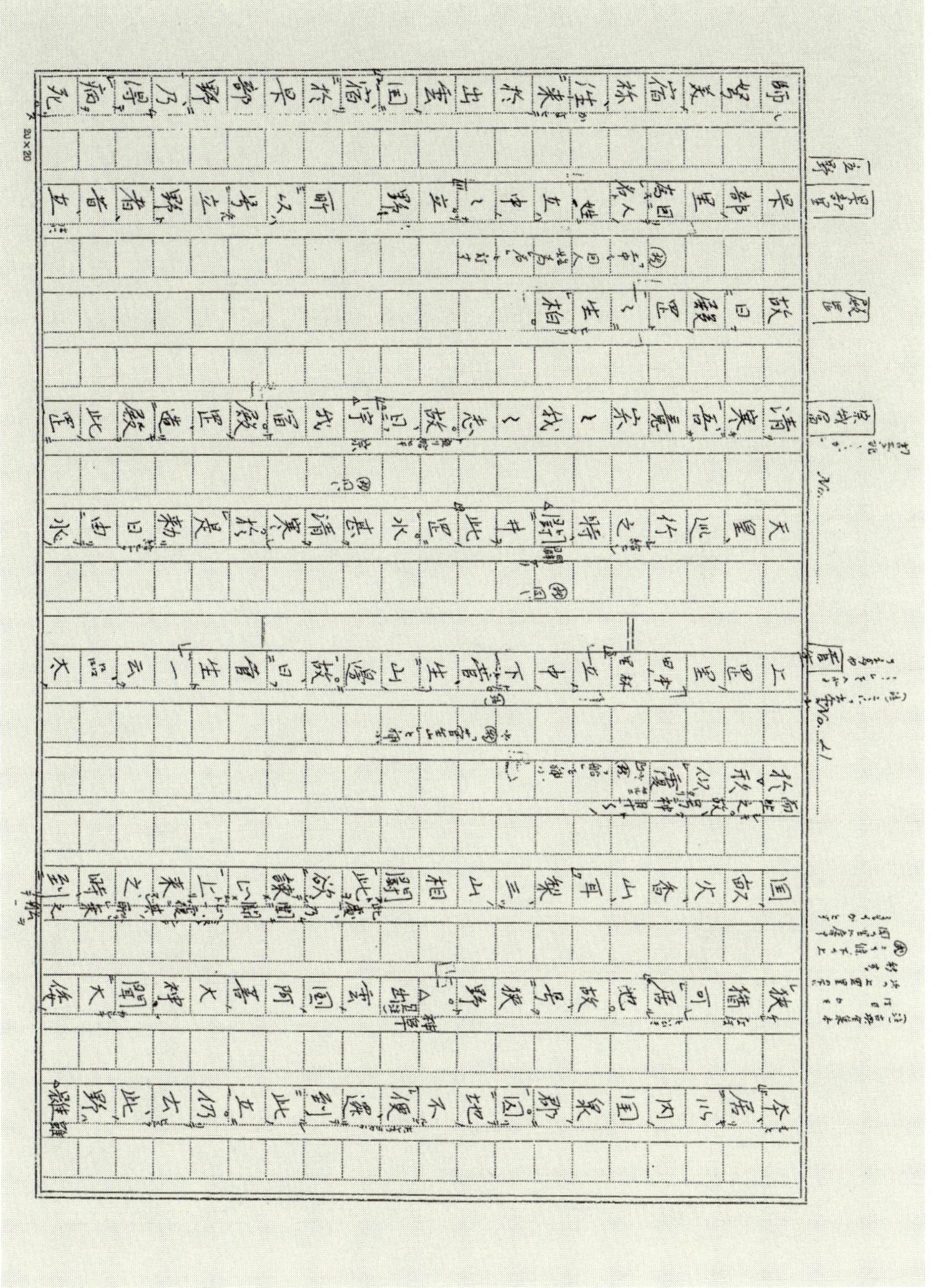

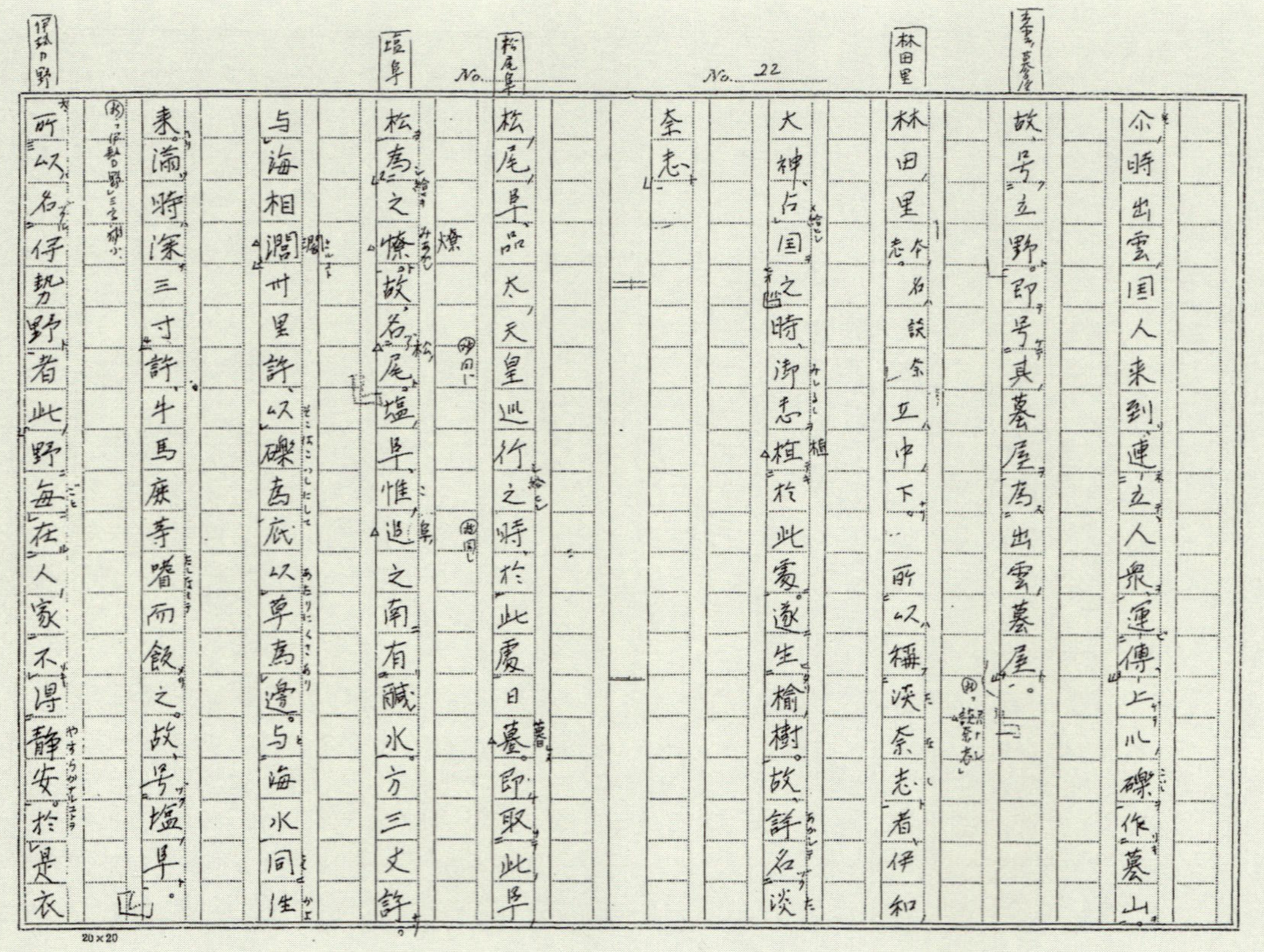

墓屋 林田里 松尾阜 塩阜 伊勢野

No. 22

尒時出雲国人来到、連立人衆、運傳上川礫、作墓山。
故号立野、即号其墓屋為出雲墓屋。
林田里 本名談奈志 土中下 所以稱淡奈志者、伊和
大神占国之時、御志植於此處、遂生楡樹、故、稱名淡
奈志。
松尾阜 品太天皇巡行之時、於此處日暮、即取此阜
松為之燎、故名松尾。塩阜 惟遐之南有鹹水、方三丈許
与海相潤卅里許、以礫為底、以草為邊、与海水同往
来、滿時深三寸許、牛馬鹿等嗜而飲之、故号塩阜。
所以名伊勢野者、此野毎在人家、不得静安、於是衣

20×20

No.

No. 23

伊勢川

稲種山

邑智驛

冰山

縫猪手、漢人刀良等祖、将居此處、立社山本、敬祭在

山岑神、伊和大神子伊勢都比古命、伊勢都比賣命矣

自此以後、家々静安、遂得成里。即号伊勢。伊勢川

因神為名。稲種山、大汝命、少日子根命二柱神、在

於神前郡聖里生野之岑、望見此山云、彼山者當置

稲種。即遣稲種、積於此山。々形亦似稲積。故号曰稲

積山。

邑智驛家。土中下。品太天皇、巡行之時、到於此處勅

云、吾謂狭地、此乃大内之乎。故号大内。冰山。惟山東

有流井。品太天皇、汲其井之水而冰之。故号冰山。槻

20×30

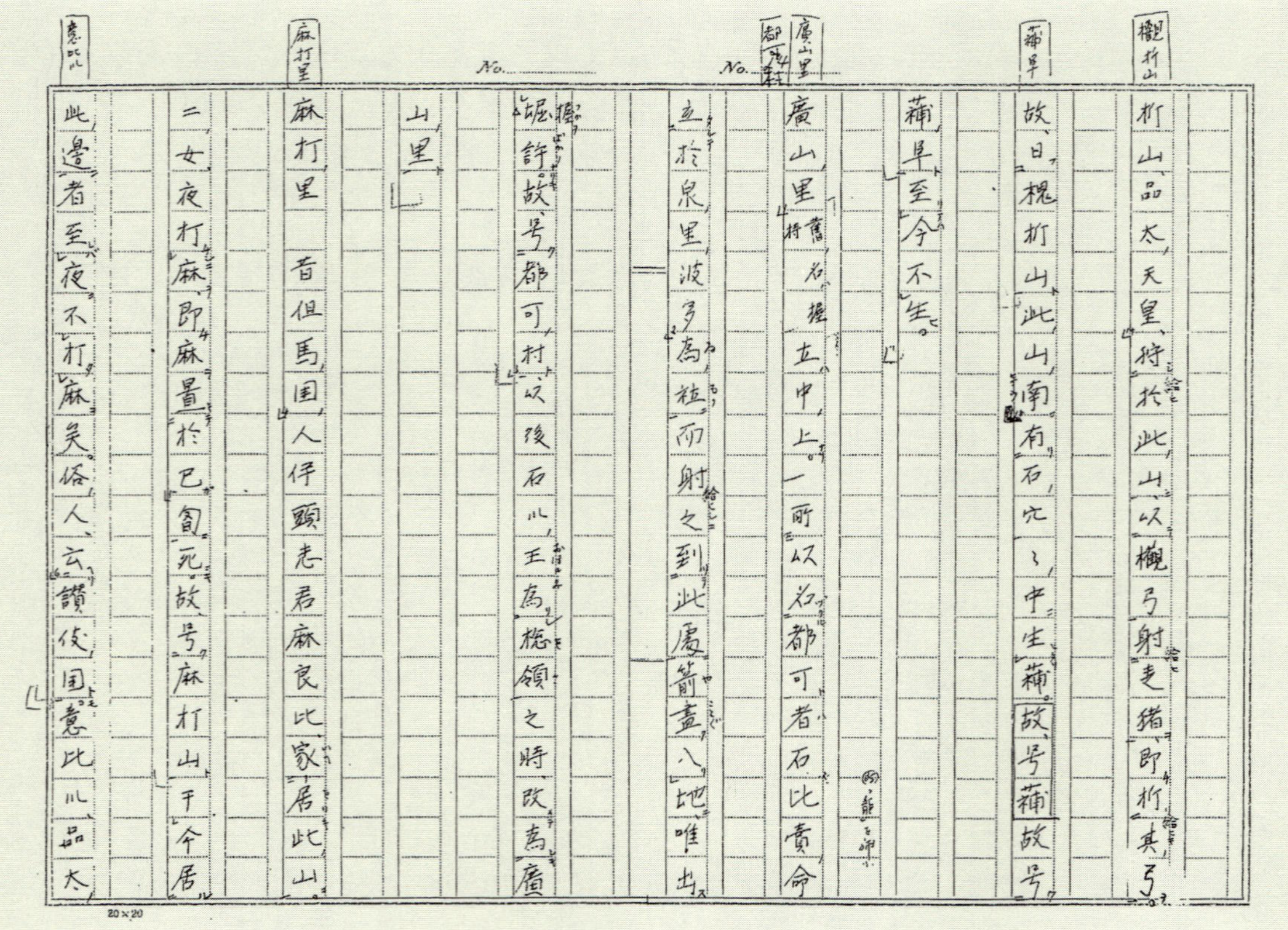

槻折山

折山品太天皇狩於此山以槻弓射走猪即折其弓

故曰槻折山此山南有石穴〻中生蒲故号蒲故号

蒲生

蒲生至今不生

廣山里　都可村

廣山里舊名握村土中上一所以名都可者石比賣命

立於泉里波多為社而射之到此處箭盡入地唯出

＝

握許故号都可村以後石川王為總領之時改為廣

山里

麻打里

麻打里　昔但馬国人伊頭志君麻良比家居此山

二女夜打麻即麻置於己胸死故号麻打山于今居

意比川

此邊者至夜不打麻矣俗人云讃伎国意比川品太

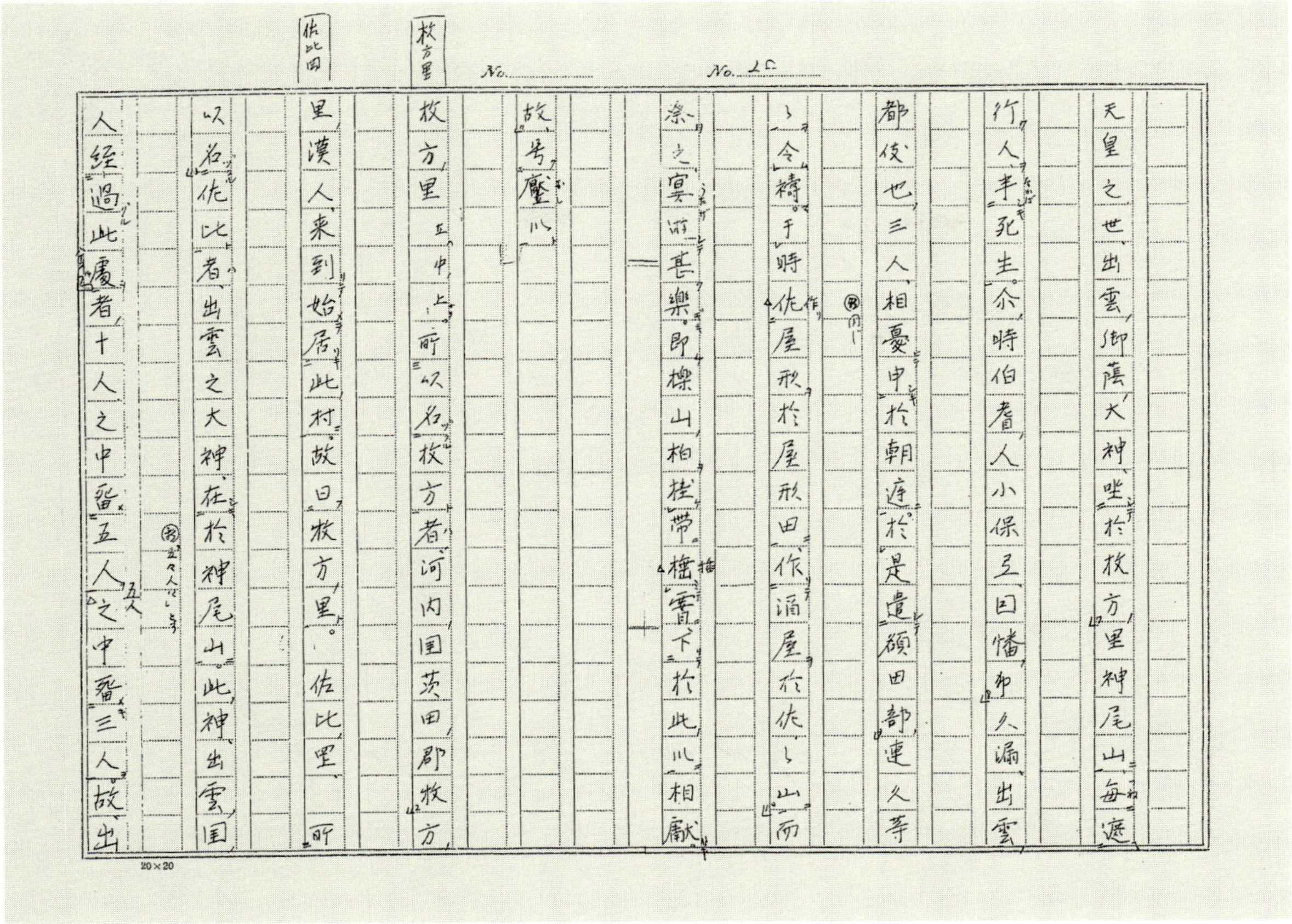

天皇之世出雲御蔭大神坐於枚方里神尾山毎遮
行人半死生。尓時伯耆人小保弖因幡布久漏出雲
都伎也三人相憂申於朝庭。於是遣額田部連久等
々令禱。于時作屋形於屋形田作酒屋於佐々山而
祭之宴遊甚樂。即櫟山柏挂帯捺腰下於此川相獻。
故号壓川
枚方里　土中上　所以名枚方者河内国茨田郡枚方
里漢人来到始居此村。故曰枚方里。　佐比岡　所
以名佐比者出雲之大神在於神尾山。此神出雲国
人経過此處者十人之中留五人五人之中留三人。故出

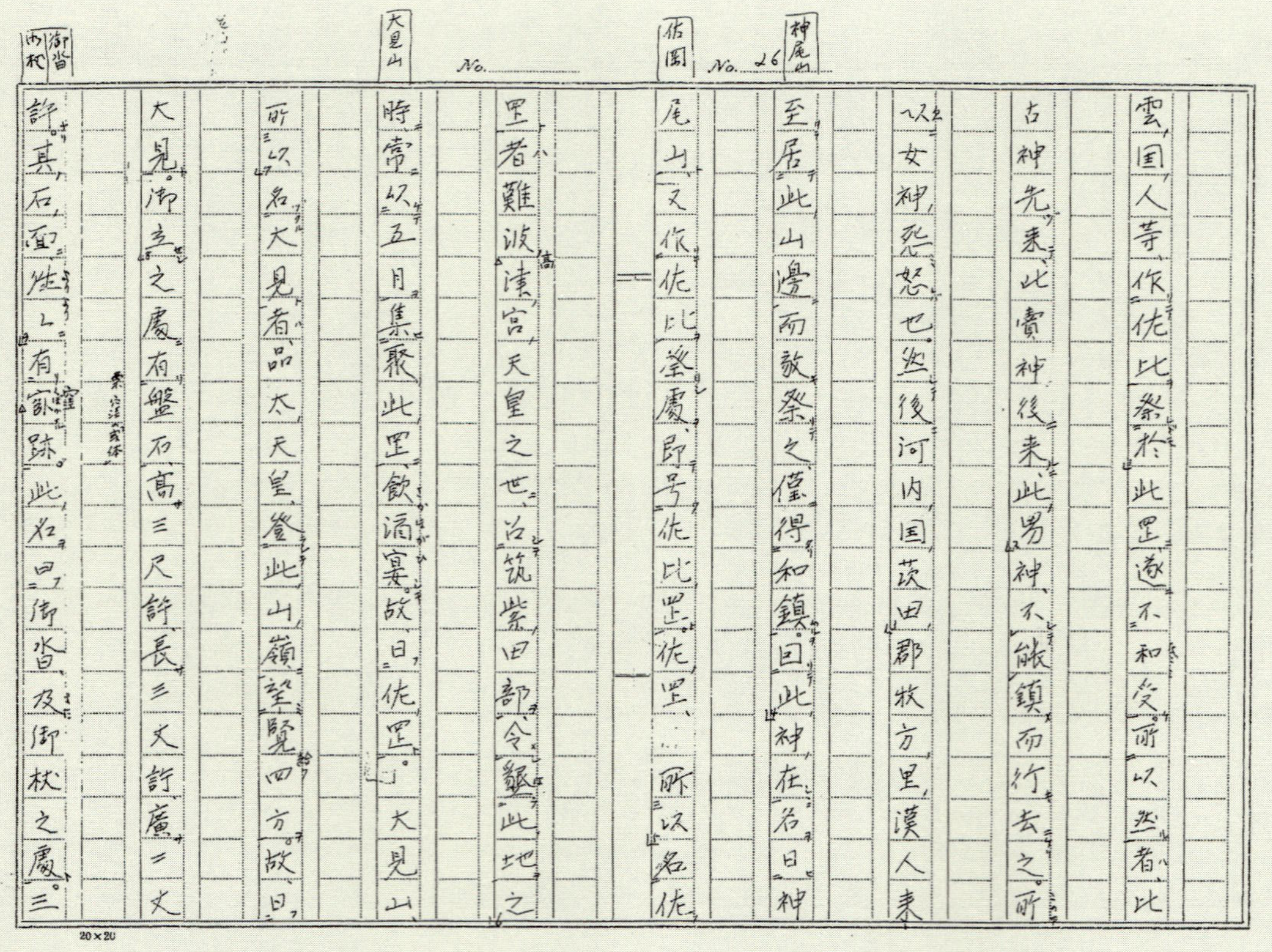

御沓 御杖　　大見山　No.　　佐岡　No. 26　神尾山

雲国人等作佐比祭於此里遂不和受所以然者比
古神先来比売神後来此男神不能鎮而行去之所
以女神怨怒也然後河内国茨田郡枚方里漢人来
至居此山邊而敬祭之僅得和鎮因此神在名曰神
尾山又作佐比祭處即号佐比岡 佐岡 所以名佐

岡者難波高津宮天皇之世召筑紫田部令墾此地之
時常以五月集聚此岡飲酒宴故曰佐岡 大見山
所以名大見者品太天皇登此山嶺望覧四方故曰
大見御立之處有盤石高三尺許長三丈許廣二丈
許其石面往々有窪跡此名曰御沓及御杖之處三

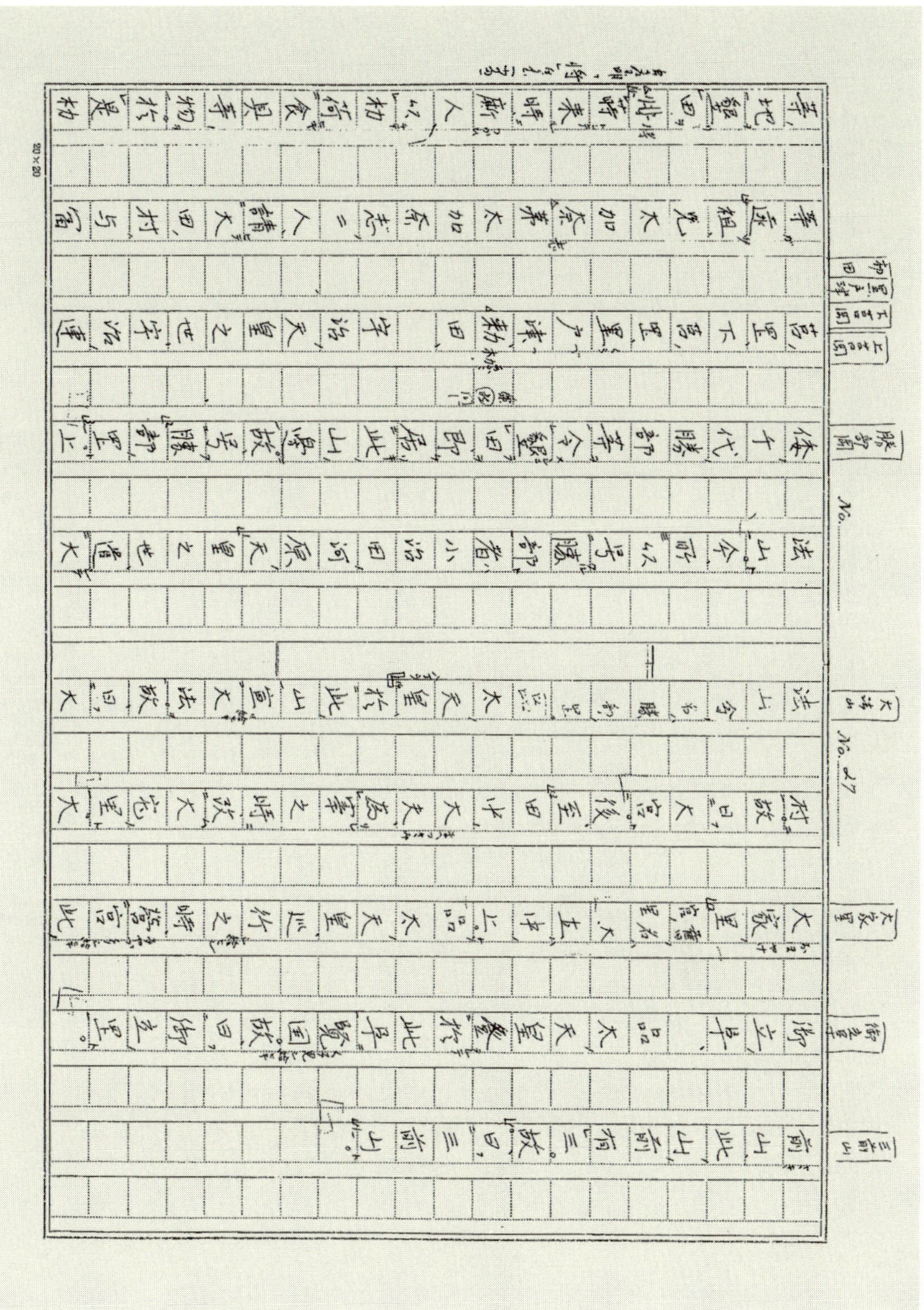
前山。此山前有三。故曰三前山。
御立阜。品太天皇登於此阜覽國。故曰御立阜。
大家里　舊名大宮里　土中上。品太天皇巡行之時營宮於此
村。故曰大宮。後至田中大夫為宰之時、改大宅里。
法山。今名勝部岡。品太天皇於此山宣大法。故曰大
法山。今所以號勝部者、小治田河原天皇之世、遣大
倭千代勝部等令墾田、即居此山邊。故號勝部里。上
[illegible]、里下。[illegible]、里[illegible]戸津勅田。宇治天皇之世、宇治連
等遠祖兄太加奈志・弟太加奈志二人、請大田村與富
等地墾田。將來時、廝人以朸荷食具等物。於是朸

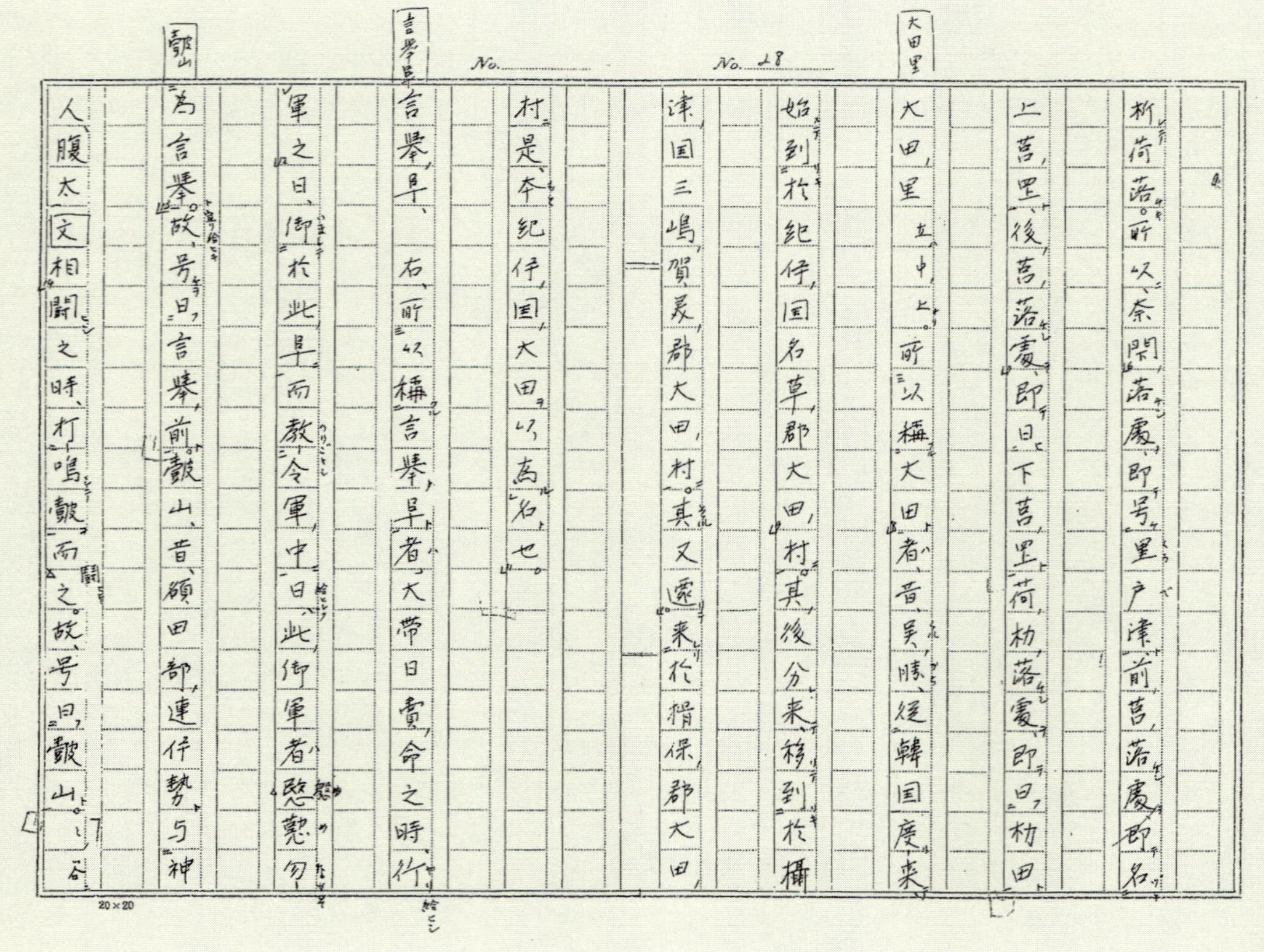
No.　　No. 28

析荷落。所以奈閉落處即号里戸津前莒落處即名
上莒里後莒落處即曰下莒里荷杤落處即曰杤田

大田里

大田里　土中上　所以稱大田者、昔呉勝従韓国度来
始到於紀伊国名草郡大田村、其後分来移到於播
津国三嶋賀美郡大田村、其又遷来於揖保郡大田
村。是本紀伊国大田以為名也。

言挙阜

言挙阜、右、所以稱言挙阜者、大帯日賣命之時、行
軍之日、御於此阜而教令軍中曰、此御軍者慇懃勿
為言挙。故号曰言挙前。

鼓山

鼓山、昔、額田部連伊勢与神
人腹太文相闘之時、打鳴鼓而闘之。故号曰鼓山。

20×20

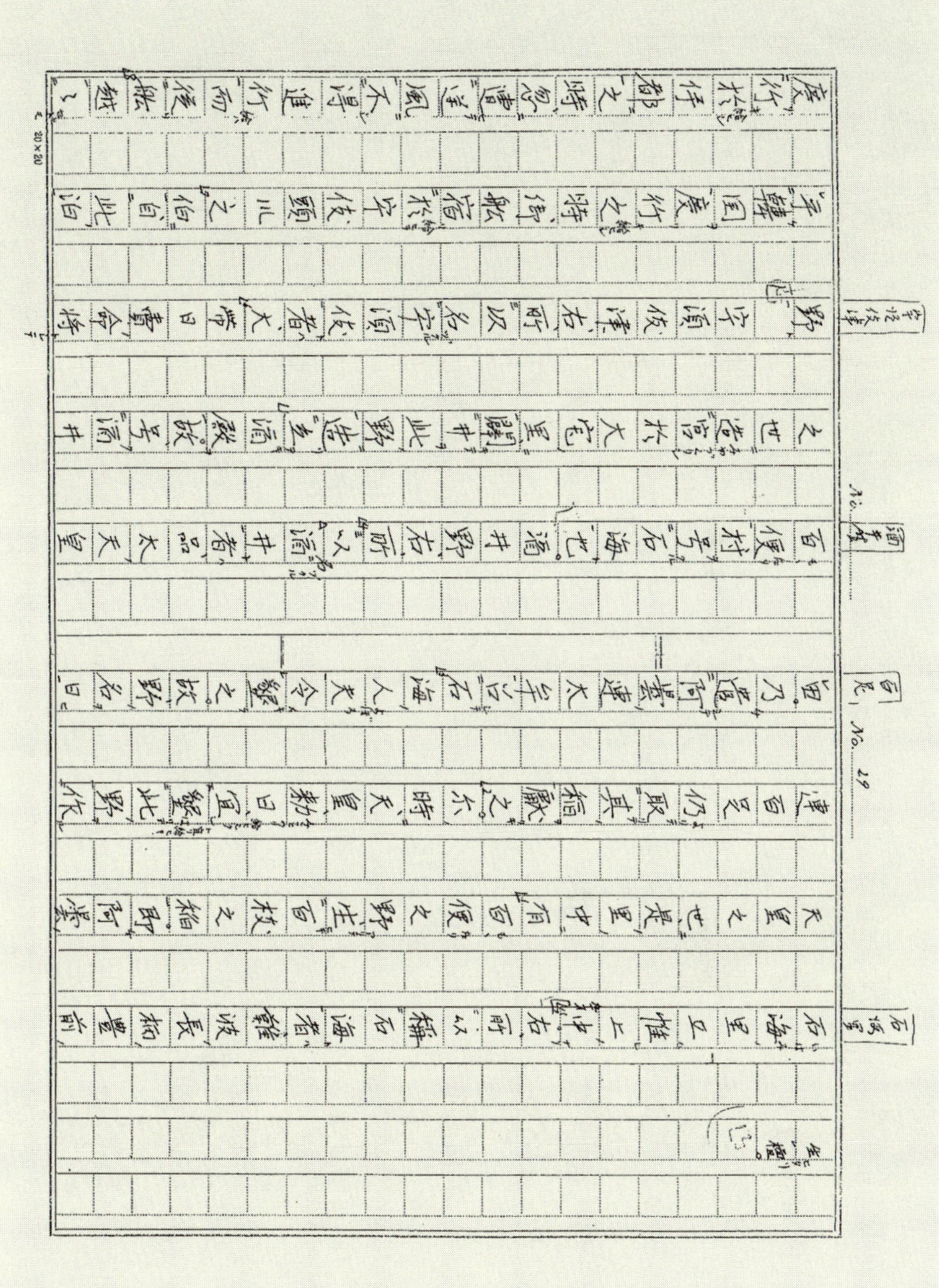

石海里　土上中　右所以稱石海者難波長柄豐前
天皇之世是里中有百便之野生百枝之稲即阿曇
連百足仍取其稲獻之尓時天皇勅曰宜墾此野作
田乃遣阿曇連太牟召石海人夫令墾之故野名曰
百便村号石海也酒井野右所以稱酒井者品太天皇
之世造宮於大宅里闢井此野造立酒殿故号酒井
野宇須伎津右所以名宇須伎者大帯日売命将
平韓国渡坐之時御船宿於宇頭川之泊自此
泊度行於伊都之時忽遭逆風不得進行而從船越

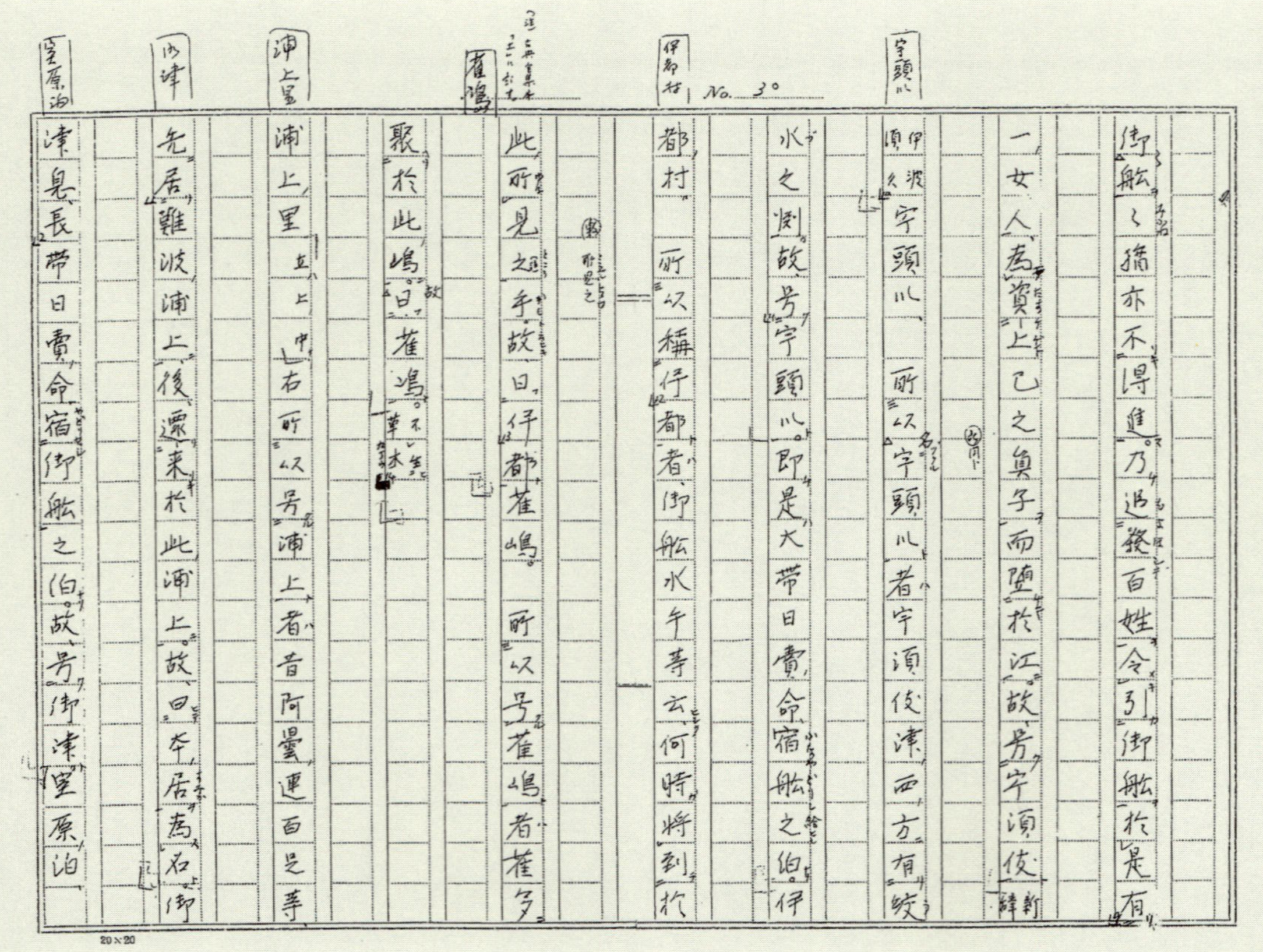

No. 30

宇頭川　伊都村　雚嶋　浦上里　御津　室原泊

御船之猶亦不得進。乃追發百姓令引御船於是有
一女人爲貢上已之魚子而堕於江故号宇須伎　新辭
宇頭川　所以宇頭川者宇須伎津西方有絞
水之淵故号宇頭川。即是大帯日賣命宿船之泊。伊
都村　所以稱伊都者御船水手等云何時將到於
此所見之乎故曰伊都。雚嶋　所以号雚嶋者雚多
聚於此嶋。故曰雚嶋。草木不生
浦上里　右所以号浦上者昔阿曇連百足等
先居難波浦上後遷來於此浦上。故曰本居爲名　御
津　息長帯日賣命宿御船之泊。故号御津　室原泊

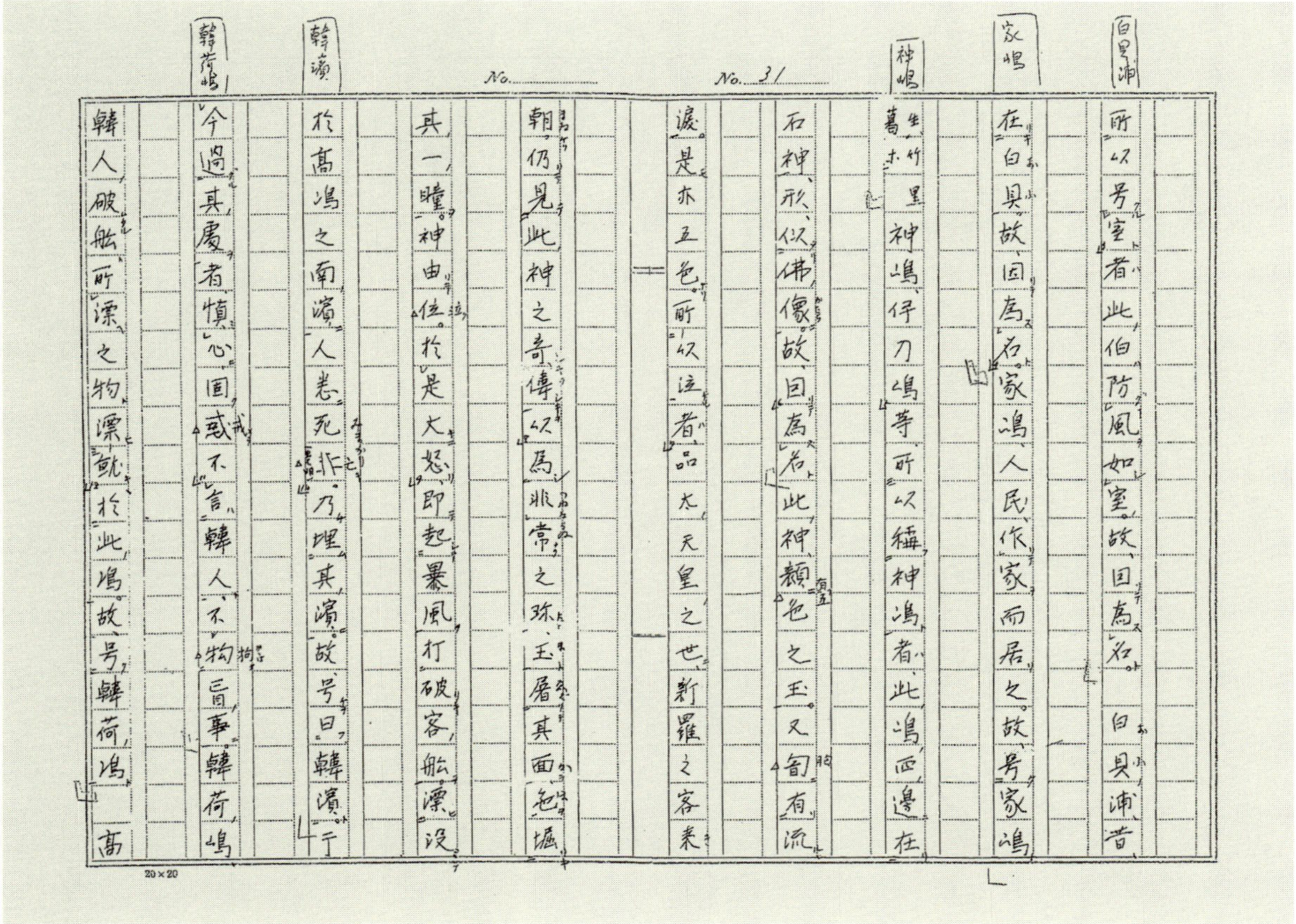
No.
No. 31

白貝浦
所以号室者此伯防風如室故因為名　白貝浦昔
家嶋
在白貝故因為名家嶋人民作家而居之故号家嶋
神嶋
神嶋伊刀嶋等所以称神嶋者此嶋西辺在
石神形似佛像故因為名此神顔色之玉又胸有流
涙是亦五色所以泣者品太天皇之世新羅之客来
朝仍見此神之奇偉以為非常之珎玉屠其面色堀
其一瞳神由泣於是大怒即起暴風打破客船漂没
韓濱
於高嶋之南濱人悉死亡乃埋其濱故号曰韓濱于
韓荷嶋
今過其處者慎心固戒不言韓人不拘盲事韓荷嶋
韓人破船所漂之物漂就於此嶋故号韓荷嶋　高

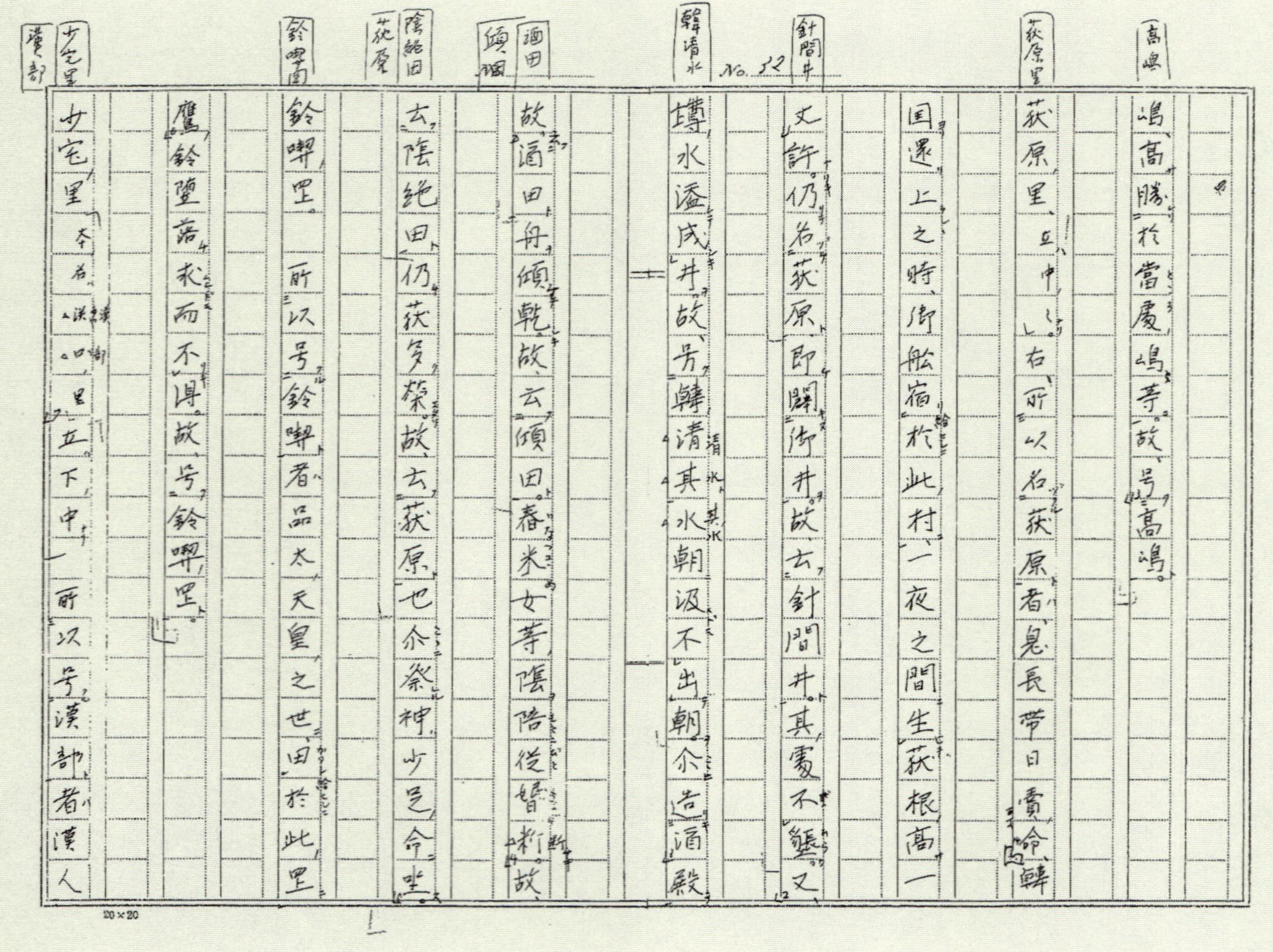

No. 32

高嶋

嶋、高勝於當處嶋等、故号高嶋。

萩原里

萩原里 土中々 右、所以名萩原者、息長帶日賣命韓
國還上之時、御船宿於此村、一夜之間生萩根高一

針間井

丈許、仍名萩原、即闢御井、故云針間井、其處不墾、又

韓清水

罇水溢成井、故号韓清水。其水朝汲不出朝、尒造酒殿

酒田　傾田

故云酒田、舟傾乾、故云傾田、舂米女等陰陪從婚断、故

陰絶田　萩原

云陰絶田、仍萩多栄、故云萩原。也尒奈神、少足命坐

鈴喫岡

鈴喫里、所以号鈴喫者、品太天皇之世、田於此里
鷹鈴墮落、求而不得、故号鈴喫里。

少宅里　漢部

少宅里 本名漢部里 土下中 所以号漢部者、漢人

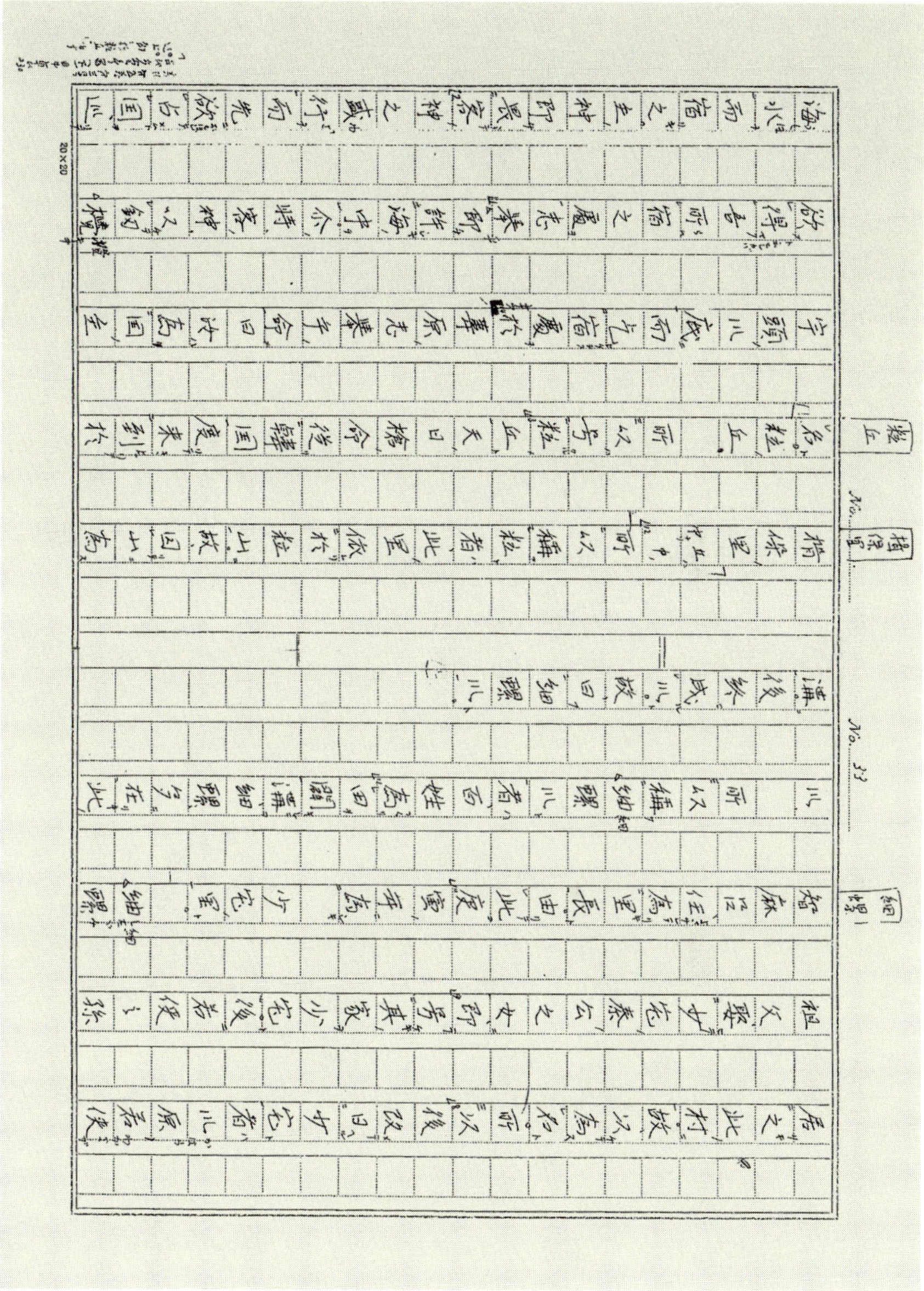
No. 33
細螺川
居之此村故以為名所以後改曰少宅者川原若狭
祖父娶少宅秦公之女即号其家少宅後若狭之孫
智麻呂任為里長由此庚寅年為　少宅里　細螺
川　所以称細螺川者百姓為田闢溝細螺多在此
溝後終成川故曰細螺川
揖保里
揖保里土中上所以称粒者此里依於粒山故因山為
粒丘
名　粒丘　所以号粒丘天日槍命従韓国度来到於
宇頭川底而乞宿処於葦原志挙乎命曰汝為国主
欲得吾所宿之処志挙即許海中爾時客神以剣攪
海水而宿之主神即畏客神之盛行而先欲占国巡
20×20

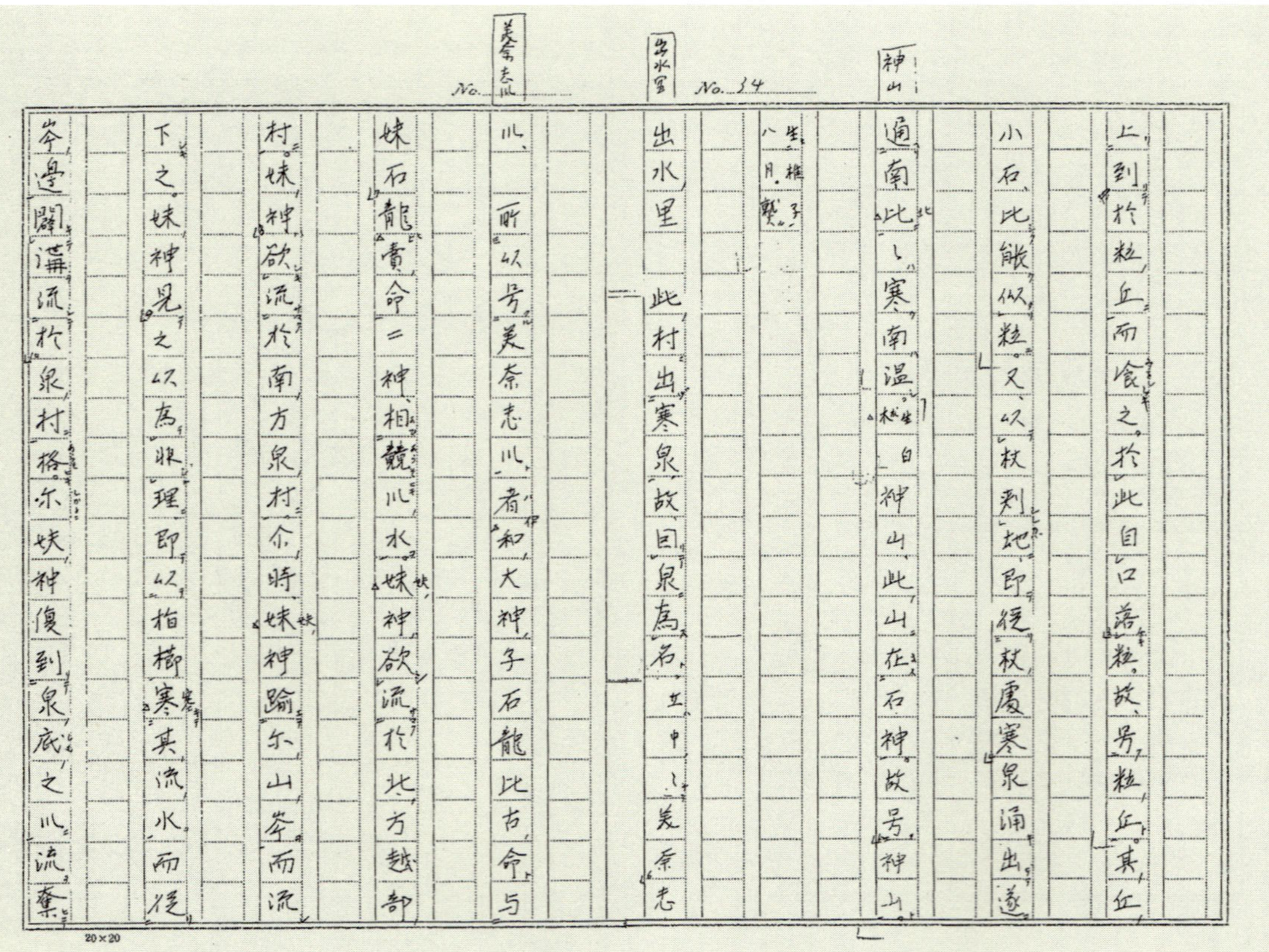

神山

出水里 No. 34

美奈志川 No.

上到於粒丘而食之於此自口落粒故号粒丘其丘

小石比能似粒又以杖刺地即従杖處寒泉涌出遂

通南北〻寒南温白朮生神山此山在石神故号神山

生椹子八月蘖

出水里

此村出寒泉故因泉為名土中〻美奈志

川

所以号美奈志川者和大神子石龍比古命与

妹石龍売命二神相競川水妹神欲流於北方越部

村妹神欲流於南方泉村尓時妹神蹈尓山岑而流

下之妹神見之以為非理即以指櫛塞其流水而従

岑辺闘溝流於泉村故尓妹神復到泉底之川流奪

20×20

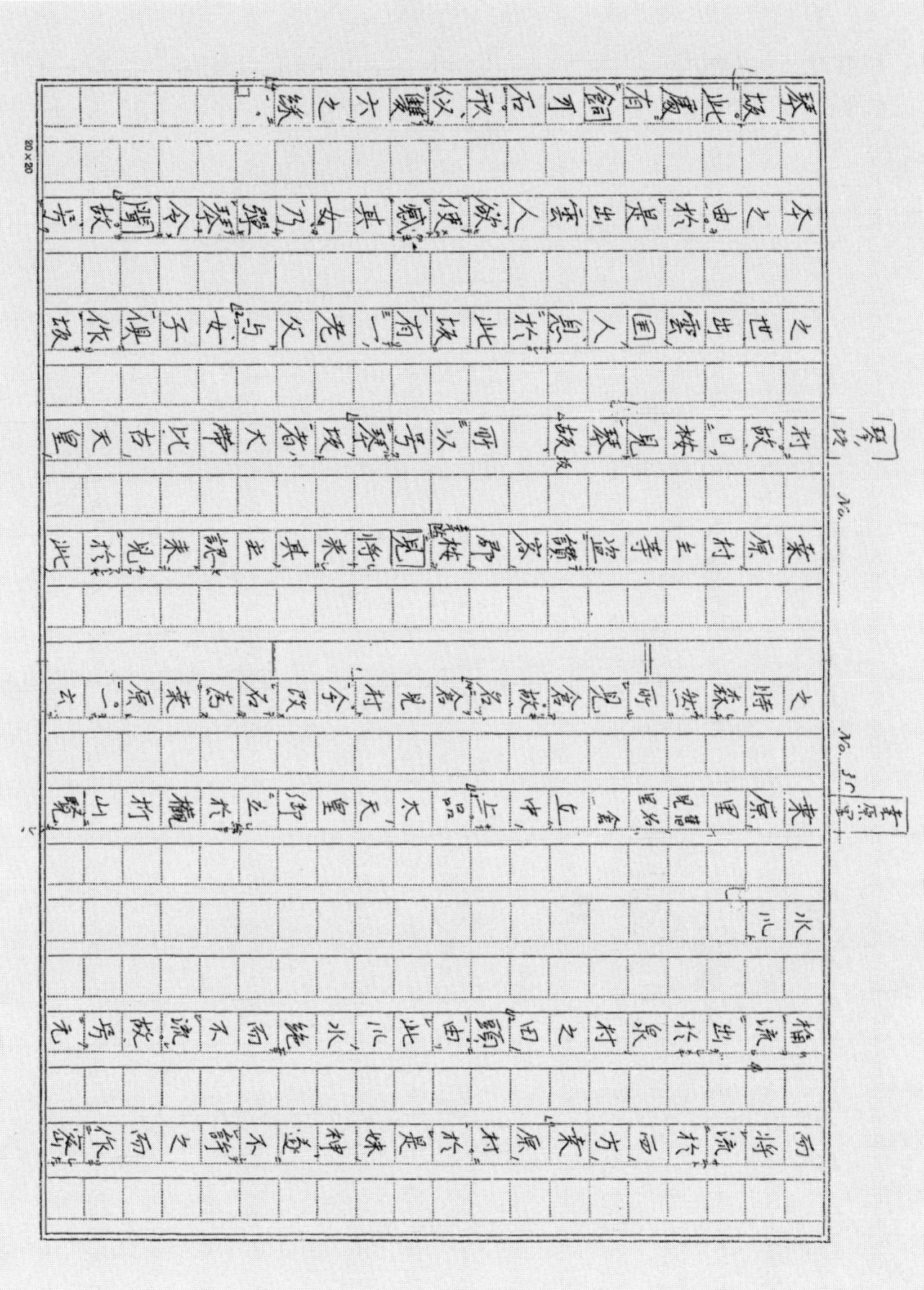

桒原里　No. 35

而将流於西方桒原村於是妹神遂不許之而作密

樋流出於泉村之田頭由此川水絶而不流故号无

水川

桒原里旧名倉見里　土中上　品太天皇御立於欟折山覧

之時森然所見倉故名倉見村今改名為桒原一云

桒原村主等盗讃容郡桜見将来其主認来見於此

琴坂　No.

村故曰桜見琴坂　所以号琴坂者大帯比古天皇

之世出雲国人息於此坂有一老父与女子倶作坂

本之由於是出雲人欲使感其女乃弾琴令聞故号

琴坂此処有銅牙石形似雙六之綵

20×20

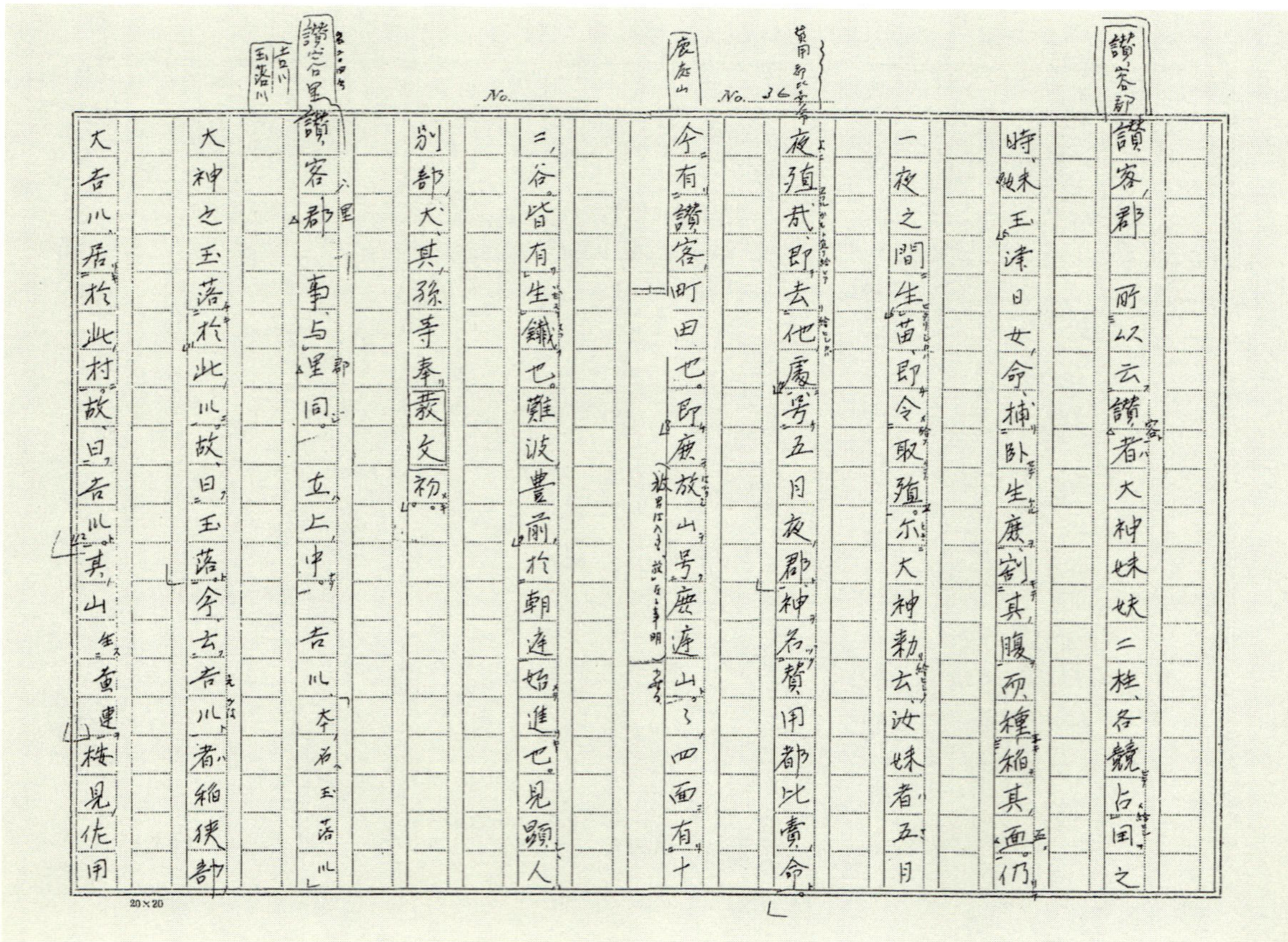

讃容郡
所以云讃容者。大神妹妋二柱、各競占国之
時、妹玉津日女命、捕臥生鹿、割其腹而、種稲其血。仍
一夜之間生苗。即令取殖。尒大神勅云、汝妹者五月
夜殖哉。即去他處。号五月夜郡、神名賛用都比売命。
今有讃容町田也。即鹿放山号鹿庭山。山四面有十
二谷。皆有生鐵也。難波豊前朝始進也。見顕人
別部犬。其孫等奉発之初。
讃容里　事与郡同。　土上中。　吉川　本名玉落川
大神之玉落於此川。故曰玉落。今云吉川者、稲狭部
大吉川、居於此村。故曰吉川。其山生黄連。桉見佐用

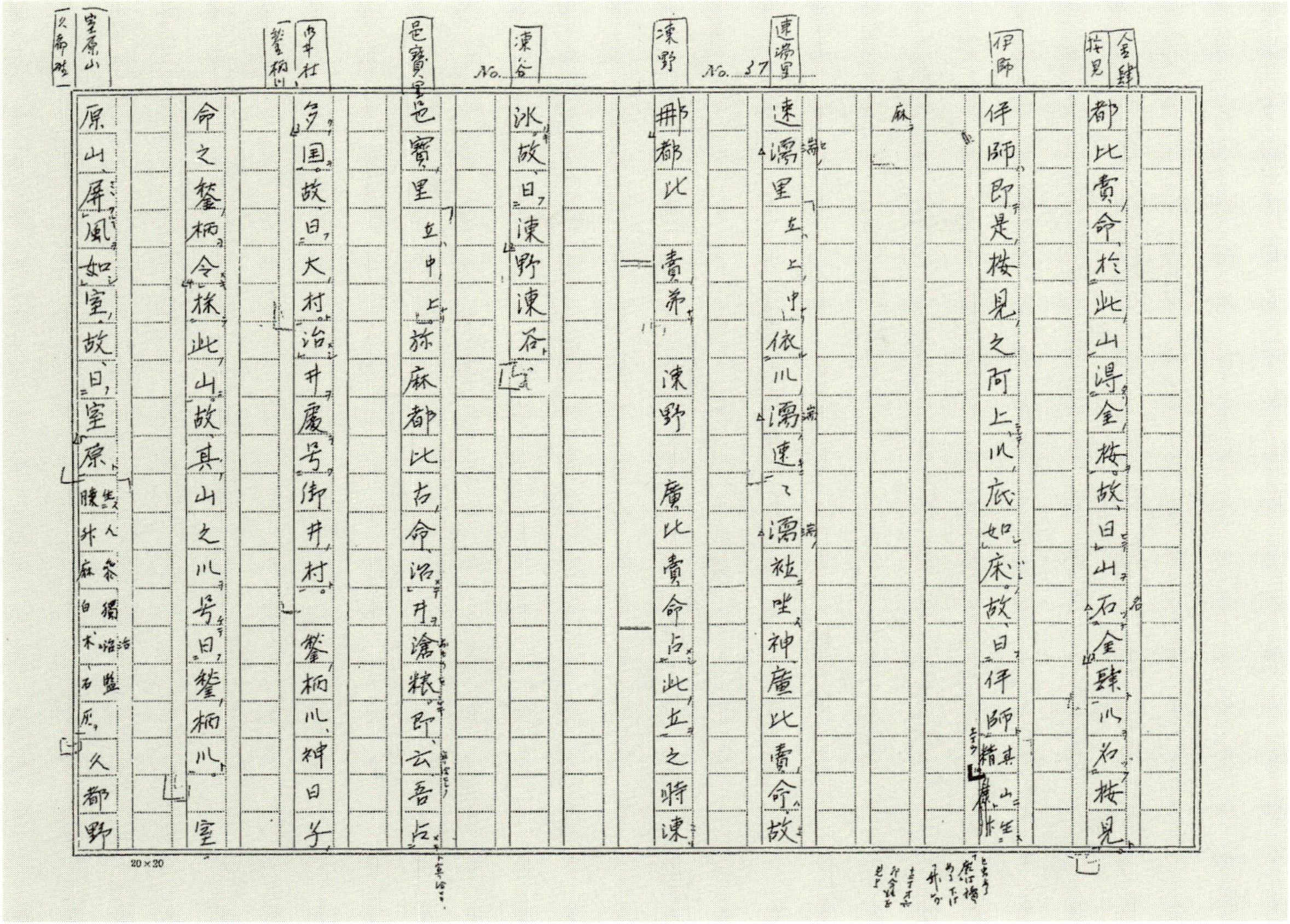

都比賣命於此山得金桜故曰山石金肆川石桜見
伊師即是桜見之阿上川底如床故曰伊師其山精生
麻
速湍里土上中依川湍速湍社坐神鹿比賣命故
冊都比賣弟速野廣比賣命占此土之時速
氷故曰速野速谷
邑寶里土中上旅麻都比古命治井滄粮即云吾占
多国故曰大村治井處号御井村鳌柄川神日子
命之鳌柄令採此山故其山之川号曰鳌柄川室
原山屏風如室故曰室原腹生人参独活藍升麻白朮石灰久都野

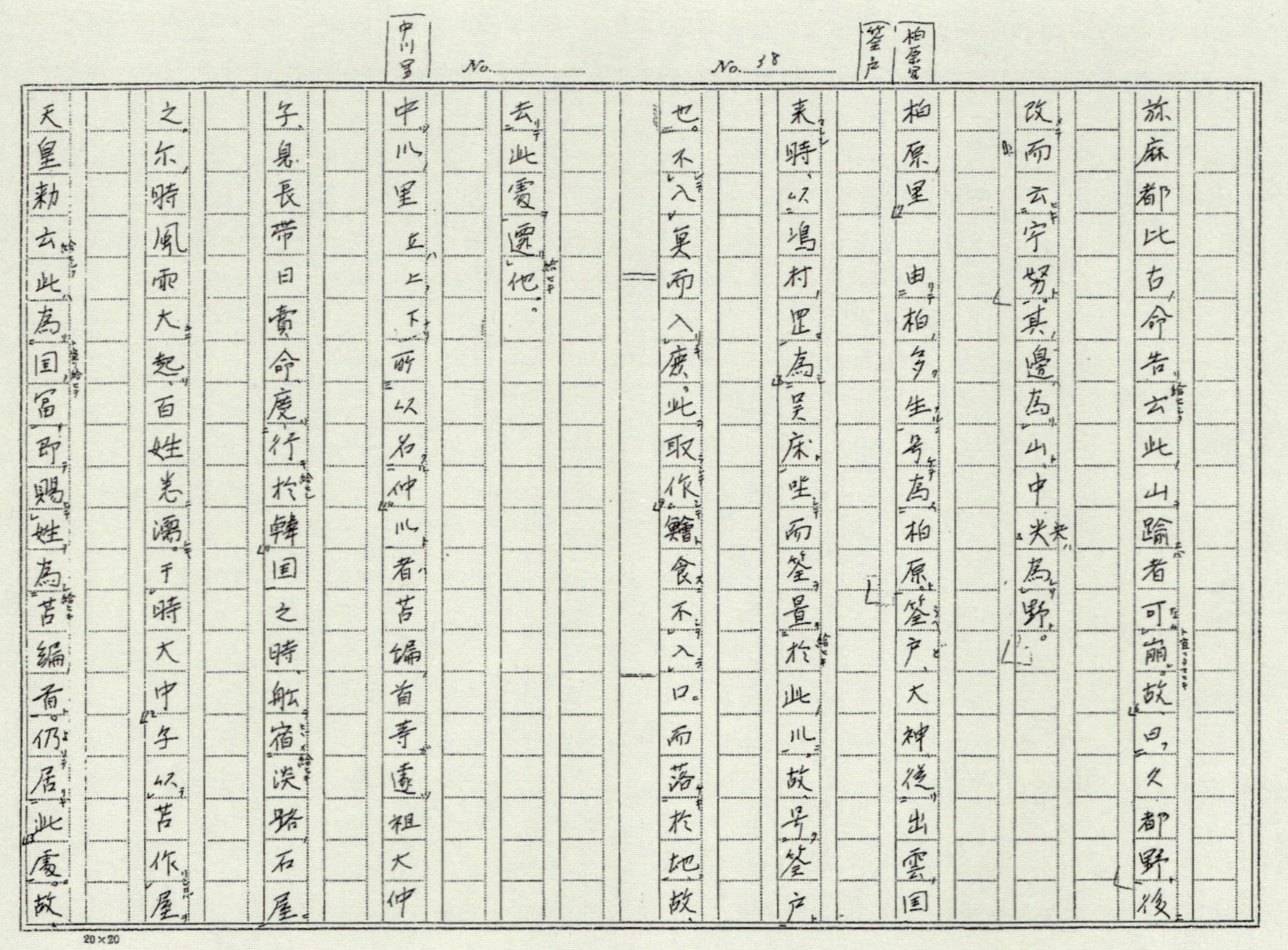

中川里　No.　No. 38　柏原里　釜戸

蘇麻都比古命告云此山踰者可崩故曰久都野後

改而云宇努其邊為山中光為野。

柏原里

由柏多生号為柏原。釜戸大神従出雲国

来時以嶋村罡為具床坐而釜量於此川故号釜戸

也不入其而入度此取作鱠食不入口。而落於地故

＝

云此處遷他。

中川里

丘上下所以名仲川者苫編首等遠祖大仲

子息長帯日賣命度行於韓国之時舩宿淡路石屋

之尓時風雨大起百姓悉濡于時大中子以苫作屋

天皇勅云此為国富即賜姓為苫編首仍居此處故

20×20

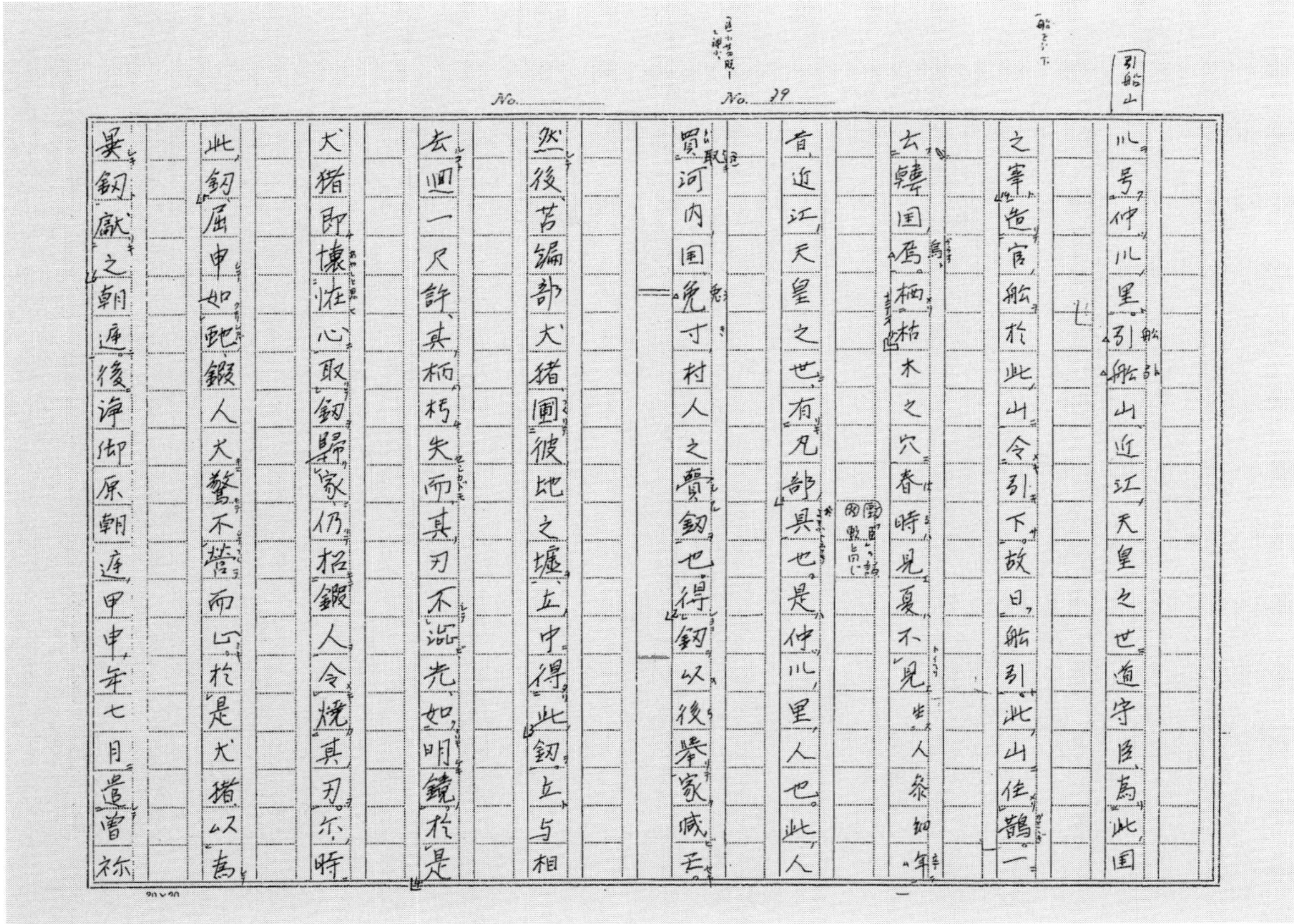

引船山

No.　　　　No. 39

川号仲川里引船山近江天皇之世道守臣為此国
之宰造官船於此山令引下故曰船引此山住鵲一
云韓国烏栖枯木之穴春時見夏不見人条知年
昔近江天皇之世有丸部具也是仲川里人也此人
買取河内国免寸村人之賷釼也得釼以後挙家滅亡
然後苫編部犬猪圃彼地之墟土中得此釼土与相
去廻一尺許其柄朽失而其刃不渋光如明鏡於是
犬猪即懐恠心取釼帰家仍招鍛人令焼其刃尓時
此釼屈申如蛇鍛人大驚不営而止於是犬猪以為
異釼献之朝庭後浄御原朝庭甲申年七月遣曽祢

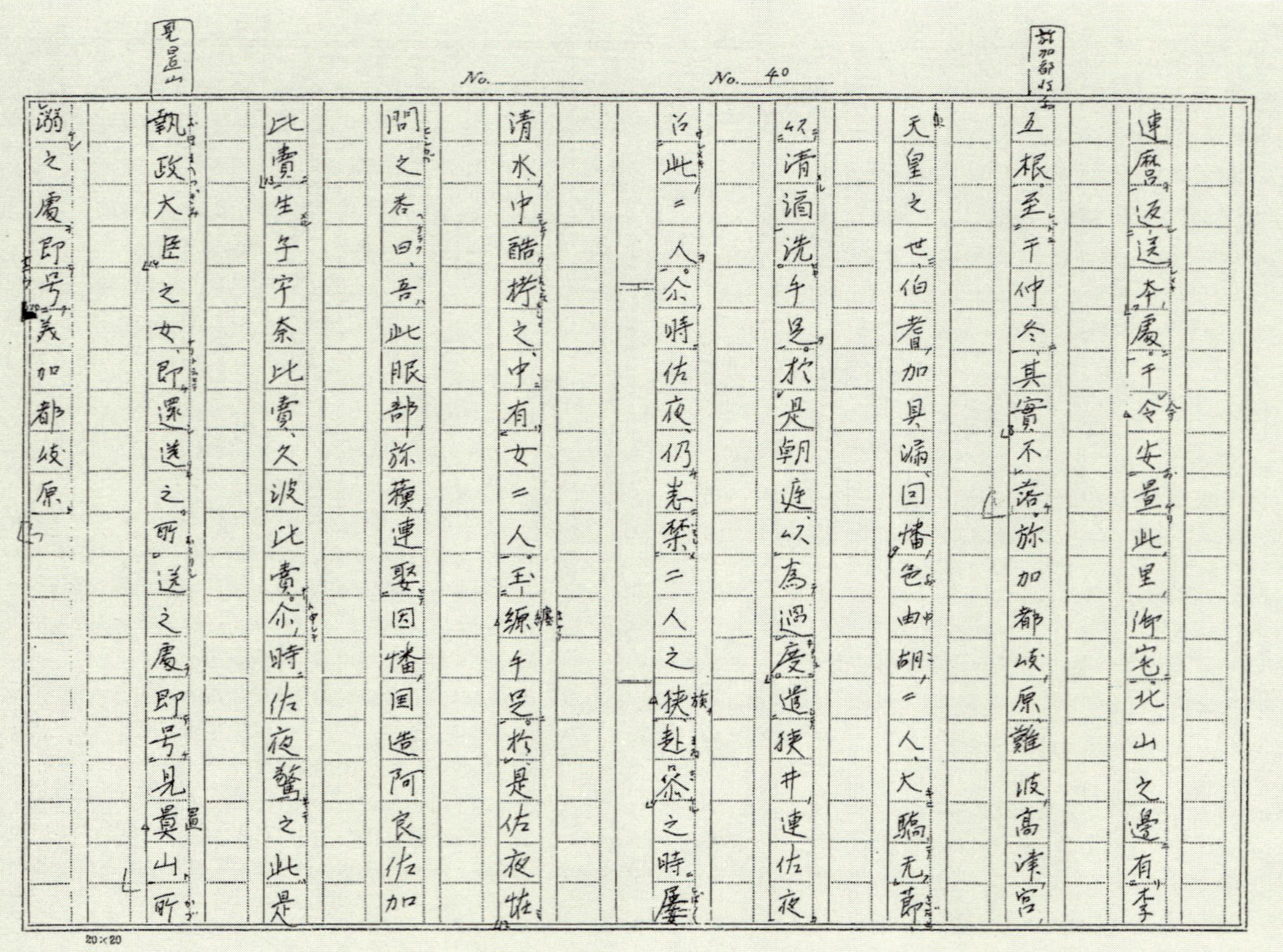

No. 40

連麿返送本處于令安置此里御宅北山之邊有李五根至于仲冬其實不落於加都岐原難波高津宮天皇之世伯耆加具漏因幡邑由胡二人大驕无節以清酒洗手足於是朝廷以為過度遣狭井連佐夜召此二人尓時佐夜仍悉禁二人之族赴尓之時屢清水中酷拷之中有女二人玉纏手足於是佐夜怪問之荅曰吾此服部弥蘇連娶因幡国造阿良佐加比賣生子宇奈比賣久波比賣尓時佐夜驚之此是

見置山

執政大臣之女即還送之所送之處即号見置山所遡之處即号義加都岐原

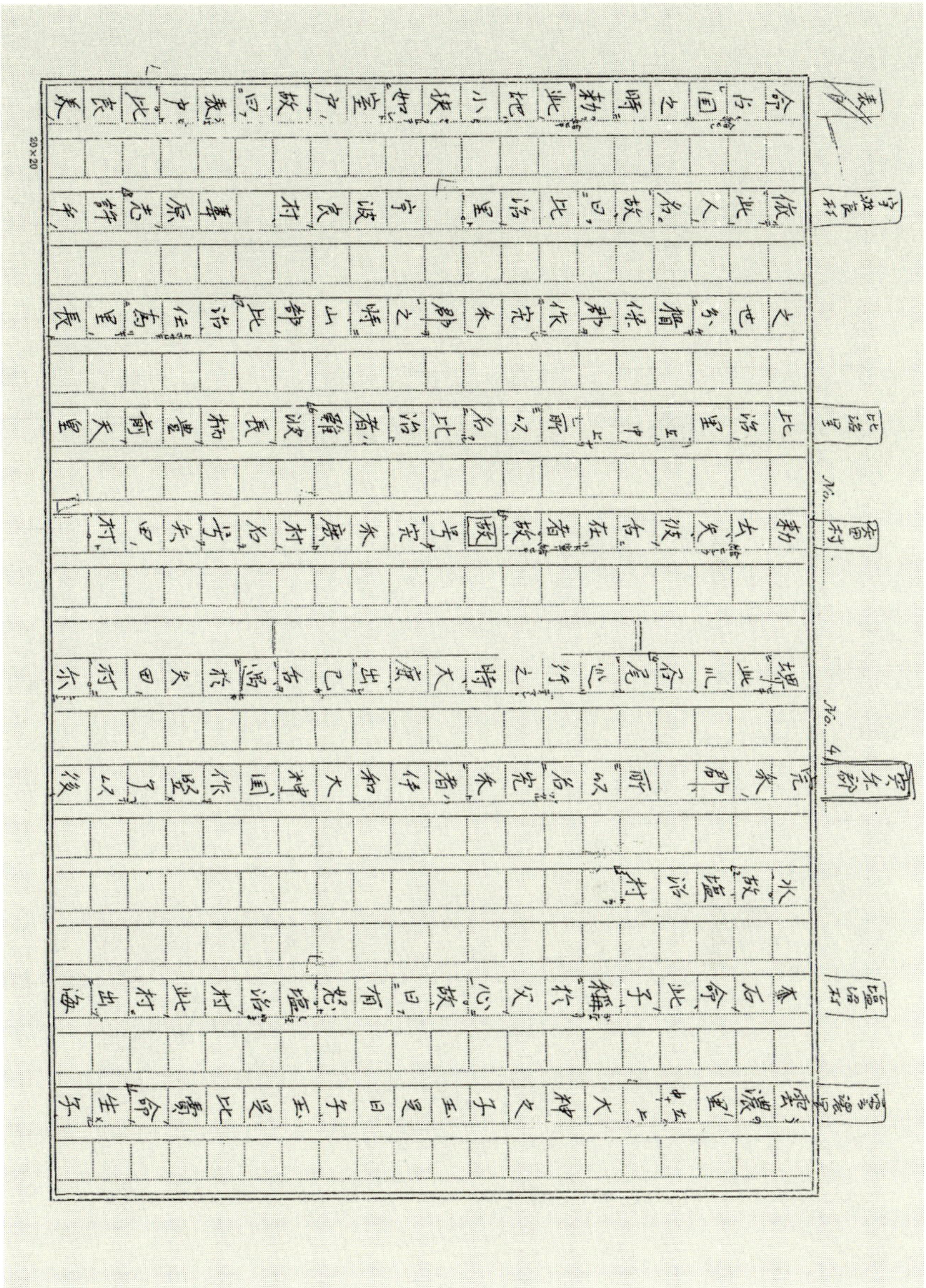

雲濃里　土中上　大神之子玉足日子玉足比売命生子
大石命此子称於父心故曰有怒塩沼村此村出海
水故塩沼村
宍禾郡　所以名宍禾者伊和大神国作堅了以後
堺山川谷尾巡行之時大鹿出己舌遇於矢田村爾
勅云矢彼舌在者故号宍禾郡村名号矢田村
比治里　土中上　所以名比治者難波長柄豊前天皇
之世分揖保郡作宍禾郡之時山部比治任為里長
依此人名故曰比治里　宇波良村　葦原志許乎
命占国之時勅此地小狭如室戸故曰表戸比良美

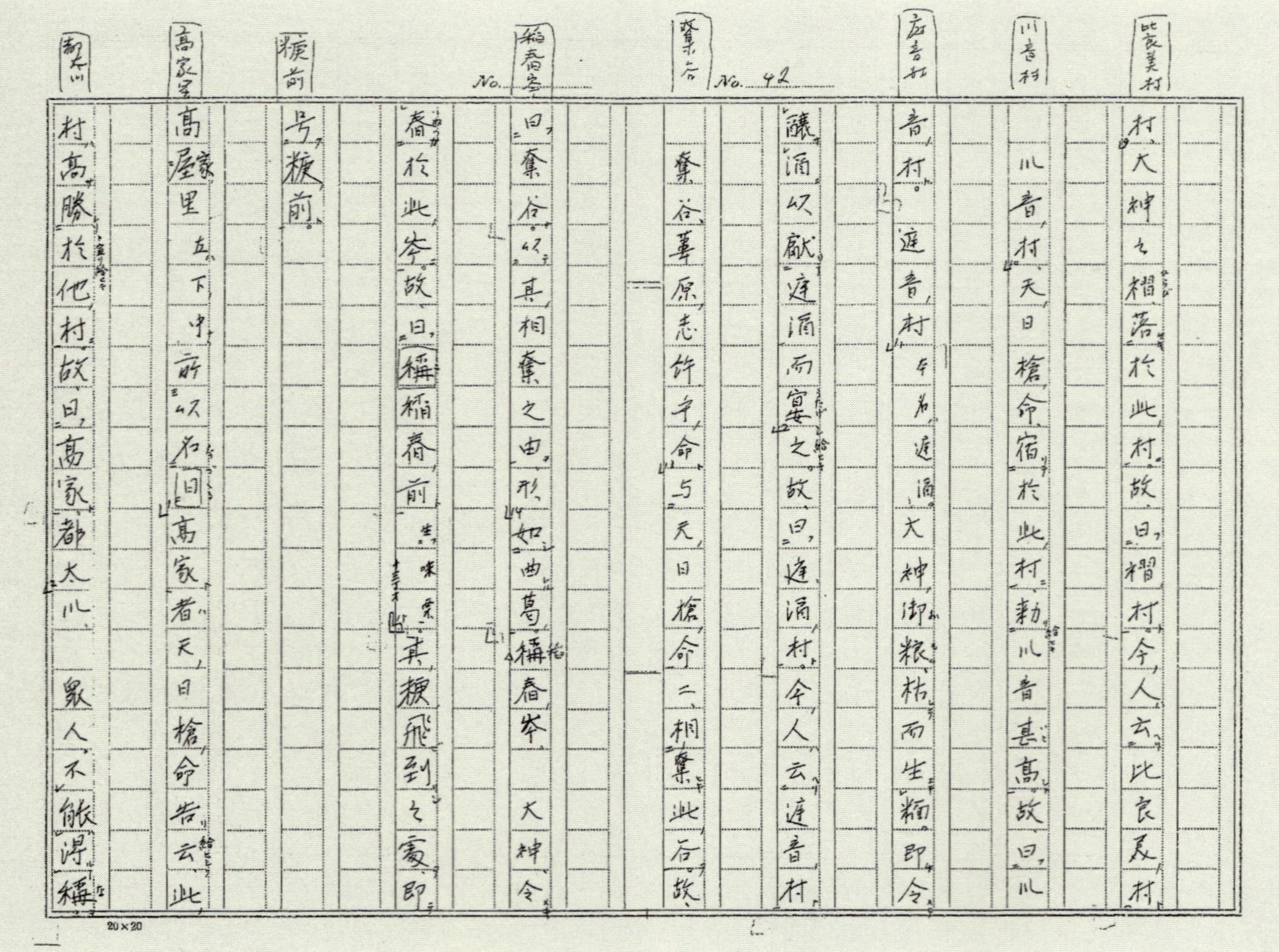

比良美村 村大神之褶落於此村故曰褶村今人云比良美村

川音村 川音村天日槍命宿於此村勅川音甚高故曰川音村。

庭音村 庭音村本名庭酒大神御粮枯而生糆即令釀酒以獻庭酒而宴之故曰庭酒村今人云庭音村

奪谷 奪谷葦原志許乎命与天日槍命二神相奪此谷故曰奪谷以其相奪之由形如曲葛

稻舂岑 稻舂岑大神令舂於此岑故曰稻舂前其粳飛到之處即号粳前

粳前

高家里 高家里土下中所以名曰高家者天日槍命告云此村高勝於他村故曰高家

都太川 都太川衆人不能得稱

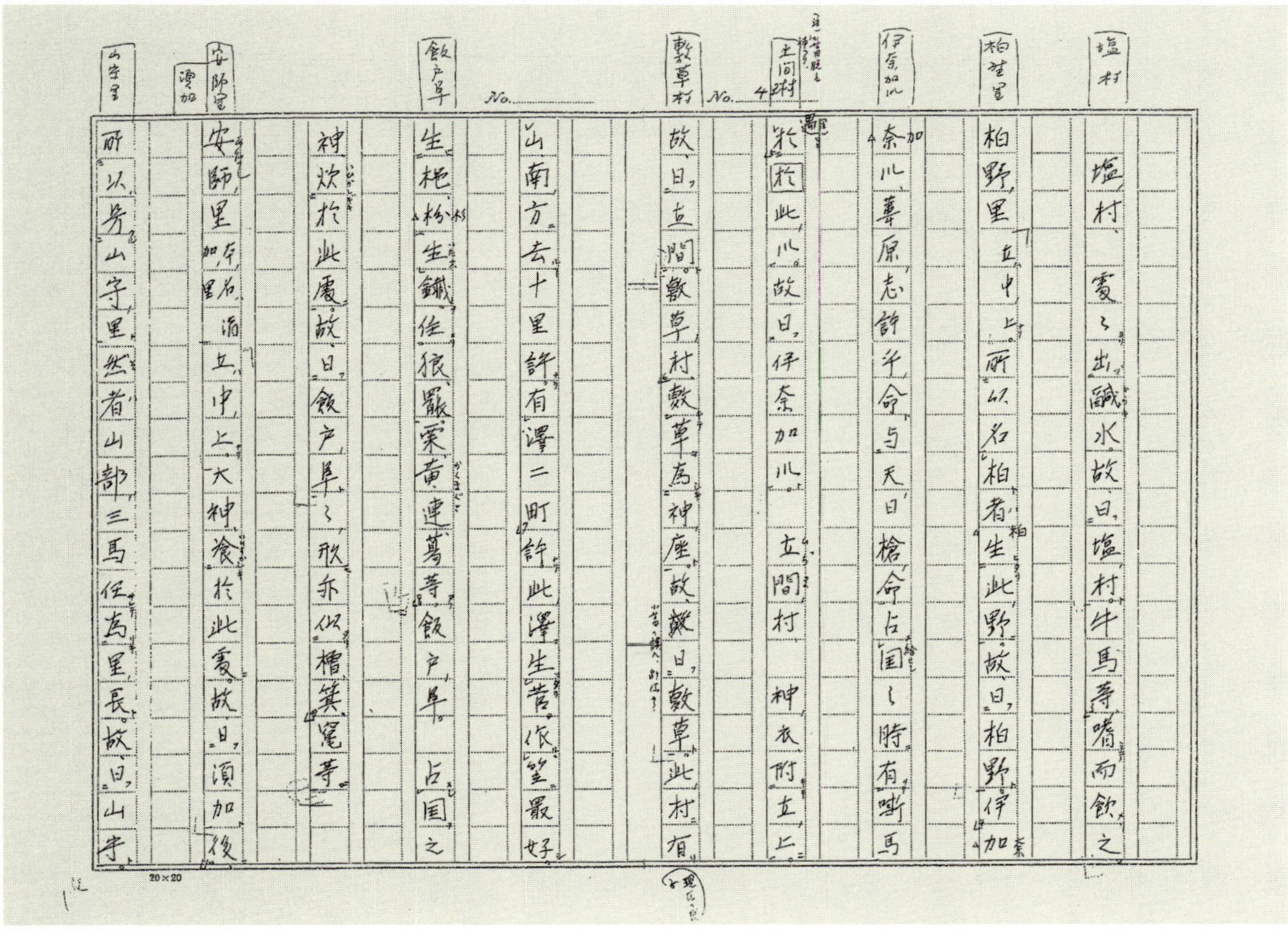

塩村、處々出鹹水、故曰塩村、牛馬等嗜而飲之

柏野里　土中上　所以名柏者、柏生此野、故曰柏野、伊加

奈川、華原志許乎命与天日槍命占国之時、有嘶馬

於於此川、故曰伊奈加川、　土間村　神衣附土上、

故曰土間、敷草村、敷草為神座、故曰敷草、此村有

山、南方去十里許有澤二町許、此澤生菅、作笠最好、

生栬、生鐵、住狼羆、栗黄連葛等、飯戸阜　占国之

神炊於此處、故曰飯戸阜、々形亦似槽箕竈等、

安師里　本名酒加里　土中上　大神飡於此處、故曰須加、後

所以号山守里、然者山部三馬任為里長、故曰山守、

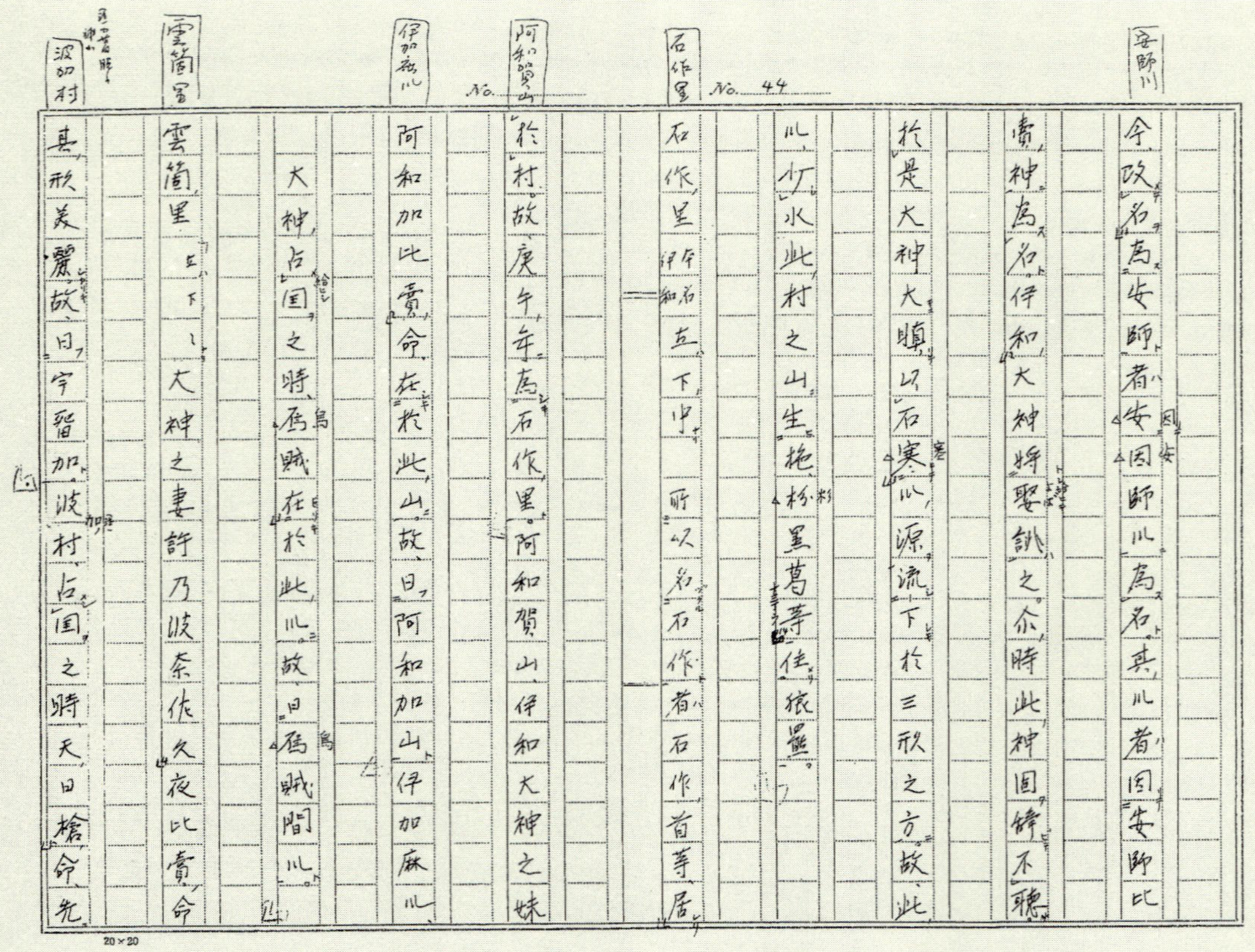

安師川　石作里　阿和賀山　伊加麻川　雲箇里　波加村

No. 44

今改名為安師者因安師川為名其川者因安師比
賣神為名伊和大神将娉誂之尓時此神固辭不聴
於是大神大瞋以石塞川源流下於三形之方故此
川少水此村之山生栬杉黒葛等住狼羆
石作里（本名伊和）土下中　所以名石作者石作首等居
於村故庚午年為石作里阿和賀山伊和大神之妹
阿和加比賣命在於此山故曰阿和加山伊加麻川
大神占国之時烏賊在於此川故曰烏賊間川
雲箇里　土下　大神之妻許乃波奈佐久夜比賣命
其形美麗故曰宇留加波加村占国之時天日槍命先

20×20

附録6　小野田光雄自筆『播磨風土記（三條西家本（古典保存会））』

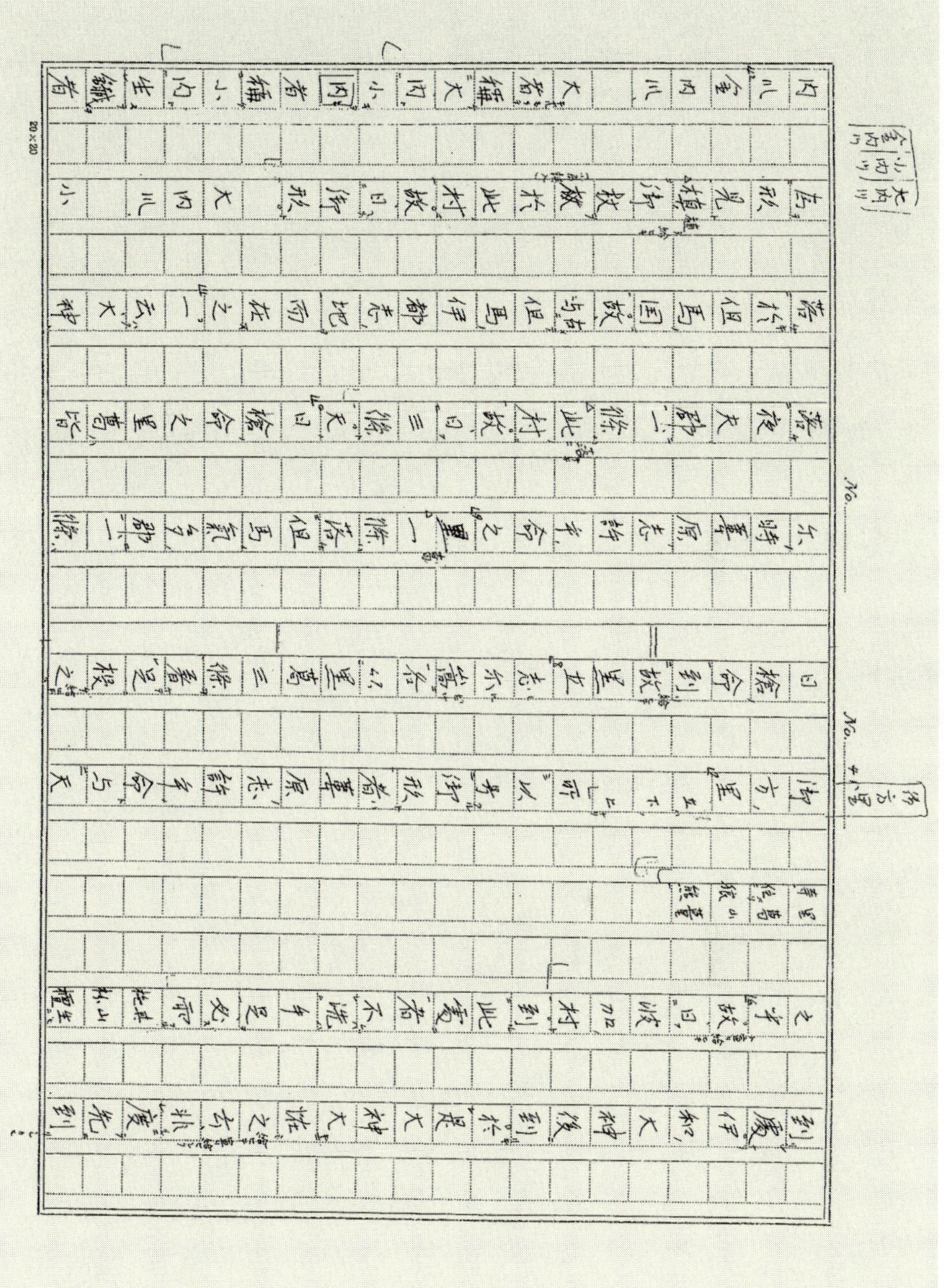

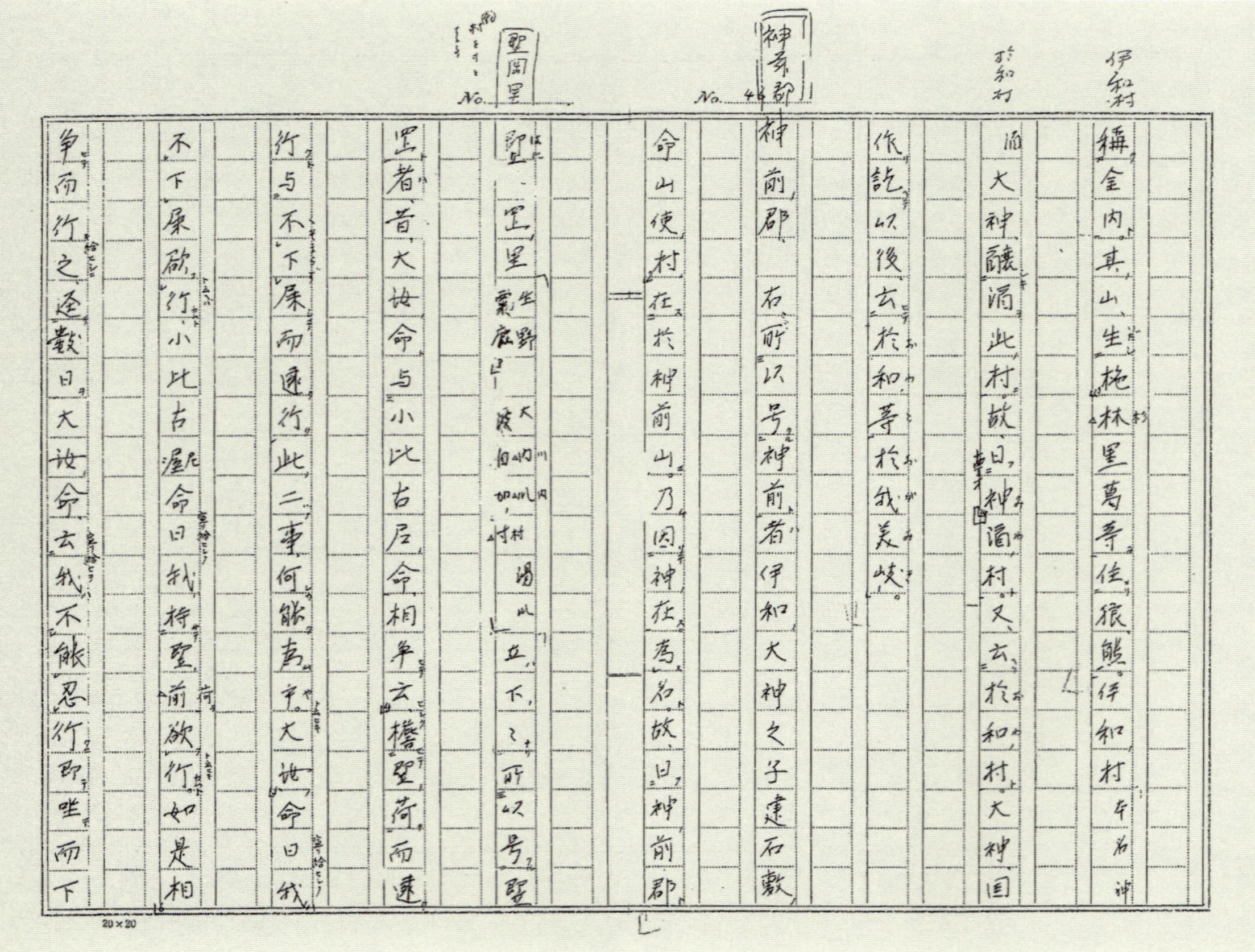

稱金内。其山生桅林里萬等住狼熊。伊和村本名神酒。大神醸酒此村。故曰神酒村。又云於和村。大神國作訖以後云、於和等於我美岐。

神前郡 No. 48

神前郡。右所以号神前者、伊和大神之子建石敷命山使村在於神前山。乃因神在為名。故曰神前郡。

堲岡里 No.

堲岡里 生野 大川内 湯川 粟鹿川内 波自加村 土下下。所以号堲岡者、昔大汝命与小比古尼命相争云、担堲荷而遠行与不下屎而遠行、此二事何能為乎。大汝命日我不下屎欲行。小比古尼命日我持堲荷欲行。如是相争而行之。逕数日、大汝命云我不能忍行。即坐而下

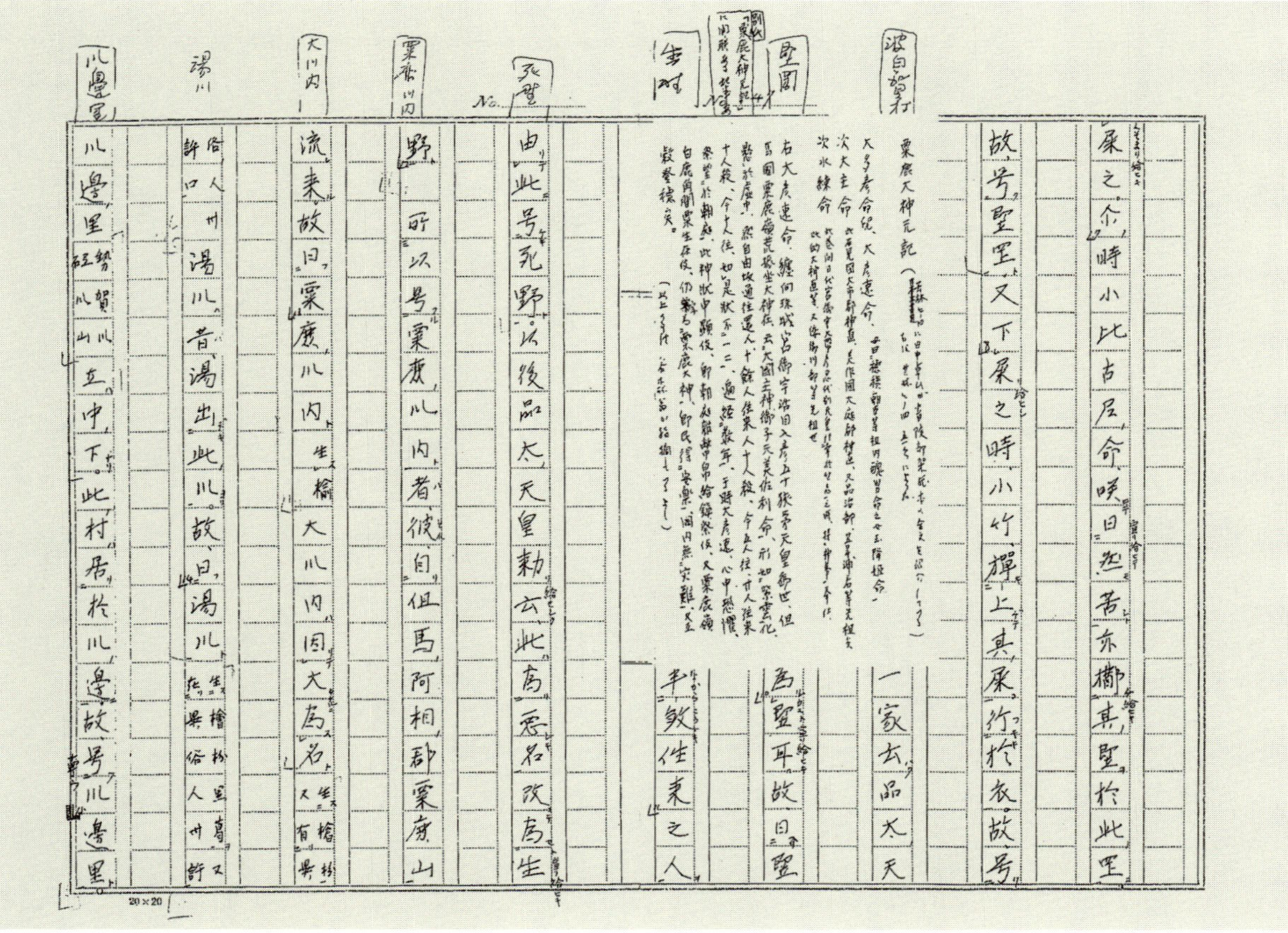

屎之、尒時小比古尼命咲曰、然苦、亦擲其堲於此岡
故号堲岡、又下屎之時、小竹𢳆上其屎、行於衣、故号
一家云品太天
爲堲耳、故曰堲
手敗住来之人
粟鹿大神元記
由此号死野、以後品太天皇勅云、此為悪名、改為生
野、所以号粟鹿川内者、彼自但馬阿相郡粟鹿山
流来、故曰粟鹿川内、生檜、大川内、同大為名、
湯川、昔湯出此川、故曰湯川、
川邊里、此村居於川邊、故号川邊里

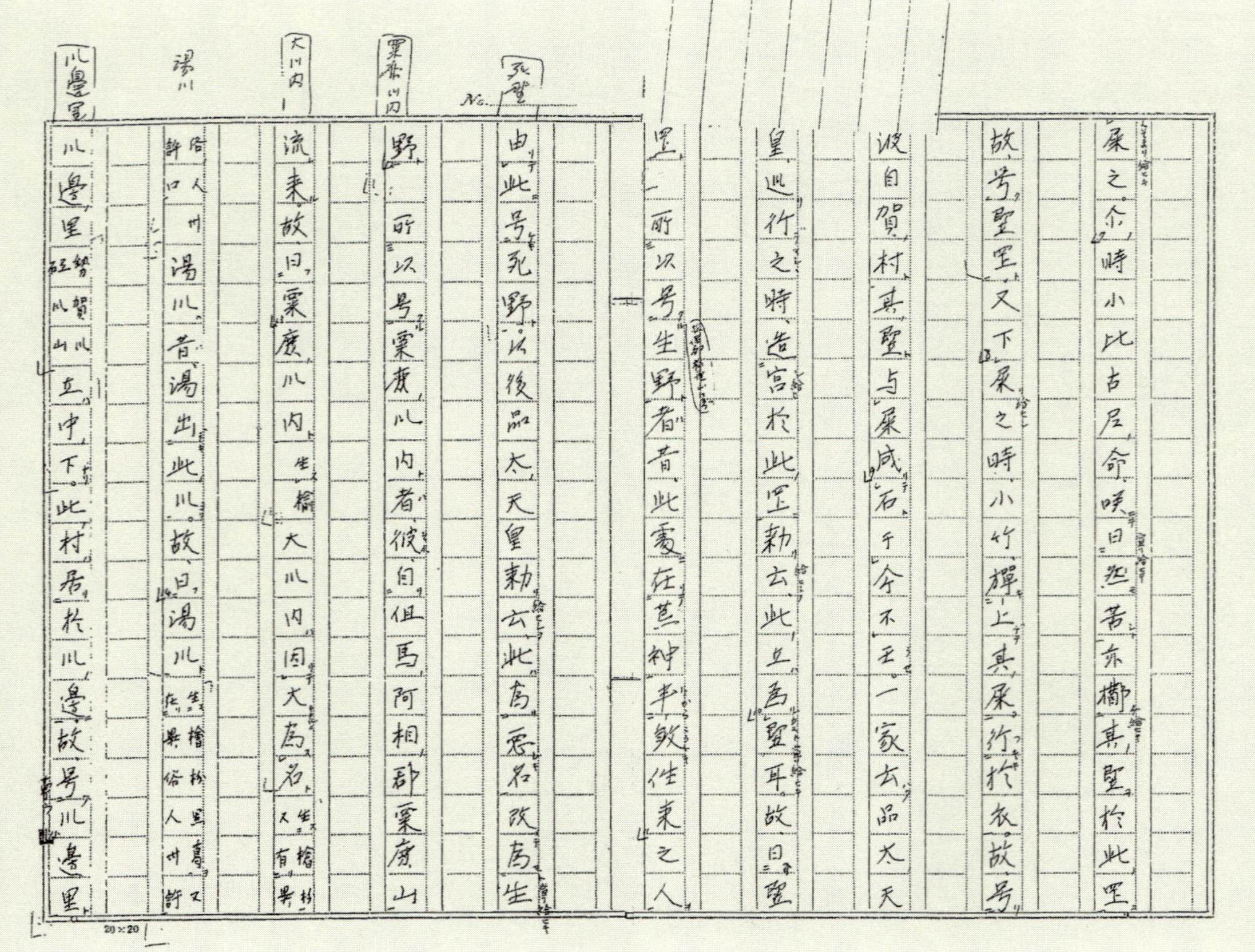

屎之。尒時小比古尼命咲曰然苦。亦擲其堲於此罡。
故号堲罡。又下屎之時、小竹弾上其屎、行於衣。故号
波自賀村。其堲与屎成石、于今不亡。一家云、品太天
皇巡行之時、造宮於此罡、勅云此土為堲耳。故曰堲罡。
里
所以号生野者、昔此處在荒神、半殺往来之人。
死野
由此号死野。以後品太天皇勅云、此為悪名、改為生
野。
粟鹿川内
所以号粟鹿川内者、彼自但馬阿相郡粟鹿山
大川内
流来。故曰粟鹿川内。生楡。大川内。因大為名。生檜杉。有異
湯川
俗人卅許口。湯川。昔湯出此川。故曰湯川。生檜杉。在異俗人卅許口。
川邊里
川邊里。砥堀。賀野川山立中。下此村居於川邊。故号川邊里。

勢賀

所以勢賀者品太天皇狩於此川内猪鹿多約出

砥川山

於此虜殺故曰勢賀

所以云砥川山者彼山砥故

星肆

日砥川山至于星出狩獣故山名星肆

高罡里

高罡里　神前山　奈具佐山

土中々

右云高罡者此里有高罡

神前山　奈具佐山

故号高罡

神前山　与上同

奈具佐山　生檜不知其由

多駝里

多駝里　邑日野　八千軍

土中下

所以号多駝者品

太天皇巡行之時大御伴人佐伯部等始祖阿我乃

古欲請此土尓時天皇勅云直請哉故曰多駝

邑日野

所以云邑日野者阿遅須伎高日古尼命神在於新

次神社造神宮於此野之時意保和知刈廻為院故

20×20

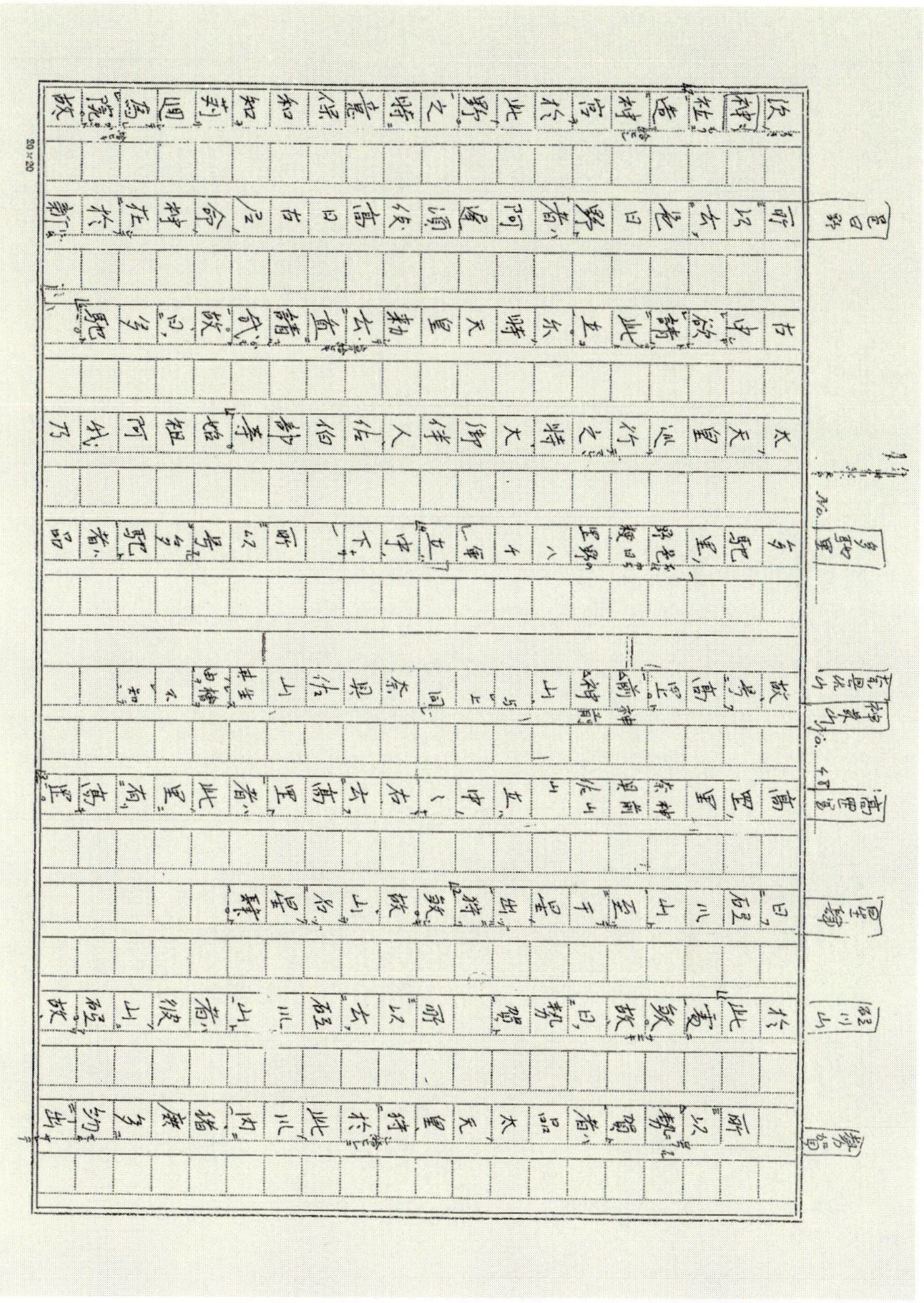

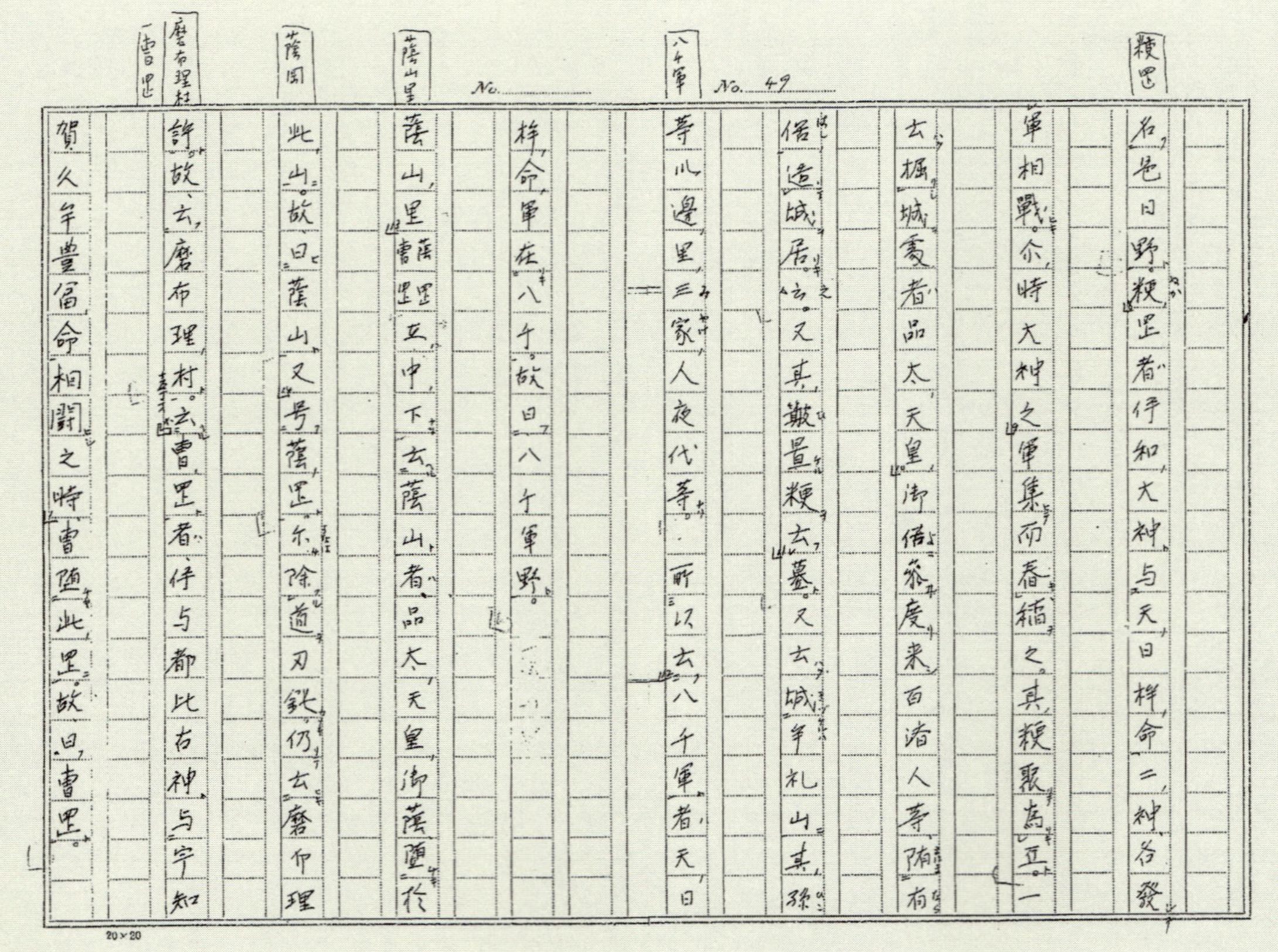

No. 49

粳罡

名邑日野糠罡者伊知大神与天日桙命二神各發軍相戰介時大神之軍集而舂稲之其粳聚爲丘一云掘城處者品太天皇御俗參度來百濟人等隨有俗造城居之又其蹴置粳云墓又云城牟礼山其孫等川邊里三家人夜代等。

八千軍

所以云八千軍者天日桙命軍在八千故曰八千軍野。

蔭山里

蔭山里 蔭罡 土中下 云蔭山者品太天皇御蔭墮於此山故曰蔭山

蔭罡

又号蔭罡尓除道刃鈍仍云磨布理許故云磨布理村

磨布理村

曽罡

云曽罡者伊与都比古神与宇知賀久牟豐冨命相闘之時曽墮此罡故曰曽罡。

20×20

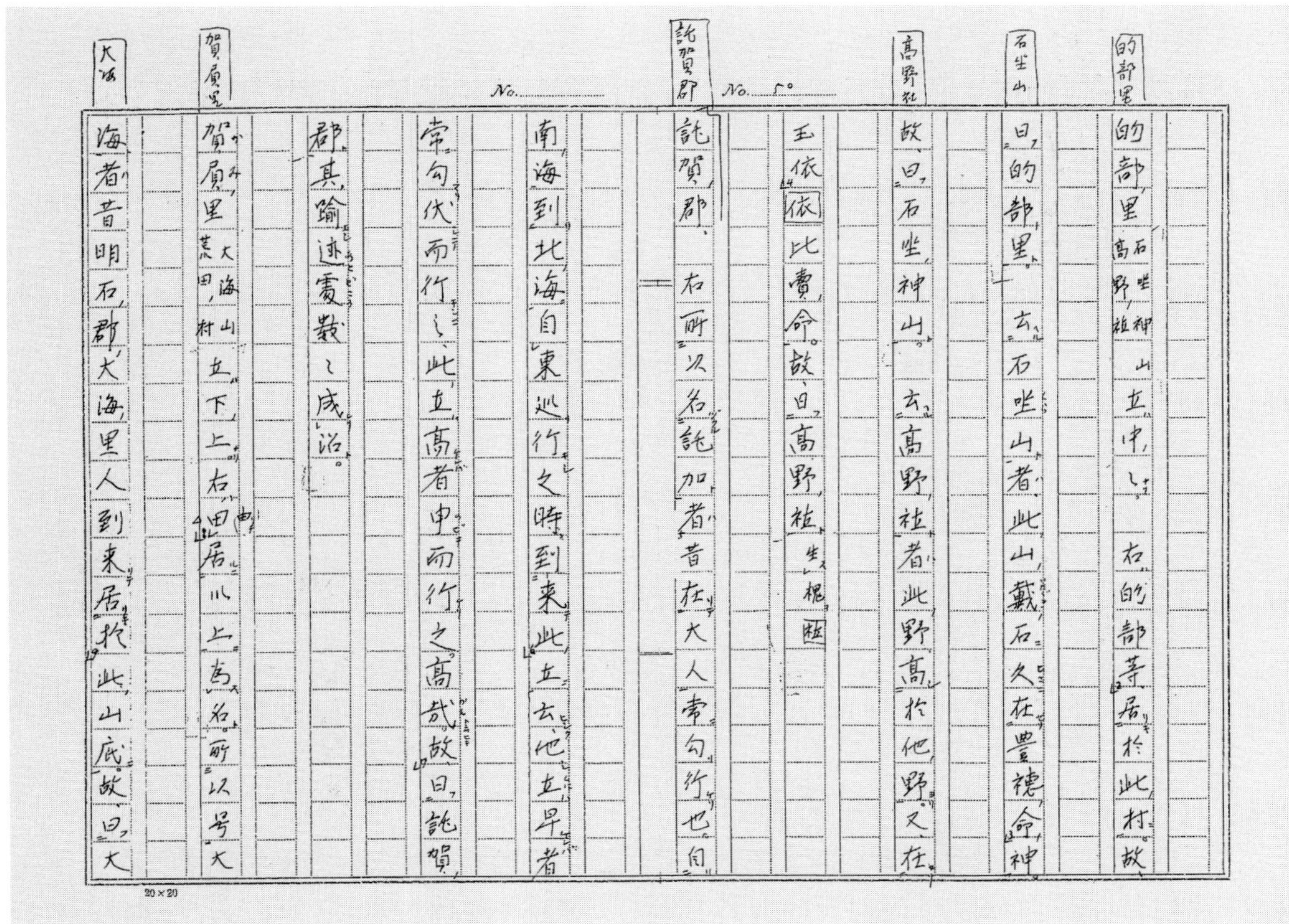

No. 5

的部里　石坐神山　高野社　山丘中、右的部等居於此村。故
曰的部里。石坐山者、此山戴石。又在豊穂命神
故曰石坐神山。高野社者、此野高於他野。又在
玉依依比賣命。故曰高野社。生椎櫪

託賀郡　右所以名託加者、昔在大人、常勾行也。自
南海到北海、自東巡行之時、到来此土云、他土卑者
常勾伏而行之、此土高者申而行之。高哉。故曰託賀
郡。其踰迹處數々成沼。

賀眉里　大海山　荒田村　土下上。右由居川上為名。所以号大
海者、昔明石郡大海里人到来居於此山底。故曰大

20×20

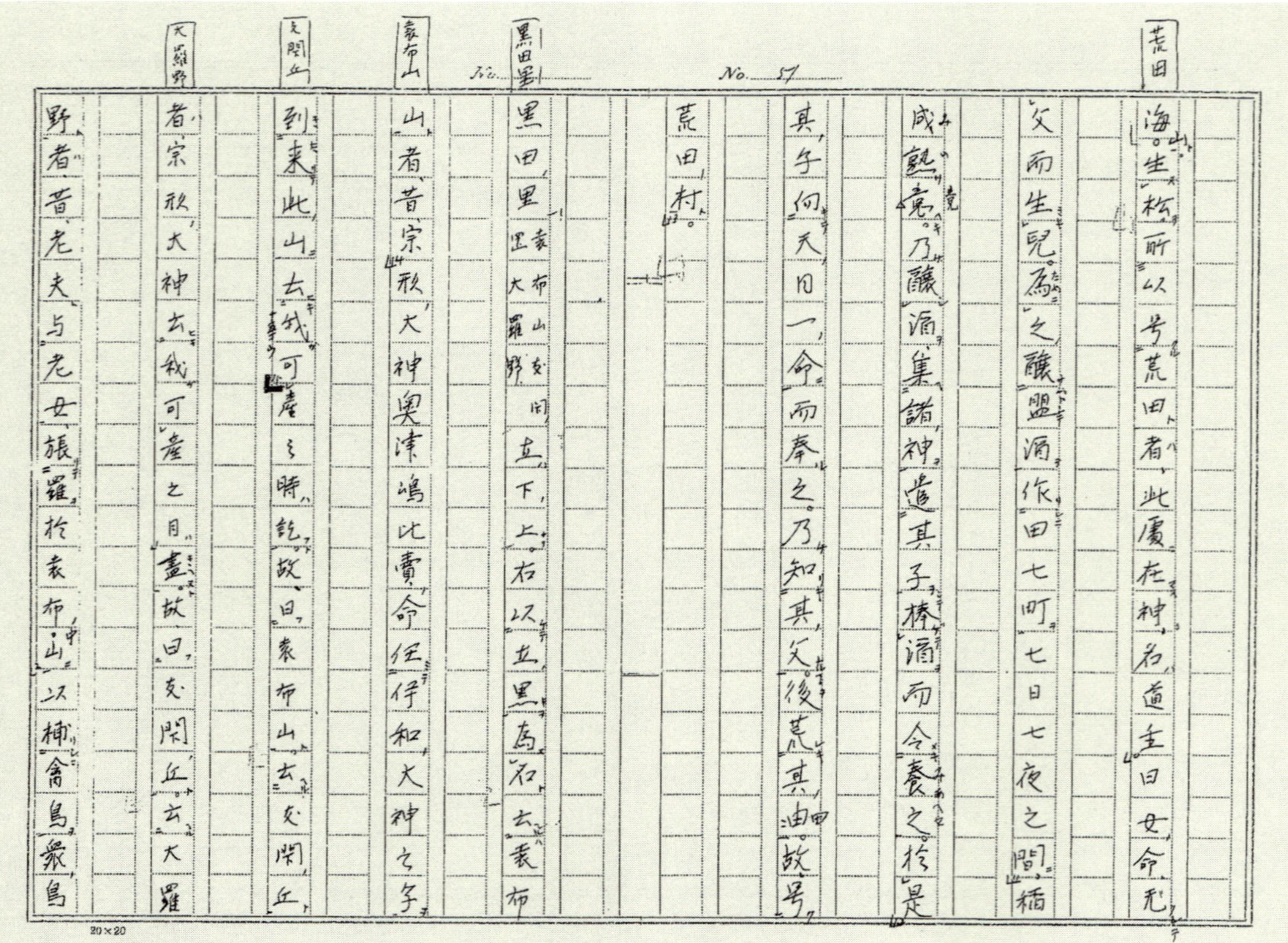

荒田　黒田里　袁布山　支閇丘　大羅野

No. 51

海生松所以号荒田者此處在神名道主日女命无
父而生児為之醸盟酒作田七町七日七夜之間稲
成熟竟乃醸酒集諸神遣其子捧酒而令養之於是
其子向天目一命而奉之乃知其父後荒其田故号
荒田村
黒田里 袁布山 支閇丘 大羅野 土下上右以土黒為名袁布
山者昔宗形大神奥津嶋比賣命任伊和大神之子
到来此山云我可産之時訖故曰袁布山支閇丘
者宗形大神云我可産之月盡故曰支閇丘大羅
野者昔老夫与老女張羅於袁布山中以捕禽鳥衆鳥

20×20

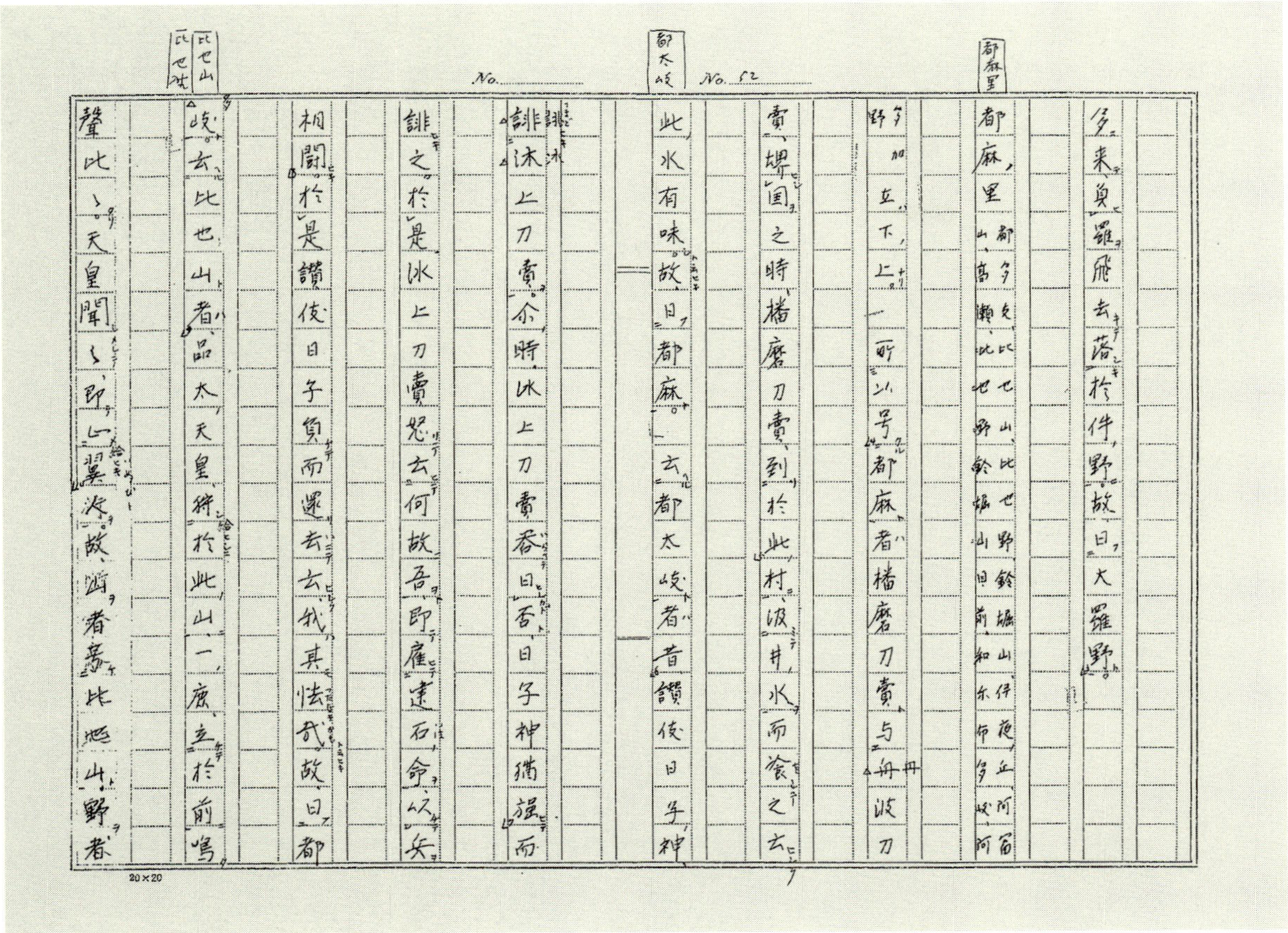

都麻里　比也山　比也野　都太岐

No.　　　No. 52

多来負羅飛去落於伴野故曰大羅野

都麻里　都多支比也山比也野鈴堀山伊夜丘阿富　山高瀬比也野鈴堀山目前和尓布多岐阿

多加野　左下上　一　所以号都麻者播磨刀賣与丹波刀

賣堺国之時播磨刀賣到於此村汲井水而飡之云

此水有味故曰都麻

一云都太岐者昔讃伎日子神

誂沐上刀賣尓時氷上刀賣答曰否日子神猶强而

誂之於是氷上刀賣怒云何故吾即雇建石命以兵

相闘於是讃伎日子負而還去云我甚怯哉故曰都

岐云比也山者品太天皇狩於此山一鹿立於前鳴

聲比々天皇聞之即止翼人故山者号比也山野者

20×20

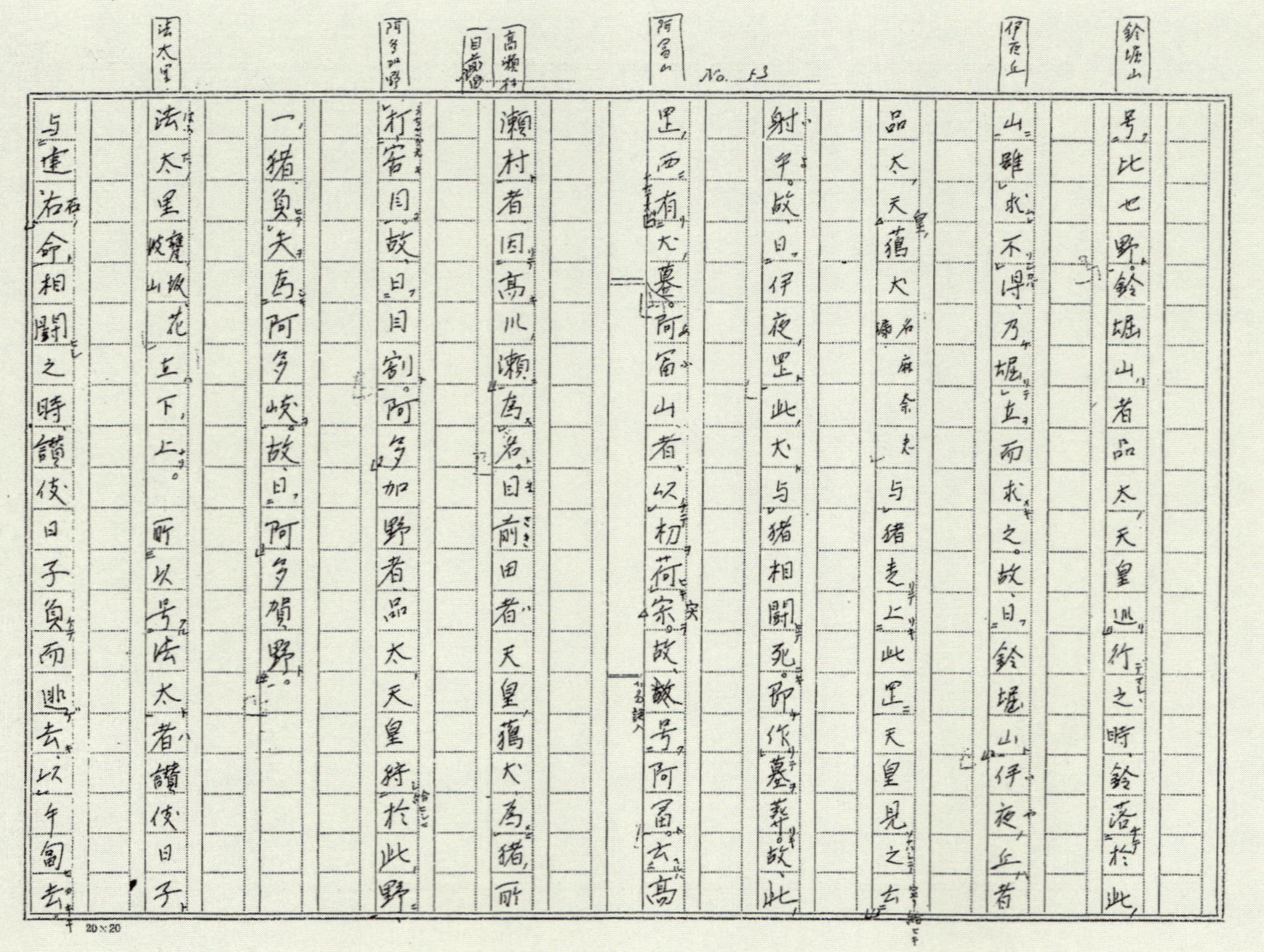

No. 53

鈴堀山 伊夜丘 阿富山 高瀬村 目前田 阿多加野 法太里

号比也野。鈴堀山者、品太天皇巡行之時、鈴落於此山。雖求不得。乃堀土而求之。故曰鈴堀山。伊夜丘者、品太天皇猟犬名麻奈志与猪走上此岡。天皇見之云射乎。故曰伊夜岡。此犬与猪相闘死。即作墓葬。故此岡西有犬墓。阿富山者、以朸荷宍。故号阿富。高瀬村者、因高川瀬為名。目前田者、天皇猟犬為猪所打害目割。故曰目割。阿多加野者、品太天皇狩於此野、一猪負矢為阿多岐。故曰阿多賀野。

法太里 甕坂 花山 土下上。所以号法太者、讃伎日子与建石命相闘之時、讃伎日子負而逃去、以手匍去。

20×20

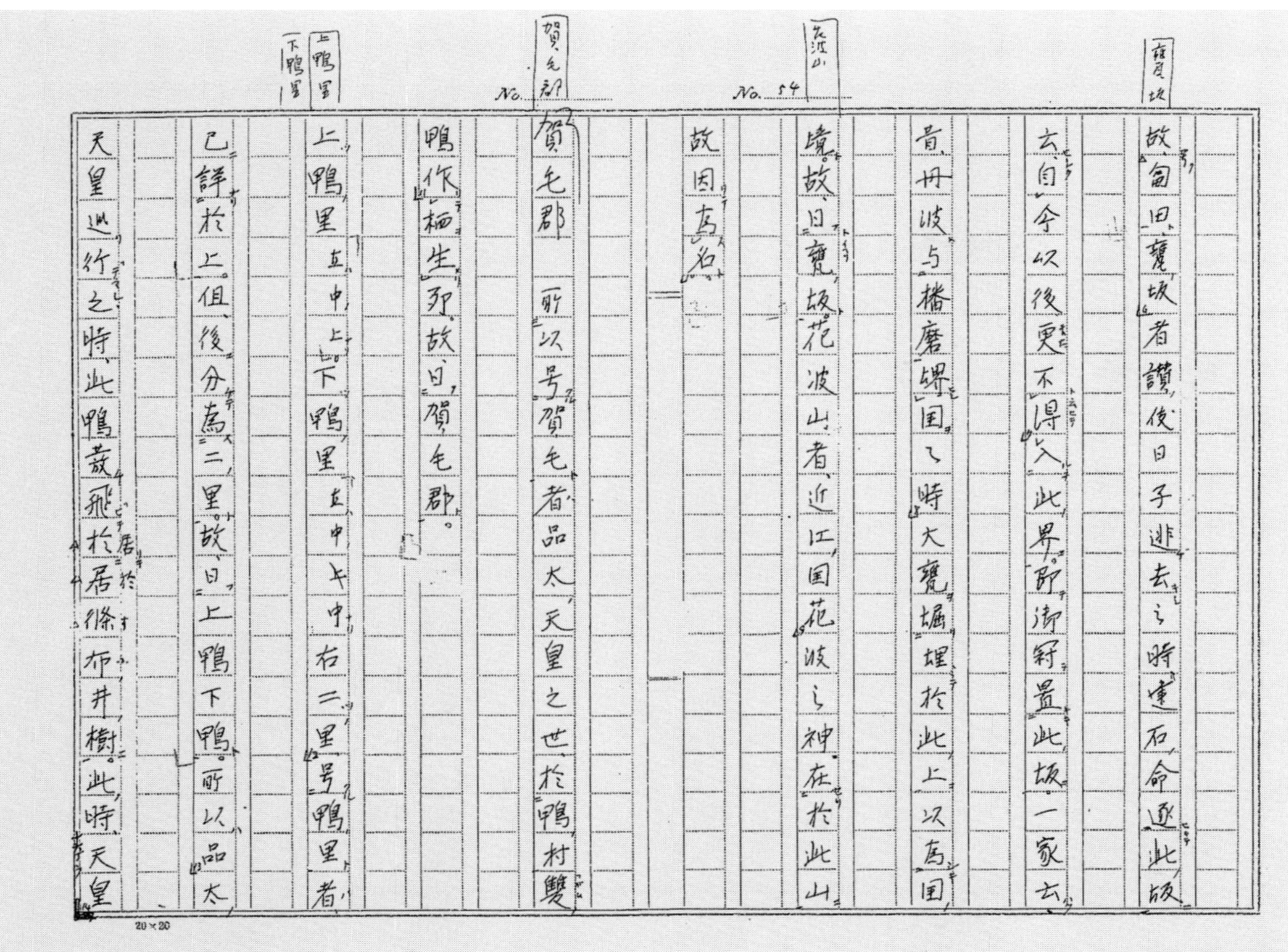
故匐田甕坂者讃伎日子逃去之時建石命逐此坂
云自今以後更不得入此界即御冠置此坂一家云
昔丹波与播磨堺国之時大甕堀埋於此上以為国
境故曰甕坂花波山者近江国花波之神在於此山
故因為名

賀毛郡　所以号賀毛者品太天皇之世於鴨村雙
鴨作栖生卵故曰賀毛郡。

上鴨里　土中上　下鴨里　土中中　右二里号鴨里者
已詳於上　但後分為二里　故曰上鴨下鴨　所以品太
天皇巡行之時此鴨発飛於居條布井樹此時天皇

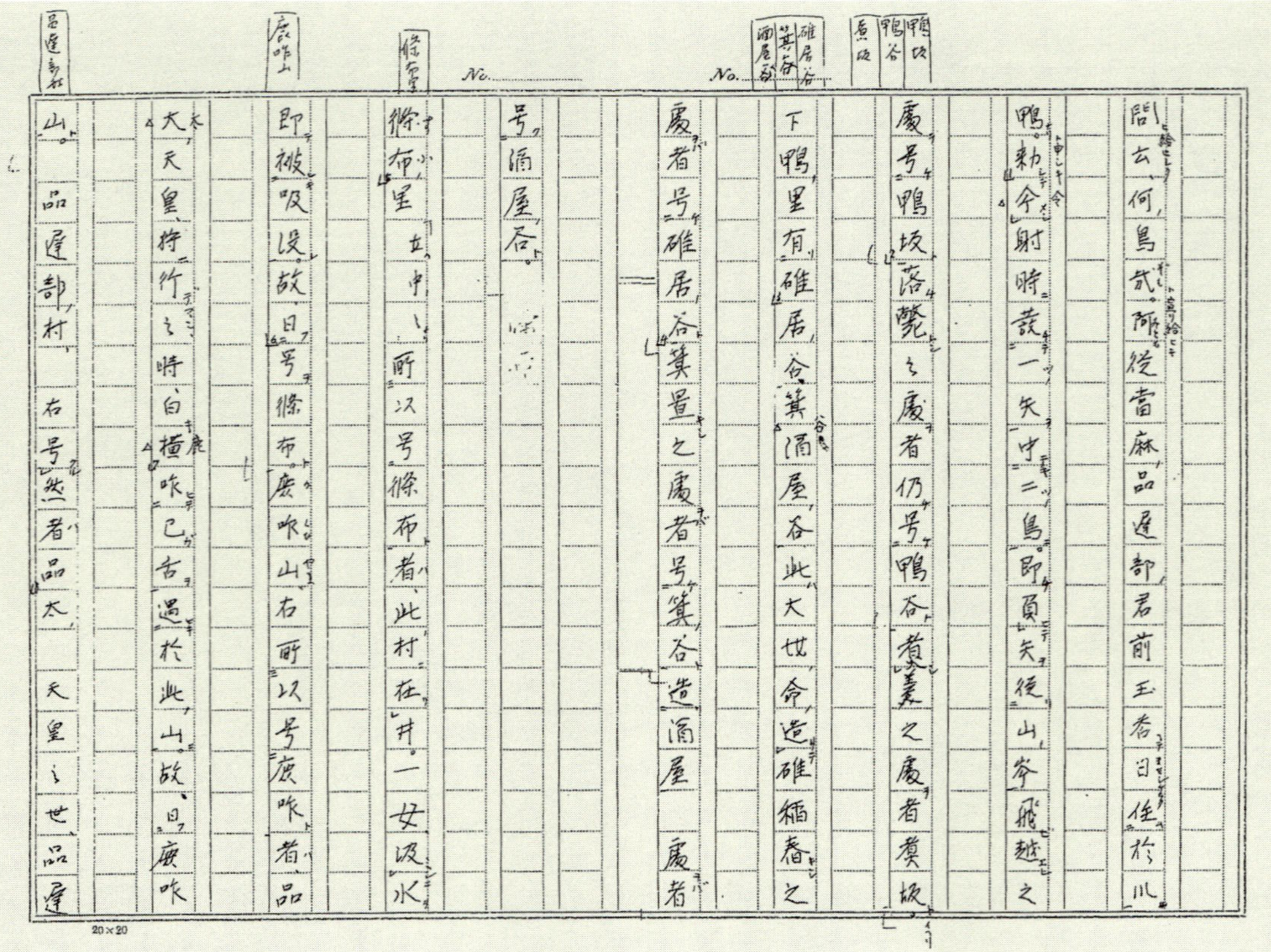

鴨坂　鴨谷　羹坂

碓居谷　箕谷　酒屋谷

條布里

鹿咋山

品遲部村

問云何鳥哉所從當麻品遲部君前玉答曰住於川

鴨勅令射時發一矢中二鳥即負矢從山岑飛越之

處号鴨坂落斃之處者仍号鴨谷煮羹之處者羹坂

下鴨里有碓居谷箕谷酒屋谷此大汝命造碓稲舂之

處者号碓居谷箕置之處者号箕谷造酒屋　處者

号酒屋谷

條布里土中々所以号條布者此村在井一女汲水

即被吸没故曰号條布鹿咋山右所以号鹿咋者品

太天皇狩行之時白鹿咋己舌遇於此山故曰鹿咋

山

品遲部村

右号然者品太

天皇之世品遲

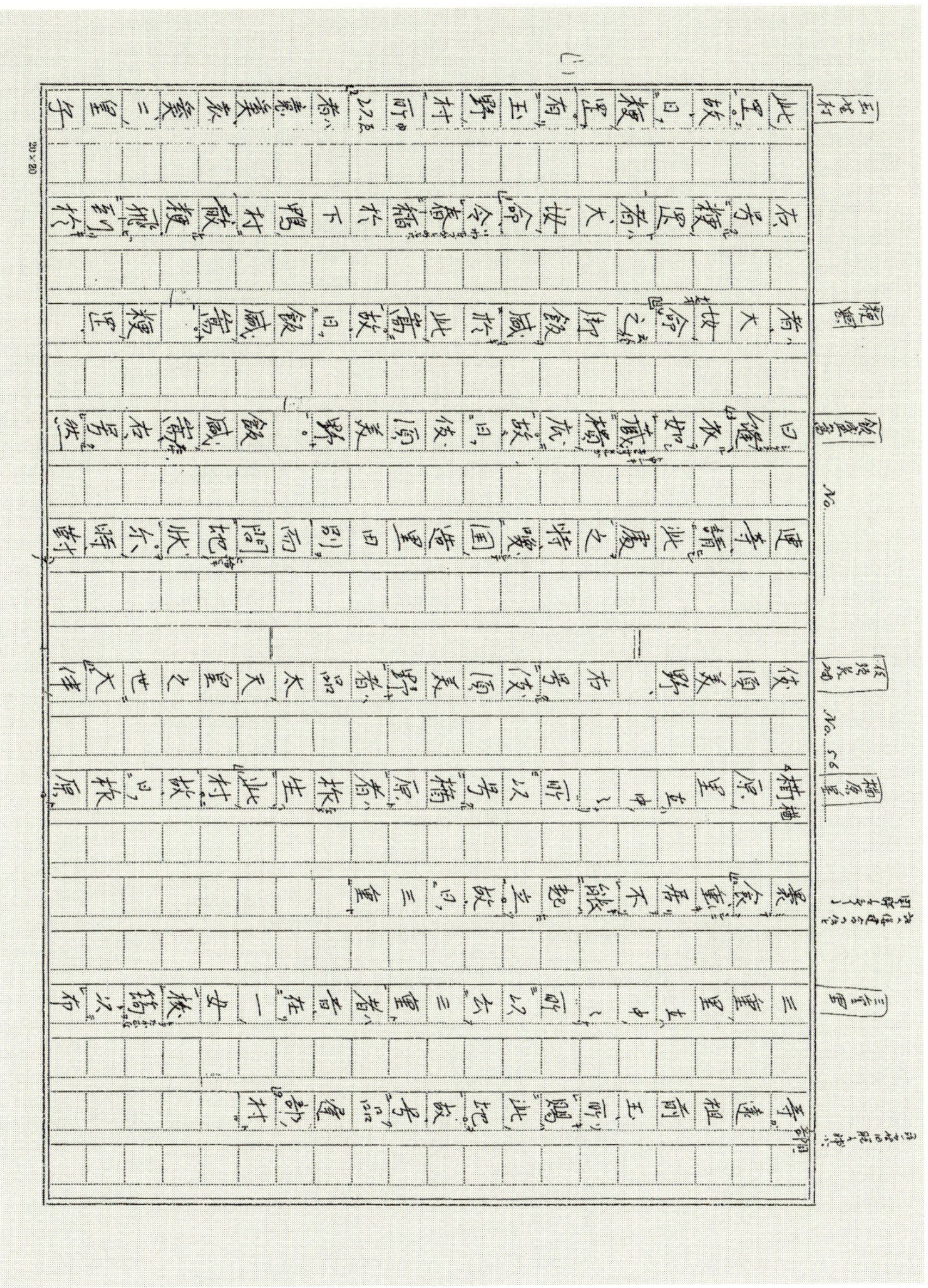
（1）

手遣祖而王所賜此地故号[illegible]部村

三重里　三重里土中々所以云三重者在昔一女抜筍以布
裹食重居不能起立故曰三重

楢原里　楢原里土中々所以号楢原者柞生此村故曰柞原

伎須美野　伎須美野。右号伎須美野者品太天皇之世大伴
連等請此處之時喚国造黒田別而問地状爾時對
曰縫衣如蔵櫃底故曰伎須美野。

飯盛嵩　飯盛嵩右号然
者大汝命之御飯盛於此嵩故曰飯盛嵩。

粳岡　粳岡
右号粳岡者大汝命令舂稲於下鴨村散粳飛到於
此岡故曰粳岡

玉野村　有玉野村所以者意奚袁奚二皇子

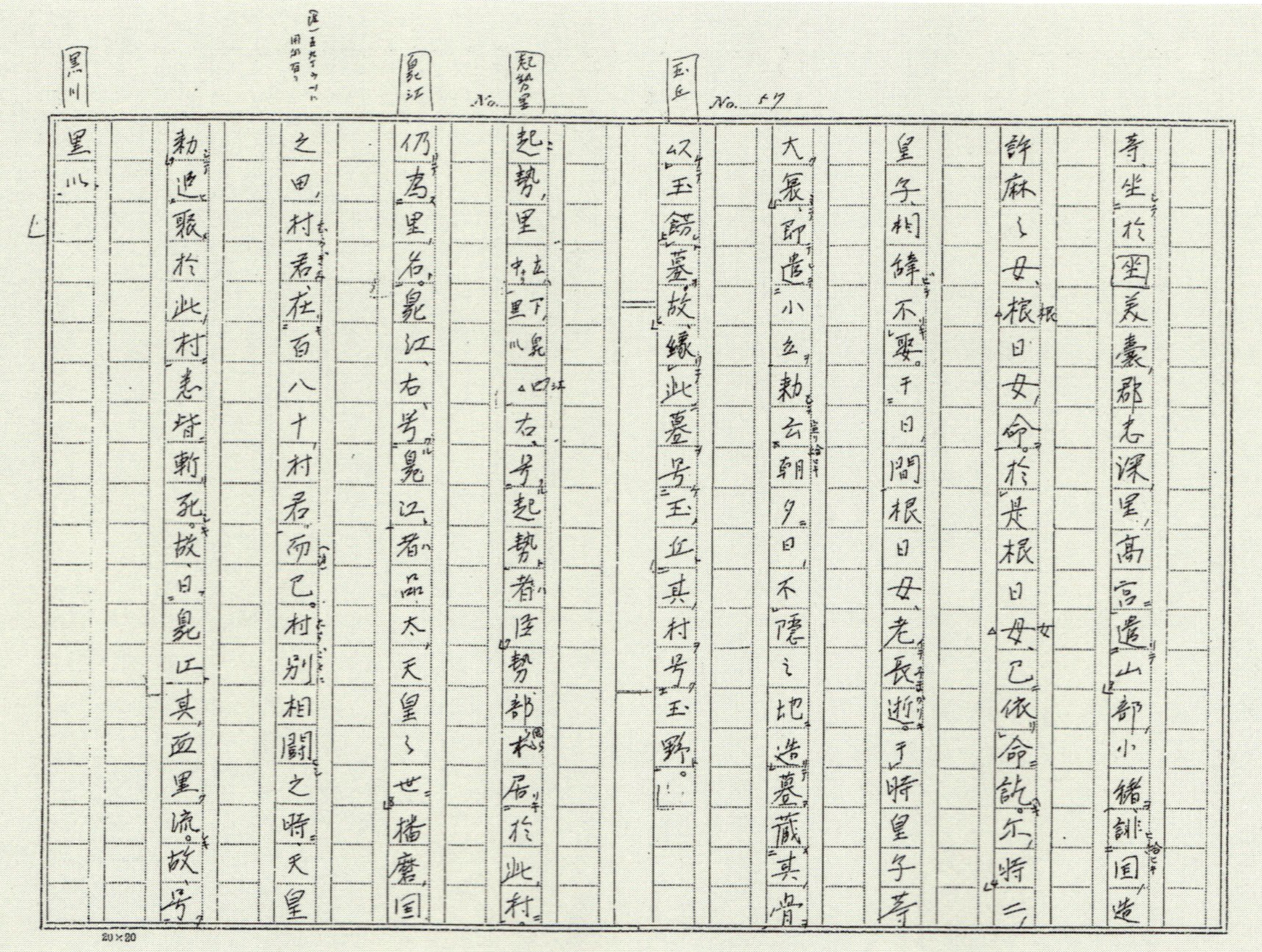

玉丘　No. 57

寺、坐於[至]美嚢郡志深里高宮、遣山部小楯、誂国造
許麻之女、根日女命。於是根日女已依命訖。爾時二
皇子相辭不娶。于日間根日女老長逝。于時皇子等
大哀、即遣小立勅云、朝夕日不隠之地、造墓蔵其骨、
以玉餝墓。故縁此墓号玉丘、其村号玉野。

起勢里　No.

起勢里　右、号起勢者、巨勢部等居於此村、

臭江

仍為里名。臭江、右、号臭江者、品太天皇之世、播磨国
之田村君在百八十村君、而己村別相闘之時、天皇
勅追聚於此村、悉皆斬死。故曰臭江。其血黒流。故号

黒川

黒川。

山田里　猪飼野

端鹿里

穂積里　塩野

No.

No. 58

山田里土中下　猪飼野　右号山田者人居山遂

由為里名　猪養野　右号猪飼者難波高津宮御

宇天皇之世日向肥人朝戸君天照大神坐舟於猪

奈来進之可飼所求申仍所賜此處而放飼猪故

曰猪飼野

端鹿里土下上　今在其神　右号端鹿者昔神於諸

村班菓子至此村不足故仍云間有哉故号端鹿此

村至于有今山木無菓子　栲生　真木　杉

穂積里　本名塩野　土下上　所以塩野者鹹水出於此

村故曰塩野今号穂積者穂積臣等族居於此村故

20×20

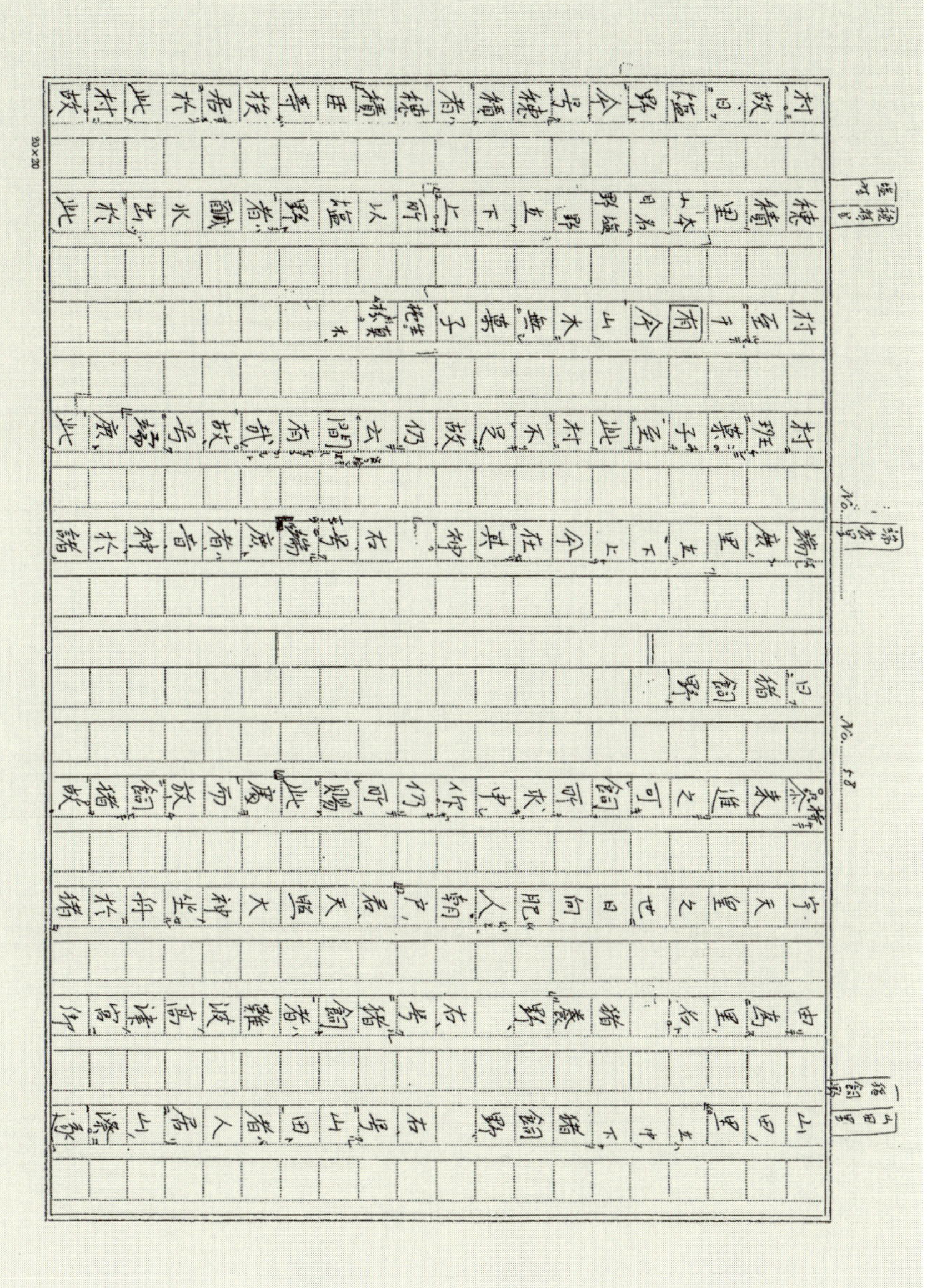

No. 59

小目野
佐々御井
雲潤里

号穂積　小目野　右号小目野者品太天皇巡行
之時宿於此野仍望覧四方勅云彼観者海哉河哉
従臣對曰此霧也介時宣云大體雖見無小目哉故
曰号小目野於是従臣開井故云佐々御井又因此
野詠歌宇都久志侯乎米乃佐々波尓阿良礼布理
志毛布留等毛奈加礼曽祢袁米乃佐々波

雲潤里　右号雲潤者丹津日子神法太之川
底欲越雲潤之方云尓之時在於彼村太水神辭云
吾以宍血佃故不欲河水介時丹津日子云此神倦
堀河事云尓而已故号雲旅今人号雲潤

20×20

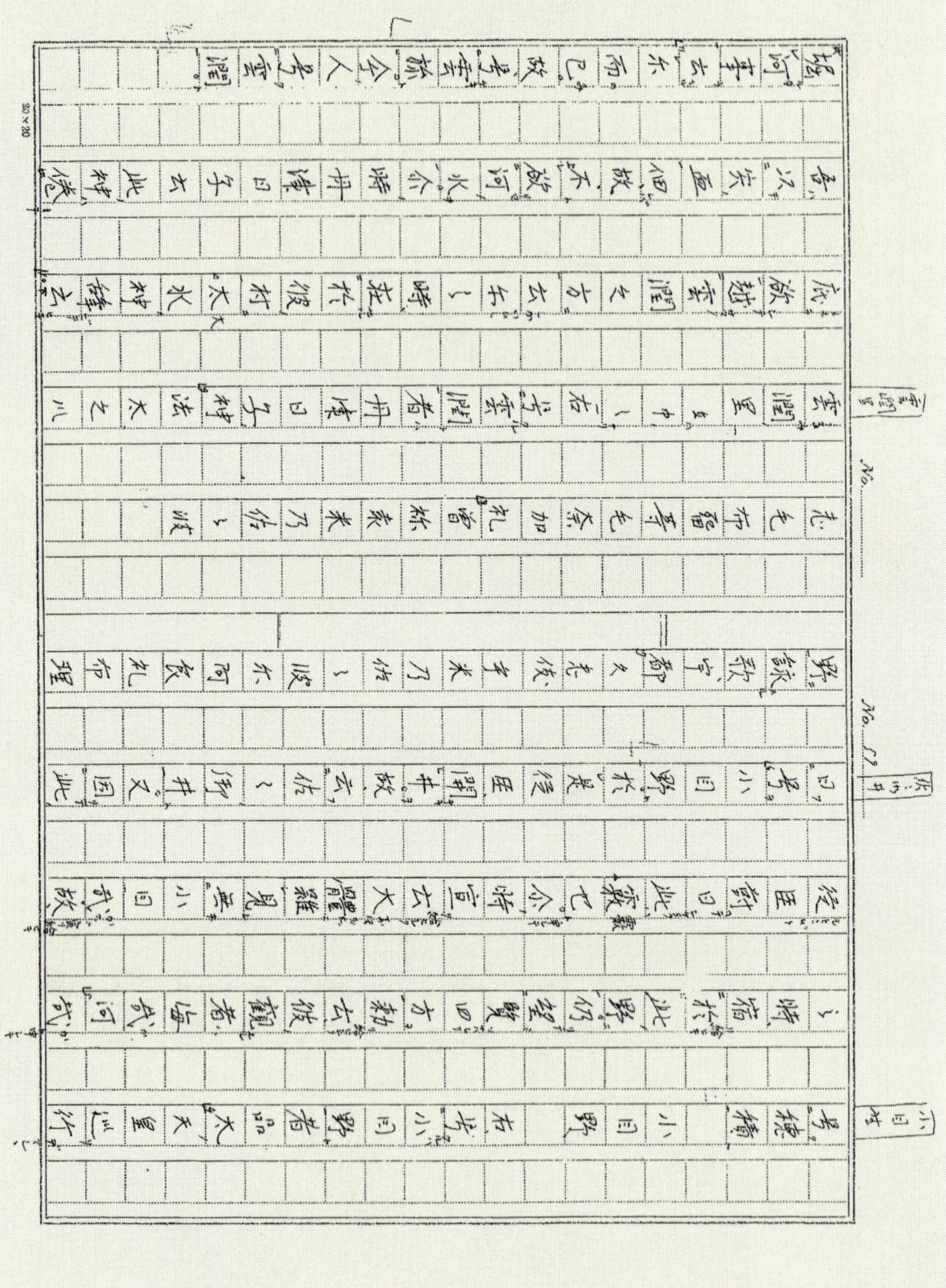

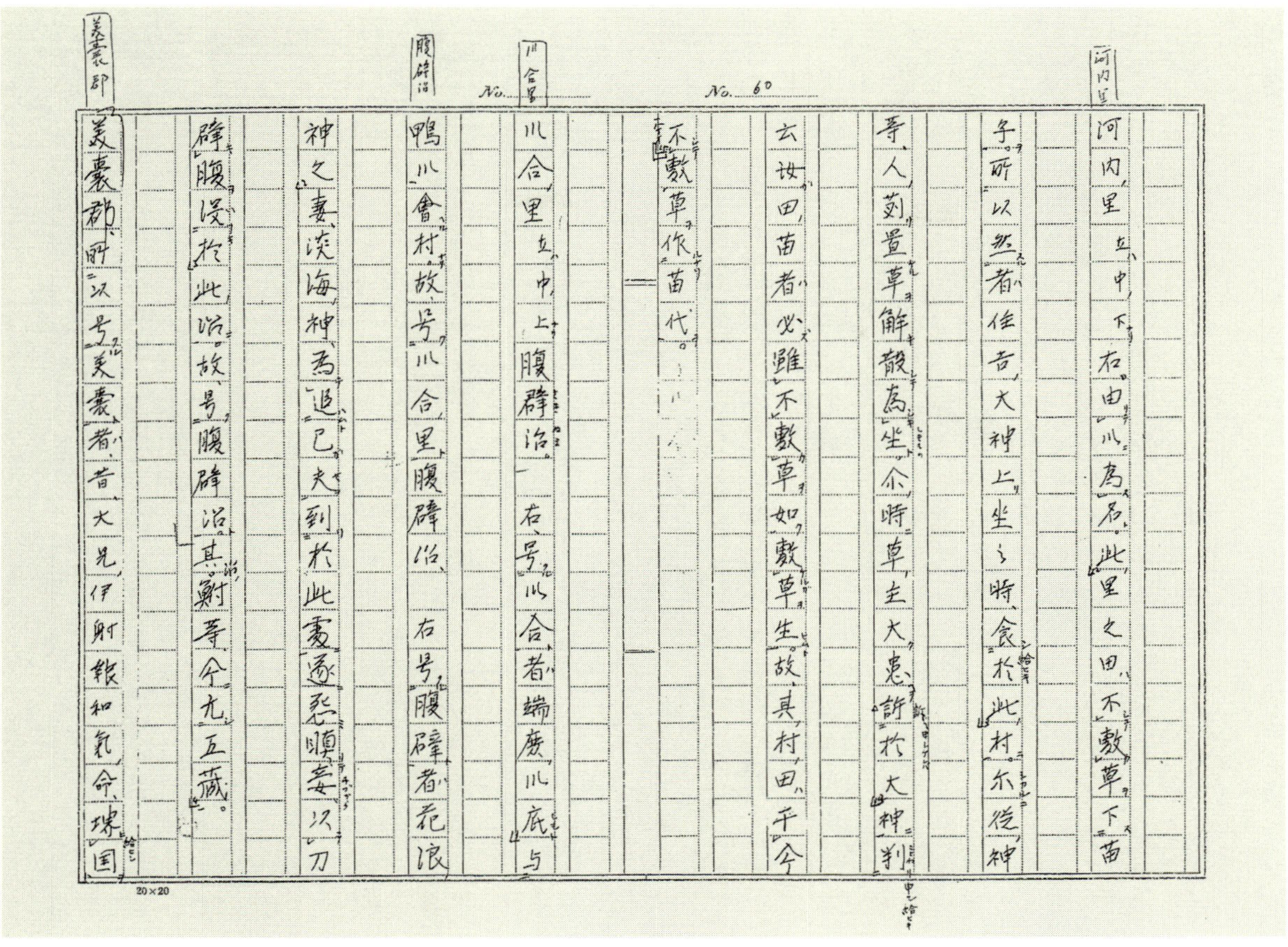
No. 60

河内里土中下右由川爲名此里之田不敷草下苗
子所以然者住吉大神上坐之時食於此村尒從神
等人苅置草解散爲坐尒時草主大患訴於大神判
云汝田苗者必雖不敷草如敷草生故其村田于今
不敷草作苗代。

川合里土中上腹辟沼　右号川合者端鹿川底与
鴨川會村故号川合里腹辟沼　右号腹辟者花浪
神之妻淡海神爲追己夫到於此處遂怨瞋妄以刀
辟腹沒於此沼故号腹辟沼其鮒等今无五藏。
美嚢郡所以号美嚢者昔大兄伊射報和気命堺国

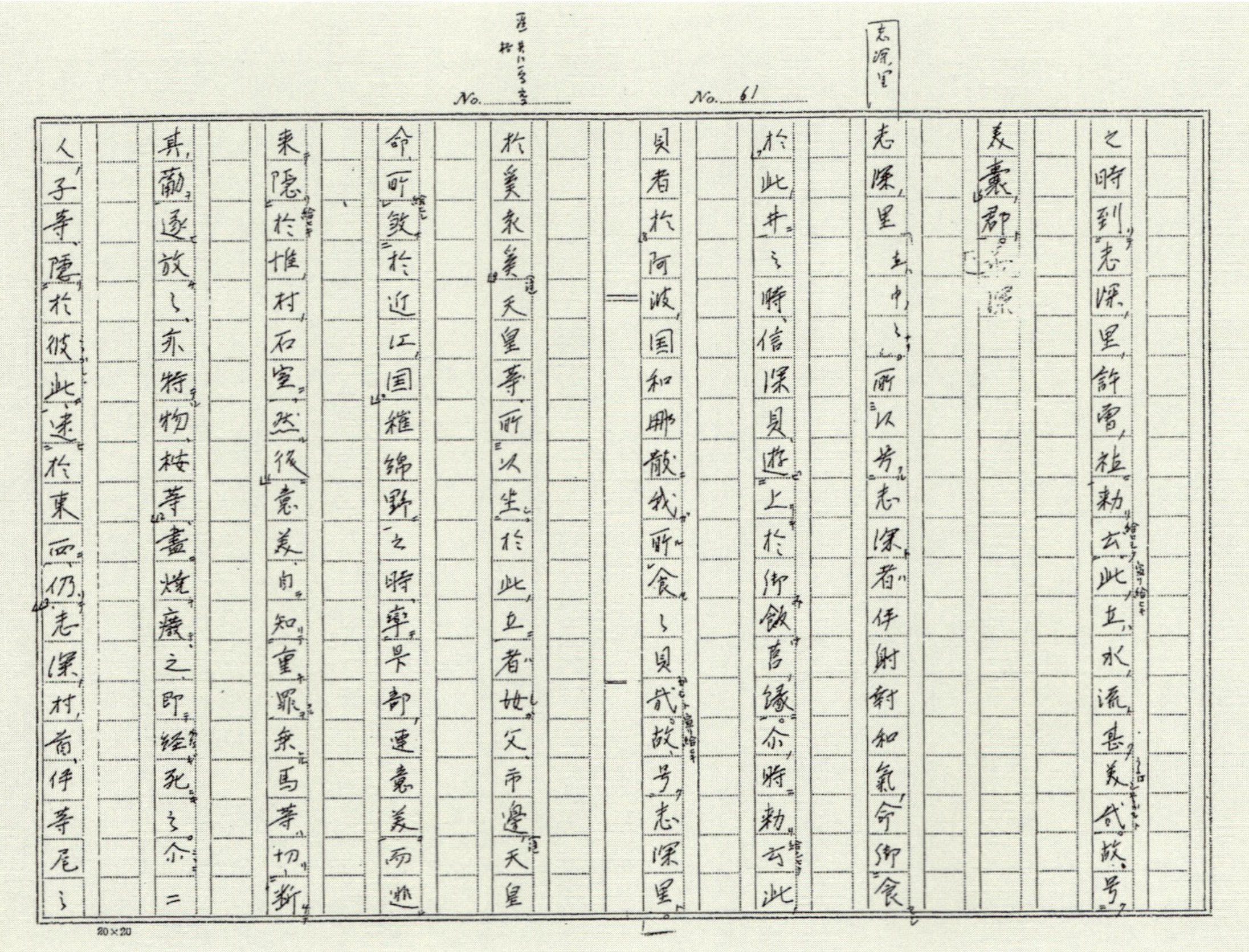

No. 61

志深里

之時到志深里許曽社勅云此土水流甚美哉故号

美嚢郡

志深里 土中〻 所以号志深者伊射報和気命御食

於此井〻時信深貝遊上於御飯筥縁尓時勅云此

貝者於阿波国和那散我所食〻貝哉故号志深里

於奚袁奚天皇等所以坐於此土者汝父市辺天皇

命所殺於近江国摧綿野之時率日下部連意美而逃

来隠於惟村石室然後意美自知重罪乗馬等切断

其靭逐放〻亦持物桉等盡焼廃之即経死〻尓二

人子等隠於彼此迷於東西仍志深村首伊等尾〻

20×20

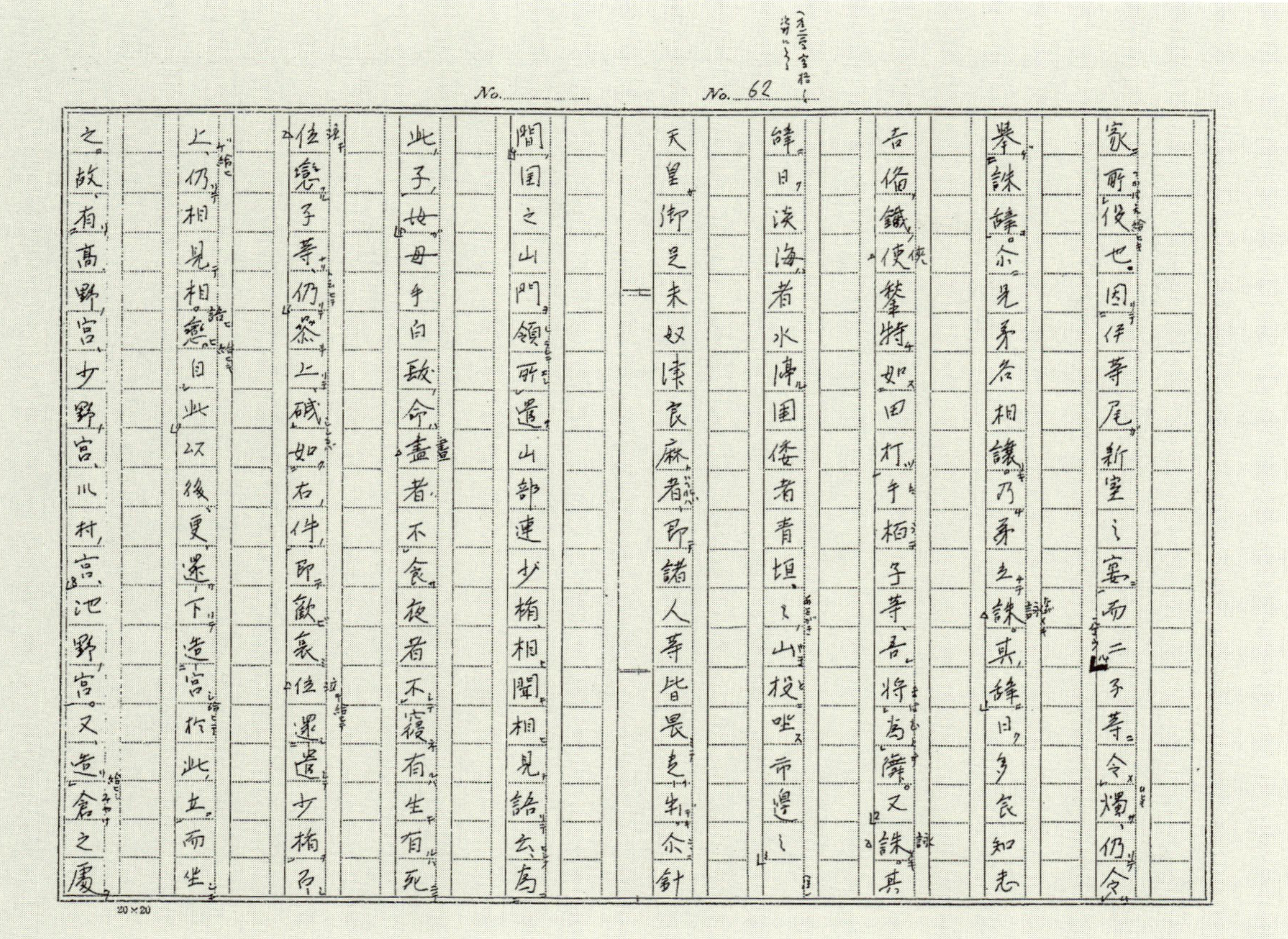

No. 62

家所役也。因伊等尾新室之宴而二子等令燭仍令
擧詠辭。尓兄弟各相讓乃弟立詠其辭曰多良知志
吉備鐵使鍬持如田打手拍子等吾将爲儛又詠其
辭曰淡海者水渟国倭者青垣之山投坐市邊之
天皇御足末奴僕良麻者即諸人等皆畏走出尓針
間国之山門領所遣山部連少楯相聞相見語云爲
此子汝母手白髪命晝者不食夜者不寝有生有死
泣戀子等仍参上啓如右件即歡哀泣還遣少楯召
上仍相見相語戀自此以後更還下造宮於此土而坐
之故有髙野宮少野宮川村宮池野宮又造倉之處

20×20

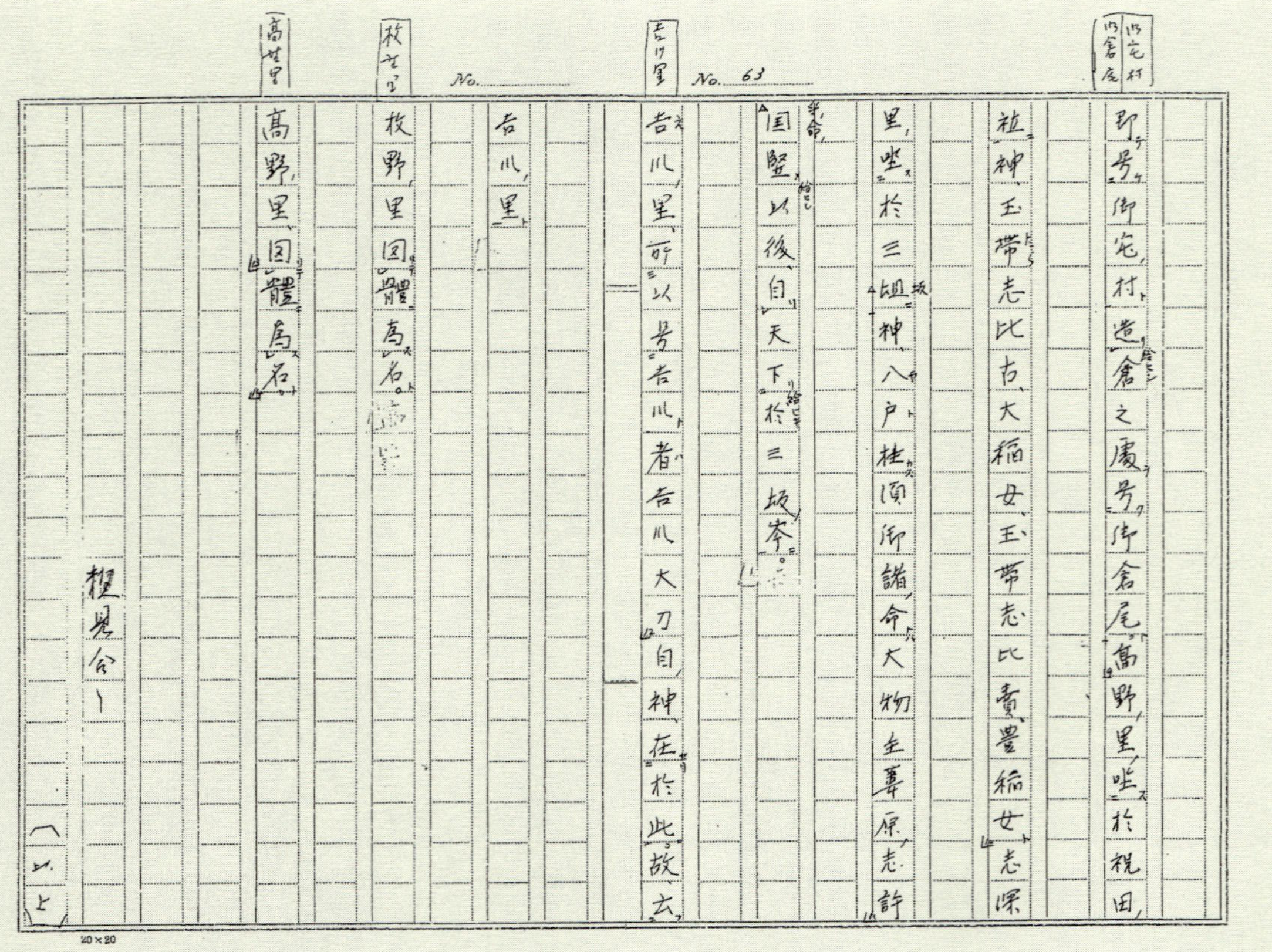

御宅村　御倉尾

No.　63

吉川里

No.

枚野里

高野里

即号御宅村、造倉之處号御倉尾、高野里、坐於祝田
社神、玉帯志比古大稲女、玉帯志比賣豊稲女志深
里、坐於三坂神八戸挂須御諸命、大物主葦原志許
国堅以後、自天下於三坂岑。
吉川里、所以号吉川者、吉川大刀自神在於此、故云

吉川里

枚野里、因體爲名。

高野里、因體爲名。

榎見合〻

（八、上）

20×20

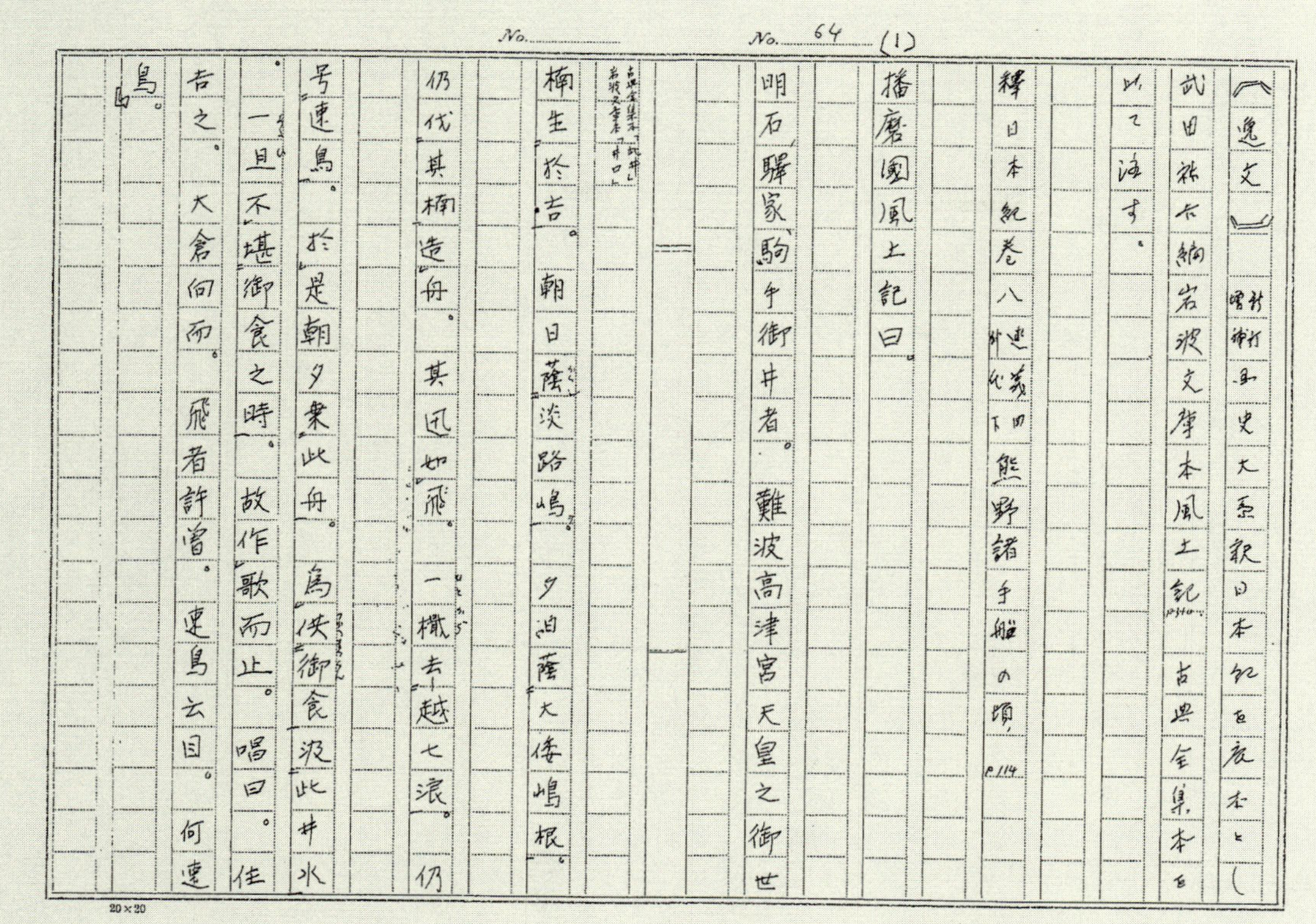

No.　　　No. 64 (1)

〔逸文〕新訂増補国史大系釈日本紀を底本と（

武田祐吉編岩波文庫本風土記 p.110 古典全集本を

以て注す。

釈日本紀巻八述義四下 熊野諸手船の項 p.114

播磨國風土記曰

明石驛家駒手御井者。難波高津宮天皇之御世

楠生於吉。朝日蔭淡路嶋。夕日蔭大倭嶋根。

古典全集本「此井」 岩波文庫本「井口」

仍伐其楠造舟。其迅如飛。一檝去越七浪。仍

号速鳥。於是朝夕乗此舟。為供御食汲此井水。

一旦不堪御食之時。故作歌而止。唱曰。住

吉之。大倉向而。飛者許曽。速鳥云目。何速

鳥」

20×20

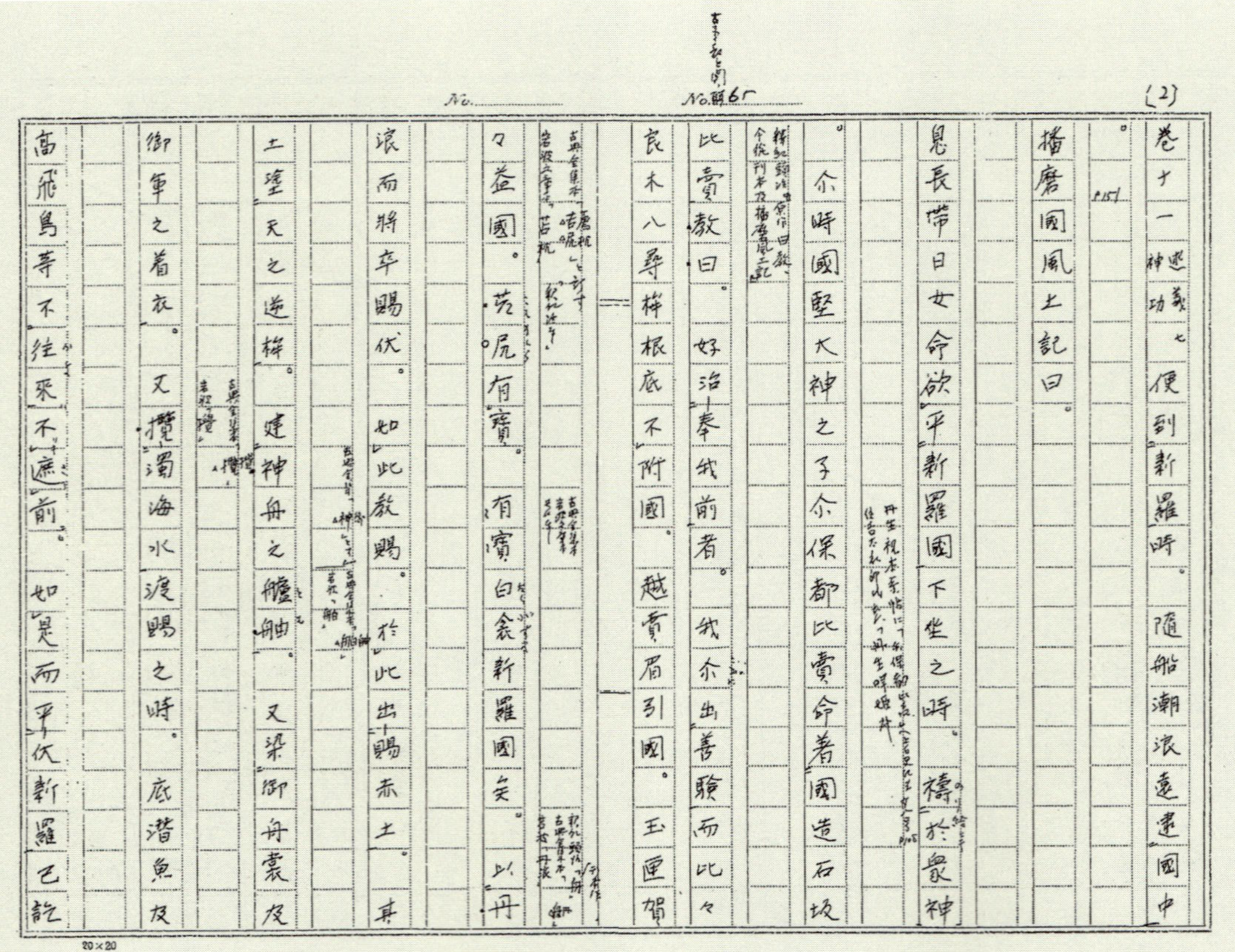
No.　　　　No.明65　〔2〕

巻十一 逸文 便到新羅時。隨船潮浪遠逮國中

p151

播磨國風土記曰。

息長帶日女命欲平新羅國下坐之時。禱於衆神

。尓時國堅大神之子尓保都比賣命着國造石坂

比賣教曰。好治奉我前者。我尓出善驗而比々

良木八尋桙根底不附國。越賣眉引國。玉匣賀

々益國。苫尻有寶。有寶白衾新羅國矣。以丹

浪而將卒賜伏。如此教賜。於此出賜赤土。其

土塗天之逆桙。建神舟之艫舳。又染御舟裳及

御軍之着衣。又攪濁海水渡賜之時。底潜魚及

高飛鳥等不往來不遮前。如是而平伏新羅已訖

20×20

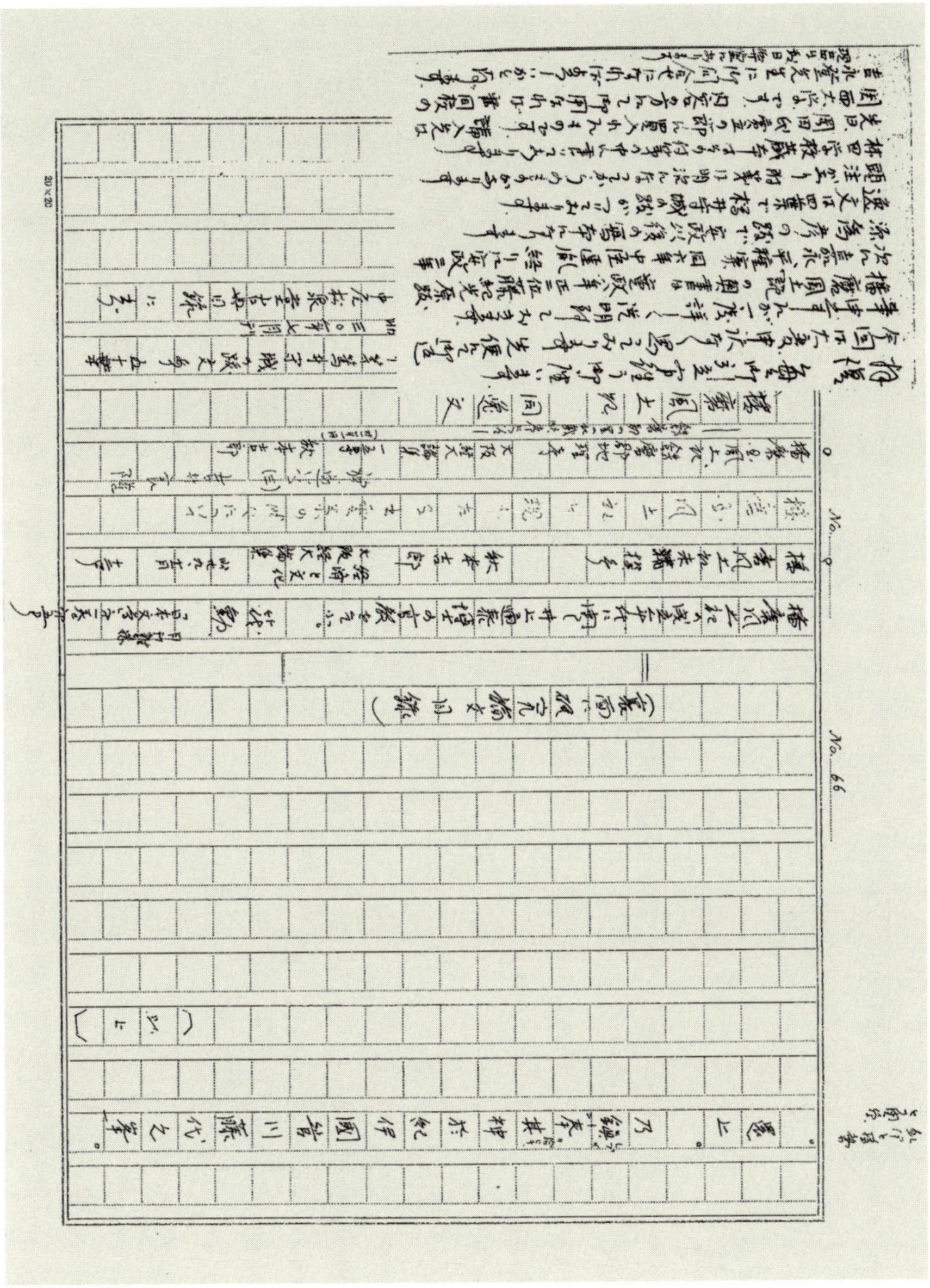

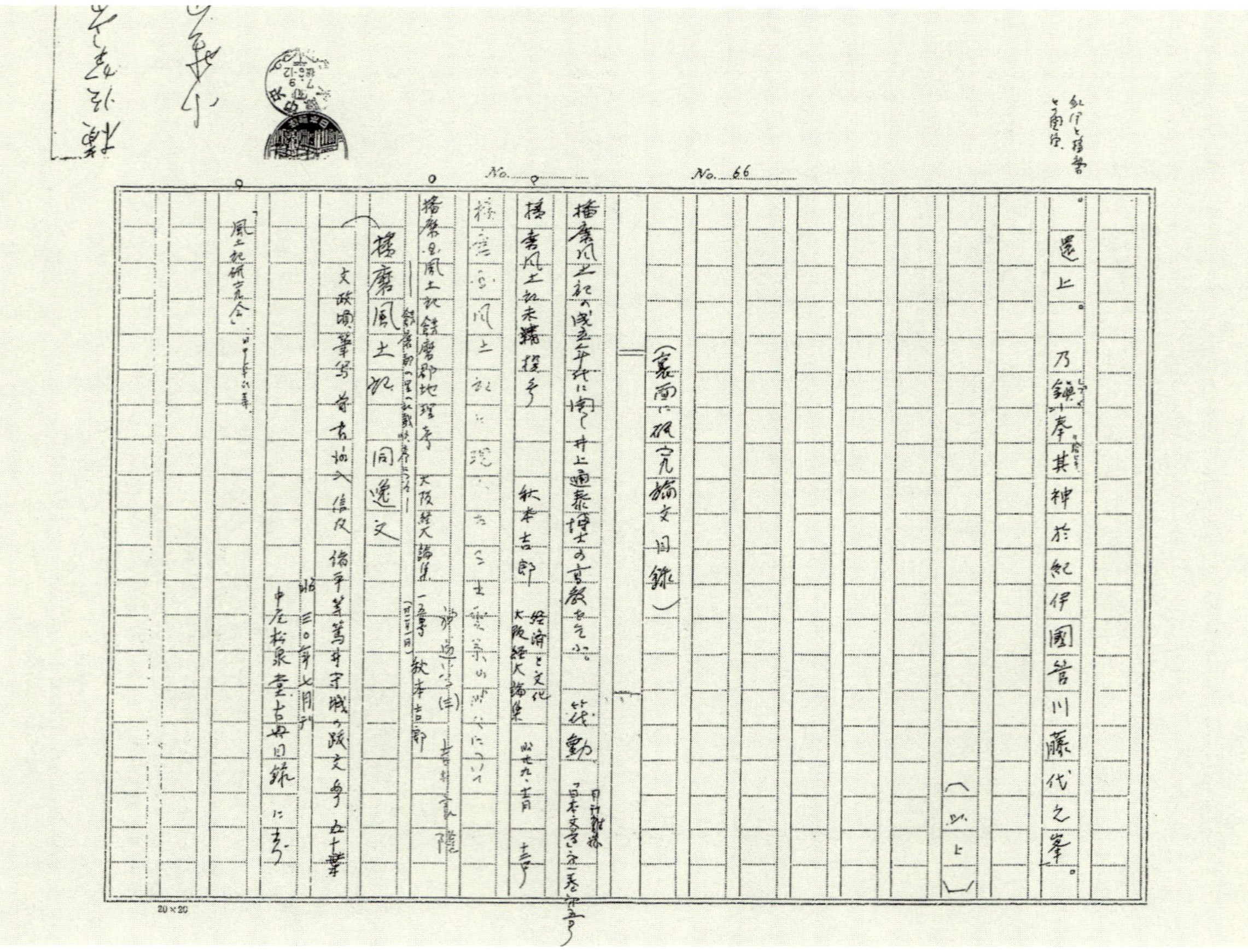

No. 66

選上。乃録奉其神於紀伊國管川藤代之峯。

（以上）

（裏面に研究論文目録）

播磨風土記の成立年代に関して 井上通泰博士の高説をきく。

播磨風土記未精撰 秋本吉郎 経済と文化 大阪経大論集

播磨国風土記に現れたる上代の[illegible]について 秋本吉郎

播磨国風土記 餝磨郡地理考 大阪経大論集 一号 秋本吉郎

播磨風土記 同逸文

中尾松泉堂古典目録にあり

風土記研究会

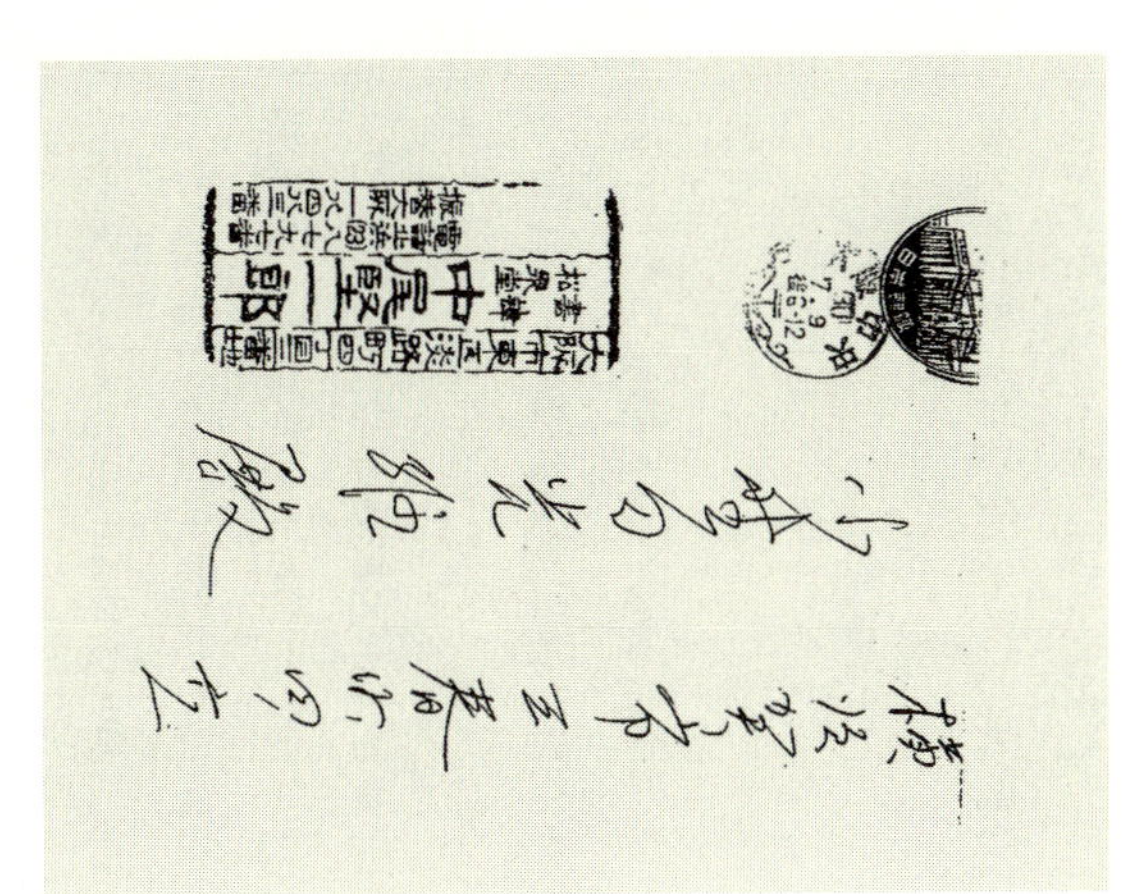

66丁ウに貼附されたはがきの宛て名書き

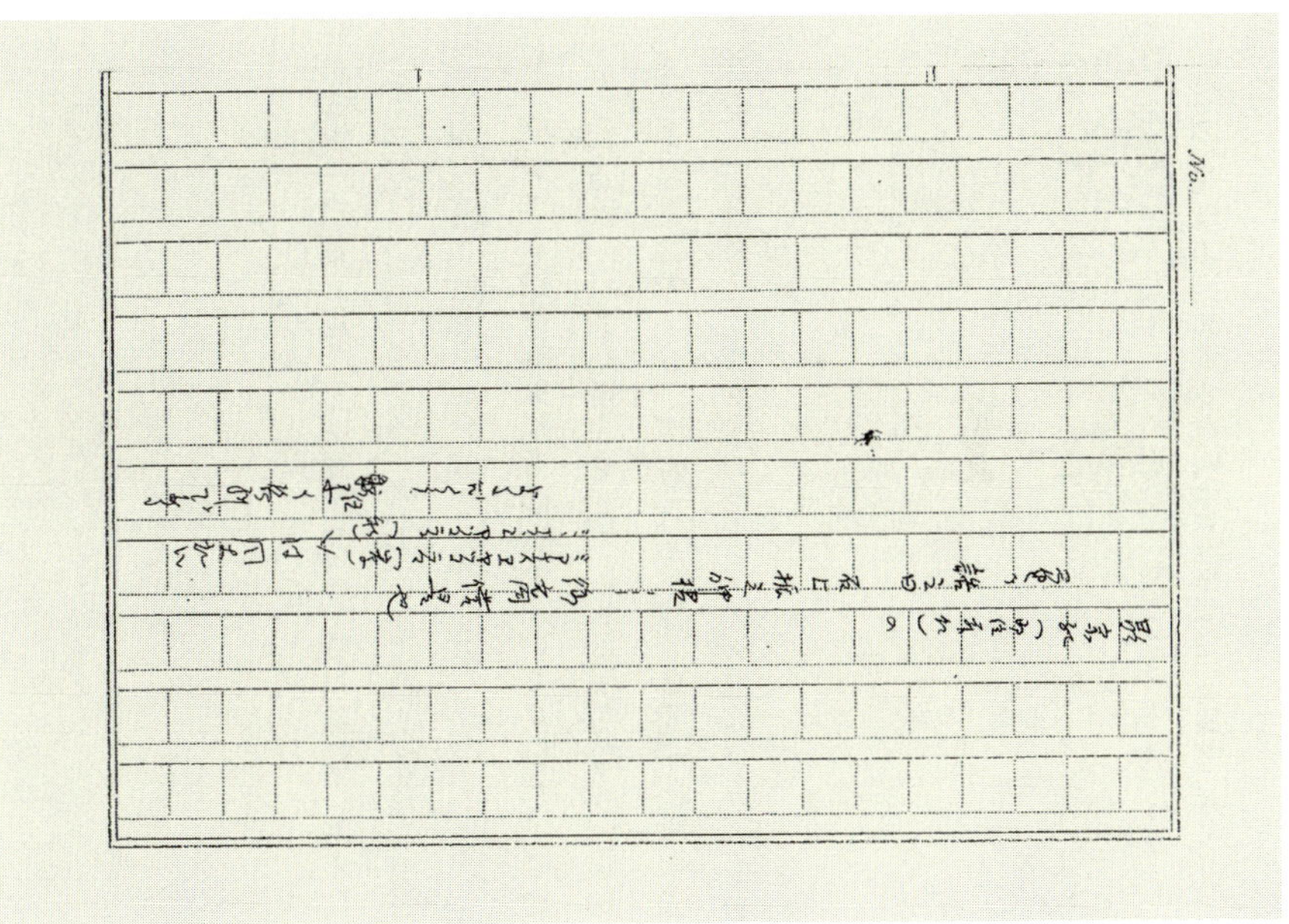

# 書後私語

本書は、筆者がここ数年のあいだに公にした風土記関係の論文十二篇と風土記関聯の雑文や資料数篇をもとに編んだものである（一部未発表のものをふくむ）。筆者は、平成十四年三月に『風土記逸文の文献学的研究』（学校法人皇學館）を刊行しているので、本書に収録した論文は、おおむね前著の刊行後に執筆したものである。

昨年、筆者は、本書とおなじ版元から、『記紀と古代史料の研究』という論文集を出版していただいた。当初、同書には、風土記にかかわる論文も収める計画だったが、そうなると、頁数が予定を大幅に超過するので、収録は見合わせた。いずれ機会を得て、と考えていたが、幸運は思いのほかはやく巡ってきて、今年、本書の出版が実現した。二年つづけての単著の刊行はたいへんだったが、前著の「書後私語」でも書いたように、本作りは、そうした苦労もどこかへ吹き飛んでしまうほど、愉しい。

○

個々の論文を執筆した理由などは、各篇のなかでのべたので、ここで繰り返す必要は認めないが、以下、初出書誌の紹介もふくめて、本書収録の文章について、若干解説しておく。

**序章「風土記研究の課題」**は、植垣節也・橋本雅之編『風土記を学ぶ人のために』（世界思想社、平成十三年八月）に寄稿したもので、同書の第四章「風土記の受容と研究史」の第二節に同名のタイトルで掲載された。編者の植垣先生や橋本先生には、いつも風土記関聯の原稿の執筆や研究発表の便宜をはかっていただいている。怠惰な筆者が、風土記研究の成果を残すことができたのも、お二人のご高配に負うところが大きい。両先生には、この機会にあらためてお礼申し上げる次第である。このときは、両先生のご推薦とうかがっていたので、張り切って執筆にとりかかった。しかし、出来上がった原稿は、枚数制限を大幅に超えていたため、あとで遮二無二に削って圧縮した。手元には、圧縮前の原稿のデータも残っているが、いま読み返すと冗長な部分もあるので、ここでは実際に『風土記を学ぶ人のために』に掲載されたほうを採った。なお、共著のため、本書への掲載は見合わせたが、同書には、「風土記逸文の認定について」という、三重大学人文学部教授の廣岡義隆先生と筆者の対談が収録されている。興味のあるかたはご覧いただきたい。

つづく**第一章「風土記の編纂と唐代の地誌」**は、『神道史研究』第五十二巻第二号（神道史学会発行、平成十六年十一月）に掲載されたものである。これよりさき、『國語と國文學』編集部の依頼で、同誌平成十六年十一月特集号に「風土記と唐代の図経」と題する短い原稿を書いた。なにぶんにも短文で、途中のこまかい考証を省いたため、窮屈な文章になってしまったのが、気にかかっていた。その後、神道史学会でこの問題について口頭発表する機会に得たので、これを好機と考え、旧稿を徹底的に書き直し、『神道史研究』に掲載していただいた。今回掲載したのは、同誌掲載の分である。『沙州図経』を調査する過程で、池田温先生にご教示をたまわったのは、うれしい思い出である。

**第二章「『太平御覧』所引の図経逸文について」**は、勤務校の社会福祉学部の機関誌『皇學館大学社会福祉学部紀要』六号（皇學館大学発行、平成十七年三月）に掲載したもので、第一章の論文を書くときに作ったノートである。このとき、『太平広記』についても、同様のメモをとったが、こちらは分量的にも少なかったので、発表には至っていない。とくに考察を施したわけではないが、こうして図経逸文を通覧すると、唐宋代の図経の性格がわかって興味深い。

**第三章「『山城国風土記』と稲荷社」**（『朱』五〇号、伏見稲荷大社発行、平成十九年二月）・**第四章「『摂津国風土記』逸文をめぐって」**（『摂播歴史研究』二十五周年記念特集号、摂播歴史研究会発行、平成十九年八月）・**第五章「『尾張国熱田太神宮縁記』と『尾張国風土記』逸文」**（『皇學館大学文学部紀要』四七輯、皇學館大学発行、平成二十一年三月）の三篇は、いずれも風土記逸文に関する個別研究である。べつにものべたことがあるが、風土記逸文研究の初期においては、まず逸文の採輯に力が注がれていた。それは当然のことであるが、このとき、採輯の範囲を拡大しすぎたことが祟って、こんにち風土記逸文として知られるもののなかには、疑わしいものが介在することになった。これは、いわば逸文研究の「不良債権」ともいうべきものだが、そのなかには、古風土記の逸文かどうか、いまもって判断に苦しむものも少なくない。各地で発行される雑誌に寄稿をもとめられる機会をとらえて、その土地の風土記逸文の信憑性について検討を加えてきたが、風土記逸文の研究にあたっては、なおこうした個別の史料批判を継続していく必要があろう。

**第六章「鈴木重胤の風土記研究―『日本書紀伝』を中心に―」**（『政治経濟史學』第五〇〇号、政治経濟史學会発行、平成二十年五・六月）・**第七章「鈴木重胤と風土記―『常陸国風土記鈔』の飜刻と解説―」**（『皇學館大学文学部紀要』四六輯、皇學館大学発行、平成二十年三月）の二篇は、いずれも幕末の国学者鈴木重胤の風土記研究について考えたものである。鈴木重胤のことを調べるきっかけを作ってくださったのは、皇學館大学元学長の谷省吾先生である。先生は、筆者が風土記に興味をもっていることを知って、手持ちの『常陸国風土記鈔』の写本を貸与し、研究を督励された。そのご厚意に応えるために、最近になって、ようやくこれらの論文をまとめたのだが、思えば、ずいぶん時間がかかってしまった。なお、第七章の『常陸国風土記鈔』の飜刻には注を附したが、怱卒の間に筆を執ったもので、いま思えば、なくてもがなの附録である。しかも、また、注の性格上、依拠した文献をじゅうぶんに明記していない憾みがあるが、いまさら注だけを除くわけにもいかず、もとのまま収録した。ご諒解を乞う次第である。

つづく第八章「敷田年治の風土記研究」(『神道史研究』第四九巻第四号、神道史学会発行、平成十三年十月)・第九章「敷田年治著『風土記考』について—全文の飜刻と解題—」(『皇學館大学史料編纂所報 史料』一八二号、皇學館大学史料編纂所発行、平成十四年十二月)の二篇も、やはり、国学者の風土記研究を取り上げたものである。筆者が敷田年治に興味を抱くようになったのは、平成十四年一月二十三日に勤務先の皇學館大学史料編纂所が主催して「敷田年治翁百年祭」を挙行したことによる。この式典については、『皇學館大学史料編纂所報 史料』一八六号(平成十五年八月)に掲載した「資料紹介 敷田年治翁三十年祭について」で詳しくふれておいたので、そちらをご覧いただきたいが、式典は、敷田年治翁の令孫敷田年博(当時は住吉大社宮司)からの強いご希望により、実現したものである。式典にあわせて、敷田年治ゆかりの品々を皇學館大学史料編纂所の整理室(いまの筆者の研究室)で展示したので、それに関聯して神宮文庫に所蔵される翁の自筆原稿を調査していて、『風土記考』などを発見した。これが、翁の風土記研究に興味をもつ契機となった。敷田年治の神話研究を高く評価しておられたのは、ニュージーランド在住の角林文雄先生(マセー大学教授)であるが、そのころ、先生から翁についてお問い合わせがあったのをいまも覚えている。遠く離れた先生に対し、じゅうぶんな資料の提供もできなかったが、先生が亡くなったいまでは、懐かしい思い出である。

第十章「顕宗天皇・仁賢天皇の即位をめぐって」(原題は「顕宗天皇・仁賢天皇」、『歴史読本』第五一巻一三号、新人物往来社発行、平成十八年十月)・第十一章「風土記と地方豪族—『常陸国風土記』を中心に—」(原題は「『風土記』に描かれた「異貌」の豪族—『常陸国風土記』を中心に—」、『歴史読本』第五〇巻七号、新人物往来社発行、平成十七年七月)・第十二章「風土記伝承の在地性

―記紀神話との比較から―』（『皇學館大学史料編纂所報　史料』一九二号、皇學館大学史料編纂所発行、平成十六年八月）は、いずれも風土記の記述について吟味した短篇である。取り立てて誇るほどの内容はないが、捨てるにしのびず、ここに採録した。「鶏肋捨てがたし」とは、まさにこのことである。なお、第十章の巻末に附した記紀・『播磨国風土記』の対照表は、もとの論文にはなかったものを、今回あらたに加えた。

鶏肋といえば、附録に収めた諸篇こそ、まったくの雑文である。「古典にかける情熱―伴信友と風土記―」は、『あさひサロン』一九四号（朝日カルチャーセンター発行、平成十二年四月）掲載のもの。伴信友の風土記研究のことは、拙著『風土記逸文の文献学的研究』（前掲）で詳しくのべた。「『伊勢国風土記』逸文」は、『中日新聞』平成十五年四月八日附朝刊の「みえの古典」という連載の第十四回に「風土記」として掲載した小文である。寄稿を慫慂いただき、原稿のご校閲までたまわった廣岡先生にはあらためて感謝申し上げる。「関和彦『古代出雲への旅―幕末の旅日記から原風景を読む―』」は『神社新報』二八〇一号（平成十七年八月、神社新報社）掲載の書評であり、「「伊賀国」の誕生」は『名張市史だより』二号（名張市総務部文書行政室市史編纂担当発行、平成十九年一月）に掲載したもの。最後の「聖徳太子の編んだ天皇記・国記―国記は風土記か―」は、篋底に眠っていたものだが、平成十八年四月に大阪の読売文化センターにおける「日本古代史の群像［24］～推古天皇とその時代」という連続講座において、「『天皇記・国記』等の編纂」という発表をしたときのメモである。論旨は、榎英一氏の研究に負うところが大きい。

附録に加えた「小野田光雄『播国風土記』三條西家本（古典保存会）」は、筆者が、数年前、神田神保町の誠心堂書店から購入した、小野田氏の自筆原稿の写真複製である。久松潜一校註日本古典全書『風土記』上（朝日新聞社、昭和三十四年十月、のち昭和五十二年五月に日本古典選として復刻）に収録されている『播磨国風土記』については、同書の「凡例」に、「常陸国風土記と播磨国風土記とは久松潜一の校註したものに小野田光雄が再訂を加へ、補考を附した」

（四四頁）としるされているが、実際にはほとんどが小野田氏の仕事であると仄聞している。小野田氏が、どの程度この作業にかかわっていたのか、実際のところはよく知らないが、ここに収めた原稿などは、同氏が三條西家本を底本とした『播磨国風土記』の校訂作業を実際におこなっていたことを示す貴重な資料である。小野田氏の一聯の『播磨国風土記』研究のもとになったものかと思うと、感慨深い。その校異の書き入れなど、われわれを裨益する点も少なくないので、あえてここに全文を紹介した次第である。

○

いま、本書に収録するにあたって、点検のため、一つ一つの論文を読み返してみた。いずれもここ数年の仕事で、それほど昔の原稿ではないものの、執筆当時のことが思い出されて無性に懐かしい。そして、どの論文にも共通するのは、締め切りに追われ、泥縄式の拙速で組稿したことである。そのため、どれも、無理を押して仕上げたという後味の悪さが残る。執筆時には全力を振り絞ったつもりでも、あとになってみれば、ふじゅうぶんな点が多いことは、筆者自身がいちばんよく承知している。最近、風土記研究の分野で、兼岡理恵氏や大舘真晴氏のような、若手研究者があらわれたことをうれしく思うが、本書の至らぬところは、こうした気鋭の後進に是正していただきたいと祈念している。

筆者の風土記研究は、若いころ、坂本太郎先生の風土記関係の論文を読んだことが強く影響している。古代史料を読んでみたいと思いつつも、右も左もわからなかった筆者を学問に導いてくださったのは、玉井力先生である。先生の学恩は、いまもって忘れがたい。また、大学院で指導をうけた井上辰雄先生からは、直接、『出雲国風土記』

や『常陸国風土記』の手ほどきを受けたが、これがその後の筆者の風土記研究の出発点になった。その後、学窓を出てからは、植垣説也先生・廣岡義隆先生など、風土記研究の第一人者のご指導をうけることができたが、これはまったくの僥倖であった。その恩顧はいまもつづいているが、お二人には感謝のことばもない。植垣先生がはじめられた風土記研究会は、現在、若手研究者を中心に着実な活動をつづけ、順調な発展を遂げているが、筆者は、日頃、この会の会員諸氏からも多大な恩恵を蒙っていることを特筆したい。

なお、本書も、前著に引き続き、国書刊行会から出版していただくこととなった。日野開三郎先生ではないが、よい博労に恵まれた我が身の幸せを欣んでいる。また、これも前著につづいて、勤務先の皇學館大学から出版助成金の交付を受けることができた。審査にあたってくださった川添裕先生をはじめとする研究委員会のかたがたにも感謝申し上げる次第である。

平成二十年八月二十三日、恩師井上辰雄先生の瑞宝中綬章叙勲のパーティーに出席した夜に

著者しるす

『播磨国風土記』の研究史…………………… 6
伴信友……………………………………248〜250
稗田阿礼………………………………………… 219
『肥前国風土記』の研究史……………11〜13
常陸国の駅と交通路…………………182・183
『常陸国風土記』(西野宣明校訂本)….138・177
『常陸国風土記』にみえる総領(惣領)……………………………………173・174
『常陸国風土記』の研究史…………………… 4
—— の建郡記事………181〜182・225〜226
—— の成立……………………45・156〜158
—— の撰者……………………46・158〜160
『常陸豊後肥前風土記』(伴信友)……….248
『日向国風土記』逸文「知鋪郷条」…… 238
『標注播磨風土記』(敷田年治)….. 193〜196
平田篤胤………………………………………… 150
藤原宇合……………………… 158・159・227
藤原鎌足と常陸………………………231・232
『扶桑略記』……………………… 256・257
経津主神……………………………… 228・231
『風土記』(小島瓔禮)………………… 2・162
『風土記』(新編日本古典文学全集)……1・2・88・105・106・108・162
『風土記』(武田祐吉)……………… 105・106
『風土記』(日本古典全書)……2・87・108・162・263・264
『風土記』(日本古典文学大系)…….1・2・87・105・106・108・162
『風土記』(吉野裕)……………………… 2
『風土記逸文注釈』(上代文献を読む会)………………… 14・88・105・106・108
風土記逸文の研究史……………………13〜15
『風土記逸文略注』(伴信友)…………… 248
風土記関係の文献目録……………………1・2
風土記研究会……………………………………16
『風土記考』(敷田年治)……….110・188〜191・201〜209
風土記再撰の問題…………………………… 40
風土記索引……………………………………… 3
『風土記社参詣記』(小村和四郎)……… 254
風土記と地図………………………… 36〜39
風土記にみえる天孫降臨………….. 238〜241
風土記の考古学・歴史地理学的研究………16
風土記のテキスト・注釈…………………… 2
武烈天皇……………………………………… 220
『豊後国風土記』の研究史……………11・12
方志……………………………20・21・41・42
ホノニニギノミコト…………………233・237

## ま行

『萬葉緯』…………15・86・100・145・147・192・257
『萬葉集註釈』…… 14・15・124・125・252
三品彰英……………………………………… 237
宮酢媛……………………………………120・126
三善清行意見封事………………………… 127
『陸奥国風土記』逸文………………………94
六人部是香………………………………140・141
餅的伝説…………………………………………97
物部氏……………………………… 229〜231
百園文庫………… 186・188・192・201〜203
『桃垣葉』(敷田年治)……………………188

## や行

『山城国風土記』逸文「伊奈利社」………86
—— の真偽……………………………87・88
——「南鳥部里」……………………… 86
雄略天皇…………………………………210・211
横田健一……………………………………… 229

## ら行

履中天皇…………………210・213・214・216

## わ行

若建命→ゆうりゃくてんのう
渡辺彝………………………………………… 254

古代交通研究会……………………………16
『呉地記』(陸広微)………………………20
国記……………………………259〜262
『古本風土記逸文』(伴信友)……94・248〜250
古老相伝旧聞異事……………29・33〜34・50


さ行


坂本太郎………………18・91〜92・97・260
『沙州図経』(『沙州都督府図経』)………24〜27・29〜33
『薩摩国風土記』逸文……………………239
山川原野の名称の由来………29・31〜33・53・54
敷田年治翁の略伝………………186・187
『釈日本紀』………14・15・100・121・124〜125・230
『十道四蕃志』(梁載言)…………………20
樹下快淳……………………………………161
『諸郡物産土俗記』…………………22・54
『諸国雑纂』(敷田年治)……………192・193
『諸州図経集』(郎蔚之)…………22・33・54
壬申の乱……………………………257・258
『新撰姓氏録』……………………………260
推古天皇……………………………259〜262
『隋州郡図経』……………………………22
隋代の地誌…………………………22・50
図経(図副)…………………21〜40・50〜55
――と風土記の比較…………………28〜36
――の書式と内容……………………41〜28
スサノヲノミコト……………………241・242
『住吉大社神代記』所引「船木等本記」……………261
関和彦………………………………………254
『摂津国風土記』逸文「下樋山」……107〜109
――「八十頭島」………………109・110
――「山背堺」…………………105〜107
『摂津国風土記』の成立…………110・111
宣化天皇……………………………………216
『先代旧事本紀』…………………………256
総志……………………………………19・20
蘇我馬子……………………………………259


た行


『太平御覧』所引の図経逸文…………58〜84
―所引の図副逸文…………………………85
『太平広記』………………………34・50
タカギノカミ………………………………237
タカミムスヒノミコト………………237・240
瀧川政次郎…………………………………93
武甕槌神……………………………227〜231
谷省吾………………………………………160
『丹後国風土記』逸文………………………93
『丹後国風土記残缺』……………146〜149
『長安十道図』………………………………20
『著撰書目』(鈴木重胤)…………………135
『筑紫再行』(鈴木重胤)…………………140
帝紀……………………………………219・260
天孫降臨神話………………………235〜238
天皇記………………………………259〜262
天武天皇…………………………218・219・261
唐代における地誌の編纂………………19〜23
土地の肥沃の状態……………………29・30・31
敦煌石室発見の地理書………23・24・44・45・55・57


な行


内藤存守………………………………………161
中臣氏…………………………226・228・231
中山信名…………………………………146・150
西田長男…………………………119・123・126
『日本国見在書目録』…………………………34
『日本書紀伝』における風土記の引用
――『常陸国風土記』………………………139
――『播磨国風土記』………………139〜141
――『出雲国風土記』………………141・142
――『豊後国風土記』………………142・143
――『肥前国風土記』………………143・144
――五風土記以外の風土記………144〜150
日本総国風土記……………40・41・145〜147
仁徳天皇…………………………212・213・214
ヌナカワヒメ……………………………………243


は行


早川万年………………………………………258
『播磨国風土記』(三條西家本)………193・263・264
『播磨国風土記』(柳原紀光所蔵本)……195

# 索引

＊ この索引は、目次を補うキーワードを中心に択んで抽出しており、網羅的なものではない。目次にあがらない小見出し中の重要語句も適宜採択しているので、その記述の及ぶ頁は、たとえ文中に当該語句がなくても、頁数を掲出している。
＊ 各章の標題にふくまれるような頻出語句（敷田年治・日本書紀伝のたぐい）は省略した。
＊ 語句は、原則として本文にあるものに限り、引用文・史料・補註からは原則として採択しなかった。

## あ行


青山定雄……18・38
秋本吉郎……88〜91・103〜105
アマテラスオオミカミ……233・237・240
『海部氏勘注系図』……93
アメノオシホミミノミコト……237
天の日別の命……252
阿部狛秋麻呂……158
『粟鹿大明神元記』……261
安閑天皇……216
安康天皇……210・214
『伊賀国風土記』逸文……257
池田温……18・25・28
石川難波麻呂……158・159
出雲国造神賀詞……244
『出雲神社巡拝記』(渡辺彝)……254
出雲神話と風土記……241〜244
『出雲国風土記』の研究史……9
『出雲風土記国引考』(伴信友)……248
伊勢津彦……252
『伊勢国風土記』逸文……244・246・247・251・252
市辺忍歯王……211・212
『逸史』(敷田年治)……191・192
乙巳の変……259
允恭天皇……214・218
植垣節也……193
上田正昭……97・98
『延喜式神名帳頭註』……87
王胤出現譚……217
オオナムチノミコト……242
太安萬侶……219
岡部春平……94
息長氏……218
尾崎知光……118・119・123
忍坂之大中津比売命……214・218
小村和四郎……254
『尾張国風土記』逸文「吾縵郷」……121


## か行


『開元十道図』……20
『河海抄』……87〜89
角林文雄……197
鹿島神宮の祭神……177〜179
鹿島神……226〜229
葛城氏……216
『括地志』(司馬蘇勗他)……19
香取神……227・228
加藤謙吉……229・231
『華陽国志』(常璩)……20
『漢書』地理志……31
—溝洫志……26
『漢唐地理書鈔』(王謨)……22・54
紀阿閇麻呂……258
欽明天皇……214・216・217
継体天皇……215・218
貴種流離譚……217
九州地方の風土記……40
『饒州記』(王徳璉)……20
『区宇図志』(虞茂)……22・54
草薙剣……120・126・129〜132
郡家の構造(行方郡)……180〜182
郡内の物産……29・30
『桂林風土記』(莫休符)……21
原帝紀……214・215・218
『元和郡県図志』(李吉甫)……20
『元和郡県図志闕巻逸文』(孫星衍)……20
元明天皇……218・219
国郡図……36〜39
『古今郡国県道四夷述』(賈耽)……20
『古事記』……210〜214・216〜219

【著者紹介】

**荊木美行**（いばらき・よしゆき）

昭和34年和歌山市生まれ。高知大学人文学部卒業，筑波大学大学院地域研究研究科修了。四條畷学園女子短期大学専任講師・皇學館大学史料編纂所専任講師・同助教授を経て，現在，同教授。博士（文学）〔愛知学院大学〕。日本古代史専攻。『初期律令官制の研究』（和泉書院，平成３年）・『古代天皇系図』（燃焼社，平成６年）・『律令官制成立史の研究』（国書刊行会，平成７年）・『古代史研究と古典籍』（皇學館大学出版部，平成８年）・『風土記逸文の文献学的研究』（学校法人皇學館出版部，平成14年）・『記紀と古代史料の研究』（国書刊行会、平成19年）ほか多数の著書がある。

風土記研究の諸問題（ふどきけんきゅうのしょもんだい）

平成21年３月10日　印刷
平成21年３月20日　発行

ISBN978-4-336-05099-1



著　者　荊　木　美　行
発行者　佐　藤　今　朝　夫

〒174-0056　東京都板橋区志村１-13-15
発行所　株式会社　国　書　刊　行　会
電話 03（5970）7421（代表）FAX 03（5970）7427

落丁本・乱丁本はお取替いたします。印刷・千巻印刷産業株式会社